TARIF COMMERCIAL

DES

DOUANES FRANÇAISES

DONNANT

Sans renvois, la Tarification de toutes les Marchandises soumises à l'action des Douanes

SUIVI

des Tarifs de tous les Droits accessoires.

D'UN TABLEAU GENERAL DES TARES, DES MARCHANDISES JOUISSANT DE LA PRIME,

et d'une grande quantité de notes explicatives

par plusieurs Employés des Douanes

PRIX : 8 Francs.

HAVRE
Imprimerie du Commerce, **Alphonse Lemale,** *Rue des Drapiers,*

1837

Les Lois et Ordonnances de Douane apportent souvent des modifications ou des changements dans la tarification. — Les personnes qui désireraient tenir leur Tarif au courant pourront se faire inscrire chez M. ALPH. LEMALE, Imprimeur et Editeur du *Tarif Commercial du Havre.* L'abonnement par année est de 3 f. pour la ville et de 4 f. pour le dehors ; elles recevront *franc de port* et immédiatement après la promulgation des ordonnances tous les changements survenus dans la perception des droits.

PROSPECTUS

Depuis long-temps le commerce réclame la publication d'un TARIF assez complet pour lui procurer, *sans recherches*, des renseignemens si souvent nécessaires dans ses rapports avec les Douanes. Le dernier Tarif général remonte à 1822. Depuis lors, quelques publications de cette espèce ont été faites soit à Marseille, soit à Nantes, soit au Havre ; mais les lois récemment publiées viennent d'y apporter une perturbation telle que les rectifications à opérer sont devenues impraticables. L'Administration des Douanes a bien fait imprimer, en 1835 et en 1836, un tableau des marchandises avec leur tarification, mais ce travail, ou plutôt ce résumé ne peut servir qu'aux personnes qui possèdent le Tarif général de 1822. En effet, les tableaux donnent les tarifications des familles, et ne s'occupent nullement des produits *non dénommés*, c'est-à-dire qui, n'étant pas nommément taxés par la loi, sont soumis aux droits de leurs analogues.

Donner la tarification de toutes les marchandises qui sont soumises à l'action des Douanes ; faire disparaître les *renvois* qui nécessitent des recherches et occasionnent une grande perte de temps ; enrichir ce travail des Traités de commerce, d'un Tableau des primes et des tares, du Tarif des droits accessoires, et d'une colonne de notes explicatives souvent indispensables, tel est le but que les éditeurs se sont proposé, et qu'ils ont cherché à remplir avec la plus minutieuse exactitude.

L'Ouvrage se trouve :

A PARIS, chez J. POUGIN, quai des Augustins, 49.
Au HAVRE, chez Alph. LEMALE, rue des Drapiers, 21.

INTRODUCTION.

Vérification des Marchandises.

La Vérification des Marchandises se fait dans les magasins de la Douane ou dans tel lieu convenu avec le Commerce, ou sur les quais, mais non dans les magasins des négocians.

La visite se fait en présence des déclarans; s'ils refusent d'y assister, la Douane peut faire mettre les Marchandises en dépôt et les traiter comme Marchandises abandonnées.

Les frais de transport, de déballage, de pesage, de remballage des Marchandises, sont à la charge des propriétaires.

La Douane, si elle le juge convenable, peut se dispenser de vérifier l'objet importé, et s'en tenir à la déclaration du consignataire.

Les déclarations reconnues inexactes par la visite, sont passibles d'amendes réglées suivant les cas, comme suit :

Pour excédant de Colis. — Amende de 500 fr. et confiscation si la Marchandise est prohibée.

Amende de 100 fr. et confiscation s'il n'y a pas prohibition.

Pour déficit de Colis. — Amende de 200 fr. par colis manquant, sauf s'il y a vol ou naufrage.

Pour déficit de Marchandises. — On acquitte les droits sur les quantités reconnues.

Différence en qualité ou espèce. — Confiscation des Marchandises faussement déclarées, avec amende de 500 fr. si les objets sont prohibés, ou de 100 fr. seulement s'ils sont tarifés. Il n'y a lieu qu'à l'amende de 100 fr. si le droit que l'on voulait soustraire ne s'élève pas à 12 fr.

Différence dans le nombre, la mesure ou le poids des Marchandises prohibées déclarées pour l'entrepôt ou pour le transit. — Confiscation des Marchandises avec amende du triple de la valeur. — L'amende se réduit à la simple valeur à l'égard des différences qui n'excèdent pas le vingtième.

La fausse déclaration n'est punie qu'autant qu'elle cause une perte au trésor.

Préemption. — Lorsqu'une Marchandise est imposée à la valeur, si l'on suppose que le prix porté dans la déclaration est inférieur à la valeur réelle de l'objet déclaré, les employés des Douanes peuvent exercer le droit de préemption, en payant la valeur portée en la déclaration et le dixième en sus, dans les quinze jours qui suivent la notification de leur procès-verbal.

Il n'y a pas lieu à la droit de préemption lorsque le droit ne s'élève pas au-delà de 1/4 p. %.

Il n'est accordé que trois jours, à partir de la remise de la déclaration, pour exercer le droit de préemption; mais lorsque la vérification n'aura pu être faite dans les trois jours de la déclaration, le déclarant aura le droit de modifier sa déclaration, quant à la valeur.

La préemption a lieu aussi sur les Marchandises avariées mises en adjudication. L'administration peut, dans les vingt-quatre heures de l'adjudication, déclarer qu'elle prend l'adjudication à son compte, pour un ou plusieurs lots, en payant en sus 5 p. % au dernier enchérisseur.

Paiement des Droits.

Les Droits sont payés sur les quantités reconnues par les vérificateurs : ils sont acquittés comptant ou en effets de crédit, et non autrement.

Dans le premier cas, le redevable jouit d'un escompte calculé pour quatre mois, à partir du jour de la liquidation, et réglé à raison de 4 p. % par an. Mais pour jouir de cet escompte, il est nécessaire que la liquidation s'élève à plus de 600 fr. Toutefois, un déclarant a la faculté, pour atteindre à ce taux exigé, de cumuler le montant de plusieurs liquidations, pourvu qu'elles soient *du même jour*.

Dans le second cas, le Receveur de la Douane a droit, sur la somme dont il accorde crédit, à une remise *d'un tiers pour cent.*

Nul crédit ne peut être accordé qu'autant :

1° Que les droits à payer s'élèvent pour chaque liquidation à plus de 600 fr.;

2º Que ceux qui demandent le crédit sont agréés par le Receveur de la Douane, responsable envers le Trésor de leur solvabilité;

3º Que les traites, quand elles sont créées par les redevables, sont garanties par une ou plusieurs cautions, au gré du Receveur, et ne présentent aucune addition de centimes;

4º Enfin, que chaque effet de commerce offert en paiement ne s'élève pas à plus de 10,000 fr., et soit endossé par une ou plusieurs personnes reconnues solvables.

Les traites créées par le Commerce doivent être sur papier timbré, en sommes rondes, à terme fixe, et dans les limites des réglemens, transmissibles par voie d'endossement, et payables, suivant les localités, à un domicile indiqué. Quant aux billets à ordre, ils doivent être dans la forme prescrite par l'article 187 du Code de Commerce; les lettres de change doivent être acceptées.

La durée des crédits est fixée :

Pour les Sels à trois et six mois.

Pour toutes autres Marchandises, à quatre mois.

Remboursement des Droits indûment perçus.

Lorsqu'un Droit a été irrégulièrement ou indûment appliqué et perçu, la Douane, à qui l'on doit remettre la quittance de cette fausse perception, établit au dos de cette pièce, une nouvelle et exacte liquidation, et l'adresse ensuite au Directeur de l'Administration à Paris, pour être autorisée à rembourser le *trop perçu*.

Si la quittance se trouvait perdue, il faudrait en réclamer *un duplicata*, et après sa délivrance et sa rectification, souscrire l'engagement cautionné de restituer la somme réclamée, si, dans l'espace des deux ans de la date de la quittance, le porteur de l'acquit original venait à son tour à en réclamer le remboursement.

DES IMPORTATIONS.

MARCHANDISES NON DÉNOMMÉES. — Les Marchandises non dénommées au Tarif ne peuvent être importées que par les Bureaux principaux où le droit de l'article le plus analogue leur est appliqué.

Restriction d'Entrée.

TABLEAU des *Bureaux ouverts à l'Importation des Marchandises taxées à plus de* 20 *francs par* 100 *kilogrammes ou nommément désignées par l'article* 8 *de la Loi du* 27 *mars* 1817.

DIRECTIONS.	BUREAUX.
DUNKERQUE	Dunkerque. — Dunkerque, par Zuydcoote. — Armentières, par la Lys. — Lille, par Halluin et Baisieux pour le commerce par terre, et Bousbeck pour les transports par eau.
VALENCIENNES	Condé. — Blancmisseron. — Valenciennes. — Maubeuge.
CHARLEVILLE	Rocroy. — Givet. — Charleville. — Sedan, par St-Menges ou par Givonne, substitué à la Chapelle.
METZ	Longwy. — Évrange. — Thionville, par Sierck ou par Évrange, substitué à Roussy. — Sierck. — Bouzonville. — Trois-Maisons, substitué à Tromborn. — Forbach. — Sarreguemines, par Grosbliederstroff et Frauenberg.
STRASBOURG	Wissembourg. — Lauterbourg. — Strasbourg. — l'Ile-de-Paille. — Saint-Louis. — Delle. — Huningue.
BESANÇON	Verrières-de-Joux. — Jougne. — Les Rousses. — Les Pargots.
BELLEY	Bellegarde. — Seyssel. — Pont-de-Beauvoisin. — Entre-deux-Guiers.

GRENOBLE.......Chapareillan.—Mont-Genèvre.
DIGNE..........L'Arche.—Saint-Laurent-du-Var.—Antibes.—Cannes.
TOULON..........Saint-Raphaël.—Toulon.
MARSEILLE......Marseille.—Arles.—Port-de-Bouc.
MONTPELLIER....Aigues-Mortes.—Cette.—Agde.
PERPIGNAN.......La Nouvelle.—Port-Vendres.—Perpignan , *par Perthus.*—Bourg-Madame.
BAYONNE........Bedous , *par Urdos.*—Saint-Jean-Pied-de-Port.—Ainhoa.—Béhobie.—Saint-Jean-de-Luz.—Bayonne.
BORDEAUX ......Bordeaux.
LA ROCHELLE....Charente.—Rochefort.—La Rochelle.—Saint-Martin (Ile-de-Ré).—Marans.—Les Sables.
NANTES.........Nantes.
LORIENT.........Vannes.—Lorient.
BREST..........Quimper.—Brest.—Roscoff.—Morlaix.
SAINT-MALO.....Saint-Brieuc.—Le Légué.—Saint-Servan.—Saint-Malo.
CHERBOURG......Granville.—Cherbourg.—Caen.
ROUEN ....Honfleur.—Rouen.—Le Havre.—Fécamp.
ABBEVILLE.......Dieppe.—Saint-Valery-sur-Somme.
BOULOGNE.......Boulogne.—Calais.

Marchandises nommément designées par l'article 8 de la Loi du 27 mars 1817.

Boissons dont l'entrée n'est pas déjà restreinte aux ports d'entrepôt.—Chapeaux.—Cornes en feuillets.—Cuivre de toute sorte pur ou allié.—Dentelles.—Feutres.—Fontes , Fer en barres et ouvré.—Glaces.—Gommes d'Europe. —Horloges en bois.—Huile d'olive commune.—Instrumens de toute sorte.—Médicamens composés.—Métiers, Machines et Mécaniques pour l'industrie.—Modes (ouvrages de).—Objets de collection hors de commerce.—Parapluies et Parasols.—Pelleteries.—Planches gravées.—Potasse , Tartre brut, Soudes , Natrons , Cendres de Sicile et tous autres Sels.—Poterie de toute espèce.—Soies.—Vannerie.

Par exception à la restriction d'entrée, on peut importer par tous les bureaux jusqu'à concurrence de :

25 kil. de Fil ou Toile de lin , de chanvre ou d'étoupe *écrus* ;

5 kil. de Fil d'autres espèces , *de toute sorte* de Rubans ou d'ouvrages de passementerie.

50 kil. de Fer , d'Outils de fer ou de fer rechargés d'acier.

Il est d'ailleurs pourvu, quant aux matières à fabriquer, par des mesures administratives , aux exceptions locales qu'exige la position des fabriques.

Restriction de Tonnage.

Les Marchandises ci-après : Sucres bruts et terrés.—Café.—Cacao.—Indigo.—Thé.—Poivre et Piment.—Girofle. —Cannelle et Cassia-Lignea.—Muscade et Macis.—Cochenille et Orseille.—Rocou.—Bois exotiques de teinture et d'ébénisterie.—Cotons en Laine.—Gommes et Résines autres que d'Europe.—Ivoire , Carel et Nacre de Perle.— Nankin des Indes et les Denrées coloniales admissibles à une modération de Droits, ne peuvent entrer que par les seuls bureaux de :

DIRECTIONS.	*BUREAUX.*	*DIRECTIONS.*	*BUREAUX.*
TOULON.........Toulon.		LORIENT.........Vannes.—Lorient.	
MARSEILLE......Marseille.—Arles.		BREST..........Brest.—Morlaix.	
MONTPELLIER....Cette.—Agde.		SAINT-MALO....Le Légué.—Saint-Brieuc.—Saint-Malo.	
PERPIGNAN......Port-Vendres.		CHERBOURG.....Granville.—Cherbourg.—Caen.	
BAYONNE.......Bayonne.		ROUEN.........Honfleur.—Rouen.—Le Havre.—Fécamp.	
BORDEAUX .....Bordeaux.		ABBEVILLE......Dieppe.—Saint-Valery-sur-Somme.	
LA ROCHELLE...Rochefort.—La Rochelle.		BOULOGNE.......Boulogne.—Calais.	
NANTES.........Nantes.		DUNKERQUE.....Dunkerque.	

Elles ne doivent être importées : celles *des Colonies françaises*, que sur des navires de 60 tonneaux au moins ; et celles *de l'Étranger*, que sur des bâtimens de 60 tonneaux au moins pour l'Océan, ou de 40 tonneaux au moins pour la Méditerranée.

Il y a exception :

1° Pour le port de Bayonne, qui peut les recevoir sur tout bâtiment d'un tonnage supérieur à 24 tonneaux, lorsqu'elles proviennent des ports situés sur les côtes d'Espagne et de Portugal, en-deçà du cap Finistère.

2° Pour les ports de la Méditerranée qui ont entrepôt, où, par application de l'article 11 de la loi du 27 mars 1817, on peut recevoir d'Espagne, sur des bâtimens espagnols au-dessus de 24 tonneaux, les marchandises suivantes : *sucre, café, cacao, indigo, cochenille, bois de teinture et coton en laine.*

Commerce avec les Colonies françaises.

COLONIES FRANÇAISES au-delà du cap de Bonne-Espérance — Ile Bourbon.

d°   d°   en-deçà du cap de Bonne-Espérance : la Martinique. la Guadeloupe et ses dépendances .... St-Martin (partie française). Marie-Galante. la Désirade. les Saintes. la Guyane française — Cayenne. le Sénégal — St-Louis et Gorée.

Les denrées du cru des colonies sont admises à une modération de droits ; c'est ce que l'on nomme le *privilège colonial.* Ces produits sont :

Sucre..............................	Poivre, girofle, rocou............
Café..............................	Cassia lignea, *et bois d'ébénisterie*... } de la Guiane.
Bois de campêche.................	Girofle *de l'île Bourbon*..........
Confitures, sirops, rum et tafia..... } de toutes les colonies.	Bois d'ébénisterie................
Mélasse..........................	Grandes peaux *brutes sèches*......
Coton *sans distinction d'espèce*....	Cire brune, *non clarifiée*.......... } du Sénégal.
Cacao............................	Dents d'éléphant.................
Liqueur *de la Martinique*........	Gommes pures....................
	Salsepareille .... } du cru du Sénégal
	Séné *(feuilles et follicules de)*....

Les produits des colonies françaises autres que ceux spécialement tarifés acquittent, à leur entrée en France, les mêmes droits que les productions de même espèce importées *de l'Inde* ou *des pays hors d'Europe* par navires français, selon la situation desdites colonies.

Commerce avec les Comptoirs français dans l'Inde. (*Établissemens français dans l'Inde*).

Mahé
Pondichéri
Karikal   · dans le Bengale.
Yanaou
Chandernagor
Surate (le comptoir de). — Golfe de Gambie.

Les loges de Patna
d°   de Cassimbazar
d°   de Balassor   } dans le Bengale.
d°   de Jougdia
d°   de Dacca

St-Pierre et Miquelon, près des côtes de Terre-Neuve.—Amérique Septentrionale.

Pour jouir de la modération du droit accordé aux produits apportés par navires français des pays hors d'Europe, il faut 1° effectuer les expéditions et retour par les ports du royaume qui ont un entrepôt réel, ou par le port de Toulon ; 2° Justifier que les navires ont été francisés et armés dans un port du royaume ; 3° produire des manifestes visés par les autorités françaises.

La condition du retour direct, qui est de rigueur pour les importations effectuées de nos colonies à culture, n'est pas imposée à ce qui arrive des établissemens français de l'Inde.

Les Sucres venant de Chandernagor et de Pondichéry sont traités à leur arrivée en France comme ceux de l'île Bourbon

Traité avec l'Angleterre.

N.B. Madère, les Iles du Cap-Vert, les Açores et les Canaries sont considérées comme Afrique pour le commerce d'Angleterre.
Les produits d'Europe pris dans les ports d'Angleterre ou de ses possessions en Europe, importés par navires anglais, sont affranchis de la surtaxe de navigation, c'est-à-dire paient les mêmes droits que par navires français, à la condition, relativement aux marchandises d'Europe dont la production est commune à l'Asie, à l'Afrique et à l'Amérique, de justifier de leur origine européenne.

Les Marchandises ci-après sont exemptes du certificat d'origine :

Houille.	Briques.
Emeril en pierres.	Acier de toute sorte.
Sulfate de magnésie.	Outils : de pur fer. / de fer rechargé d'acier. / de pur acier. / de cuivre ou de laiton.
Zinc.	
Litharge.	
Soude.	
Plomb brut.	Rum.
Chromate de potasse.	Fanons de baleine.
Fonte de fer.	Acides : sulfurique. / arsénieux. / citrique. / tartrique. / oxalique. / borique.
Fil de chanvre ou de lin.	
Tissus de lin ou de chanvre.	
Toile unie et croisée.	
Meules à moudre et à aiguiser.	
Fers étirés en barres.	
Ancres en fer.	à souliers.
Câbles de	Noir : animal. / d'imprimeur. / de fumée. / minéral naturel dit de *Grant* ou d'Angleterre.
Machines et mécaniques.	
Aiguilles à coudre.	
Bière.	

Sont prohibés pour la consommation :

1° Les produits d'Europe importés par *navires anglais*, *de tout autre port d'Europe* que des ports d'Angleterre ou de ses possessions en Europe ;

2° Les produits d'Asie, d'Afrique et d'Amérique importés *d'Angleterre ou de ses possessions en Europe par les navires de tous pavillons* ;

3° Les produits d'Asie, d'Afrique et d'Amérique, importés par *navires anglais*, soit des ports d'Europe, soit des ports étrangers à l'Europe. Il y a exception pour les soies grèges, les foulards écrus, ceux de l'Inde ; les rhum, rack, tafia de toute provenance, ainsi que pour les châles de cachemire des pays hors d'Europe.

Traité avec les États-Unis.

Les produits naturels et manufacturés des États-Unis d'Amérique, apportés *en droiture* en France par les navires de cette puissance, ne paient que les droits imposés sur les marchandises semblables importées des pays hors d'Europe, autres que de l'Inde, par *navires français*, quand l'origine de ces produits est dûment justifiée au moyen d'un état spécial délivré par le collecteur des douanes américaines et visé par le consul de France.

Le cuivre, le plomb, l'étain, les produits de pêche, le blanc de baleine simplement pressé, ne participent pas à ce bénéfice.

Lorsque les certificats d'origine, exigibles pour admettre des marchandises au bénéfice du traité, n'auront pas été présentés simultanément à l'arrivée des marchandises, ils n'auront de valeur qu'autant que les consignataires auront manifesté dans leurs déclarations l'intention de les produire subséquemment, afin que la Douane puisse être mise tout d'abord à portée de vérifier et de reconnaître si ces marchandises sont un produit du pays dont elles sont annoncées provenir.

Traités avec le Brésil, Venezuela et la Nouvelle-Grenade.

L'exemption de la surtaxe de navigation est accordée de même, à la charge de produire des justifications d'origine suffisantes, et sauf le recours aux commissaires-experts institués par l'article 19 de la loi du 27 juillet 1822, aux produits naturels et manufacturés.

1° Du Brésil, importés directement des ports dudit empire par navires brésiliens.

2° De la République de Venezuela, importés directement par navires venezueliens, des ports de ladite République.

3° De l'État de la Nouvelle-Grenade, importés directement des ports dudit État, par navires grenadins.

Marchandises de la Chine, de la Cochinchine et des Philippines.

Les produits naturels, le sucre excepté, importés en droiture par navires français des îles de la Sonde ou des parties de l'Asie et de l'Australasie, situés au-delà des passages formés par lesdites îles, obtiennent une remise du *cinquième* des droits d'entrée, tels qu'ils sont établis au Tarif pour les provenances les plus favorisées, autres que les colonies françaises. On doit justifier de cette origine par le rapport de mer et les livres et autres papiers de bord.

Convention entre la France et le Grand-Duché de Mecklenbourg—Schwérin.

Les navires Mecklenbourgeois, venus en droiture des ports de cet état seront traités dans les ports de France comme navires français et réciproquement.

Les produits du sol, et des manufactures du Mecklenbourg, importés directement en France, par navire de cette nation, y seront exempts de la surtaxe établie sur les marchandises importées par navires étrangers. — Ces marchandises sont : les Céréales, en quantité indéterminée ; les bois de construction (Stabholz), en quantité indéterminée ; les graines oléagineuses et leurs huiles ; les légumes secs, en quantité annuelle et collective de quatre mille tonnes de mer ; les chanvres, lins et laines, en quantité annuelle et collective de trois mille tonnes de mer ; les beurres, fromages, viandes salées et autres comestibles en quantité annuelle et collective de mille tonnes de mer.

Les produits du sol et des manufactures de la France, importés directement au Mecklenbourg y seront exempts de toute surtaxe.

Dispositions relatives aux Navires Mexicains.

Le coton importé en droiture des ports du Mexique, par navires mexicains, ne paiera que le droit imposé sur le coton importé du même pays par navires français.

Les autres marchandises restent assujetties aux droits ordinaires du Tarif, suivant la provenance et le pavillon.

Les produits du sol et de l'industrie du Mexique, en tant qu'ils auraient à jouir de quelque faveur en raison de la provenance, devront être accompagnés de certificats d'origine, délivrés et signés par les agens des Douanes dans le port d'embarquement.

Les certificats relatifs à la cargaison de chaque navire recevront un numéro suivi ; ils seront annexés, sous le cachet de la Douane, au manifeste que visera le Consul français.

Lorsque des produits du sol ou de l'industrie de la France seront expédiés pour le Mexique, la Douane du port où se fera l'expédition délivrera, comme il est dit ci-dessus, des certificats d'origine qui seront numérotés, et qu'elle réunira, sous son cachet, au manifeste qui devra être visé par le Consul mexicain.

En tout ce qui n'est pas expressément réglé par les présentes dispositions, les navires et les cargaisons du Mexique restent assujettis au droit commun.

Dispositions particulières au port de Marseille.

Toutes les denrées et marchandises imposées, à l'entrée du royaume, à un droit principal au-dessous de 15 f. par 100 kilog., augmenté uniquement de la surtaxe établie par l'art. 7 de la loi du 28 avril 1816 et du décime additionnel, sont exemptes à Marseille du premier de ces deux droits accessoires, lorsqu'elles sont notoirement de la nature de celles qui proviennent du Levant, de la Barbarie, et des autres pays situés sur la Méditerranée.

Remboursement des droits.

Les droits faussement perçus au préjudice d'un redevable sont remboursés par le Receveur des Douanes, mais seulement sur l'autorisation préalablement obtenue de l'administration.

Il est accordé, pour les réclamations de cette nature, un délai de deux années. Passé ce terme, le remboursement est refusé, à moins cependant qu'il n'y ait eu commencement de demande légalement faite.

Réfaction de droits pour cause d'avarie.

Les marchandises avariées par suite d'événement de mer, qui ne conservent plus la valeur fixée par le prix courant des mêmes espèces de marchandises, obtiennent une réduction de droits proportionnelle à leur dépréciation, lorsqu'elle résulte d'une vente publique.

Cette vente a lieu par courtiers de commerce ou autres officiers publics et sous la surveillance du Receveur des Douanes, sans la présence duquel il ne peut être fait aucune opération, ni passé aucun acte.

La réfaction des droits, est subordonnée à trois circonstances indivisibles : qu'il y a eu *événement de mer ;* — que l'événement a causé *une avarie;* — que l'avarie est assez marquée pour que la marchandise ne conserve plus la valeur moyenne qu'indique le *prix courant.* — Les fontes et les fers ne sont pas admis à cette preuve.

La déclaration d'avarie doit être faite dans les *trois jours*, au plus tard, qui suivent la visite faite, soit pour l'acquittement immédiat des droits d'entrée, soit pour la mise en entrepôt.— Ce délai est porté à un mois, si la marchandise est mise en entrepôt

DES EXPORTATIONS

Toute denrée ou marchandise provenant de France, autre que celles dont la loi prohibe la sortie pour cause d'intérêt national, peut être exportée pour les pays étrangers, sans restriction aucune, et moyennant le paiement du droit imposé à sa sortie par le Tarif (*).

Les vivres et provisions destinés à la nourriture des équipages et des passagers embarqués à bord des *navires français* faisant voile pour l'étranger, sont affranchis de tous droits et de toute prohibition de sortie. Ceux destinés aux *bâtimens étrangers* paient simplement, savoir :

Grains, farines, pain, pommes de terre et légumes secs, par 100 kil brut....................	» f	25 c
Viandes fraîches, par 100 kil. brut...	3	»
dᵒ salées dᵒ	»	25
Futailles vides, montées, pour l'usage du bord, par hectolitre de contenance................	»	50
Charbon de bois, par 100 kil. brut..	1	»
Fourrages pour les animaux embarqués, par 100 kil. brut......................................	»	50
Cordages usés, décâblés ou non, comme étoupes, dᵒ	»	25

Le biscuit de mer est exempt de tout droit de sortie.

Tous les bureaux de Douane établis aux frontières sont ouverts à l'exportation; mais lorsque les marchandises arrivent de l'intérieur, c'est au bureau de 2ᵐᵉ ligne, c'est-à-dire à celui qui est le plus rapproché de l'intérieur, et par lequel elles entrent dans le rayon frontière, que la déclaration et le paiement des droits doivent être faits. Dans tous les autres cas, c'est au bureau établi dans la localité d'où sont expédiées les marchandises, ou, s'il n'en existe pas, au premier bureau qu'elles rencontrent sur leur route directe vers l'étranger, que cette déclaration doit être remise.

Pénalité.

Les peines encourues, si la vérification fait reconnaître que la déclaration remise à la Douane est inexacte, sont celles suivantes :

(*) Les marchandises expédiées aux colonies françaises, et celles destinées à nos comptoirs et établissemens de l'Inde et d'outre-mer, sont exemptes des droits de sortie. Celles jouissant de primes de sortie (sauf les beurres et viandes salées exportées par mer et le sel ammoniac) en sont pareillement affranchies.

Pour excédant de colis.—Confiscation avec amende de 100 fr. pour chaque colis en excédant. Amende de 500 fr. avec confiscation des marchandises et des moyens de transport si l'objet est prohibé.

Pour excédant de marchandises. L'excédant du poids, du nombre ou de la mesure est assujetti au double droit de sortie, à moins qu'il ne dépasse pas le 20e pour les métaux et le 10e pour les autres marchandises ; dans ce cas, on perçoit seulement le simple droit.

Pour déficit de colis.—Amende de 300 fr. pour chaque colis manquant, à moins de vol dont la preuve a été rapportée.

Pour déficit de marchandises.—Les droits sont acquittés sur les quantités reconnues.

Pour différence en qualité.—Confiscation des marchandises faussement déclarées, avec amende de 500 fr. si les objets sont prohibés à la sortie, ou de 100 fr. seulement s'ils sont tarifés.

Il n'y a lieu qu'à l'amende de 100 fr. si le droit que l'on voulait soustraire ne s'élève pas à 12 fr.

Les marchandises prohibées, qui ont été déclarées sous leur véritable dénomination, ne sont pas saisissables ; la Douane ne les retient pas ; elles restent dans l'intérieur.

Lorsque les employés jugent qu'une marchandise acquittant les droits à la valeur a été mésestimée, ils peuvent la retenir en payant la valeur déclarée et le dixième en sus, dans les quinze jours qui suivent la notification du procès-verbal.

La préemption est interdite sur les marchandises qui ne paient que 1/4 p. % de la valeur, ce qui s'applique particulièrement aux droits de sortie.

Si, avant ou après la visite, par quelque cause que ce soit, les marchandises n'ont pas été enlevées ou expédiées, elles sont mises en dépôt dans les magasins de la Douane et traitées comme abandonnées.

Régime d'exportation relatif aux Colonies françaises et aux Etablissemens français dans l'Inde.

Le commerce des Colonies ne peut se faire que par des navires français, jaugeant au moins 60 tonneaux, et dont les officiers et les trois quarts au moins de l'équipage sont Français.

Les armemens et les retours ne sont permis que dans les ports qui ont un entrepôt fictif.

Les chaudières en cuivre, cuivre et clous à doublage étranger, sortant des entrepôts et destinés pour les colonies françaises, seront soumis au moment de l'expédition au droit de 12 f. les 100 k°.

Les fers et aciers étrangers non ouvrés, c'est-à-dire le fer étiré, laminé non étamé, de tôlerie, l'acier fondu, forgé, laminé ou filé peuvent être extraits de nos entrepôts et être expédiés par navires français, sous le seul paiement du cinquième des droits d'entrée.— Les fers et aciers non ouvrés et les poudres à tirer peuvent être importés dans les établissemens français de la côte d'Afrique, moyennant le simple droit de réexportation.

Les marchandises et denrées provenant du sol ou des fabriques de France, et les marchandises étrangères pour lesquelles on a payé les droits d'entrée, peuvent être expédiées du royaume pour les colonies françaises, en exemption de tous droits.

La même exemption s'étend aux marchandises et denrées nécessaires à l'armement et à l'avitaillement des navires français destinés pour les colonies.

Peuvent aussi être expédiés pour les colonies et en franchise, ou servir à l'armement et à l'avitaillement des navires français qu'on y destine, les denrées et autres objets prohibés à leur sortie de France.

Comptoirs et Établissemens français dans l'Inde.—Les expéditions de navires français, armés et francisés dans un port du royaume, faites directement d'un port d'entrepôt réel, ou de Toulon, pour les comptoirs et établissemens français dans l'Inde, donneront droit aux privilèges suivans:

Les marchandises dont la sortie n'est pas défendue sont expédiées, en franchise de droits, pour les comptoirs et établissemens français dans l'Inde. — Les acquits-à-caution par lesquels on assurera la destination de ces marchandises devront être déchargés et rapportés dans le délai de dix-huit mois. — Les marchandises étrangères peuvent être expédiées de nos entrepôts réels pour ces établissemens, sous le simple droit de réexportation.

St-Pierre et Miquelon.—Les bâtimens français expédiés pour ces îles peuvent, comme ceux qui partent pour nos colonies, recevoir à bord, en exemption de tout droit, et sous acquit-à-caution, les marchandises et denrées prises dans le royaume et sous le simple droit de réexportation, celles étrangères non prohibées à l'entrée, extraites des entrepôts.

Les bâtiments de pêche française qui prendront dans les entrepôts des marchandises étrangères non prohibées à l'entrée, peuvent, en outre, charger des marchandises de cabotage, *non similaires aux premières*, par leurs ports d'attache, quand ils iront faire *escale* avant de se diriger sur les îles.

DES ENTREPOTS

Les marchandises et denrées de toute espèce, importées soit de l'étranger, soit des colonies françaises et étrangères, peuvent, quand elles ne sont pas destinées ou propres à la consommation immédiate, être admises en Entrepôt, soit pour y attendre ce moment, soit pour être réexportées ou expédiées en transit pour d'autres pays étrangers. Cette admission a lieu en franchise de tous droits d'entrée.

L'Entrepôt est ou *réel* ou *fictif*.

On nomme *Entrepôt réel* celui où les marchandises demeurent sous la double clé du Commerce et de la Douane.

Les ports d'Entrepôt réel sont ceux de :

Toulon, Marseille, Arles, Adge, Cette, Port-Vendre, Bayonne, Bordeaux, La Rochelle, Nantes, Lorient, Le Legué, Saint-Malo, Morlaix, Cherbourg, Caen, Granville, Rouen, Honfleur, Le Havre, Dieppe, St-Valery-sur-Somme, Boulogne, Calais et Dunkerque. — St-Martin (Île-de-Ré) possède aussi un Entrepôt réel, mais qui n'est pas ouvert aux denrées coloniales.

L'Entrepôt des marchandises prohibées de toute espèce est autorisé dans les ports ci-après : Marseille, Bayonne, Bordeaux, Nantes, Le Havre, Dunkerque, Calais, Boulogne.

Les Entrepôts de Marseille sont sous un régime tout spécial, lequel a remplacé la franchise dont cette ville jouissait anciennement.

Il y a aussi des Entrepôts réels aux frontières et dans l'intérieur : ce sont ceux de Paris, Orléans, Mulhausen, Lyon, Strasbourg, Toulouse et Metz. Ces Entrepôts peuvent recevoir les marchandises prohibées à l'entrée et admissibles au transit, avec faculté, pendant la durée légale de l'Entrepôt, d'être réexportée en transit, soit par mer, soit par les frontières de terre, ou réexpédiées sur ceux des autres Entrepôts du royaume qui leur sont ouverts. Les Entrepôts de Lyon et de Strasbourg sont placés sous un régime particulier.

La durée de l'Entrepôt réel et du fictif est de trois ans; mais ce délai peut être prolongé par l'Administration sur la demande des entrepositaires.

Le négociant qui obtient l'entrée de sa marchandise de la totalité des droits pour la quantité de marchandises qui ont été reconnues par la Douane lors de l'entrée en magasin, à moins qu'il n'y ait réexpédition légale des objets entreposés. Aucune circonstance ne peut modifier cette condition.

Les denrées et marchandises importées des colonies par navires français, qui, à ce titre, jouissent d'une modération de droits, peuvent être mises en entrepôt fictif dans les ports ouverts au commerce des colonies françaises.

Les ports autorisés à recevoir ces marchandises sont :

Toulon, Cette, Bayonne, Bordeaux, Rochefort, La Rochelle, Nantes, Lorient, Brest, Le Légué, Granville, Cherbourg, Rouen, le Havre, Honfleur, Dieppe, St-Valery, Boulogne, Calais, Dunkerque, Marseille, Vannes, Saint-Brieuc, Caen, Port-Vendre.

Les denrées coloniales auxquelles la modération de droits est accordée, et qui peuvent être mises en entrepôt, sont celles-ci :

Sucres, confitures, sirop et mélasse, rhums et tafias, miel, café, cacao, casse, cannelle et girofle, cocos, bois de Campêche, de toutes les colonies françaises;

Liqueurs, de la Martinique seulement;

Girofle de la Guyane française et de Bourbon;

Cassia-lignea, poivre et piment, coton, de la Guyane française seulement;

Bois d'ébénisterie de la Guyane française et du Sénégal;

Peaux grandes brutes et sèches, cire brune, dents d'éléphant, gomme pure, salsepareille du cru du Sénégal, follicule de séné, du Sénégal seulement.

L'entrepôt fictif est également accordé, mais dans les ports d'entrepôt réel seulement, aux marchandises d'encombrement ci-après :

Importées par navires français et étrangers.	*Importées par navires français.*
Cotons en laine,	Chanvre filé, peigné, et étoupes de chanvre,
Bois communs pour la construction,	Sparte brut et autres joncs communs,
Mâts, matériaux, espars et manches de gaffes,	Cordages de tilleul, sparte, jonc et herbes,
Bois en perches, en échalas et en éclisses,	Graines de prairie,
Bois feuillards et bois merrains,	Peaux fraîches, grandes et petites,
Osiers en bottes,	Peaux sèches, petites,
Futailles vides,	Potasse importée des pays hors d'Europe seulement,
Balais communs,	Soude et natrons,
Avirons et rames de bateaux,	Souffre brut ou épuré,
Ardoises pour toiture,	Poix, galipot, goudron et brai sec,
Briques, tuiles et carreaux de terre,	Écorces de tilleul.
Meules à moudre et à aiguiser,	
Marbres bruts,	
Marbres ouvrés non dénommés au Tarif,	
Grains, excepté le riz,	
Houille.	

La durée de l'entrepôt fictif est d'une année ; mais ce délai peut être prolongé par l'administration sur la demande des entrepositaires.

Entrepôts établis dans plusieurs Ports de la Manche pour le Smoglage.

L'entrepôt réel pour le smoglage est accordé aux ports de :

Dunkerque, Gravelines, Calais, Boulogne, Dieppe, Fécamp, Cherbourg, Saint-Malo, Morlaix, Roscoff, pour l'eau-de-vie de grains, dite genièvre, le tafia des colonies françaises, les raisins de Corinthe et le thé.

Sont admis également en entrepôt les tissus de soie des Indes ci-après désignés :

Les mouchoirs dits *foulards*,
Les croisés des Indes,
Les crêpes de Chine ;

Mais seulement dans les ports de Dunkerque, Gravelines, Boulogne, Calais et Cherbourg.

TRANSIT.

Le transit est le passage à travers un pays quelconque, accordé sous certaines conditions aux marchandises qui vont de l'étranger à l'étranger.

On distingue diverses sortes de Transit ; savoir :

1º Transit des ports d'entrepôts sur les bureaux de terre;
2º Transit reversible des bureaux de terre sur les ports d'entrepôts;
3º Transit des objets fabriqués;
4º Transits locaux ou spéciaux.

Désignation des Marchandises exclues du Transit en tous sens.

Animaux vivans.
Viandes.
Poissons.
Tabac fabriqué ou autrement préparé.

Drilles.

Matériaux non emballés, notamment : Engrais, Marne et Charrée, Plâtres, Ardoises, Briques, Tuiles, Minérai de toute sorte.

Graisses, sauf le Suif et autres Graisses à l'état concret.

Huiles, sauf

1° Les Huiles de palme concrètes.

2° Les Huiles d'olive.

3° Les Huiles de colza, de navette, d'œillette, de pavot et de lin, qui pourront être importées par les bureaux de Wissembourg, Lauterbourg et Strasbourg, pour ressortir par ceux de St-Louis, Verrières-de-Joux et de Rousses.

Fluides et liquides de toute sorte, notamment

> Boissons en futailles.
> Mélasses, Sirops, Sorbets, Confitures en futailles.
> Miel, sauf celui à l'état concret.
> Beurre.
> Médicamens liquides.
> Produits chimiques.
> Couleurs, Teintures, Vernis.
> Bitumes.

Fonte (1).

Fer étiré (sauf celui qui sera soumis à un estampillage et aux précautions que l'Administration pourra déterminer).

Sucre raffiné, à l'exception de ceux qui sortiront par le Rhin ou par le canal aboutissant à Huningue.

Voitures.

Armes de guerre, balles de calibre et poudre à tirer (sauf les autorisations spéciales que le gouvernement pourra accorder).

Sel marin, de saline ou sel gemme.

Chicorée moulue (1).

Les marchandises *non prohibées* destinées au transit ne peuvent être présentées pour suivre cette destination, que dans les ports d'entrepôt réel, ou dans les bureaux suivants, savoir :

* Calais,
* Boulogne.
** Dunkerque par Zuidcotte.
Lille par Halluin et Baisieux.
Valenciennes par Blanc-Misseron.
** Blanc-Misseron.
Givet.
Sedan par St-Menge et La Chapelle.
** Longwy.
Forbach.
Sareguemines.
** Lauterbourg.
** Wissembourg.
** Strasbourg.
** Huningue
** St-Louis.
Delle.

** Le Viller (en attendant l'installation du bureau des Pargots).
** Verrières de Joux.
Jougne.
** Les Rousses.
** Bellegarde.
Entre-Deux-Guiers.
** Pont-Beauvoisin.
Chapareillan,
St-Laurent-du-Var.
Bedous par Urdos.
* Béhobie.
Ainhoa.
St-Jean-Pied-de-Port par Arneguy.
* Perpignan par Perthus, seulement pour l'entrée; par Perthus, Bourg-Madame et Port-Vendre pour la sortie.

(1) Par décision ministérielle du 24 avril 1834, les *fontes* et *la chicorée moulue* sont provisoirement admises à la faculté du transit, à titre d'essai, sauf à faire sanctionner cette mesure par les Chambres, lorsque l'expérience aura fait connaître qu'elle est réellement sans inconvénient. Les pièces de fonte dont le poids est de 25 kil. et au-dessus peuvent transiter par tous les bureaux ouverts au transit, mais celles au-dessous de ce poids, ainsi que la chicorée moulue, ne sont admises que par les bureaux désignés pour le *prohibé*, et doivent être soumises à la formalité du double emballage et du second plombage.

Le transit , à l'entrée , des marchandises *prohibées* ne peut avoir lieu que par l'un des bureaux ci-dessus marqué d'un ou de deux astérisques , ou par l'un des ports de Marseille , Bayonne, Bordeaux , Nantes, le Havre , Boulogne; Calais et Dunkerque.

La sortie ne peut en être effectuée que par l'un de ces ports ou bureaux si elles arrivent par *terre*, et seulement par ceux de ces mêmes bureaux marqués de deux astériques si elles arrivent par *mer*.

Les marchandises *prohibées* reçues en Entrepôt peuvent , *pendant toute la durée légale de l'Entrepôt* (trois années), être réexportées en transit soit par mer, soit par les frontières de terre (Loi du 26 juin 1835).

Les marchandises , ci-après dénommées , ne peuvent transiter qu'*accompagnées d'échantillons* qui sont mis en boîtes séparées , scellées du plomb de la Douane , et que le conducteur est tenu de représenter au bureau de sortie , sous peine de voir refuser la décharge de l'acquit-à-caution. Ce sont:

Marchandises de transit qui doivent être accompagnées d'échantillons.

Toutes marchandises atteintes d'avarie.	Cannelle.
Laines.	Girofle.
Grains et farines.	Muscade.
Sucres bruts ou terrés.	Macis.
Cacao.	Poivre.
Cafés d'une qualité très-inférre ou mélangés de grains noirs.	Piment.
Vanille.	Thé.
Cochenille.	Safran.
Tabacs en feuilles.	Orseille.
Huiles d'olive.	Indigo.
Fils de coton , de laine et autres prohibés.	Ipécacuanha.
Tulle de lin, de coton ou de soie.	Rhubarbe.
Tissus de laine ou mélangés de laine , *en pièces.*	Salsepareille.
Tissus de soie, de bourre, de soie et de fleuret, *en pièces.*	Jalap.
Liquides et fluides.	Ecorces médicinales.
Huile de colza.	Feuilles et follicules de séné.
— de navette.	Sucs végétaux , à l'exception des gommes pures, résines
— d'œillette.	indigènes , storax, manne, jus de réglisse et glu.
— de pavot.	Bouchons de liège.
— de lin.	

Le conducteur d'une marchandise expédiée en transit est encore dans l'obligation de présenter cette marchandise au bureau de 2me ligne, par lequel il entre sur le territoire des quatre lieues frontières, ou à celui par lequel il en sort, afin d'y faire viser l'acquit-à-caution dont il est porteur ; et ce, sous peine d'une amende de 500 fr.

Chaque espèce de marchandises doit être présentée en colis en bon état, et séparément par espèce et qualité, suivant les distinctions du Tarif, de manière qu'une espèce forme seule le contenu d'un colis : à moins que dans l'intérieur des caisses il n'y ait des compartimens pour séparer les marchandises d'espèce ou de qualité différentes; ou que dans les autres colis , chacune des marchandises n'ait un emballage particulier.

Les fils et tissus de toute sorte , peuvent être mis en *colis pressés* : on doit alors en déclarer la valeur, qu'ils soient prohibés ou non, et les faire accompagner d'échantillons sur cartes.

Toutes les marchandises de transit sont assujetties au plombage. Il y a même obligation d'un double emballage et d'un second plomb pour toutes les fabrications prohibées et autres. Néanmoins, les objets non susceptibles d'être emballés, tels que les bois d'ébénisterie et de teinture, le plomb brut, etc., sont dispensés du plombage. On y supplée par l'énonciation des dimensions, du poids et de la valeur.

Toute expédition a lieu sous la formalité de l'acquit-à-caution. Par cet acte, l'expéditeur s'oblige de faire sortir la marchandise par le bureau, et dans le délai fixé, et d'en justifier en rapportant l'acquit-à-caution dûment revêtu du certificat de sortie et de décharge, sous peine, s'il s'agit d'objets non prohibés , de payer le quadruple des droits d'entrée et une amende de 500 f., ou la valeur des marchandises et une amende égale au triple de cette valeur, s'il s'agit d'articles prohibés à l'entrée.

Le transit sera entièrement aux risques des soumissionnaires, sans qu'ils puissent être exemptés du paiement des droits en alléguant la perte totale ou partielle des marchandises. Seulement, dans le cas de perte, justifiée par un procès-verbal du juge ou d'un officier public, rédigé sur les lieux, et rapporté en temps utile avec l'acquit-à-caution, la douane ne pourra exiger que le paiement du simple droit d'entrée.

Les déficit reconnus à la sortie sur le poids des caisses, ballots et futailles, et qui ne seront pas au-dessus du dixième du poids énoncé dans les acquits-à-caution, ne seront également assujettis qu'au paiement du simple droit.

Tous les déficit reconnus à la sortie sur le poids des colis seront constatés dans les certificats de décharge; ce qui entraînera le recouvrement des condamnations encourues, si le déficit est au-dessus du dixième du poids énoncé dans l'acquit-à-caution.

Si les denrées déclarées en transit ont été soustraites, ou qu'il y en ait été substitué d'autres, il y a lieu au quadruple droit de consommation et à une amende de 500 f. contre les contrevenans.

Ces peines sont poursuivies au bureau de départ contre les commissionnaires, sauf leur recours contre les auteurs de la fraude. Au bureau de sortie, on saisit les objets substitués pour être confisqués, avec amende de 100 f. s'ils sont tarifés, et de 500 f. s'ils sont prohibés.

RÉEXPORTATION.

Aucune marchandise étrangère ou coloniale ne peut être réexportée soit des entrepôts réels et fictifs, soit des ports ouverts au transit, que sur des navires de 60 tonneaux au moins pour l'Océan, ou de 40 tonneaux au moins pour la Méditerranée. Le port de Bayonne a toutefois la faculté d'employer des bâtimens de 25 tonneaux, pour ce qui s'en réexporte en-deçà du cap Finistère, comme aussi ceux de Marseille et de Cette peuvent se servir de navires de 25 tonneaux pour les côtes d'Espagne dans la Méditerranée, et de 40 tonneaux pour tous les autres ports.

L'embarquement et la réexportation *des marchandises prohibées* ne peuvent avoir lieu que sur bâtimens jaugeant au moins 100 tonneaux. Elles peuvent cependant se réexporter à Bayonne, sur des navires de 40 tonneaux, et même de 25 tonneaux, quand il n'existe pas dans ce port de bâtiment du premier tonnage; à Marseille, sur des navires de 40 tonneaux pour les marchandises à destination de l'Espagne et de l'Italie; et à Bordeaux, sur des bâtimens de 60 tonneaux lorsqu'il s'agit d'une expédition pour l'Espagne.

Les réexportations par mer s'effectuent de deux manières :

Par un simple permis qui accompagne la marchandise jusqu'à la mise en mer du navire;

Par acquit-à-caution quand il s'agit de marchandises destinées pour nos Colonies, nos établissemens en Afrique et dans l'Inde, et autres où elles sont reçues en franchise de droits.

Dans le premier cas, c'est-à-dire, lorsque la réexportation se rapporte à des marchandises tarifées ou prohibées sortant de nos entrepôts à destination de l'étranger, le permis qui les accompagne doit être rapporté au bureau qui l'a délivré, revêtu du certificat de la mise en mer du navire avec la marchandise à son bord, sous peine d'amende et du paiement de la valeur de cette marchandise (*).

Dans le second cas, les marchandises sont accompagnées d'un acquit-à-caution qui doit être rapporté, déchargé par les autorités locales des ports de destination et dans les délais fixés, à peine par les soumissionnaires de payer le double des droits d'entrée.

Le plombage des marchandises à réexporter n'est permis qu'à Rouen, Nantes, Bordeaux, Bayonne et Marseille.

_____

(*) Dans les ports de Bayonne, Bordeaux et Nantes, situés sur des rivières affluentes à la mer, ce permis porte obligation d'être revêtu non-seulement du visa des préposés du bas de ces rivières, attestant le départ du navire et de la marchandise pour l'étranger, mais encore celle de la décharge de ce même permis dans l'un des bureaux du Boucau, Pauillac ou Paimbœuf, selon le point de départ.

TARIF DES DROITS ACCESSOIRES.

Droit de Transit.

Sur les marchandises expédiées...............
- des Douanes de terre sur les Ports d'entrepôt réel et reversiblement, ou des bureaux frontières sur d'autres bureaux frontières...
  > 25 c. par 100 kil. brut, sans addition du second emballage, ou 15 c. par 100 f. de la valeur, au choix du déclarant.
- des Douanes de terre ou des Ports d'entrepôt réel, sur l'entrepôt de Lyon, ou les autres entrepôts intérieurs ou frontières.......................................
  > Rien.

Droit de Réexportation.

Sur les marchandises.....
- sortant des entrepôts maritimes, par mer................
  > 51 c. par 100 kil. brut, ou 15 c. par 100 f. de valeur, au choix du déclarant.
- sortant des entrepôts intérieurs, ou frontières...........
  > 25 c. p. 100 kil. brut, sans addition du second emballage, ou 15 c. par 100 f. de valeur, au choix du déclarant.

Droit de Retour ou de Réimportation.

Sur les marchandises françaises revenant invendues de l'étranger ou des Colonies.....
> 51 c. par 100 k° brut, ou 15 c. par 100 f. de valeur, au choix du redevable.

Droit de Magasinage pour le dépôt en Douane.

Nota. Le droit de Magasinage n'est point passible de l'addition du décime par franc.

Sur les marchandises.....
- *non réclamées* par les propriétaires, ou pour lesquelles il n'a pas été fourni de déclarations en détail en temps utile....................
- *provenant de saisie* ou autres qui, après avoir été vendues sous condition de réexportation, ne sont point réexportées par les acquéreurs dans le délai accordé...............
  > 1 p. % de leur valeur.
- *nationales en retour*, qui demeurent en dépôt en attendant l'autorisation de leur réadmission....................
  > $\frac{1}{2}$ p. % de leur valeur.

Droit de Timbre des diverses expéditions.

(Nota. Ce droit n'est pas passible de l'addition du décime).

Manifestes d'entrée ou de sortie........................	*exempts.*	
Acquits-à-caution...................................	» 75	
Passavans et congés de circulation.....................	» 05	par acte.
Quittances de droits { au-dessus de 10 francs...............................	» 25	
{ de 10 francs et au-dessous.............................	» 05	
Quittances d'escompte des droits de Douane et des sels { au-dessus de 10 fr......	» 25	
{ de 10 fr. et au-dessous.	» 05	

Droit de Plombage.

(Nota. Ce droit n'est pas passible de l'addition du décime).

Marchandises	Expédiées en cabotage ou en mutation d'entrepôt par mer.	
	Exportées sous réserve de prime de sortie............... par chaque plomb.... »f50ᶜ	
	Non fabriquées, expédiées en transit..................	
	Fabriquées, expédiées en transit ou en mutation d'entrepôt, 1ᵉʳ plomb............ » 50	
	par terre... 2ᵉ plomb........... » 25	
	Réexportées directement par mer, des entrepôts de Rouen, Nantes, Bordeaux, Bayonne et Marseille..............	
	Expédiées sur les entrepôts de l'intérieur (celui de Lyon excepté), ou qui en sont extraites soit pour la réexportation, soit pour être dirigées sur d'autres entrepôts...	
	De prime ou de transit qui, après avoir été vérifiées dans un port ou un bureau de sortie qui ne touche pas immédiatement à l'étranger, doivent être remises sous le sceau des douanes, pour en assurer le passage définitif, soit en haute mer, soit sur le territoire de la domination limitrophe.... .... par chaque plomb.... » 25	
	Grains et farines expédiés en transit......................	
	Assujetties au plombage *en tous autres cas*.............. id.............. » 50	

TABLEAU *des marchandises affranchies du plombage des Douanes, lorsqu'on les expédie par cabotage, réexportation ou mutation d'entrepôt par mer.*

Acide citrique cristallisé, ou seulement concentré au-dessus de 35 degrés.
  » sulfurique, nitrique, muriatique, nitro-muriatique, phosphorique, tartarique, benzoïque, oxalique.
Argentan.
Bismuth ou étain de glace, battu ou laminé.
Bitumes-asphalte et succin.
Bois à brûler.
Bois d'ébénisterie en billes ou scié à plus de 3 décimètres d'épaisseur, acajou et tous autres non dénommés.
  » scié à 3 décimètres d'épaisseur ou moins, gaïac, ébène, buis, acajou et tous autres non dénommés.
Boissons distillées et fermentées.
Champignons, morilles et mousserons secs ou marinés.
Charbon de bois et de chènevottes.
Cire non ouvrée blanche.
Confitures.
Cordages.
Cuivre, minerai.
  » pur, battu, laminé ou filé.
  » allié de zinc battu, laminé ou filé.
Écorces à tan.
Embarcations en état de servir.
  » agrès, apparaux et voiles de navires.
  » câbles en fer pour la marine.
Encre liquide à écrire ou à imprimer.
Étain battu ou laminé.
Fer, minerai brut ou lavé, sulfuré ou non.
  » Fonte moulée.
  » forgé en massiaux ou prismes.

Fer, étiré en barres, platiné ou laminé de tréfilerie.
» ouvré-carburé.
» Ferraille et mitraille.
Fruits de table, frais, noix de coco.
» confits.
Garance moulue ou en paille.
Graisses de cheval, d'ours et toutes autres non dénommées.
» dégras de peaux.
» de poisson.
Huiles d'olive, de faîne, de noix et de graines grasses.
Joncs et roseaux exotiques.
» d'Europe, des jardins, en brochettes, pour peignes à tisser.
Marbres en tranches de 3 centimètres ou moins.
Matériaux, ardoises, tuiles et carreaux de terre.
Mélasse.
Meubles ayant servi.
Meules à moudre.
» à aiguiser, de 920 millimètres de diamètre et au-dessus.
Miel.
Ouvrages en bois, futailles vides, montées et cerclées en fer et démontées.
» boîtes de bois blanc.
» manches d'outils.
» non dénommés.
Peaux brutes fraîches et sèches, de bélier, brebis, moutons et agneaux, revêtues de leur laine.
Perches.
Perles fines.
Plomb allié d'antimoine, en balles de calibre, battu ou laminé.
Poissons d'eau douce, préparés.
» de mer.
Poudre à tirer.
Résines indigènes, térébenthine liquide.
» essence de térébenthine.
Sel marin, de marais ou de saline, gemme ou fossile.
Sirops.
Truffes.
Vesce ou jarosse.
Viandes fraîches, de boucherie.
» salées.
Voitures.
Zinc laminé.

Les animaux vivants qui, d'après les termes de la loi, demeureraient soumis à la formalité du plombage, en seront exemptés.

Marchandises sujettes au Plombage pour les Colonies françaises.

Armes de luxe.—Bijouterie fausse.—Cartes géographiques.—Cristaux et Verres.—Chapeaux de paille.—Chapeaux de feutre et de soie.—Cartons.—Cordages emballés.—Clous de cuivre, de plomb et de zinc.—Flambeaux dorés.—Ferblanc. —Fil à coudre.—Fleurs artificielles.—Glaces.—Groisil.— Mécaniques et Instrumens aratoires.—Métaux ouvrés, Or et Argent.— Ouvrages en ferblanc et ouvrages en fer (les clous de fer exceptés).—Objets de modes.—Objets de collection.— Ouvrages en cuir.— Pompes.— Petits Miroirs.—Petits Meubles.—Plomb de chasse.— Parapluies.— Presses. —Pendules.— Sellerie.— Souliers. — Tableaux.— Toile cirée.— Tôle vernie.— Tabletterie.— Tissus de toute espèce.

TARIF DES DROITS DE NAVIGATION.

DÉSIGNATION DES DROITS.	DROITS À PERCEVOIR PAR		
	tonneau.	bâtiment.	acte.
FRANCISATION (1).	F. C.	F. C.	F. C.
Bâtimens au-dessous de 100 tonneaux...............................	0 09	»	»
d° de 100 tonneaux et au-dessous de 200.................	»	18 00	»
d° de 200 tonneaux à 300 inclusivement.................	»	24 00	»
Pour chaque 100 tonneaux au-dessus de 300 (2).................	»	6 00	»
TRANSFERT			
Pour chaque endossement fait par suite de vente de tout ou partie de bât. au-dessous de 100 ton.	0 06	»	»
de 100 t. et au-dessus.	»	»	6 00
TONNAGE (3).			
Navires français au-dessus de 30 tonn., venant par cabotage d'un port de la même mer (4).	0 22	»	»
» » d'un port d'une autre mer (5).	0 30	»	»
» » sans distinction de tonn., venant des colon. et comptoirs fr. hors d'Europe.	0 45	»	»
» » venant des possessions anglaises en Europe 6)...	1 00	»	»
» » paquebot (7) servant *exclusivement* au transport des voyageurs et de leurs effets (8)..............	À raison de 1 tonneau par passager (9).		

(1) Il y a exemption de francisation, et par conséquent du droit applicable à cet acte, à l'égard : 1° des bâtimens, quel que soit leur tonnage, qui restent en rivière en-deçà du dernier port situé à l'embouchure ; 2° des canots et chaloupes, dépendans de navires francisés ; 3° des canots d'un ou de deux tonneaux, appartenant à des habitans voisins de la côte, qui ne s'en servent que pour leur usage personnel, à l'exclusion de tout transport de marchandise.
Si le bâtiment change de forme, de tonnage ou de nom, l'acte de francisation est renouvelé sans autres frais que ceux du parchemin et du timbre. Il en est de même si le renouvellement de l'acte a lieu pour cause de vétusté, ou comme n'offrant plus de place pour y inscrire les mutations de propriété. Mais le propriétaire qui a perdu l'acte de francisation n'en obtient un nouveau que sous le paiement des droits.
(2) Ce droit supplémentaire n'est dû que pour chaque 100 tonneaux *complets* au-dessus de 300.
(3) L'espace *gardé par un bureau de Douane* et consacré aux opérations commerciales constitue un *port*. Ainsi les relâches dans les golfes, anses et baies où il n'y a pas de bureau, et qui ne font pas partie d'un *port gardé*, ne donnent pas ouverture au droit.
Le droit de tonnage se paie dans les vingt jours de l'arrivée et avant le départ du navire.
Il affecte proportionnellement la fraction du tonneau incomplet.
Il se perçoit sur les résultats du jaugeage effectué par les employés des Douanes.
À l'égard des navires étrangers qui viennent, par continuation d'un même voyage, d'un autre port de France, on peut se dispenser de procéder à un nouveau jaugeage, et dans ce cas les droits sont perçus d'après le jaugeage constaté au port de prime-abord.
(4) C'est-à-dire de Méditerranée en Méditerranée, d'Océan en Océan.
(5) De la Méditerranée dans l'Océan, ou de l'Océan dans la Méditerranée.
(6) Le traité du 26 janvier 1826 n'étant point applicable aux smogleurs, les bâtimens français qui font le smoglage restent, d'après la loi générale, affranchis du droit de tonnage.
(7) Les exemptions rappelées plus bas s'appliquent nécessairement aux paquebots qui peuvent se trouver dans les cas qu'elles prévoient.
(8) Les droits sont exigibles pour le tonnage entier : 1° si le nombre des passagers égale ou dépasse celui des tonneaux constatés par la jauge ; 2° si ce nombre est reconnu excéder celui déclaré en Douane, ou si on acquiert la preuve du débarquement clandestin d'un ou de plusieurs passagers non compris dans la déclaration ; 3° si le paquebot, après n'avoir amené que des passagers, repart avec des marchandises en quantité quelconque.
Les enfans, quel que soit leur âge, sont comptés comme passagers.
Le nombre des passagers à l'arrivée sert seul de base à la perception des droits ; ceux pris au départ ne sont pas comptés.
Le paquebot qui vient les chercher des voyageurs ne paie aucun droit.
Les paquebots de malle, chargés spécialement du transport des lettres et journaux, doivent, qu'ils aient ou non des voyageurs, le droit intégral de tonnage.
Les objets de provision que les voyageurs prennent avec eux, s'ils sont en faible quantité, ne doivent point faire obstacle à la perception du droit telle qu'elle est autorisée par la décision du 13 mars 1832. Cette règle s'étend aux voitures, chevaux, effets, meubles et articles de mode ou de fantaisie, pourvu que la condition des passagers puisse faire supposer avec vraisemblance que ces objets sont à eux et pour l'usage personnel. Mais il n'en est pas de même de ce que ces voyageurs déclarent comme étant destiné à des amis ou à d'autres personnes non présentes sur le paquebot.
Le thé qu'on charge à titre de provision de bord doit avoir acquitté les droits ; on n'en peut tirer en franchise des entrepôts, et si l'on en tirait, le droit de tonnage serait dû sur la contenance du paquebot.
(9) Ainsi on perçoit par passager 1 f., 45 cent, 30 cent. ou 22 cent. ½, selon que le paquebot vient des possessions britanniques en Europe, de nos colonies ou d'un autre port du royaume.

DÉSIGNATION DES DROITS.	DROITS A PERCEVOIR PAR		
	tonneau.	bâtiment.	acte.

TONNAGE.

DÉSIGNATION DES DROITS.			
Navires français sans distinction de ton., venant des ports étrangers autres que ceux des possessions britanniques européennes............			
» » venant de la course............................			
» » venant de la pêche............................			
» » de guerre....................................			
» » de commerce, frétés pour le compte de l'État, ou requis pour le service militaire (10)...........			
» » employés comme parlementaires (11)...........			
» » employés comme allèges (12)....			
» » échoués et abandonnés.......................			
» » provenant d'épaves..........................			
» » venant sur lest (13) charger du sel pour l'étranger ou la pêche de Terre-Neuve..................			
» » venant charger du sel pour la préparation de la sardine en mer............................	Exempts (17).		
» » revenant directement sur lest d'un port du Royaume-Uni en Europe, où ils ont effectué le transport direct d'un chargement de sel...............			
» » venant faire ou compléter leur cargaison........			
» » naviguant en rivière sans emprunt de la mer....			
» » qui, après avoir acquitté les droits dans un port situé en rivière, ou dans une rade, viennent terminer leur déchargement dans d'autres ports de la même rivière ou de la même rade..................			
» » entrant à Marseille........................			
» de 30 ton. et au-dessous venant d'un port de France...			
» en relâche forcée (14) venant des possessions britanniques européennes à destination, soit d'un autre port de France, soit d'un port étranger (15).....................			
» » venant d'un autre port de France (16),.........			

(10) Les bâtimens frétés pour le compte de l'État exempts du droit de tonnage sont ceux dont l'équipage est nourri et soldé par le gouvernement.—Le droit est dû au contraire si le bâtiment est frété à tant par tonneau ; mais lorsque le capitaine ne peut faire l'avance de ce droit, le chef civil ou militaire qui expédie le bâtiment fournit, pour le capitaine, la soumission de l'acquitter à la fin du mois au bureau des Douanes.—Les droits de navigation seraient dus si les navires de l'État ou frétés pour son compte prenaient des objets de commerce. Ils n'ont d'ailleurs droit à la franchise qu'autant qu'ils ont à bord : 1° l'ordre spécial de service indiquant le lieu d'où ils partent et où ils prennent leur chargement ; 2° une facture signée des administrateurs des ports, sur laquelle sont désignées la nature et la destination du chargement. Si, à une cargaison ainsi légitimée, on avait ajouté des marchandises de commerce, les droits de navigation deviendraient exigibles pour le tout.—En cas de contravention on devrait, avant d'en rendre compte, prévenir le commissaire de marine afin qu'il employât son autorité pour contraindre les commandans des navires à remplir leurs obligations.

(11) Un parlementaire perd son titre à l'immunité lorsqu'il a à bord des marchandises, ou même s'il amène des passagers, à moins que ce ne soient des prisonniers ou des passagers dont les frais de passage sont à la charge du gouvernement. Mais le navire parlementaire peut, sans cesser d'avoir droit à la franchise, prendre au retour des marchandises ou des passagers.

(12) Cette exemption ne s'applique qu'aux embarcations qui servent à transporter, dans un même port ou dans une même rivière, des marchandises prises à bord d'un navire qui a lui-même acquitté les droits de tonnage.

(13) Les navires sont censés sur lest, si les marchandises qu'ils ont à bord ne forment pas le vingtième de leur tonnage. Néanmoins ces marchandises donnent ouverture à la perception du droit dans la proportion de la place qu'elles tiennent.—Les cargaisons de sel doivent être considérées comme complètes, et dès-lors motiver l'affranchissement total, lorsqu'elles équivalent aux 14/15 de la capacité du navire. Toutefois, si l'autre 15° est en totalité ou en partie occupé par d'autres marchandises, le droit se perçoit au prorata de l'encombrement.—Si les cargaisons de sel ne représentent pas les 14/15 de la capacité des navires, le droit est exigible, sans déduction du 15° de tolérance dont il est parlé ci-dessus, pour toute la partie du tonnage qui ne contient pas du sel, soit qu'elle reste vacante ou qu'on y place d'autres objets.

(14) Aux termes de l'article 1er du titre VI de la loi du 22 août 1791, le capitaine de tout navire qui entre dans un port par relâche forcée est tenu de justifier, par un rapport, dans les vingt-quatre heures de son arrivée, des causes de sa relâche. Les faits articulés dans ce rapport doivent coïncider avec le livre de bord ; ils doivent aussi, d'après l'article 11 du titre II de la loi du 4 germinal an 2, être reconnus réels par les préposés de la Douane, qui peuvent au besoin les faire confirmer par l'interrogatoire des gens de l'équipage.

(15) L'immunité doit être refusée si la relâche donne lieu à une opération commerciale quelconque.

(16) Le droit serait dû si la relâche était suivie d'un déchargement excédant le dixième *en volume* du chargement. Toutefois le déchargement de la cargaison ne prive pas de l'immunité s'il est motivé par la condamnation du navire comme ne pouvant pas tenir la mer.

(17) Dans aucun des cas où il y a dispense des droits de tonnage, les réparations que subissent les navires (français ou étrangers) ne sont un obstacle à cette dispense.

DÉSIGNATION DES DROITS.	DROITS À PERCEVOIR PAR		
	tonneau.	bâtiment.	acte.
TONNAGE.			
Nav. étrangers, sans distinction de pavillon ni de tonnage, sauf les exceptions suivantes..	3 75	»	»
» Espagnols (18), au-dessus de 30 t. ven. par cabot. d'un port de la même mer...	0 22 ½	»	»
» » » d'un port d'une autre mer...	0 30	»	»
» » de 30 tonneaux et au-dessous, venant d'un port de France.			
» » sans distinction de tonnage, venant de l'étranger...	Exempts.		
» Vénézueliens et Grenadins, sans distinction de tonnage...			
» Anglais, venant des possessions anglaises en Europe (19)...	1 00	»	»
» » ven. sur lest d'un port étrang. autre que ceux désignés ci-dessus.			
» » qui, allant des possessions anglaises, européennes hors de France, relâchent forcément dans un port français...	Exempts.		
» » bateaux pêcheurs forcés de chercher un refuge...			
» » smogleurs (20)...			
» Américains et Mexicains (21) sans distinction de tonnage...	1 25	»	»
» Portugais, dans tous les cas de relâche forcée...	5 00	»	»
» de tous pavil., admis exceptionnellement à faire le cabotage (22,	Exempts.		
» de 30 tonneaux et au-dessous...			
» au-dessus de 30 tonn. venant d'un port de la même mer...	0 22 ½	»	»
» » d'un port d'une autre mer...	0 30	»	»
» » paq. serv. exclusiv. au transport des voyag. et de leurs effets...	À raison d'un tonneau par passager.		
» » de 80 ton. et au-dessous, qui viennent sur lest ou avec des marchandises taxées à moins de 20 f. par 100 kil. charger des huîtres dans les ports de la Manche...	1 25	»	»
» » de guerre...			
» » employés comme parlementaires...			
» » de commerce frétés pour le compte de l'État ou requis pour le service militaire...			
» » employés comme allèges (23)...			
» » échoués et abandonnés...			
» » provenant d'épaves...			
» » venant sur lest, charger du sel pour l'étranger ou la pêche de Terre-Neuve...	Exempts.		
» » qui, après avoir acquitté le droit, dans un port situé en rivière ou dans une rade, viennent terminer leur déchargement dans d'autres ports de la même rivière ou de la même rade...			
» » entrant à Marseille...			
» » venant d'un autre port de France pour faire ou compléter leur chargement...			
» » provenant de prise...			
» » en relâche forcée, allant de l'étr. à l'étr. (24) chargés...	0 50	»	»
» » » sur lest...	0 25	»	»

(18) Les navires espagnols, assimilés aux navires français par la convention du 15 août 1761, sont admis à faire le cabotage.

(19) Ce droit est exigible dans chacun des ports où le navire anglais se rend pour décharger une partie de sa cargaison.

(20) Les navires anglais de 30 tonneaux et au-dessous, qui viennent dans les ports de la Manche sur lest ou avec des marchandises taxées à moins de 20 francs par 100 kil. sont de droit réputés smogleurs, lors même qu'on ne les déclarerait pas tels, s'ils prennent des marchandises étrangères dans les entrepôts du smoglage.

(21) Il faut que la nationalité du navire soit constatée. Au moyen de ce droit de 5 francs par tonneau, lequel est exempt du décime, et qui se perçoit d'après le tonnage énoncé dans les registres de bord, les navires des États-Unis et du Mexique sont assimilés aux navires français pour les autres droits ou taxes de navigation.

(22) Le navire étranger qui, en vertu d'une autorisation spéciale, vient sur lest prendre un chargement pour un autre port de France, est à son arrivée traité comme français, et ne paie conséquemment que 22 centimes ½ par tonneau, quel que soit son point de départ. Mais si, au lieu d'être sur lest, le navire arrive de l'étranger avec une cargaison quelconque, il est passible du droit afférent à son pavillon. Ce dernier droit est également dû, tant par les navires sur lest que par les navires chargés, si l'autorisation de cabotage n'est donnée qu'après son entrée dans le port.

(23) Les navires étrangers ne sont employés comme allèges qu'en cas d'urgence.

(24) Cette disposition n'a d'effet qu'à titre de réciprocité ; elle n'est applicable aujourd'hui qu'aux navires napolitains, toscans, suédois et norwégiens. — D'après la décision précitée du 4 août 1828, les néerlandais jouissent même, dans le cas qu'elle prévoit, de l'immunité absolue des droits de navigation. — Mais, à l'égard de ces cinq pavillons, l'intégralité du droit serait exigible si la nécessité de la relâche n'était pas régulièrement constatée, ou si elle était suivie d'une opération quelconque de commerce.

DÉSIGNATION DES DROITS.	DROITS A PERCEVOIR PAR		
	tonneau.	bâtiment.	acte.

TONNAGE.

Nav. étrangers, de tous pavill., en relâche forcée , venant de l'étranger, à destination d'un autre port de France...............			
» » » qui, allant de l'étr. à l'étr., sont contraints,après qu'ils ont déjà été forcés de relâcher dans un port de la Méditerranée, à faire des relâches ultérieures dans un ou plusieurs ports de la même mer..................		Exempts.	
» » » venant d'un port de France.........			
» » » allant de l'étr. à l'étr. et jugés innavig.			
» » » poursuivis par l'ennemi (25)........			
» » » faisant la pêche (26)................			

EXPÉDITION.

Navires français sauf les exceptions ci-après , de 150 tonneaux et au-dessous...........	»	2 00	»
» de plus de 150 tonneaux à 300 inclusivement.	»	6 00	»
» de plus de 300 tonneaux..................	»	15 00	»
de 5 tonneaux et au-dessous.......................		Exempts.	
exempts du droit de tonnage.........................			
Nav. étrangers, sauf les exceptions ci-après, de 200 tonneaux et au-dessous...........	»	18 00	»
» de plus de 200 tonneaux..................	»	36 00	»
Anglais...... (smogleurs...................... (venant des posses. angl en Europe.		Exempts.	
Espagnols.................................(de 150 ton.et au-dessous.	»	2 00	»
Américains...............................			
Mexicains.......................(de plus de 150 à 300 ton.	»	6 00	»
Brésiliens.......admis exceptionnellement à faire le de plus de 300 tonneaux. cabotage (27)...................	»	15 00	»
de 5 tonneaux et au-dessous.			
de tous pa- (de 80 ton. et au-dessous, venant sur lest ou avec des marvillons. chandises taxées à moins de 20 fr. par 100 kil., charger des buîtres dans les ports de la Manche..................		Exempts.	
exempts du droit de tonnage.....................			

CONGÉ.

Nav. français (28) de 30 tonneaux et au-dessus , sauf les exceptions ci-après (29)........	»	»	6 00

25) Il faut que le capitaine s'abstienne de toute opération commerciale et qu'il reprenne la mer aussitôt que le danger est passé.

26) Le navire doit repartir dès qu'il est possible de remettre à la voile, sans avoir fait ni chargement ni déchargement.

27) Dans le cas où il y a lieu de percevoir le droit de tonnage afférent aux navires étrangers, on doit également exiger le droit d'expédition qui affecte ces mêmes navires.

28) Aucun navire français, chargé ou sur lest, ne peut prendre la mer sans être nanti d'un congé.—Toutes les fois que le droit de congé est exigible, le congé lui-même doit être délivré.

29) Les bâtimens de ce tonnage doivent prendre un congé pour chaque voyage.—Le navire qui se rend dans un port de France et revient *directement* à celui de départ ne fait qu'un voyage. Le congé, conséquemment , vaut pour le l'aller et le retour. Dans ce cas on se borne à viser le congé délivré au port de départ. — Si , ayant déclaré qu'il retourne à ce port, le capitaine se rend volontairement dans un autre port la Douane du port où il aborde lui fait payer le droit de congé qu'il a éludé au port d'où il vient , et ne le laisse ressortir qu'après qu'il a satisfait à ses obligations pour le voyage ultérieur. Cependant, s'il retournait *directement* au dernier port qu'il a quitté , il rentrerait dans le cas prévu par la décision précitée du 28 avril 1818 , et ne devrait plus que le congé qu'il aurait payé à son départ de ce même port , s'il y eût fait une déclaration exacte ; mais on a soin d'indiquer sur le congé qu'on lui délivre que cet acte cesse d'être valable au port de la destination déclarée. — Le capitaine qui prend un congé en annonçant que la cargaison de son navire sera partiellement et successivement déchargée dans plusieurs autres ports de France n'entreprend qu'un seul et même voyage , le renouvellement du congé n'est point exigible aux ports de station , pourvu que cet acte les mentionne , et si , d'ailleurs , on n'y charge pas de marchandises pour d'autres ports que celui de départ. — Hors les cas ci-dessus, les capitaines sont tenus de prendre de nouveaux congés partout où ils se rendent , même pour retourner au port d'attache ou de première expédition.—Les bâtimens expédiés pour le commerce du Levant, qui ne reviennent qu'après l'expiration de l'année de leur congé, paient double le droit du premier congé qu'ils reçoivent à leur retour.

DÉSIGNATION DES DROITS.	DROITS A PERCEVOIR PAR		
	tonneau.	bâtiment.	actr.
CONGÉ.			
Navires français faisant la pêche sur nos côtes, de 50 tonneaux et au-dessus (30)......	»	»	6 00
» » au-dessous de 50 tonneaux (31)........	»	»	3 00
» au-dessous de 30 tonneaux (32), pontés..............	»	»	3 00
» » non pontés............................	»	»	1 00
» navigant en rivière, sans emprunt de la mer (33), sans distinction de tonnage.			
» employés sur la côte pour l'usage personnel des prop.(33) de 2 t. et au-dessous.	Exempts (34).		
PASSEPORT.			
Nav. étrang.(35) sans distinction de tonnage et de pavillon................	»	»	1 00
ACQUIT (36).			
Navires français...	»	»	0 50
Nav. étrangers, sauf les exceptions ci-après...................................	»	»	1 00
» Anglais, smogleurs..	»	»	1 00
» » venant des possessions anglaises en Europe....................			
» Espagnols...			
» Américains..			
» Mexicains..	»	»	0 50
» Brésilliens...			
» de tous pavillons, admis exceptionellement à faire le cabotage............			
PERMIS.			
Navires français, sauf les exceptions ci-après..............................	»	»	0 50
» produits de la pêche faite sur les côtes du royaume...................			
» provisions de bord (37)......................................			
» cargaisons provenant de prises.................................			
» effets des marins et ustensiles de pêche (38).......................	»	»	Exempts (42).
» transbordemens (39)...			
» transports en rivière sans emprunt de la mer (40)...................			
» débarquement d'un navire qui ne peut sortir du port (41)..............			
Nav. étrangers, sauf les exceptions ci-après..............................	»	»	1 00
» Anglais, smogleurs..	»	»	1 00

(30) Pour ces navires, le congé est valable pour un mois.
(31) Le congé de ces navires n'est renouvelé qu'à l'expiration de l'année; mais pour jouir de cet avantage, il faut que le navire fasse la pêche devant le port auquel il appartient, et qu'il en rapporte habituellement chaque soir le produit à terre, soit à ce port, soit dans un port voisin.
(32) Sans égard à la destination de ces navires, les congés qu'on leur délivre sont également valables pour un an.
(33) Comme moyen de police pour la Douane, on délivre à ces navires ou embarcations des congés annuels dont on ne fait payer que le timbre.
(34) Cette exemption s'étend aux navires qui naviguent dans l'intérieur d'une même rade.
(35) Tout navire étranger qui sort d'un port de France doit se munir d'un passeport.—Les smogleurs n'en sont pas exempts.—Quand, à défaut d'imprimés, on vise un ancien passe-port, le droit est dû.
(36) Le droit d'acquit n'est dû que lorsqu'un navire donne ouverture aux droits principaux de navigation. On ne doit considérer comme droits principaux de navigation que ceux de tonnage et d'expédition.
(37) Le permis reste entre les mains du capitaine; c'est le titre de nationalité des provisions non consommées dans la traversée, et sans lequel ces restants, traités comme marchandises étrangères au port d'arrivée, seraient soumis au droit de permis.
(38) Cette exemption s'étend aux effets des marins morts en mer, et que l'administration de la marine renvoie à leur famille.
(39) Pour jouir de l'immunité, il faut, selon qu'il s'agit d'exportations ou d'importations, que les marchandises que l'on transborde aient déjà payé le droit de permis, ou qu'elles y soient ultérieurement assujetties.
(40) L'exemption s'étend aux transports qui ont lieu dans l'intérieur d'une même rade.
(41) Cette exemption s'applique à des marchandises qui, après avoir été embarquées sous le paiement du droit de permis, sont remises à terre, le navire étant, par un événement quelconque, dans l'impossibilité de sortir du port.
(42) Dans tous les cas d'exemption, le permis est délivré, mais il l'est *gratis*.

DÉSIGNATION DES DROITS.	DROITS À PERCEVOIR PAR		
	tonneau	bâtiment.	acte.
PERMIS.			
Nav. étrangers, Anglais venant des possessions anglaises en Europe ou y allant..........			
» Espagnols...			
» Américains..			
» Mexicains...			
» Brésiliens...	»	»	0 50
» Venezueliens..			
» Grenadins..			
» de tous pavillons, admis à faire le cabotage (43)....................			
» » effets des marins morts en mer, et que la marine renvoie à leurs familles..................................	»	»	Exempts (42.
» » transbordemens			
» » débarquement d'un navire qui ne peut sortir du port			
CERTIFICAT (44.			
Navires français..	»	»	0 50
Nav. étrangers, sauf les exceptions ci-après...............................	»	»	1 00
» Anglais, smogleurs.................................	»	»	1 00
» » venant des possessions britanniques en Europe, ou y allant...			
» Espagnols...			
» Américains..			
» Mexicains...	»	»	0 50
» Bresiliens...			
» Venezueliens..			
» Grenadins..			
» de tous pavillons, admis exceptionnellement à faire le cabotage.........			

(43) Dans les cas où il y a lieu de percevoir le droit de tonnage afférent aux navires étrangers, on exige le droit de permis de
1 fr. qui affecte ces mêmes navires.
(44) Sont passibles de ce droit tous certificats relatifs à l'embarquement ou au débarquement, au départ ou à l'arrivée de tout
ou partie d'une *cargaison*, qui sont délivrés soit en vertu d'un jugement, soit sur la demande directe des intéressés. — Le droit
de certificat n'affectant que les *cargaisons*, les certificats de jauge qui se rapportent aux navires n'en sont pas passibles.

TARIF

DES

DROITS D'ENTRÉE ET DE SORTIE.

———⟨⟩———

EXPLICATION DES ABRÉVIATIONS.

Les lettres B et N qui figurent dans la colonne *poids sur lesquelles portent les droits*, ont pour objet d'indiquer si la taxe doit être prélevée sur le poids *brut* ou sur le poids *net*. La première de ces lettres est relative à l'entrée, la seconde à la sortie : ainsi, le double signe BB veut dire que l'objet auquel il se rapporte paie au brut à l'entrée et à la sortie ; le signe NB qu'il paie au net à l'entrée, et au brut à la sortie, ainsi de suite.

Tares légales accordées par la Douane pour la Perception des Droits.

Marchandises.	Espèces de Colis.	Tare.	Observations.
SUCRE brut..............	caisses ou futailles...........................	15 p. %.	(1) À la charge de ne rien soustraire des emballages, et avec reserve, d'ailleurs, des droits que les reglemens accordent aux importateurs, soit de faire reconnaître le poids net effectif, s'ils en ont exprimé l'intention dans leurs déclarations primitives ; soit, dans ce cas, d'enlever la seconde enveloppe avant la pesée, en se contentant alors de la tare de 2 p. %.
	balles ou sacs revêtus de plusieurs enveloppes (1).	5 p. %.	
	d° renfermant la marchandise à nu...	2 p. %.	
" terré..............	caisses ou futailles...........................	12 p. %.	
	balles ou sacs................................	2 p, %.	
CAFE (2)...................	en futailles.................................	12 p. %.	(2) Lorsque les cafés sont présentés en cérise ou en parchemin, il y a une surtare à déduire du poids net.
	en balles ou en sacs.......................	3 p. %.	
CACAO...............	caisses ou futailles...........................	12 p. %.	cerise. parchemin
POIVRE..............	balles, ballots ou sacs.....................	3 p. %.	Bourbon...... 12 à 48 p. %
			Cayenne...... 36 ½ p. % 21 à 22 p. %.
	caisses ou futailles renfermant un sac de peau...	21 p. %.	Brésil.......) 19 p. %.
	d° d° un sac de toile..	14 p. %.	Ste-Marthe. (Côte d'Afrique)
INDIGO...................	d° d° l'indigo à nu.....	12 p. %.	Ile-du-Prince.) Martinique... " " 17½ à 23 p. %.
	surons...................................	9 p. %.	Guadeloupe... " " 20 à 23.
	sacs de toile..............................	2 p. %.	S'il arrive des cafés en cérise ou en parchemin dont les tares ne sont point indiquées, on devra en adresser un échantillon à l'administration qui statuera.
COTON de Turquie.............	en ballotins ou ballots revêtus de deux emballages en nattes de jonc ou d'un tissu grossier en poil de chèvre,..........	10 p. %.	
" d'autre origine.........	ballotins au-dessus de 50 kil...............	8 p. %.	
	ballots de 50 kil. et au-dessus............	6 p. %.	
POTASSES (3) Perlasses, Guédasses.	futailles................................	12 p. %.	(3) Le tartre brut et les sulfates de potasse et de soude étant assimilés à la potasse, il y a lieu à leur accorder la même tare.
ANCHOIS...............	en petits barils pesant 3 kil. l'un...............	6° de leur pd.	
DENTELLES.................		Le poids net effectif doit être déclaré et reconnu par les employés.	
OUVRAGES et Tissus de soie, d'or ou d'argent.	sans distinction de colis....................		
SOIES et Plumes apprêtées.....			
NANKIN des Indes..............			
RUBANS de velours............	numéro 2 à 20 inclus......................	30 p. %.	
	numéro 24 à 120 d°.......................	20 p. %.	
	au-dessus du numéro 120 inclus...............	10 p. %.	
Toutes autres marchandises.....	caisses ou futailles........................	12 p. %.	
	balles, ballots, sacs, paniers colis à claire voie.	2 p. %.	

—— Lorsqu'il s'agit de marchandises payant au brut, si le contenant est taxé à un droit plus élevé que le contenu, on doit liquider les droits sur l'un et l'autre séparément.

—— Les vases contenant les liquides ou matières fluides taxés au poids net, comme les acides, les eaux distillées, les huiles, les confitures, les sirops, etc., paient séparément comme bouteilles en poterie, suivant l'espèce, ou 10 p. % de la valeur si ce sont des estagnons ou des outres : ces dernières paient à l'entrée 10 p. % de la valeur et 1 ¼ p. % à la sortie.
Il faut toujours que la Douane reconnaisse ce poids au moyen de pesées comparatives faites avec d'autres vases semblables. Quand aux flacons de cristal qui pourraient contenir des liquides, ils ne peuvent être admis en raison de la prohibition qui les frappe à l'entrée et en outre parce qu'ils formeraient le principal et non l'accessoire.

—— Les doubles futailles et les doubles emballages que certains genres de transport exigent se déduisent du poids total, même pour les marchandises tarifées au brut.

—— Lorsqu'un même colis renferme plusieurs espèces de marchandises dont les unes paient au brut, à la mesure, au nombre ou à la valeur, et les autres au net, il n'est fait aucune soustraction de tare, attendu qu'une condition nécessaire de la perception au net est que les marchandises diversement tarifées soient mises en des colis séparés.

DÉNOMINATION DES MARCHANDISES.	UNITÉS sur lesquelles portent LES DROITS.	DROITS D'ENTRÉE.		DROITS de SORTIE.	NOTES.
		par Navires français.	par Nav. étr. et par terre.		
		F. C.	F. C.	F. C.	
ABACA ou Chanvre de Manille, teillé et étoupes......	100 k. B. B.	8 —	8 80	— 25	
» » peigné...............	dito.	15 —	16 50	— 25	(1) D'après l'ordonnance du 17 Janvier
ABEILLES.—Ruches à miel renferm.t des essaims vivans.	la pièce.	1 —	1 —	— 25	1830, les légumes secs et leurs farines sont
ABELICEE (racine d') légumes secs (1)............	100 k. B. B.	10 —	11 —	— 25	soumis, pour leur importation et leur ex-
ABELMOSCHE (graine d')....................	100 k. B. B.	35 —	38 50	— 25	portation aux mêmes restrictions d'entrée
ABLETTE (écailles d') (2)...................	dito.	5 —	5 50	4 08	et de sortie que les grains.
ABRICOTS , frais, indigènes...............	dito.	4 —	4 40	— 25	(2) Elles servent à colorer les fausses
» confits à l'eau-de-vie...........	100 k. N. B.	98 —	105 40	— 25	perles. On importe aussi le poisson même,
ABRUS (graines d') percées pour colliers et chapelets...	dito.	100 —	107 50	1 —	conservé avec ses écailles, dans l'alcali.
» » non percées.............	100 k. B. B.	12 —	13 20	— 25	
ABSINTHE (feuilles d')...................	dito.	30 —	33 —	— 25	
» » (fleurs d')...................	dito.	40 —	44 —	— 25	
» » (herbes ou tiges d')...........	dito.	5 —	5 50	— 25	
» » (extrait liquide d') (3).........	l'hectolitre.	150 —	150 —	1 —	(3) Les boissons en bouteilles paient, indé-
ACACIA (gomme d') (4) {du Sénégal français........	100 k. B. B.	10 —	— —	— 25	pendamment du droit qui leur est applicable
» {d'aill. hors d'Europe........	dito.	20 —	30 —	— 25	15 cent. à l'entrée et 1 centime à la sortie,
» {des entrepôts............	dito.	25 —	30 —	— 25	par litre de contenance.
» (suc extrait du {de l'Inde........	100 k. N. B.	50 —	125 —	— 25	(4) La Gomme d'Acacia comprend toutes
» fruit de l' {d'aill. hors d'Europe........	dito.	90 —	125 —	— 25	les gommes pures qui viennent du Sénégal,
» {des entrepôts.....	dito.	100 —	125 —	— 25	et des autres parties de l'Afrique ou de
» (gousse d') {du Sénégal et de la Guyane française.............	100 k. B. B.	— 25	— —	— 25	l'Arabie.
» (Bablah). {de l'Inde.............	dito.	2 —	7 —	— 25	
» {d'aill. hors d'Europe.......	dito.	3 —	7 —	— 25	
» {des entrepôts........	dito.	5 —	7 —	— 25	
ACAJA (prunes desséchées du Spondias-Monbin)...	dito.	35 —	38 50	— 25	
ACÉTATES de cuivre non cristallisé, vert-de-gris, humide.	dito.	13 —	14 30	2 —	
» » cristallisé, verdet...............	100 k. N. B.	41 —	45 10	2 —	
» de fer (5)....................	100 k. B. B.	40 —	44 —	— 25	(5) L'Acétate de fer comprend ce qu'on
» de plomb cristallisé (sel de saturne)....	100 k. N. B.	70 —	76 —	— 25	appelait , dans l'ancienne dénomination
» » liquide (extrait de saturne)...	1 k. B.	prohibé.	prohibé.	— 02	chim. pyroligmite de fer, et vulgairement
» de potasse (terre foliée) et de soude...	100 k. N. B.	70 —	76 —	— 25	noir de teinturier et noir de corroyeur.
» autres non repris au tarif, sels........	100 k. B.	prohibé.	prohibé.	2 —	
» » autres......	dito.	dito.	dito.	2 —	
ACHE (graine d').......................	100 k. B. B.	35 —	38 50	— 25	
» (racine d').......................	dito.	20 —	22 —	— 25	
ACIDES acétique.—Vinaigre de vin......(en futaille..	l'hectolitre.	10 —	10 —	— 01	
» pyroligneux.—Vinaigre de bois (3) (en bouteille.	dito.	10 —	10 —	— 05	
» arsénieux (arsenic blanc)............	100 k. B. B.	15 —	16 50	— 25	
» benzoïque (fleur de benjoin)...........	100 k. N. B.	120 —	128 50	2 —	
» borique (6).....................	100 k. B. B.	— 25	— 25	— 25	(6) L'Acide borique ne peut entrer que par
» citrique , jus de citron et de limon , naturel au-dessous de 30°.	1 k. B. B.	— 01	— 01	{	les bureaux du pont de Beauvoisin, du Mont- à-Genèvre , de Saint-Laurent-du-Var et de
» » concentré de 30 à 35°...	dito.	— 08	— 08	{ — 25	Marseille.
» » citrate de chaux....	dito.	— 08	— 08	{ les 100 k.	
» » cristallisé ou concentré au-dessus de 35°	1 k. N. B.	1 50	1 50	{	
» muriatique (acide marin, esprit de sel) , nitro-muriatique (eau régale) , et phosphorique.	100 k. N. B.	62 —	67 60	— 25	
» nitrique (eau forte , esprit de nitre) (7).	dito.	90 60	98 60	— 25	(7) Les Acides nitrique et sulfurique
» sulfurique (esprit ou huile de vitriol) (7).	dito.	41 —	45 10	— 25	jouissent d'une prime de sortie.
» tartrique et oxalique............	dito.	70 —	76 —	— 25	
» autres non repris au tarif, sels...........	100 k. B.	prohibé.	prohibé.	2 —	
» » autres.............	dito.	dito.	dito.	2 —	
ACIER.--Fer carburé,naturel et cémenté,en barres ou tôle.	100 k. N. B.	60 —	65 50	— 25	
» » filé (8)...........	dito.	70 —	76 —	— 25	(8) Le Fil de fer ou d'acier comprend les
» » fondu , en barres...........	dito.	120 —	128 50	— 25	baguettes rondes au-dessous de 7 mill. (3
» » fondu , en tôle ou filé (8)......	dito.	140 —	149 50	— 25	lignes) de diamèt., qui sont en bottes droites,
» » ouvré............	100 k. B.	prohibé.	prohibé.	— 25	et tout le fil de fer ou d'acier, quel que soit
ACORUS-CALAMUS. — Racines médicinales...........	100 k. B. B.	20 —	22 —	— 25	son diamètre qui est roulé en couronne.
ADIANTE-CAPILLAIRE — Herbes médicinales........	dito.	30 —	33 —	— 25	Les cordes métalliques blanches , pour
ADRAGANTE. — Gomme pure exotique...........	dito.			— 25	instrumens, étant en fil de fer, elles doivent,
» » du Sénégal............	dito.	10 —	— —	— 25	quand elles sont roulées en couronne , le
» » des autres pays hors d'Europe.	dito.	20 —	30 —	— 25	droit de fer de trèfilerie.
» » des entrepôts.......	dito.	25 —	30 —	— 25	Celles roulées en bobines sont soumises,
ÆTITES ou pierres d'aigle — Pierres ferrugineuses ...	dito.	5 —	5 50	— 25	à l'entrée, au droit de 70 à 76 fr. par quintal.
ÆS-USTUM. — Oxide de cuivre..............	dito.	7 —	7 70	— 25	

DÉNOMINATION DES MARCHANDISES	UNITÉS sur lesquelles portent LES DROITS.	DROITS D'ENTRÉE par Navires français	DROITS D'ENTRÉE par Nav. étr. et par terre.	DROITS de SORTIE.	NOTES.
		F. C.	F. C.	F. C.	
AFFUTS DE CANON en bois	la valeur.	15 p. %	15 p. %	1/4 p. %	
AGALI (racine d')	100 k. B. B.	20 —	22 —	— 25	
AGARIC amadouvier brut	dito.	1 —	1 10	— 25	
» » préparé, amadou	dito.	13 —	14 30	— 25	
» de Mélèse	dito.	17 —	18 70	— 25	
AGATES brutes	dito.	15 —	16 50	— 25	(1) Il n'est ici question que d'Agates non montées ou montées provisoirement en métal commun. Celles montées sur or ou argent, sont traitées comme bijouterie.
ouvrées chiques	dito.	20 —	22 —	— 25	
» autres (1)	1 k. N. B.	2 —	2 20	— 25	
AGNEAUX (2)	par tête.	— 30	— 30	— 10	(2) Lorsque la laine des agneaux se trouve avoir plus de 4 mois de croissance, on perçoit, indépendamment des droits afférens aux animaux, le droit de la laine selon l'espèce.
AGNUS-CASTUS (graine d')	100 k. B. B.	35 —	38 50	— 25	
AGOUTI peaux d'	la pièce.	— 15	— 15	— 02	
AGRAFFES en fil de cuivre ou de fer même étamées	100 k. N. B.	100 —	107 50	1 —	
» en cuivre argenté	100 k. B.	prohibé.	prohibé.	4 —	
» » doré	100 k. B.	dito.	dito.	4 —	
AGRÈS et apparaux de navire (3)	valeur.	10 p. %	10 p. %	5 p. %	(3) Cette dénomination ne peut s'appliquer qu'aux débris des bâtimens échoués. Elle exclut les ancres, les avirons et rames, les mâts, matereaux, espartes, pigouilles, etc., les cordages neufs, les voiles ainsi que les ouvrages en métaux. Tous ces objets sont spécialement taxés.
AIGUE-MARINE brutes	1 h. N. B.	— 25	— 25	— 01	
» taillées	dito.	— 50	— 50	— 01	
AIGUILLES à coudre	100 k. N. B.	200 —	212 50	2 —	
» à tricoter, sans tête, non polies ou à tête cassée.	dito.	100 —	107 50	1 —	
» à matelas, d'emballage et à voile.	dito.	200 —	212 50	1 —	
» de montre ou de pendule, en or	1 h. N. N.	20 —	22 —	— 20	
» » en argent	dito.	10 —	11 —	— 20	
» » autres	1 k. N. B.	5 —	5 50	— 05	
AIL	100 k. B. B.	5 —	5 50	— 25	
AIMANT (pierre d')	dito.	5 —	5 50	— 25	
AIRAIN, cuivre allié d'étain (4)					(4) Bronze, airain, métal, de cloche, arco ou potin gris, fonte verte, ou polozium sont des dénominations différentes d'un même alliage de cuivre et d'étain à des proportions différentes.
» de 1re fusion, en masse (des pays hors d'Europe...	dito.	1 —	3 —	2 —	
» barres, plaques ou objets brisés des entrepôts.	dito.	2 —	3 —	2 —	
» ouvré	100 k. B.	prohibé.	prohibé.	1 —	
» ouvré, verni, plaqué, doré ou argenté	dito.	dito.	dito.	3 —	
AIRELLE (baie d')	100 k. B. B.	8 —	8 80	— 25	
ALAMBIC en cuivre ouvré	dito.	prohibé.	prohibé.	1 —	
ALANA ou Tripoli	100 k. B. B.	5 —	5 50	— 25	
ALBATRE brut ou en poudre	dito.	5 —	5 50	— 05	
» sculpté, moulé ou poli	valeur.	15 p. %	15 p. %	— 01 les 100 kil.	
ALCALIS, potasses (5) de la Guiane française	100 k. B. B.	10 —	— —	— 25	(5) La dénomination de Potasses, quant au tarif, comprend tous les salins obtenus du lessivage des cendres, qu'ils soient liquides, simplement desséchés ou calcinés, tels que potasse, perlasse ou cendres perlées, guédasse, védasse, casube, cendres, gravelées ou lie de vin et même tartre brulés et sel de tartre (carbonate de potasse).
» d'ailleurs hors d'Europe	dito.	15 —	21 —	— 25	
» des entrepôts	dito.	18 —	21 —	— 25	
» soudes de toute sorte	100 k. B. B.	11 50	12 60	— 10	
» natrons	dito.	6 50	7 10	— 10	
» cendres de bois vives	dito.	1 —	1 10	— 50	
» » lessivées (charrée)	dito.	— 10	— 40	— 25	(6) On réduit l'eau-de-vie en alcool pur en multipliant le nombre de litres par le nombre de degrés anciens et en divisant par 100.
» volatil	1 k. B.	prohibé.	prohibé.	— 02	
ALCOOL.—Eau-de-vie de vin au-dessus de 32° (6)	Pr. d'alc par	dito.	dito.	— 10	
ALÈNES, outils de pur acier	100 k. N. B.	200 —	212 50	1 —	(7) L'alisari destiné à être moulu dans les ateliers des départemens du Haut et du Bas-Rhin est admis en payant seulement 1 franc par 100 kil. brut, à charge de ne l'importer que par les bureaux de Frauenberg, Wolmunster, Wissembourg, Lauterbourg, ou Strasbourg par la Wantzenau ; 2° de le réexporter, dans le délai de 6 mois, par le Havre, Drusenheim, par Haguenau, Strasbourg, Saint-Louis au Pontarlier.
AIGUES marines.—Plantes alcalines	100 k. B. B.	— 10	— —	— 10	
ALISARI (7) (tiges et racines sèches)	dito.	12 —	13 20	— 25	
ALKEKANGE (baies d')	dito.	35 —	38 50	— 25	
ALKERMES (liqueurs alcoolique (8) de la Martinique	l'hectolitre.	100 —	— —	— 25	
» d'ailleurs	dito.	150 —	150 —	1 —	
ALLIAIRE (graine d')	100 k. B. B.	35 —	38 50	— 25	(8) Plus le verre 0.15 c. à l'entrée, 0.01 à la sortie, par litre de contenance.
ALLUMETTES (9)	dito.	5 —	5 50	— 50	
ALOES, bois	100 k. N. B.	100 —	107 50	— 50	(9) On sait les allumettes dont on se sert dans le ménage. Quant aux mèches soufrées à l'usage des tonneliers, elles sont taxées différemment.
» fibres et filasse		comme le chanvre selon son degré de préparat.			
» suc (10)	100 k. N. B.	60 —	65 50	— 25	
ALPAGATES, en quelque végétal que ce soit, brut	100 k. N. B.	15 —	16 50	— 25	
» » pelé	dito.	25 —	27 50	— 25	
» » coupé	dito.	35 —	38 50	— 25	(10) On distingue dans le commerce quatre espèces d'Aloès le Sucotrin, l'hépathique, le Lucide et le Caballin.
ALPISTE (espèce de millet)	dito.	10 —	11 —	1 —	
ALQUIFOUX et résidu d'	dito.	3 50	3 80	— 25	
ALTHÆA, fleurs	dito.	40 —	44 —	— 25	
» racines	dito.	20 —	22 —	— 25	
ALTO	dito.	3 —	3 —	— 15	
ALUN (sulfate d'alumine) brulé ou calciné	100 k. N. B.	89 40	97 20	— 25	
» de toute autre espèce	100 k. B. B.	25 —	28 —	— 25	
» de plume (sulfate de zinc) (couperose blanche)	dito.	31 —	34 10	— 25	

DÉNOMINATION DES MARCHANDISES	UNITÉS sur lesquelles portent LES DROITS.	DROITS D'ENTRÉE		DROITS de SORTIE.	NOTES
		par Navires français.	par Nav. étr. et par terre.		
		F. C.	F. C.	F. C.	
ALUN (résidu d') sulfate de fer (couperose verte)......	100 k. B. B.	6 —	6 60	— 25	
ALUYNE c'est l'Absinthe..........................	»				
AMADOU..	100 k. B. B.	13 —	14 30	— 25	
AMANDES en coques..................................	dito.	8 —	8 80	2 —	
» cassées..................................	dito.	20 —	22 —	2 —	
» sucrées, comme bonbons..................	»				
» (huile d')...............................	100 k. B. B.	25 —	30 —	— 50	
» fraîches, couvertes de leur membrane velue.	dito.	4 —	4 40	— 25	
AMBAVELLE (bois d') bois odorant..................	100 k. N. B.	100 —	107 50	— 50	
» (écorces d')............................	dito.	48 —	52 80	— 25	
» (feuilles d')...........................	100 k. N. B.	30 —	33 —	— 25	
» (herbes d').............................	dito.	30 —	33 —	— 25	
AMBRE gris.......................................	1 k. N. B.	62 —	67 60	2 ïces 100 k	
» jaune ou blanc brut, succin...............	100 k. B. B.	37 —	40 70	— 25	
» jaune ou blanc travaillé (1)..............	100 k. N. B.	200 —	212 50	2 —	(1) Les grains d'ambre jaune percés et enfilés, mais non encore taillés sont considérés comme ambre brut et ne doivent que les droits de celui-ci.
» faux, taillé..............................	dito.	200 —	212 50	—	
» (huile d')................................	1 k. B.	prohibé.	prohibé.	— 02	
AMBRETTE (graine d').............................	100 k. B. B.	35 —	38 50	— 25	
AMER ou Bitter (2) de la Martinique..............	l'hectolitre.	100 —	—	— 1	(2) Infusion d'oranges amères de citron et de Rhubarbe dans de l'eau-de-vie : c'est le bitter des Allemands et des Hollandais. Si l'amer est présenté en bouteilles il est dû 15 cent. à l'entrée, et 1 cent à la sortie par litre de contenance.
» d'ailleurs.............................	dito.	100 —	100 —	— 1	
AMÉOS (graines d')..............................	100 k. B. B.	35 —	38 50	— 25	
AMÉTYSTE brutes.................................	1 h. N. B.	— 25	— 25	— 01	
» taillées..............................	dito.	— 50	— 50	— 01	
AMIANTE...	100 k. B. B.	2 —	2 20	— 25	
AMIDON..	dito.	21 —	23 10	— 25	
AMMI (graine d')................................	dito.	35 —	38 50	— 25	
AMMONIAC (sel) (sulfate ou carbonate d') brut en poudre	1 k. N. B.	— 50	— 50	— 02	
» raffiné en pains......................	dito.	1 —	1 10	— 02	(3) Le sel ammoniac a droit à une prime de sortie.
AMMONIAQUE , alcali volatil.....................	1 k. B.	prohibé.	prohibé.	— 02	
» gomme résineuse de l'Inde.............	100 k. N. B.	50 —	125 —	— 25	
» d'aill. hors d'Europe.................	dito.	99 —	125 —	— 25	
» des entrepôts.........................	dito.	10 —	125 —	— 25	
AMOME en grappe (graines d')....................	dito.	125 —	131 60	— 25	
» (baume d')............................	dito.	10 —	11 —	— 25	
AMURCA ou marc d'olives.........................	100 k. N. B.			les bords.	
ANACARDE (noix d') (4).........................	100 k. B. B.	1 —	1 10	1 03	(4) Ce sont les noix du Semecarpus anacardium que l'on confond avec les pommes d'acajou. Ces noix ont la forme de cœur d'oiseau. L'écorce dure et brune renferme un mucilage huileux, noir et caustique, et ensuite une amande blanche et douce.
» (huile d')............................	dito.	35 —	38 50	— 25	
» (marmelade d')........................	dito.	25 —	30 —	— 50	
ANANAS (fruits frais d') (5)...................	1 k. B.	prohibé.	prohibé.	— 25	(5) Ananas au sucre est traité comme les confitures.
» (jus d') (voir la note 2).............	100 k. B. B.	8 —	8 80	— 25	
ANCHOIS frais, secs, salés ou fumés (6) de pêche étrangère.	l'hectolitre.	25 —	—	— 1s	(6) Les poissons de mer, de pêche française, sont exempts de droit.
» marinés ou à l'huile, de toute pêche.	100 k. B.	50 —	44 —	exempts	
ANCHES en roseaux pour instrumens..............	100 k. N. B.	100 —	107 50	dito.	
ANCRES de 250 kil. et au-dessous................	100 k. B. B.	18 —	19 80	— 25	
» au-dessus de 250 kil..................	dito.	15 —	16 50	— 25	
» draguées, et de tout poids (7)........	dito.	10 —	11 —	— 25	(7) Cette modération de droits n'est applicable qu'aux ancres et câbles retirés du fond des ports et rades du royaume par des draggueurs français. Le draguage doit en être constaté d'une manière authentique par les agens de la marine.
ÂNES ou Ânesses................................	par tête.	— 25	— 25	1	
ANET (graine d')...............................	100 k. B. B.	35 —	38 50	— 25	
ANGÉLIQUE , herbes.............................	dito.	30 —	33 —	— 25	
» racines...............................	dito.	20 —	22 —	— 25	
» fruits...............................	dito.	35 —	38 50	— 25	
ANGÉLIQUE fausse, racine.......................	dito.	20 —	22 —	— 25	
» fruits...............................	dito.	35 —	38 50	— 25	
ANGUILLES, poisson d'eau douce de toute pêche, frais...	100 k. B.	— 50	— 50	exempts à la sortie.	
» préparé.............................	d.to.	40 —	44 —		
de mer, de pêche française, fraîches, sèches, salées ou fumées................		exempt.	exempt.	exempt.	(8) Le poisson de mer quel que soit son état, de pêche française, est exempt de droit.
» de pêche étrangère, fraîches, depuis Blanc-Misseron jusqu'à M.-Genèvre par tout autre point....	100 k. B.	11 —	11 —		
» sèches , salées ou fumées...........	dito.	40 —	44 —	dito.	
» marinées ou à l'huile , de toute pêche..	dito.	40 —	44 —	—	
» (peaux d') de toute pêche , fraîches...	100 k. N.	100 —	107 50	exempts	
» sèches......	100 k. B. B.	—	—	—	
ANGUSTURA (écorces d').........................	dito.	17 —	18 70	— 25	
ANIL (graine d')...............................	100 k. N. B.	48 —	52 80	— 25	
» (pâte d') feuilles broyées et séchées en masse...	dit.o.	1 —	1 10	1 25	(9) Les animaux rares et curieux qui sont conduits par des jongleurs passent, en franchise de droits, tant à l'entrée qu'à la sortie
ANIMAUX rares (9), objets de collection.........	la valeur.	1 p. º⁄₀	1 p. º⁄₀	¼ p. º⁄₀	

DÉNOMINATION DES MARCHANDISES	UNITÉS sur lesquelles porteut LES DROITS.	DROITS D'ENTRÉE		DROITS de SORTIE.	NOTES.
		par Navires français.	par Nav. étr. et par terre.		
		F. C.	F. C.	F. C.	
ANIS étoilé de la Chine.	100 k. N. B.	60 —	65 50	— 25	
» vert.	100 k. B. B.	20 —	22 —	— 25	
» sucrés, comme bonbons.					
» (huile d')	100 k. N. B.	408 —	425 50	2 —	(1) Plus le droit de 15 cent. par litre de
ANISETTE (1) de la Martinique.	l'hectolitre.	100 —	— —	1 —	contenance à l'entrée et de 1 centime à la
» d'ailleurs.	dito.	150 —	150 —	1 —	sortie, si on importe en bouteilles de verre.
ANNEAUX d'or ornés en pierres ou perles fines.	1 hec. N. N.	20 —	22 —	— 20	
» toute autre.	dito.	20 —	22 —	— 50	
» d'argent ornés en pierres et perles fines.	dito.	10 —	11 —	— 20	
» toute autre.	dito.	10 —	11 —	— 20	
» de cuivre, d'étain ou de fer (mercerie commune)	100 k. N. B.	100 —	107 50	1 —	(2) Coquillage vide en tuyau cannelé de
ANSPECTS — Agrès.	la valeur.	10 p. %.	10 p. %.	5 p. %.	la grosseur d'une plume à écrire, courbé
ANTALE (coquillage) (2).	100 k. B. B.	7 —	7 70	— 25	en spirale, sert en pharmacie à faire des
ANTI-GOUTTE de la Martinique.	1 k. B	prohibé.	prohibé.	— 02	poudres absorbantes.
ANTIMOINE (3) (métallique ou régule d')	100 k. N. B.	26 —	28 60	1 —	(3) Les produits chimiques et pharmaceu-
» sulfuré (antimoine cru).	dito.	11 —	12 10	1 —	tiques, qu'on obtient de l'antimoine, savoir :
ANTOFLES de Girofle (4) de Bourbon.	1 k. N. B.	— 50	— —		les oxides, les décompositions, les mixtures
» » de la Guiane française.	dito.	— 60	— —		dits antimoniaux, rentrent dans la classe
» » des autres colonies françaises.	dito.	— 75	— —	— 25	des médicamens composés non dénommés.
» » de l'Inde.	dito.	1 —	3 —	les 100 k.	(4) C'est le fruit qu'on a laissé mûrir.
» » d'ailleurs hors d'Europe.	dito.	1 80	3 —		
» » des entrepôts.	dito.	2 —	3 —		
ANTORE (racines d')	100 k. B. B.	20 —	22 —	— 25	
APIOS (racines d')	dito.	20 —	22 —	— 25	
» (fruits d')	dito.	35 —	38 50	— 25	
APOCIN (graine d')	dito.	35 —	38 50	— 25	
» (duvet d')	dito.	— 40	— 40	— 25	
ARACHIS, (pistache de terre) par nav. franç. et par terre.	100 k. B. B.	2 50	— —	— 25	
» » par navires étrangers.	dito.	— —	— —	— 25	(5) Le commerce, toutefois, pour jouir
» (huile d') du cru du pays d'où l'huile est imp.(5)	dito.	25 —	30 —	— 50	de cette réduction de droit, doit produire
» d'ailleurs.	dito.	28 —	30 —	— 50	des certificats d'origine constatant que les
ARBALÈTES, flèches comprises.	la valeur.	1 p. %.	1 p. %.	1/4 p. %.	huiles proviennent du cru du pays même
ARBRES en plant.	100 k. B. B.	— 50	— 50	— 25	d'où elles sont importées.
ARCANSON, résine indigène.	dito.	5 —	5 50	1 —	
ARCHETS de violon et de tourneur.	100 k. N. B.	200 —	212 50	2 —	
» de scies à main.	dito.	50 —	55 —	1 —	
ARCO, Potin gris—Cuivre allié d'étain des pays hors d'Eur.	100 k. B. B.	1 —	3 —	2 —	
» » des entrepôts.	dito.	2 —	3 —	2 —	
» jaune — Cuivre allié des pays hors d'Europe.	dito.	1 —	3 —	2 —	
» » des entrepôts.	dito.	2 —	3 —	2 —	
ARÇONS ferrés ou non ferrés, de bâts ou de selle.	la valeur.	15 p. %.	15 p. %.	1/4 p. %.	(6) On entend par petites ardoises pour
ARDOISES pour toiture (6).					toiture taxées à la sortie au droit de 10 centi-
par mer et de la mer à Raisieux exclusiv.					mes celles qui ont moins de 13 cent. de long'.
de plus de 27 cent. de largeur.	1000 en N.	46 —	46 —		
de 22 c. exclusiv. à 27 inclusiv.	dito.	30 —	30 —		
de 19 c. exclusiv. à 22 d°	dito.	14 —	14 —	les grandes — 15	
par toutes les autres frontières de terre et de toute dimension de 19 cent. de large.	dito.	7 50	7 50	les petites — 10	
n'ayant pas plus de 19 cent. de largeur importés par mer ou par terre.	dito.	2 —	2 —		
en carreaux ou en tables.	100 en N.	30 —	30 —	— 50	
sciées pour crayons.	100 k. B. B.	10 —	11 —	— 25	
encadrées pour les ardoises.	100 en N.	30 —	30 —	— 50	
» pour les cadres (boissellerie).	100 k. B. B.	4 —	4 40	— 25	
ouvrées en couteaux de tanneur.	la valeur.	15 p. %.	15 p. %.	1/4 p. %.	
AREC (noix d')	100 k. B. B.	35 —	38 50	— 25	
ARÉOMÈTRES (instruments de calcul).	La valeur à déterminer par le comité consultatif des arts et manufactures.	30 p. %.	20 p. %.	1/4 p. %.	
ARGENT brut, en masse, lingots, ouvrages détruits, minerai, battu, tiré, laminé ou filé (7).	1 k. B. B.	— 05	— 05	— 05	(7) Cette dénomination comprend les
	1 k. N. B.	— 30	— 33	— 40	feuilles, traits, lames, paillettes, clinquans,
faux, en masses ou lingots.	100 k. N. B.	102 —	109 60	2 —	argent filé sur soie ainsi que les cannetilles.
» battu, tiré ou laminé.	dito.	204 —	216 70	4 —	
» filé sur fil.	dito.	327 —	344 50	4 —	
» » sur soie.	dito.	600 —	617 50	4 —	
» ouvré.	100 k. N. B.	prohibé.	prohibé.	4 —	

DÉNOMINATION DES MARCHANDISES	UNITÉS sur lesquelles portent LES DROITS.	DROITS D'ENTRÉE par Navires français.	par Nav. étr. et par terre.	DROITS de SORTIE.	NOTES.
		F. C.	F. C.	F. C.	
ARGENT, vif................................	100 k. B. B.	20 —	22 —	4 —	(1) Les ouvrages d'or et d'argent importés de l'étranger, sont envoyés sous plomb et par acquit-à-caution sur le bureau de garantie le plus voisin, pour y être poinçonnés, s'il y a lieu, et acquitter le droit de marque.
» monnaies....................	1 k. B. B.	— 01	— 01	— 01	
» doré en lingots.............	1 hec. N. N.	— 25	— 25	— 25	
ARGENTERIE (1) neuve ou en état de servir d'or ou de vermeil.	dito.	10 —	11 —	— 50	Sont affranchis de cette formalité comme de tous droits,
» d'argent.	dito.	3 —	3 30	— 15	1° Les objets d'or et d'argent appartenant aux ambassadeurs et envoyés des puissances
» brisée propre à la refonte...	1 k. B. B.	— 05	— 05	— 05	étrangers, quand ils les accompagnent ou sont déclarés par eux.
ARGENTAN en masses brutes................	100 k. N. B.	100 —	107 50	— 25	2° Les bijoux d'or et les ouvrages en argent à l'usage personnel des voyageurs dont
» laminé......................	dito.	200 —	212 50	— 25	le poids n'excède pas 5 hectog.
ARGENTINE feuilles.......................	100 k. B. B.	30 —	33 »	— 25	(2) Il ne s'agit ici que des pierres non montées ou de celles qui ont une monture
» herbes......................	dito.	30 —	33 »	— 25	provisoire en métal commun.—Celles montées en or ou en argent rentrent dans la
» racines.....................	dito.	20 —	22 —	— 2»	bijouterie.
ARGENTINE ou pierres du Soleil (2) brutes....	dito.	15 —	16 50	— 25	(3) Les exceptions à la défense d'importer ou d'exporter des armes au parties d'armes de
» » ouvrées.........	1 k. B. B.	2 —	2 20	les 100 k. — 05	guerre, les droits étaient exigibles, savoir : pour les armes blanches et de
ARGILES communes........................	100 k. B. B.	— 10	— 10	— 05	luxe ; et, pour celles de l'affût en bronze ou en fonte, à l'entrée, les droits établis par
» jaune, colorée par le fer.........	dito.	2 —	2 20	— 05	la loi du 28 avril 1816,
» chargée d'oxide, soit rouge, jaune ou verte.—Ocre.	dito.	2 —	2 20	— 25	en bronze 10 et 11 f par 100 k. B.;
» propre à raffiner le sucre.........	dito.	2 —	2 20	— 25	à la sortie le droit de 1 franc ou de 25 centimes par 100 kil. brut, selon les métaux dont
» rose............................	dito.	2 —	2 20	— 25	ces armes sont formées.
» schisteuse graphique ou pierre noire pour crayons de charpentier........	dito.	5 —	5 50	— 25	Les dispositions relatives aux armes de guerre sont applicables aux pièces d'armes de guerre.
ARISTOLOCHE (racine d').................	dito.	20 —	22 —	— 25	4 On appelle armes de chasse, ou de traite, les armes à feu d'un calibre
» (graine d').................	dito.	35 —	38 50	— 25	autre que celui adopté en France pour les
ARMES de guerre (3), blanches............	»	prohibé.	prohibé.	prohibé.	fusils, carabines et pistolets de guerre ;
» » à feu portatives............	»	dito.	dito.	dito.	2° les armes blanches, comme sabres, épees, etc., dont les pièces sont déménagées;
» » d'affût, en bronze ou en fonte.	»	dito.	dito.	dito.	ainsi que les autres armes de prix. — Les armes à feu sont du
» de chasse, de luxe ou de feu (4), blanches....	100 k. N. B.	100 —	107 50	5 —	calibre de guerre, lorsque la partie du petit diamètre du cylindre de calibrage entre dans
» » à feu........	dito.	200 —	212 50	5 —	le canon : elles sont du calibre de chasse ou de traite, lorsque la partie de ce petit
ARMOISE (artemisia) c'est l'Absinthe........	»	»	»	»	calibre ne peut y entrer, ou que celle du gros calibre y entre. Quant aux fusils fins,
ARMURES vieilles.........................	la valeur.	1 p. %	1 p. %	1 4 p. %	à un coup et aux canons simples, on ne doit pas s'arrêter aux dimensions du calibre
ARNICA, fleurs...........................	100 k. B. B.	40 —	44 —	— 25	lorsque ce sont évidemment des armes de luxe, du prix en fabrique de 40 f. et au-dessus
» feuilles......................	dito.	30 —	33 —	— 25	du prix. — Les armes à feu sont du calibre de guerre, lorsque la partie du petit
» racines......................	dito.	20 —	22 —	— 25	dessus du prix. — Les armes de traite que l'on exporte par mer en caisses d'au moins
ARQUEBUSADE (eau d') alcoolique...........	100 k. N. B.	153 —	169 —	— 25	50 kil, ne paient que 25 centimes par 100 kil brut ; celles en caisses au-dessous de 50 kil.
» sans alcool.................	dito.	100 —	107 50	— 25	sont soumises au droit de 5 f.
ARRACK — Rack — eau-de-vie de riz.........	l'hectol. par 2°n	2°n —	2°n —	— 10	(5) Le sulfure d'arsenic jaune qui vient de l'Inde. Il se compose de fruits verts, tel que
ARROW-ROOT............................	100 k. N. B.	41 —	45 10	— 25	mangues, bilimbis, citrons et autres, ou en légumes, tels que haricots, choux,
ARSÉNIATE de potasse....................	dito.	70 —	76 —	2 —	bourgeons de palmiste et de bambou confits au vinaigre ou dans le suc aigri de diffé-
ARSÉNIC blanc, jaune ou rouge (sulfure d') (5).	100 k. N. B.	15 —	16 50	— 25	rentes espèces de palmier, avec de l'ail, de la moutarde pilée, du gingembre, du pi-
» métallique.................	dito.	17 —	18 70	— 25	ment, etc.
ARTIFICES (pièces d') mercerie commune.....	100 k. N. B.	100 —	107 50	1 —	(6) Opaque, noir, solide, brillant, sec, friable, inodore à froid, acquérant l'élec-
ASARUM (herbes d').......................	100 k. B. B.	30 —	33 —	— 25	tricité résineuse, cassure luisante, pesanteur spécifique 1104 La solidité de l'asphalte l'a
» (racines d')..................	dito.	20 —	22 —	— 25	fait employer récemment, de préférence à la pierre, pour la construction des trottoirs
ASCLÉPIAS (racines d')...................	dito.	20 —	22 —	— 25	et des parvis.
ASPERGE (tiges d') légumes verts..........	dito.	— 50	— 50	— 20	(7) Assaisonnement de table qui vient de l'Inde. Il se compose de fruits verts, tel que
» (graine, griffes et plants d')........	dito.	1 —	1 10	1 —	
ASPHALTE ou bitume de Judée (6)—Poix de montagne.	dito.	21 —	23 10	— 25	
ASPIC (fleurs d') — Lavande..............	dito.	5 —	5 50	— 25	
» (graine d').......................	dito.	35 —	38 50	— 25	
» (huile d') — Huile de lavande.......	100 k. N. B.	62 —	67 60	2 —	
ASSA-FŒTIDA—Résin. exotiques de l'Inde....	dito.	50 —	125 »	— 25	
» d'ailleurs hors d'Europe.	dito.	90 —	125 »	— 25	
» des entrepôts.........	dito.	100 —	125 »	— 25	
ASTÉRIE — Pierres gemmes, brutes..........	1 hect. N. B.	— 25	— 25	— 01	
» taillées...........	dito.	— 50	— 50	— 01	
ASTRAGALE (racine d')....................	100 k. B. B.	20 —	22 —	— 25	
ATHAMAS—fruits confits (7)...............	dito.	17 —	18 70	— 25	
ATHAMANTE (racine d')..................	dito.	20 —	22 —	— 25	
AULNE (écorces d')......................	dito.	1 —	1 10	4 —	
AULNÉE (racines d').....................	dito.	20 —	22 —	— 25	
AURONE, c'est une autre nom de l'absinthe..	»	»	»	»	
AUTOUR (écorce d') de l'Inde.............	100 k. B. B.	15 —	50 »	— 50	
» d'ailleurs hors d'Europe........	dito.	22 —	50 »	— 50	
» des entrepôts................	dito.	36 —	50 »	— 50	
AVELANÉDES, cupules du gland............	dito.	3 —	3 30	— 25	
» (extrait d').................	dito.	10 —	11 —	— 25	
AVELINES, fruits oléagineux..............	dito.	8 —	8 80	— 25	

5

DÉNOMINATION DES MARCHANDISES	UNITÉS sur lesquelles portent LES DROITS.	DROITS D'ENTRÉE		DROITS de SORTIE.	NOTES.
		par Navires français.	par Nav. étr. et par terre.		
		F. C.	F. C.	F. C.	
AVELINES enveloppés de leur péricarpe.............	100 k. B. B.	4 —	4 40	— 25	
AVENTURINES brutes............................	1 hect. N. B.	— 25	— 25	— 01	
» taillées.............................	dito.	— 50	— 50	— 01	
AVIRONS et rames bruts, par nav. français et par terre.	par mètre de longueur.	— 02	— 02	— 01	(1) Plante des Indes, des îles Bourbon et
» » par navires étrangers........	dito.	— 04	— 04	— 01	Maurice et du Brésil. Cette plante mérite de
» façonnés..................	dito.	— 05	— 06	— 01	conserver une place dans notre matière mé-
AVOINE—suit le régime particulier des céréales.	»	»	»	»	dicale, elle se rapproche beaucoup du thé,
AYA-PANA (feuilles d') (1)......................	100 k. B. B.	30 —	33 —	— 25	peu différent de celui qui est fourni par
AZUR, cobalt vitrifié en poudre.................	dito.	30 —	33 —	— 25	la feuille des camellia.
» de cuivre—cendres bleues..............	100 k. N. B.	164 —	174 70	— 25	
» de roche (Lazulite) (2) brutes...............	1 hect. B.	— 25	— 25	— 01	(2) D'un bleu plus ou moins prononcé,
» » » taillées.	dito.	— 50	— 50	— 01	susceptible d'un beau poli. On en retire une couleur estimée nommée bleu d'outre-mer.

B

BABLAH (gousses d'Acacia) du Sénég. et de la Guiane fran.	100 k. B. B.	— 25	7 —	— 25	
» » de l'Inde..................	dito.	2 —	7 —	— 25	
» » d'ailleurs hors d'Europe....	dito.	3 —	7 —	— 25	
» » des entrepôts.............	dito.	5 —	7 —	— 25	
BACCANTE visqueuse—(feuille de)..................	dito.	30 —	33 —	— 25	
BADIANE, anis étoilé de la Chine.................	100 k. N. B.	60 —	65 50	— 25	
BAGUES d'or ornées en pierres et perles fines.........	1 hect. N. N.	20 —	22 —	1 —	
» » toute autre........................	dito.	20 —	22 —	— 20	
» d'argent ornées en pierres et perles fines	dito.	10 —	11 —	— 50	
» » toute autre.....	dito.	10 —	11 —	— 20	
» en cuivre, plomb ou étain..................	100 k. N. B.	100 —	107 50	1 —	
BAGUETTES de fusil, (bois préparé pour).............	la valeur.	15 p. %	15 p. %	1/4 p. %	
» en bois ou baleine, garnies...........	100 k. N. B.	200 —	212 50	2 —	
» » non-garnies...	dito.	100 —	107 50	1 —	
» en acier, armes à feu de luxe....,.	dito.	200 —	212 50	1 —	
» » » de guerre (3)	»	prohibé.	prohibé.	prohibé.	(3) Voir la note relative aux armes de guerre. (Note 3, page 34.
BAIES (4) d'alkékenge, de carpobalsamum, de laurier et de viorne.	100 k. B. B.	35 —	38 50	— 25	(4) Les baies sont des espèces de fruits qui renferment des semences éparses dans
» de bourdaine et de nerprun..............	dito.	10 —	11 —	— 8	une pulpe plus ou moins succulente.
» d'airelle, de genièvre et de myrtile.........	dito.	1 —	1 —	— 25	
BAILLARGE, espèce d'orge, suit le régime part. des grains.	»	»	»	»	
BAÏONNETTES (5) d'un modèle en usage pour les troupes françaises.	»	prohibé.	prohibé.	prohibé.	(5) Voir la note 3, page 33.
» autres — armes de luxe à feu........	100 k. N. B.	200 —	212 50	» —	
BAISONGE ou Eygi. — Noix de Galles légères..........	100 k. B. B.	— 50	— 50	— 25	
BALAIS communs, de bouleau, bruyère, genet, millet, etc.	100 en B.	— 25	— 25	— 05	
» de crin, racines et plumasseaux........	100 k. N. B.	100 —	107 50	1 —	
» de savane (scoparia) feuilles médicinales.	100 k. B. B.	30 —	33 —	— 25	
BALANCES (fléaux de) pour assortiment, de fer........	100 k. N. B.	50 —	55 —	1 —	
» » » de cuivre.....	dito.	150 —	160 —	1 —	
» montées. — Fer ouvré..................	100 k. B.	prohibé.	prohibé.	— 25	
BALAUSTE (fleurs de grenadier).................	100 k. B. B.	40 —	44 —	— 25	
» » » percée..........	100 k. N. B.	100 —	107 50	1 —	
BALISIER (graine de) — Abrus (6) non percée........	dito.	12 —	13 20	— 25	(6) On en fait des colliers et des bracelets
BALLES de paume (mercerie commune)..............	dito.	100 —	107 50	1 —	
» de plomb, de calibre.................	»	prohibé.	prohibé.	prohibé.	
» » autres.................	100 k. B. B.	24 —	26 40	— 50	
BAMBOUS de l'Inde........................	100 k. N. B.	80 —	200 —	— 25	
» d'ailleurs........................	dito.	160 —	200 —	— 25	
BANANES, fruits de table, exotiques..............	100 k. B. B.	8 —	8 80	— 25	
BANDAGES herniaires......................	la valeur.	10 p. %	10 p. %	1/4 p. %	
BANDES de roue traitées au charbon de terre, par nav. franç. et par terre.	100 k. B. B.	37 50	37 50	— 25	
» par navires étrangers	dito.	41 20	41 20	— 25	
» traitées au charbon de bois, par nav. franç. et par terre.	dito.	40 —	40 —	— 25	
» par navires étrangers......	dito.	44 —	44 —	— 25	
BANDES de tissus (7)......................	la valeur.	»	»	1/4 p. %	(7) Les bandes de tissus sont traitées à l'entrée comme les tissus avec lesquelles elles
BANGUE (cannabis indica) herbes médicinales........	100 k. B. B.	30 —	33 —	— 25	ont été faites. A la sortie elles paient comme
» fruits médicinaux..........	dito.	35 —	38 50	— 25	objets de modes.

DÉNOMINATION DES MARCHANDISES	UNITÉS sur lesquelles portent LES DROITS.	DROITS D'ENTRÉE par Navires français.	par Nav. étr. et par terre.	DROITS de SORTIE.	NOTES.
		F. C.	F. C.	F. C.	
BARBARY (racine de) des colonies françaises.........	100 k. B. B.	— 80	— —	— 50	
» » des autres pays hors d'Europe...	dito.	1 50	6 —	— 50	
» » des entrepôts	dito.	3 —	6 —	— 50	
BARBE de chèvre, racines........................	dito.	20 —	22 —	— 25	
» » herbes.........................	dito.	30 —	33 —	— 25	
» » feuilles........................	dito.	30 —	33 —	— 25	
» » fleurs.........................	dito.	40 —	44 —	— 25	
» espagnole (caragate muciforme).....	dito.	— 50	— 50	— 25	
BARBES de baleine, de pêche française...........	dito.	— 20	»	— 25	
» de pêche étrangère...........	dito.	30 —	35 —	— 25	
BARBOTINE ou semen contrà...............	100 k. N. B.	60 —	65 50	— 25	
BARBUES et BARBANÇONS (cruches de grès)..	100 k. B. B.	10 —	11 —	— 25	
BARCELONNETTES en bois. Meubles.............	la valeur.	15 p. %	15 p. %	1 4 p. %	
» en quelque végétal que ce soit, brut..	100 k. B. B.	15 —	16 50	— 25	
» » pelé..	dito.	25 —	27 50	— 25	
» » coupé.	dito.	35 —	38 50	— 25	
BARDANE (racines médicinales)................	dito.	20 —	22 —	— 25	
BARILLE (soude)..........................	dito.	11 50	12 60	— 10	
BARILS vides, montés, cerclés en bois............	hectolitre de contenance.	— 25	— 25	— 50	
» » » en fer...........	dito.	2 20	2 20	— 50	
» démontés...........	la valeur.	10 p. %	10 p. %	10 p. %	
» au-dessous de 10 litres de contenance...	100 k. B. B.	4 —	4 40	— 25	
» à vis, à mettre du sel...........	la valeur.	15 p. %	15 p. %	1 4 p. %	
BAROMÈTRES............................	(la val.à déterminer par le comité consultatif des arts et manufactures)	30 p. %	30 p. %	dito.	
BARQUES en état de servir, de mer, à quille....	le tonn. de mer	prohibé.	prohibé.	2 —	
» » bateaux de rivière.......	dito.	20 —	20 —	2 —	
» à dépecer, doublées en métal.............	dito.	— 60	— 60	2 —	
» » non doublées.............	dito.	— 25	— 25	2 —	
BARRAS (sucs végétaux, galipot)...............	100 k. B. B.	5 —	5 50	1 —	
BASANES (peaux préparées)...................	100 k. B.	prohibé.	prohibé.	— 25	
BASILIC, herbes............................	100 k. B. B.	30 —	33 —	— 25	
» fleurs.........................	dito.	40 —	44 —	— 25	
» feuilles........................	dito.	30 —	33 —	— 25	
BASIN, tissu croisé, en lin, pour tenture ou literie...	100 k. N. B.	140 —	149 50	— 25	
» » pour vêtemens...........	100 k. B.	250 —	265 —	— 25	
» » en coton..................	100 k. B.	prohibé.	prohibé.	— 50	
BAS-RELIEFS. Objets de collection................	la valeur.	1 p. %	1 p. %	1/4 p. %	(1) Les fonds de bassine en cuivre sont traités comme cuivre battu ou laminé.
BASSES...............................	la pièce.	7 —	7 50	— 38	
BASSINES en cuivre ouvré (1).................	100 k. B.	prohibé.	prohibé.	1 —	(2) Ces droits sont applicables à la batiste unie, brochée, à dessins continus ou en cadrés pour mouchoirs. — La batiste peut être importée par mer en colis pesant moins de 100 kil.
BASSONS................................	la pièce.	3 —	3 —	— 15	
BATEAUX de rivière en état de servir............	le tonn. de mer	20 —	20 —	2 —	
» à dépecer.........	dito.	— 25	— 25	2 —	
BATIMENS de mer en état de servir...........	le tonn. de mer	prohibé.	prohibé.	2 —	
» à dépecer doublés en métal......	le tonn. de mer	— 60	— 60	2 —	(3) Ce sont particulièrement ceux-ci rangés : Baumes d'Amérique ou Indes-Orientales ; parmi lesquels on distingue : 1° le baume de Canada ; 2° le baume du Pérou , sec ou noir ; 3° le baume de Tolu , appelé aussi de Carthagène, d'Amérique ou baume durci. — Les baumes des Indes, qu'on nomme aussi baume vrai. Ceux de calaba, houmouri, de peuplier tacamahaca, d'amome et de vanille. — Cette classification ne comprend que les baumes naturels ; ceux factices ou de pharmacie sont traités comme médicamens composés non dénommés.
» » non-doublés....	le tonn. de mer	— 25	— 25	2 —	
BATISTE (de pur fil) (2).....................	100 k. N. B.	25 —	27 50	— 25	
BATONS vernissés ou non....................	la valeur.	15 p. %	15 p. %	1/2 p. %	
BATS non garnis de cuir....................	la pièce.	— 50	— 50	— 05	
» en cuir et autres........................	la valeur.	prohibé.	prohibé.	1/2 p. %	
BAUDRIERS............................	100 k. B.	prohibé.	prohibé.	— 25	
BAUDRUCHES..........................	100 k. B. B.	13 —	14 30	— 25	(4) Plus, à l'entrée , le dr. sur le contenant.
BAUMES benjoin (amygdaloïde ou en sorte)......	100 k. B. B.	120 —	128 50	— 25	
» storax, naturel sec, rouge ou calamite.......	dito.	41 —	45 10	} — 25 { les 100 k.	
» » préparé, liquide (styrax)...........	dito.	13 —	14 30		
» » » en pains...........	dito.	17 —	18 70		
» de copahu ou du Brésil............	1 k. N. B.	2 —	2 20		(5) Les instrumens aratoires peuvent être présentés dans les ports en colis de tous poids , mais sans mélange des espèces soumises à des droits différents.
» à dénommer (3).................	dito.	10 —	11 —		
» de Riga et baume sympathique (4)....	100 k. N. B.	150 —	160 —	2 —	
BDELLIUM de l'Inde......................	dito.	50 —	125 —	— 25	
» d'ailleurs hors d'Europe...........	dito.	90 —	125 —	— 25	(6) Lorsque la laine des béliers se trouve avoir plus de quatre mois de croissance, on perçoit , indépendamment des droits afférents aux animaux , le droit de la laine selon son espèce.
» des entrepôts..................	dito.	100 —	125 —	— 25	
BÈCHES, instrumens aratoires (5).............	dito.	80 —	86 50	1 —	
BÉLEMNITES fossiles ou pétrifiées.............	la valeur.	1 p. %	1 p. %	1/4 p. %	
BÉLIERS (6).............................	par tête.	5 —	5 —	— 25	
BELLADONE , racines médicinales.	100 k. B. B.	20 —	22 —	— 25	

DÉNOMINATION DES MARCHANDISES.	UNITÉS sur lesquelles portent LES DROITS	DROITS D'ENTRÉE.		DROITS de SORTIE.	NOTES.
		par Navires français.	par Nav. étr. et par terre.		
		F. C.	F. C.	F. C.	
BEN (noix ou semence de)................	100 k. B. B.	35 —	38 50	— 25	
» (huile de)........................	dito.	25 —	30 —	— 50	
BENJOIN (baume de).....................	100 k. N..B.	120 —	128 50	— 25	
» (fleurs de), acide benzoïque.........	dito.	120 —	128 50	2 —	
BERGAMOTTE, fruits.....................	100 k. B. B.	10 —	11 —	— 25	
» écorces....................	dito.	17 —	18 70	— 25	
» huile volatile ou essence...	1 k. N. B.	4 —	4 40	— 02	
BESAIGUË, outils de fer rechargés d'acier... .	dito.	140 —	149 50	1 —	
BÉTEL, feuilles médicinales................	100 k. N. B.	41 —	45 10	— 25	
BÉTOINE, racines.......................	100 k. B. B.	20 —	22 —	— 25	
» feuilles........................	dito.	30 —	33 —	— 25	
» fleurs.........................	dito.	40 —	44 —	— 25	
BETTERAVES..........................	dito.	— 50	— 50	— 20	
BEURRE de lait, frais ou fondu...........	dito.	3 —	3 30	5 —	(1) Le beurre salé jouit d'une prime à son exportation par mer.
» salé (1).....................	dito.	5 —	5 50	— 75	
» de cacao ou huile de cacao.........	dito.	25 —	30 —	— 50	
d'Antimoine, de nitre et de saturne........	1 k. B.	prohibé.	prohibé.	— 02	
ou cire de galé, galane.............	100 k. B. B.	10 —	13 —	1 —	
BÉZOARD animal ou pierre de fiel...........	100 k. N. B.	245 —	259 70	— 25	
» minéral (oxide blanc d'antimoine).......	1 k. B.	prohibé.	prohibé.	— 02	
BICHES, gibier vivant.............................	la valeur.	2 p. ℀.	2 p. ℀.	1/4 p. ℀.	
» mort......................	100 k. B. B.	— 50	— 50	3 —	
BIÈRE (2).............................	l'hectolitre.	6 —	6 —	— 15	(2) Les boissons en bouteilles paient, indépendamment du droit qu'il leur est applicable, 15 cent. à l'entrée et 1 cent. à la sortie, par litre de contenance.
BIGARADES ou oranges amères, fruits........	100 k. B. B.	10 —	11 —	— 25	
» écorces..........	dito.	17 —	18 70	— 25	
BIJOUTERIE d'or (3) ornée en pierres ou perles fines...	1 h. N. N.	20 —	22 —	1 —	(3) Les ouvrages d'or et d'argent, importés de l'étranger, sont envoyés sous plomb et par acquit-à-caution sur le bureau de garantie le plus voisin, pour y être poinçonnés, s'il y a lieu, et acquitter le droit de marque. Sont affranchis de cette formalité comme de tous droits : 1° Les objets d'or et d'argent appartenant aux embassadeurs et envoyés des puissances étrangères, quand ils les accompagnent ou sont déclarés par eux ; 2° Les bijoux d'or et les ouvrages en argent à l'usage personnel des voyageurs, dont le poids n'excède pas 5 hectog. Les deux tiers du droit de garantie sont remboursés à l'exportation des matières d'or et d'argent sur le certificat délivré par la Douane de sortie et visé par le Directeur.
» toute autre................	dito.	20 —	22 —	— 20	
» d'argent ou de vermeil (3) ornée en pierres ou perles fines.	dito.	10 —	11 —	— 50	
» toute autre....	dito.	10 —	11 —	— 20	
» dorée, argentée ou d'or faux..........	100 k. B.	prohibé.	prohibé.	4 —	
BILBOQUETS en bois commun ou peint.........	1 k. B.	6 —	6 60	— 02	
» en buis......................	100 k. N. B.	80 —	86 50	1 —	
» en ivoire....................	dito.	100 —	107 50	1 —	
BILLARDS.............................	1 k. B.	prohibé.	prohibé.	— 01	
BILLES de billard en ivoire..............	la valeur.	15 p. ℀.	15 p. ℀.	1/4 p. ℀.	
» de pierre......................	1 k. N. B.	4 —	4 40	— 01	
» de marbre ou de stuc.............	100 k. B. B.	4 —	11 —	— 25	
» d'agate.......................	dito.	20 —	22 —	— 25	
BILLON (monnaies de) ayant cours légal.........	dito.	15 —	16 50	— 25	
» hors de cours, des pays hors d'Eur.	dito.	1 —	1 10	1 —	
» des entrepôts.....	dito.	1 —	3 —	2 —	
» terreux provenant de la racine de garance...	dito.	2 —	3 —	2 —	
BIMBELOTERIE........................	100 k. N. B.	30 —	33 —	— 50	
BISCUITS de mer (4)...................	100 k. B.	80 —	86 50	1 —	(4) Le biscuit de mer pour provisions de navires français ou étrangers est exempt de droits de sortie.
» sucrés (bonbons)........	dito.	mêmes droits que les farines selon l'espèce.		— 25	
BISEIGLES, outils de cordonnier en buis........	dito.	comme le sucre terré.		— 25	
BISMUTH ou étain de glace (5) brut, de l'Inde	100 k. N. B.	100 —	107 50	1 —	(5) C'est un métal plus lourd et moins blanc que le zinc ; il est jaunâtre, fragile, lamelleux, très-fusible. Il sert à étamer les glaces, à fabriquer le fard et les caractères d'imprimerie.
» » d'ailleurs......	100 k. B. B.	— 50	4 —	— 25	
» battu ou laminé......	dito.	2 —	4 —	— 25	
» ouvré........	100 k. N. B.	60 —	65 50	— 25	
BISTORTE, racines médicinales............	100 k. B. B.	prohibé.	prohibé.	— 25	
BISTOURIS, instrumens de chirurgie.........	dito.	20 —	22 —	— 25	
BISTRE, couleur préparée avec de la suie, sèche ou liquide.	la valeur.	10 p. ℀.	10 p. ℀.	1/4 p. ℀.	
» en pâtes humides........	100 k. B. B.	35 —	38 50	2 —	
BITTER ou amer (6).....................	dito.	17 50	19 25	2 —	(6) Plus le droit de 15 cent. à l'entrée et 1 cent. à la sortie, par litre de contenance, si on le présente en bouteilles.
BITUMES non dénommés, solides............	l'hectolitre.	150 —	150 —	1 —	
» fluides...............	100 k. B. B.	5 —	5 50	— 25	
BLANC de céruse, sans distinction de forme.....	dito.	7 —	7 70	— 25	
» de plomb, pur ou mélangé..............	dito.	20 —	22 —	— 25	
» très-pur (blanc d'argent).............	dito.	30 —	33 —	— 25	
» de baleine ou de cachalot de pêche franç., brut..	dito.	35 —	38 50	2 —	
» » » de pêche étran., brut..	dito.	— 20	— 1 02		
» » » pressé..	100 k. N. B.	40 —	44 —	1 02	
» » » raffiné..	dito.	60 —	65 50	1 02	
» de toilette, fard blanc..............	dito.	150 —	160 —	1 02	
» d'Espagne..................	dito.	98 —	105 50	2 —	
	100 k. B. B.	5 —	5 50	— 25	

DÉNOMINATION DES MARCHANDISES	UNITÉS sur lesquelles portent LES DROITS.	DROITS D'ENTRÉE		DROITS de SORTIE.	NOTES
		par Navires français.	par Nav. étr. et par terre.		
		F. C.	F. C.	F. C.	
BLÉ et blé de Turquie (maïs)..........	suivent le régime particulier aux Céréales.				
BLENDE (sulfure de zinc)...............	100 k. B. B.	— 10	— 10	2 —	
BLEU de Prusse ou de Berlin............	100 k. N. B.	150 —	160 —	2 50	(1) Le bleu minéral est en morceaux d'un bleu céleste.
» minéral (1)......................	dito.	plus 10 p.o/o de la val			
» de Cobalt (azur).................	100 k. B. B.	30 —	33 —	— 25	(2) On distingue deux produits de ce nom: 1° une espèce de bleu de Prusse commun, dont le cuivre fait la base, mais qui doit être traité comme bleu de Prusse; 2° un carbonate de cuivre triture dans l'eau, tamisé, porphyrisé, et ensuite formé en petites masses pour la peinture.
» de Montagne (2.................	dito.	35 —	38 50	2 —	
» (boules de) des pays hors d'Europe — de l'Inde et autres pays de récolte.	1 k. N. B.	— 50	4 —	50	
» autres.....	dito.	2 —	4 —	les 100 k.	
» » des entrepôts..............	dito.	3 —	4 —		
» d'outre mer....................	dito.	62 —	67 60	— 02	
BLONDES dentelles de lin...............	la valeur.	5 p. %.	5 p. %.	1/4 p. %.	
» » de soie................	dito.	15 p. %.	15 p. %.	1/4 p. %.	
BŒUFS...............................	par tête.	50 —	50 —	1 —	
Bois à brûler (3) en bûches............	le stère.	— 25	— 25	prohibé.	(3) Il y a exception permanente à la prohibition de sortie des bois à brûler pour 1000 stères, qui peuvent être exportés chaque année pour l'Espagne par le port de St-Jean-de-Luz. Dans ce cas, comme toutes les fois qu'il est dérogé à la prohibition, on perçoit les droits de sortie suivants : Bois à brûler en bûches, le stère... ; en fagots, 100 en n.
» en fagots..................	le 100 en n.	— 25	— 25	dito.	
Bois à construire — de pin et de sapin — bruts ou simplement écarris à la hache	le stère.	— 10	— 10	12	
— sciés ayant d'épaisseur plus de 80 millimètres	100 m. de longr	— 15	— 15	12	
— 34 à 80 millimètres.	100 m. de longr	1 —	1 —	50	
moins (planches dites de 34) chom......	dito.	1 —	1 —	15	
milli. autres........	dito.	1 —	1 —	25	
— autres — bruts ou simplement écarris à la hache	le stère.	— 10	— 10	24	
plus de 80 millimètres	100 m. de longr	— 15	— 15	24	
— sciés ayant d'épaisseur 34 à 80 millimètres.	100 m. de longr	1 —	1 —	1 —	
moins (planches dites de 34) chom.	dito.	1 —	1 —	30	
milli. autres.	dito.	1 —	1 —	30	
Bois en éclisses.................	les 1000 feuill.	2 —	2 —	2 —	
Bois feuillard de deux mètres de longueur et au-dessous.	100 en nomb.	— 50	— 50	50	
» de deux à quatre mètres exclusivement..	dito.	2 —	2 —	2 —	
» de quatre mètres et au-dessus.	dito.	10 —	10 —	10 —	
Bois d'ébénisterie (4) — en billes ou sciés à plus de trois décimètres d'épaisseur. — de la Guiane française et du Sénégal, sans distinction d'espèce.	100 k. B. B.	1 —	7 —		(4) Les bois d'ébénisterie non dénommés sont ceux d'Amarante, de Cayenne satiné ou de férole, de Calicédra, de citron ou de chandelle, de courbaril, de fer, de palixandre ou bois violet, de perdrix, de rose, de mandore, rouge, de tulipier, etc.
Gaïac des pays hors d'Europe.	dito.	2 —	7 —		
» des entrepôts..............	dito.	4 —	7 —		
Ébène des pays hors d'Europe...	dito.	4 —	10 50	50	
» des entrepôts..........	dito.	7 50	10 50		
Cèdre des pays hors d'Europe ..	dito.	2 50	8 —		
» des entrepôts..........	dito.	5 —	8 —		
Buis.............................	dito.	10 —	11 —	2 —	
Acajou et de l'Inde,............	dito.	10 —	21 50		
autres non d'ailleurs hors d'Eur.	dito.	15 —	21 50		
dénommés des entrepôts	dito.	18 50	21 50		
— sciés à 3 décimètre d'épaisseur ou moins. — de la Guiane française et du Sénégal, sans distinction d'espèce.	dito.	1 —	7 —		
Gaïac des lieux de production...	dito.	6 —	21 —	25	
» des entrepôts........	dito.	12 —	21 —		
Ébène des lieux de production...	dito.	4 —	10 50		
» d'ailleurs hors d'Europe...	dito.	12 —	31 50		
» des entrepôts........	dito.	22 50	31 50		
Cèdre des lieux de production...	dito.	2 50	8 —		
» d'ailleurs hors d'Europe...	dito.	7 50	24 —		
» des entrepôts...........	dito.	15 —	24 —		
Buis des lieux de production....	dito	10 —	11 —	2 —	
» d'ailleurs	dito.	30 —	33 —	2 —	
Acajou et autres non dénommés de l'Inde, des lieux de production......	100 k. N. B.	10 —	21 50		
» d'ailleurs......	dito.	30 —	64 50	50	
(des autres) des lieux de production.	dito	15 —	21 50		
pays hors d'Europe d'ailleurs....	dito.	45 —	64 50		
» des entrepôts....	dito.	55 50	64 50		

DÉNOMINATION DES MARCHANDISES	UNITÉS sur lesquelles portent LES DROITS.	DROITS D'ENTRÉE par Navires français.	par Nav. étr. et par terre.	DROITS de SORTIE.	NOTES.
		F. C.	F. C.	F. C.	
Fernam- { des pays hors d'Europe. bouc. { des entrepôts........	100 k. B. B.	5 —	12 —		(1) Les bois de teinture non dénommés sont ceux de brésillet, de camou de cam-wood, le bois jaune (fustick, ou fastock), le santal rouge ou le caliatour, le bois et la racine de fustet, le bois et la racine d'épine vinette, etc.
de Sapan { des pays a l'ouest du et de { cap Horn............	dito.	8 —	12 —		
en bûches Nicaragua { d'aill. hors d'Europe..	dito.	— 75	6 —		On ne considère comme bois de teinture que ceux présentés en copeaux, en petites pièces, en éclats ou en bûches irrégulières, dont il ne peut être tiré ni planches ni feuilles pour l'ébénisterie. Ceux présentés en blocs, poutrelles, planches et madriers paient comme bois d'ébénisterie. En cas de difficulté, les employés des Douanes sont autorisés a faire scier, fendre ou briser les pièces qu'on déclare comme bois de teinture, etc.
Bois de { { des entrepôts........	dito.	1 50	6 —		
teinture. { autres des colonies françaises...	dito.	3 —	6 —	— 50	
{ " des autres pays hors d'Eur.	dito.	— 80	6 —		
{ " des entrepôts..........	dito.	1 50	6 —		
{ moulu, sans distinct. d'espèce ni de proven..	dito.	3 —	6 —		
" à dénommer (2)............	dito.	20 —	22 —		
Bois colorants de Sassafras (laurus sassafras)........	dito.	20 —	22 —		
BOISSELLERIE (3)........	100 k. N. B.	100 —	107 50		(2) Ce sont les bois d'aloès, d'amboyne, de baume, de cancher, de garou, de girofle, de quassie, de rhodes ou de roses, de santal blanc et citrin, de tamarin.
BOITES de bois blanc......	100 k. B. B.	4 —	4 40	— 25	
" de bois peint ou ferré............	dito.	31 —	34 10	— 25	
" de ligner vernissés et de spa....	100 k. N. B.	100 —	107 50	1 —	
" de carton ou de papier........	dito.	200 —	212 50	2 —	(3) Cette dénomination comprend les ouvrages en bois complets et achevés, tels que les petits barils au-dessous de 10 litres, les boisseaux, pelles, fourches, écuelles et rateaux en bois pur, les plats, écuelles, sébilles, cuillers, échelles, chevilles, museaux, etc.
" de cuir.......	dito.	200 —	212 50	2 50	
" pour violons......	100 k. B.	prohibé.	prohibé.	— 25	
" à vis servant à mettre du sel.....	100 k. N. B.	100 —	107 50	1 —	
" à dénommer (3)........	100 k. B. B.	15 p. ⅔	15 p. ⅔	1/4 p. ⅔	
BOIS d'Arnidet........	100 k. B. B.	9 —	9 90	— 25	
BOL ... foncé de fer moulé pour projectiles de guerre.	"	prohibé.	prohibé.	prohibé.	(4) Sous cette dénomination, on entend les bas, bonnets, gants, bourses et tous les vêtements tricotés à la main ou faits au métier. Quant aux tricots qui se coupent à la pièce, ils sont rangés dans la classe des tissus et suivent leur régime.
BORAX pyramidal (duvet de)...	"	— 40	— 40	— 25	
BORAX ... ... le sucre terré..	"			"	
BORDES de liège....	100 k. B.	54 —	59 20	— 25	
BONNETERIE (4) de coton (5)....	100 k. B.	prohibé.	prohibé.	— 50	(5) La bonneterie de coton et celle de laine jouissent d'une prime d'exportation.
" de fil.....	100 k. N. B.	200 —	212 50	— 50	
" de fleuret.....	1 k. N. N.	6 —	6 60	1 02	
" de laine....	100 k. B.	prohibé.	prohibé.	1 50	
" de poil de castor....	100 k. N. B	400 —	417 50	1 50	
" d'autres poils......	dito.	200 —	212 50	1 50	
" de soie....	100 k. N. N.	1200 —	1217 50	2 —	
BONNETS à poil.....	la valeur.	15 p. ⅔	15 p. ⅔	1/4 p. ⅔	
" de fonte. — Bonneterie suivant l'espèce...	"	"	"	"	
BORAX à brut, destiné au raffinage (7)...	100 k. B.	— 50		"	(6) Le borax brut est en masses verdâtres, grasses au toucher, ou en espèces de cristaux opaques d'un vert de pomme. Le borax demi-raffiné est disposé en petites plaques cristallisées de 4 à 5 cent. d'épaisseur qui se déposent à peine formées. Le borax qui vient de Chine et mêlé d'une poussière blanche qui paraît argilleuse. Le borax raffiné, dont la cristallisation est complète, est blanc. Il est sous forme de cristaux irréguliers d'une transparence imparfaite. Il est soluble dans deux parties d'eau bouillante.
" non destiné au raffinage, de l'Inde.	100 k. N. b.	50 —	12 5	2 —	
" d'ailleurs...	dito.	100 —	125 —	2 —	
" mi-raffiné, de l'Inde..	dito.	65 —	162 50	2 —	
" d'ailleurs....	dito.	150 —	162 50	2 —	
BORAX raffiné....	dito.	180 —	191 50	2 —	(7) A charge de réexporter, dans l'année, le même poids de borax naturel raffiné.
BORDAGES de tableau....	la valeur.	15 p. ⅔	15 p. ⅔	1/4 p. ⅔	
BORMES, herbes médicinales....	100 k. N. B.	30 —	33 —	— 50	
BORNES à feu......	"	prohibé.	prohibé.	— 25	
BOTS fins et fruttées....	100 k. N. B.	"	d. to.	prohibé.	
BOUCLES de cuivre, d'étain ou de fer.....	dito.	54 —	59 20	— 25	
" d'acier........	100 k. B.	100 —	107 50	1 —	
" d'or ou de vermeil.....	"	prohibé.	prohibé.	— 5	
" en perles ou perles fines.	1 hec. N. N.	20 —	22 —	1 —	
" toutes autres........	dito.	20 —	22 —	— 20	
" d'argent, ornées en pierres ou perles fines...	dito.	10 —	11 —	— 50	
" toutes autres.......	dito.	10 —	11 —	— 20	
" plaquées, dorées ou argentées, vernies.....	100 k. B.	prohibé.	prohibé.	5 —	
BOUES.....	par tête.	1 50	1 50	— 15	
BOIS d'orfèvre.....	100 k. B. B.	— 05	— 05	—	
BOUES. — Agrès et apparaux...	la valeur.	10 p. ⅔	10 p. ⅔	5 p. ⅔	
BOUGETTES. — Serrurerie commune...	100 k. N. B.	100 —	107 50	1 —	
BOUGIES de blanc de baleine ou de cachalot..	dito.	220 —	233 —	— 25	
" de cire jaune....	dito.	50 —	55 —	— 25	
" blanche...	dito.	85 —	91 70	— 25	
BOUILLOIRES en fonte moulée......	100 k. B.	prohibé.	prohibé.	— 25	
" en fer.......	dito.	dito.	dito.	— 25	
" en cuivre.....	dito.	dito.	dito.	4 —	
" en fer blanc....	dito.	dito.	d.to.	— 25	
BOUILLON blanc. — Fleurs médicinales....	100 k. N. B.	40 —	44 —	— 25	
BOUILLON en tablettes......	1 k. B.	prohibé.	prohibé.	— 02	
BOULES de terre pour les raffineries de sucre...	100 k. B. B.	2 —	2 20	— 01	
de bleu des pays hors d'Europe. de l'Inde..	1 k. N. B.	— 50		— 50	
				les 100 kil.	

DÉNOMINATION DES MARCHANDISES	UNITÉS sur lesquelles portent LES DROITS.	DROITS D'ENTRÉE		DROITS de SORTIE.	NOTES.
		par Navires français.	par Nav. étr. et par terre.		
BOULES de bleu des pays hors d'Europe, autres	1 k. N. B.	2 —	2 20	—	
» des entrepôts	dito.	3 —	4 —	les 100 kil.	
» de maïl en bois	100 k. N. B.	100 —	107 50	1 —	
BOULETS	»	prohibé.	prohibé.	prohibé.	
BOURACHE, feuilles	100 k. B. B.	30 —	33 —	— 25	
» fleurs	dito.	30 —	33 —	— 25	
BOURDAINE (écorces de) (1), moulues	100 k. L.	— 30	— 30	prohibé.	1 Les écorces à tan peuvent être exportées par les points pour lesquels le Gouvernement suspend la prohibition.
» non moulues	dito.	— 10	— 10	prohibé.	Par application de cette disposition, on peut exporter :
» (baies de)	100 k. B. B.	20 —	22 —	»	1° Par la rivière de la Meuse, des quantités illimitées d'écorces à tan moulues ou non moulues;
BOURGEONS de sapin	dito.	10 —	11 —	»	2° Par la douane de Mijoux, cent cinquante mille kilogrammes, annuellement, d'écorces de sapin non moulues provenant du territoire de la commune de Septmoncel Ain.
BOURRE de coton des colonies françaises	100 k. N. B.	— 25		— 25	Dans ces cas, comme toutes les fois que la prohibition est suspendue, on perçoit les droits suivants :
» de Turquie	dito.	— 25	— 25	— 50	Écorces à tan non moulues (1) par 100 k.
» de l'Inde	dito.	10 —	2,5 —	— 50	Écorces à tan moulues (1).
» des autres pays hors d'Europe	dito.	20 —	25 —	— 50	
» des entrepôts	dito.	30 —	35 —	— 50	2° Les bourres de laine sont des matières laineuses, en masses, très-courtes, peu susceptibles d'être filées, et qui ne sont propres qu'à rembourrer la sellerie ou à fabriquer les papiers tontins. Il y en a de trois sortes : la bourre entière, celle qui provient de l'épilage des peaux passées, c'est-à-dire de laine avariée nécessairement courte, et avant de passer les peaux en tan, il faut les tondre.
» de laine (2) entière, en masses, p. nav. fran. et p. terre	la valeur.	20 p.	20 p.		La bourre lanice est le déchet que produit le battage des laines sur la claie, et le purgeage des étoffes.
» » par nav. étrangers	dito.	22 p.	22 p.	— 25	La bourre tontice est le déchet produit par la tonte des draps; elle est extrêmement ténue et ne peut servir qu'à la fabrication des papiers de tenture, auxquels on donne avec cette matière l'apparence de draps et velours, ce qui les fait appeler papiers tontins.
» » peignée	dito.	20 p.	20 p.	les 100 kil.	On assimile les déchets produits sur la tonte des châles de laine.
» » teinte de toute sorte	100 k. N. B.	201 —	217 50		
» » lanice et tontice	100 k. B. B.	4 —	4 40	—	
» de poils	dito.	— 10	— 10	4 08	
» de soie, en masse, écrue	100 k. N. B.	— 1	1 —	2 —	
» » teinte	1 k. N. N.	— 82	5 —	— 62	
» » cardée, en 6 utiles et gomme ovale	100 k. N. N.	82 —	67 90	— 62	
» » frisons peignés	1 k. N. N.	— 82	— 90	1 —	
» » toute autre	dito.	— 82	— 90	2 —	
» » filée, fleuret, écru	1 k. N. B.	— 82	— 90	66	
» » teint	dito.	— 82	— 90	65	
BOURRES de fusil en feutre	100 k. NB.	100 —	107 50	1 —	Les outils de toute sorte peuvent être importés par les bureaux de mer, en colis, quels que soit leur poids, mais sans mélange des espèces soumises à des droits différents.
» en papier	100 —	100 —	107 50	1 —	Et quant aux droits à appliquer à ces boutons, il faut examiner le plus ou le moins de valeur et le fini du travail.
BOURSES tricotées en soie	100 k. N. N.	1500 —	1912 50	2 —	4° Les boutons de passementerie de coton pur ou mélange seront admis au droit de 250 c pour mercerie fine ou commune, selon que par un travail plus ou moins portant ou par un mélange d'autres matières plus ou moins fortement imposées, ils devraient être rangés dans la classe de la mercerie fine ou commune. Toutefois, comme la passementerie de soie ou de laine, mêlée d'autres matières, est nommément taxée, on appliquera aux boutons de coton mélangés de soie ou de laine, dans le premier cas, le droit imposé sur la passementerie de soie mêlée d'autres matières, dans le second cas, le droit de la passementerie de laine mélangée de fil et poil.
» en fleuret	dito.	6 —	6 50	—	
» en coton	100 k. N. B.	prohibé.	prohibé.	— 50	
» en grains de verre	dito.	200 —	212 50	1 —	
» autres	dito.	100 —	107 50	1 —	
BOUSSOLES	La valeur	30 p.	30 p.	1 p.	5° Lorsque la laine des brebis se trouve avoir plus de quatre mois de croissance, on perçoit, indépendamment des droits afférents aux animaux, le droit de la laine selon son espèce.
BOUSSOLES petites, en bois ou en os	100 k. N. B.	100 —	107 50	1 —	
BOUTEILLES de grès. — Ustensiles	100 k. N. B.	10 —	11 —	—	
» de verres, pleines outre le droit des liquides	100 k. B. B.	— 15	— 15	— 01	
» vides	100 k. B. B.	prohibé.	prohibé.	— 25	
BOUTONS de maréchal (3)	100 k. N. B.	100 —	107 50	1 —	
BOUTONS de soie pure	1 k. N. N.	16 —	17 60	— 07	
» mêlés d'autres matières	»	— 8	— 8 50	— 07	
» de fleuret	100 k. N. N.	50 —	55 —	— 07	
» de crin	100 k. N. B.	150 —	161 —	1 50	
» de laine pure, teints	dito.	225 —	215 25	— 50	
» » mélangés de fil, laine et poil	dito.	225 —	233 20	— 50	
» » blancs	dito.	130 —	138 50	— 50	
» de coton	100 k. B.	prohibé.	prohibé.	— 50	
» de toute sorte autre que mercerie commune (4), mercerie fine	100 k. N. B.	100 —	107 50	1 —	
» ceux ci-dessus	dito.	250 —	242 50	1 —	
BOUVILLONS	par tête.	15 —	15 —	—	
BOYAUX frais ou salés	dito.	1 —	1 10	—	
» secs, préparés	dito.	13 —	14 30	— 25	
BRAI gras ou sec	dito.	5 —	5 50	—	
BRAINVILLIERS arapabaca (herbes médicinales)	dito.	30 —	33 —	—	
BREBIS (5)	par tête.	4 —	4 —	— 25	
BRETELLES (5)	100 k. N. B.	prohibé.	prohibé.	— 50	
» toutes autres	100 k. N. B.	300 —	242 50	1 —	
BRIDES et brelons	la valeur.	prohibé.	prohibé.	1 2 p.	
BRINDILLE de sumac	100 k. B. B.	1 —	1 10	— 50	
BRIQUES en terre cuite	1000 en N.	4 —	4 —	— 25	
» à polir les couteaux	100 k. B. B.	2 —	2 20	— 25	

DÉNOMINATION DES MARCHANDISES.	UNITÉS sur lesquelles portent LES DROITS.	DROITS D'ENTRÉE. par Navires français.	par Nav. étr. et par terre.	DROITS de SORTIE.	NOTES.
		F. C.	F. C.	F. C.	
BRIQUETS en acier, cuivre, fer et { non polis	100 k. N. B.	100 —	107 50	1 —	
à forme de pistolet. { polis ou damasquinés.	dito.	200 —	212 50	2 —	
» phosphoriques	dito.	100 —	107 50	1 —	
BROCHES à tricoter	dito.	100 —	107 50	1 —	
» à rouet et à mécanique, de pur acier	dito.	200 —	212 50	1 —	
» » de cuivre ou laiton.	dito.	150 —	160 —	1 —	
» en métal pour les peignes à tisser	La valeur à déterminer par le comité consultatif des arts et manufactures.	15 p. ‰	15 p. ‰	1⁄4 p. ‰	
» d'or, ornées en pierres ou perles fines	1 hect. N. N.	20 —	22 —	1 —	
» toute autre	dito.	20 —	22 —	1 —	
» dorées ou d'or faux	100 k. B.	prohibé.	prohibé.	4 —	
» de métaux communs avec pierres fausses	1 k. N. B.	6 —	6 60	— 02	
BRODEQUINS	100 k. B.	prohibé.	prohibé.	— 25	
BRODERIES (1)	la valeur.	prohibé.	prohibé.	1⁄4 p. ‰	(1. Cette assimilation n'est relative qu'à la sortie des bandes de mousseline, de percale et de tulle brodées; car toute espèce de tissu de coton est prohibée à l'entrée.)
BRÔME	100 k. B. B.	40 —	44 —	1 — 25	
BRONZE { coulé de 1re fusion, en masse, des pays hors albi d'étain). { barres ou plaques, ou } d'Europe	dito.	1 —	3 —	2 —	
{ en objets détruits.. { des entrepôts.	dito.	2 —	3 —	2 —	
{ ouvré	100 k. B.	prohibé.	prohibé.	1 —	
{ pulvérisé	100 k. B. B.	35 —	38 50	2 —	
BROSSERIE, pinceaux de poils fins ou de cheveux.	100 k. N. B.	200 —	212 50	2 —	
» composée de bois, de poils ou racines.	dito.	100 —	107 50	1 —	
BROU de noix, teinture	100 k. B. B.	1 —	1 10	—	
» liqueurs (2)	l'hectolitre.	150 —	150 —	1 —	(2) Plus le droit sur le verre 15 centim. à l'entrée 1 centime à la sortie par litre de contenance si la liqueur est présentée en bouteilles.
BRUN rouge	100 k. B. B.	2 —	2 20	— 01	
de Wandick ou tête de nègre sec ou liquide.	dito.	35 —	38 50	2 —	
» en pâtes humides	dito.	17 50	19 25	2 —	
BRUYÈRES à vergettes, brutes	dito.	1 —	1 10	— 25	
» dépouillées de leurs barbes	dito.	10 —	11 —	— 25	
BRYONE Racines médicinales	dito.	20 —	22 —	— 25	
BUFFLES	par tête.	50 —	50 —	1 —	
BULBES ou oignons de fleur (3)	100 k. B. B.	5 —	5 50	— 25	(3) Ce sont les scilles marines, les raiponces de fleur, les colchiques, renoncules et autres bulbes, excepté les oignons communs de cuisine qui font partie des légumes verts.)
BURAIL de Zurich (4)	100 k. N. B.	200 —	212 50	1 30	(4. L'entrée ne peut avoir lieu que par le bureau de St-Léonard.)
BURINS. — Outils de pur acier	dito.	200 —	212 50	1 —	
BUSC pour corsets de femme, en acier	100 k. B.	prohibé.	prohibé.	— 25	
» en baleine	100 k. N. B.	60 —	65 50	— 25	
BUSTES en bois	la valeur.	15 p. ‰	15 p. ‰	1⁄4 p. ‰	
» en bronze	dito.	1 p. ‰	1 p. ‰	1⁄4 p. ‰	
» en pierre ou plâtre	dito.	15 p. ‰	15 p. ‰	1⁄4 p. ‰	
» en marbre sculpté	100 k. B. B.	40 —	44 —	— 01	
» antiques	la valeur.	1 p. ‰	1 p. ‰	1⁄4 p. ‰	
BASSIN de pompe - marine	1 k. B. N.	— 05	— 05	3 —	

C

CABARET. — Herbes médicinales	100 k. B. B.	30 —	33 —	— 25	
» racines	dito.	20 —	22 —	— 25	
CABINETS de pendule en bois, même ceux peints, vernis et dorés	la valeur.	15 p. ‰	15 p. ‰	1⁄4 p. ‰	
» en cuivre doré	100 k. B.	prohibé.	prohibé.	4 —	
» en bronze	dito.	dito.	dito.	1 —	
CÂBLES de chanvre	100 k. B. B.	25 —	27 50	— 25	
» de sparte, de tous calibres, fabriqués avec des fils ou tresses battues	dito.	5 —	5 50	— 25	
d'autres végétaux tilleul, joncs et écorces	dito.	2 —	2 20	— 25	
» en fer, pour la marine	dito.	37 50	41 20	— 25	
en fer dragués (5)	dito.	1 —	1 —	— 25	(5. Cette modération de droits n'est applicable qu'aux câbles retirés du fond des ports et rades du royaume par des dragueurs français. Le dragueur doit en être constaté par la marine.)
CAFETANS en bois	la valeur.	10 p. ‰	10 p. ‰	1⁄4 p. ‰	
» en fer	100 k. B.	prohibé.	prohibé.	— 25	
» en fonte	dito.	dito.	dito.	— 25	
CABRIS	par tête.	1 —	— 25	— 10	
CACAO fèves et pellicules des colonies françaises.	100 k. N. B.	40 —	—	— 25	
» des pays étrangers d'au-delà du cap Horn	dito.	50 —	100 —	— 25	
» »	dito.	50 —	100 —	— 25	

DÉNOMINATION DES MARCHANDISES	UNITÉS sur lesquelles portent LES DROITS.	DROITS D'ENTRÉE		DROITS de SORTIE.	NOTES.
		par Navires français.	par Nav. étr. et par terre.		
		F. C.	F. C.	F. C.	
CACAO, fèves et pellicules des entrepôts............	100 k. N. B.	95 —	105 —	— 25	
» simplement broyé ou en pâte...........	dito.	150 —	160 —	— 51	
CACHEMIRE (tissu autre que les châles).............	100 k. B.	prohibé.	prohibé.	1 50	
CACHETS d'or avec pierres fines	1 h. N. N.	20 —	22 —	1 —	
» » tous autres..................	dito.	20 —	22 —	— 20	
» d'argent avec pierres fines...............	dito.	10 —	11 —	— 50	
» » tous autres...................	dito.	10 —	11 —	— 20	
» dorés, argentés ou d'or faux...........	100 k. B.	prohibé.	prohibé.	4 —	
» de métaux communs avec pierres fausses...	1 k. N. B.	6 —	6 60	— 02	
» de fer.............................	100 k. B.	prohibé.	prohibé.	— 25	
» d'acier.............................	dito.	dito.	dito.	— 25	
» de cuivre..........................	dito.	dito.	dito.	1 —	
» d'agate.............................	1 k. N. B.	2 —	2 20	— 25	
» de cristal de roche...................	dito.	— 50	— 50	— 01	
» de vitrification.....................	dito.	6 —	6 60	— 02	
CACHOU en masse (terra japonica) (1)	100 k. N. B.	25 —	27 50	— 25	(1) Substance sèche, brune ou rousse extérieurement, rouge brunâtre à l'intérieur, à cassure terne ou brillante, suivant les espèces ; en morceaux aplatis, de poids variables ; offrant sur l'une des faces un grand nombre de semences et quelquefois aussi ; ans. Odeur nulle, saveur astringente, suivie d'un goût sucré très-agréable. On distingue, dans le commerce, trois espèces de Cachou :
» préparé, parfumé ou non.............	1 k. B.	prohibé.	prohibé.	— 02	
CADENAS de toute sorte simplement limés............	100 k. N. B.	100 —	107 50	1 —	
» polis........................	dito.	200 —	212 50	2 —	
CADMIE ou lathie (oxide de zinc gris...............	100 k. B. B.	— 10 —	— 10	— 05	
CADRANS de montre ou de pendule bruts ou achevés,					Cachou du Bengale........ 1re sorte
» » en faïence.	100 k. N. B.	49 —	53 90	— 25	» de Bombay....... 2e
» » en or.	1 h. N. B.	20 —	22 —	— 20	» en masses........ 3e
» » en argent.	dito.	10 —	11 —	— 20	C'est un stomachique estimé.
» » autres.....	1 k. N. B.	5 —	5 50	— 05	Le cachou préparé, parfumé ou non, fait partie des médicamens composés non dénommés.
» solaires.............................	(la valeur à déterminer par le comité consultatif des arts et manuf.)	30 p. %	30 p. %	1/4 p. %	
CADRES dorés ou non......................	la valeur.	15 p. %	15 p. %	1/4 p. %	
CAFÉ des colonies françaises au-delà du cap........	100 k. N. B.	50 —			
» » en-deçà du cap...	d. to.	60 —			
» de l'Inde........................	dito.	78 —	105 —	— 25	
» d'ailleurs hors d'Europe..............	dito.	95 —	105 —		
» des entrepôts......................	dito.	100 —	105 —		
» faux.............................	100 k. B.	prohibé.	prohibé.	— 25	
CAFETIÈRES en fer-blanc....................	dito.	dito.	dito.	— 25	
» en cuivre......................	dito.	dito.	dito.	— 25	
» argentées, dorées, plaquées ou vernissées.	dito.	dito.	dito.	3 —	
» en vermeil 2...................	t h. N. N.	10 —	11 —	— 50	(2) Voir la note 3, page 30
» en argent (2)..................	dito.	3 —	3 30	— 15	
CAGES d'oiseau...........................	100 k. N. B.	100 —	107 50	1 —	
CAILX de fleur..........................	100 k. B. B.	5 —	5 50	— 25	
CAILLE - Lait (gallium verum), herbes médicinales..	dito.	30 —	33 —	— 25	
CAILLETTE de veau.......................	dito.	— 50	— 50	— 25	
CAILLOUX à faïence ou à porcelaine..........	dito.	— 10	— 10	— 25	
CAISSES militaires, ordinaires (tambours)..........	la pièce.	1 50	1 50	— 08	
» » grosses..................	dito.	7 5 —	7 50	— 38	
» de bois commun, non ferrées.......	100 k. B. B.	4 —	4 40	— 25	
» ferrées......................	la valeur.	15 p. %	15 p. %	1/4 p. %	
CALAGUALA, racines médicinales..............	100 k. B. B.	20 —	22 —	— 25	
CALAMINE grillée (pulvérisée ou non)...........	dito.	— 10	10 1	— 25	
» blanche (pomphol.r), oxide de zinc blanc..	dito.	13 —	14 30	— 25	
CALAMITE (baume de storax naturel sec), rouge.....	100 k. N. B.	41 —	45 10	— 25	
CALAMUS aromaticus (acorus calamus) racines médicin.	100 k. B. B.	20 —	22 —	— 25	
CALCANTHUM ou Colcothar................	dito.	10 —	11 —	— 25	
CALCÉDOINES brutes......................	1 h. N. B.	— 25	— 25	— 01	
» taillées.....................	dito.	— 50	— 50	— 01	
CALEBASSES pleines (et pépins de)............	100 k. B. B.	35 —	38 50	— 25	
» vides.....................	dito.	13 —	14 30	— 25	
» ouvrages en coques de	100 k. N. B.	200 —	212 50	2 —	
CALICOT écru, blanc ou teint...............	100 k. B.	prohibé.	prohibé.	— 50	
CALIN, espèce d'étain venant de Chine, de l'Inde....	100 k. B. B.	— 50	4 —	2 —	
» » d'ailleurs.......	dito.	2 —	4 —	2 —	
CALMOUCKS, tissus de laine (3)..............	100 k. B.	prohibé.	prohibé.	1 50	(3) Les tissus de laine jouissent d'une prime de sortie.
CAMÉLÉON, racines médicinales..............	100 k. B. B.	20 —	22 —	— 25	
CAMELINE (graine de), par navires français et par terre.	dito.	2 50	»	— 25	
» » par navires étrangers...........	dito.	»	5 —	— 25	

6

DÉNOMINATION DES MARCHANDISES	UNITÉS sur lesquelles portent LES DROITS.	DROITS D'ENTRÉE par Navires français.	par Nav. étr. et par terre.	DROITS de SORTIE.	NOTES.
		F. C.	F. C.	F. C.	
CAMELINE (huile de)....................	100 k. B. B.	25 —	30 —	— 25	
» ......tourteaux de)...............	dito.	— 50	— 50	— 25	
CAMÉES modernes	1 k. N. B.	2 —	2 20	— 25	
				les 100 kil.	
· antiques.............................	la valeur.	1 p. ‰.	1 p. ‰.	1 4 p. ‰.	
» en lave du Vésuve....	1 hect. N. B.	— 50	— 50	— 01	
CAMELOTS (tissus de laine (1)...........	100 k. B.	prohibé.	prohibé.	1 50	(1) Les tissus de laine jouissent d'une
CAMOMILLE. — Fleurs médicinales..........	100 k. B. B.	40 —	44 —	— 25	prime de sortie.
CAMPHRE brut..........................	100 k. N. B.	75 —	81 20	— 25	
» raffiné........................	dito.	150 —	160 —	— 25	
CANEBERGE (baies de)...................	100 k. B. B.	8 —	8 80	— 25	
CANÉFICE.—Casse confite de Bourbon.......	100 k. N. B.	61 —	»	— 25	
» » des Antilles et de la Guiane fr.	dito.	70 —	»	— 25	
» » de l'Inde.............	dito.	90 —	120 —	— 25	
» » des pays hors d'Europe.....	dito.	95 —	120 —	— 25	
» » des entrepôts...........	dito.	105 —	120 —	— 25	
CANEVAS pour tapisserie ou pour toile cirée toile de lin ou de chanvre écrue sans apprêt) (2).					(2) Les toiles de toute sorte peuvent entrer par mer en colis, quel que soit leur poids, mais sans mélange d'espèces payant des droits différents.
» de moins de 8 fils.....................	100 k. N. B.	30 —	30 —		
» de 8 fils...........................	dito.	36 —	36 —		
» de 9 fils inclus à 12 exclusivement........	dito.	75 —	75 —		
» de 12 fils..........................	dito.	105 —	105 —		
» de 13 fils inclus à 16 exclusivement......	dito.	150 —	150 —		
» de 16 fils..........................	dito.	170 —	170 —		
» de 17 fils..........................	dito.	180 —	180 —	— 25	
» de 18 et 19 fils.....................	dito.	225 —	225 —		
» de 20 fils.........................	dito.	350 —	350 —		
» au-dessus de 20 fils................					
CANNE. — Racines médicinales............	100 k. B. B.	20 —	22 —	— 25	
CANNELIER. — Fleurs médicinales...........	dito.	40 —	44 —	— 25	
CANNELLE de Chine, de l'Inde............	1 k. N. B.	— 33	1 —	— 04	
» » d'ailleurs................	dito.	— 66	1 —	— 04	
» autre de la Guiane française..........	dito.	— 65	»	— 04	
» » de l'Inde.................	dito.	1 —	3 —	— 04	
» » d'ailleurs...............	dito.	2 —	3 —	— 04	
» blanche (écorces de)............	100 k. B. B.	48 —	52 80	— 25	
CANNES non montées, bambous et joncs forts de l'Inde.	100 k. N. B.	80 —	200 —	— 25	
» » » d'ailleurs.	dito.	160 —	200 —	— 25	
» » rotins de petit calibre de l'Inde..	dito.	40 —	100 —	— 25	
» » » d'ailleurs.	dito.	80 —	100 —	— 25	
» montées (3)......................		»	»	»	(3) Les cannes montées ne sont notamment reprises en aucune loi, ainsi on doit, à leur égard, procéder par analogie. Celles garnies en ivoire, en ébène, en coco, en autres matières, doivent être traitées comme tabletterie non dénommée, c'est-à-dire prohibées à l'entrée. Celles à pommeaux d'or ou d'argent doivent le droit des joncs, plus le droit de la bijouterie pour les garnitures, et sont en outre soumises au poinçon de garantie.
» à sucre (4).....................	la valeur.	1 p. ‰.	1 p. ‰.	1 4 p. ‰.	
CANNETILLES d'or fin...................	1 hec. N. B.	10 —	11 —	— 04	
» d'argent fin...............	dito.	30 —	33 —	— 40	
» en cuivre doré............	100 k. N. B.	288 —	302 80	4 —	
» argenté.............	dito.	204 —	216 70	4 —	
CANONS (en état de servir.........		prohibé.	prohibé.	prohibé	(4) Les cannes à sucre qui arrivent par petites parties doivent être traitées comme objets de collection; mais s'il en était importé pour en extraire le sucre, alors elles seraient taxées dans la proportion de celui qu'elles contiennent.
bouches {vieux (5),{des pays hors d'Europe	100 k. B. B.	1 —	3 —	2 —	
feu {en bronze{des entrepôts	dito.	2 —	3 —	2 —	
{par mer........	dito.	7 —	7 70	— 25	
{vieux (5),{de la mer à Blanemisseron					
{en fonte.{ exclusivement......	dito.	»	7 —	— 25	
{par terre {de Blanemisseron à Sa-					
{ pogne exclusivement..	dito.	»	4 —	— 25	
{par les autres frontières.	dito.	»	6 —	— 25	
CANONS de fusil et de{de guerre..........		prohibé.	prohibé.	prohibé.	(5) Avant d'admettre comme métaux bruts les canons ou autres bouches à feu, on exige qu'ils soient enclonés et qu'on brise les tourillons qui les retiennent sur l'affût.
pistolet (6 {de chasse, de luxe ou de traite...	100 k. N. B.	200 —	212 50	— 25	
» d'enfant......................	dito.	80 —	86 50	1 —	
» de cheminée (fer ouvré).............	100 k. B.	prohibé.	prohibé.	— 25	(6) Voir les notes 3 et 4, page 33.
» de clefs de montre..............	1 k. N. B.	5 —	5 50	— 05	
CANOTS en état de servir, de mer........	le tonn. demer	prohibé.	prohibé.	— 25	
» » de rivière...........	dito.	20 —	20 —	2 —	
» à dépecer, doublés en métal.......	dito.	— 60	60 —	2 —	
» » non doublés.......	dito.	— 25	25 —	2 —	
CANTHARIDES (mouches desséchés).........	100 k. N. B.	62 —	67 60	— 25	
CANULES.................................	la valeur.	15 p. ‰.	15 p. ‰.	1 4 p. ‰.	
CAOUANES de tortue, de l'Inde...........	100 k. N. B.	50 —	150 —	— 25	
» » d'ailleurs hors d'Europe.......	dito.	75 —	150 —	— 25	
» » des entrepôts............	dito.	100 —	150 —	— 25	

DÉNOMINATION DES MARCHANDISES	UNITÉS sur lesquelles portent LES DROITS.	DROITS D'ENTRÉE		DROITS de SORTIE.	NOTES.
		par Navires français.	par Nav. étr. et par terre.		
		F. C.	F. C.	F. C.	
CAOUTCHOUC (gomme élastique) (1) des pays hors d'Eur.	100 k. B. B.	10 —	25 —	— 25	(1) La caoutchouc moulé en bottes ou souliers paie les mêmes droits.
» » des entrepôts......	dito.	15 —	25 —	— 25	
CAPARAÇONS pour chevaux...............	la valeur.	prohibé.	prohibé.	1/2 p. %	
CAPILLAIRES. — Herbes médicinales.............	100 k. B. B.	30 —	33 —	— 25	
CAPRES confites..................	100 k. N. B.	60 —	65 50	— 25	
CAPRIER. — Racines médicinales.............	100 k. B. B.	20 —	22 —	— 25	
» Ecorces médicinales.................	dito.	48 —	52 80	— 25	
CAPSULES pour amorces.................	100 k. N. B.	100 —	107 50	1 —	
CARABÉ. — Bitume solide. — Succin................	100 k. B. B.	37 —	40 70	— 25	
CARABINES de guerre. (2)................	»	prohibé.	prohibé.	prohibé.	(2) Voir les notes 3 et 4, page 33.
» de chasse, de luxe ou de traite....	100 k. N. B.	200 —	212 50	5 —	
CARACTÈRES d'imprimerie, neufs, en langue française...	dito.	200 —	212 50	1 —	
» » en langue allemande...	dito.	50 —	55 —	1 —	
» » en toute autre langue.	dito.	100 —	107 50	1 —	
» » hors d'usage.............	100 k. B.	26 —	28 60	2 —	
» à jour, en fer blanc................	100 k. B.	prohibé.	prohibé.	— 25	
» en cuivre..................	dito.	dito.	dito.	1 —	
CARAGATE muciforme (3)...............	100 k. B. B.	— 40	— 50	— 25	(3) Plante parasite filamenteuse qui, en Virginie, à la Jamaïque, au Brésil et dans presque toute la partie méridionale de l'Amérique, où on l'appelle *barbe espagnole*, croît sur les troncs et les branches des arbres, qu'elle couvre en grande partie, et d'où elle descend jusqu'à terre. Elle sert en médecine; mais son principal emploi est de rembourrer les matelas et les sièges.
CARAMBOLIER (averrhoa acida), fruits secs.............	dito.	16 —	17 60	— 25	
CARAPA. — Ecorces médicinales..............	100 k. N. B.	48 —	52 80	— 25	
CARAPACES et Onglons débités en feuilles de l'Inde.....	100 k. N. B.	100 —	300 —	— 25	
» » d'ail. hors d'Eur.	dito.	150 —	300 —	— 25	
» » des entrepôts...	dito.	200 —	300 —	— 25	
CARBONATES d'ammoniaque, bruts, en poudre, de quelque nature que ce soit.	1 k. N. B.	— 50	— 50	— 02	
» raffiné en pains..	dito.	1 —	1 10	— 02	
» de magnésie................	100 k. N. B.	200 —	212 50	2 —	
» de plomb pur ou mélan., céruse sans distinct. de forme.	100 k. B. B.	20 —	22 —	— 25	
» » blanc de plomb....	dito.	30 —	33 —	— 25	
» » très-pur (blanc d'argent)......	dito.	35 —	38 50	2 —	(4) Il est translucide à l'égal de la corne. On le distingue par sa grande pesanteur, sa texture fibreuse et sa couleur verdâtre. On l'appelle vulgairement pierre à rats.
» de baryte natif (4)..........	100 k. B. B.	10 —	11 —	2 —	
» de potasse, des pays hors d'Europe.....	100 k. N. B.	15 —	21 —	2 —	
» » des entrepôts............	dito.	18 —	21 —	2 —	
» de cuivre, en masses ou pulvérisé. — Vert de montagne.	100 k. B. B.	31 —	24 10	2 —	
» » pulvérisé. — Bleu de montagne.	dito.	35 —	38 50	2 —	
» de Soude...................	dito.	11 50	12 60	— 10	
» de zinc..................	dito.	— 10	— 10	2 —	
» autres non repris au Tarif............	dito.	prohibé.	prohibé.	— 25	
CARBURE de fer. — Graphite. — Mine de plomb noire ou plombagine.	100 k. B. B.	5 —	5 50	3 —	
CARCASSES pour ouvrages de modes............	la valeur.	12 p. %	12 p. %	1/4 p. %	
» de parapluie..............	la pièce.	— 40	— 40	les 100 kil.	
CARDAMOME. — Graines d'Amome............	100 k. N. B.	123 —	131 60	8 —	
CARDES à carder et garnitures de Cardes............	la val. à déterminer par le comité consultatif des arts et manufact.	15 p. %	15 p. %	1/4 p. %	
CARET carapaces et onglons débités en feuilles. de l'Inde.....	100 k. N. B.	100 —	300 —		
d'ailleurs hors d'Europe.	dito.	150 —	300 —		
des entrepôts...........	dito.	200 —	300 —		
caouanes et onglons entiers... de l'Inde.....	dito.	50 —	150 —		
d'ailleurs hors d'Europe.	dito.	75 —	150 —	— 25	(5) Les boîtes dans lesquelles les carillons sont ordinairement importés, ne font pas partie du poids de ces petites mécaniques. Lorsque la séparation ne peut s'effectuer à la Douane frontière, on les expédie sous double plomb et par acquit-à-caution sur la Douane de Paris.
des entrepôts...........	dito.	100 —	150 —		
rogures....... de l'Inde.....	dito.	25 —	75 —		
d'ailleurs hors d'Europe.	dito.	37 50	75 —		
des entrepôts...........	dito.	50 —	75 —		
CARILLONS à musique (5)............	1 k. N. B.	10 —	11 —	3 —	
CARLINE ou Caroline — racines médicinales.........	100 k. N. B.	20 —	22 —	— 25	(6) Pâte dure ou espèce de laque formée de cochenille, d'alun et d'autour et quelquefois de graine de chouan.
CARMIN fin (6)................	1 k. N. B.	58 —	63 40	— 02	
» commun (7)................	100 k. N. B.	33 —	36 30	2 —	(7) Couleur préparée avec le résidu des matières, dont on a extrait le carmin fin, et du bois de teinture. — C'est la laque commune carminée, autrefois colombine sèche.
CAROTTES fraîches................	dito.	— 50	— 50	— 20	
» sèches non torréfiées............	dito.	2 50	2 70	— 25	
CAROUGE ou Carrobe, fruit frais (en forme de corne).	dito.	5 —	5 50	— 25	
» » graines de............	dito.	1 —	1 10	— 25	
CARPOBALSAMUM (baies de)............	dito.	35 —	38 50	— 25	

DÉNOMINATION DES MARCHANDISES.	UNITÉS sur lesquelles portent LES DROITS.	DROITS D'ENTRÉE.		DROITS de SORTIE.	NOTES.
		par Navires français.	par Nav. étr. et par terre.		
		F. C.	F. C.	F. C.	
CARREAUX d'ardoise...........................	100 en N.	30 —	30 —	50	
de marbre polis ou simplem¹ limés ou planés.	100 k. B. B.	40 —	44 —	01	
de pierre...........................	la valeur.	15 p. %	15 p. %	1/4 p. %.	
» de terre cuite...................	1000 en N.	10 —	10 —	25	
» » vernis....................	100 k. N. B.	49 —	53 90	25	(1) Les outils de toute sorte pourront être importés par les bureaux de mer en colis, quel que soit leur poids, mais sans mélange des espèces soumises à des droits différents.
CARRELETS — Outils de pur acier (1).........	dito.	200 —	212 50	1 —	
CARTELS de pendule en bois, même ceux peints, vernis et dorés..	la valeur.	15 p. %	15 p. %	1/4 p. %	
en cuivre doré.............	100 k. B.	prohibé.	prohibé.	4 —	(2) Le droit de sortie, sur les cartes à jouer, n'est applicable qu'aux cartes revêtues du filigrane et du timbre de la régie, et aux cartes à portrait étranger, de fabrication française. Les autres cartes à jouer sont prohibées à la sortie. Les exportations de cartes à jouer s'effectuent toujours avec expédition des contributions indirectes.
» en bronze....................	dito.	dito.	dito.	1 —	
» en albâtre..................	la valeur.	15 p. %	15 p. %	01	
CARTES à jouer (2)...........................	100 k. B.	prohibé.	prohibé.	1 —	
» géographiques de porte-feuille et d'ornement (3	100 k. N. B.	300 —	317 50	1 —	
» de visite en blanc..............	100 k. N. B.	150 —	160 —	1 —	(3) Les cartes géographiques placées dans des ouvrages de librairie et se rapportant au texte acquittent, à l'entrée, les mêmes droits que les livres.
» » et d'annonce, (impr. lith. ou grav), (4)	»	»	»	»	
CARTHAME, fleurs du carthamus tinctoria...........	100 k. B. B.	15 —	16 50	8 —	
» semences de)...............	dito.	35 —	38 50	2.5	
CARTON en feuilles, lustré à presser les draps......	100 k. B.	80 —	86 50	2 —	(4) Les cartes de visite n'ayant point encore été assimilées par l'Administration, elles ont été traitées au Havre comme mercerie commune ou fine, suivant le degré de perfection et de fini du travail.
» » de papier collé et passé au laminoir	dito.	150 —	160 —	1 —	
» » autre...............	100 k. N	150 —	160 —	prohibé.	
» moulé dit papier maché...............	100 k. N. B.	200 —	212 50	25	
» imprimé imitant la paille d'Italie, soit en pièce ou en forme de chapeau.	dito.	200 —	212 50	25	(5) Les casques suivent le régime de la matière ouvrée dont ils sont principalement composés.
» coupé et assemblé...............	dito.	100 —	107 50	25	
CARVI graine de —Fruits médicinaux............	100 k. B. B.	35 —	38 50	25	
» huile de...................	100 k. N. B.	408 —	425 50	2 —	
CASCARILLE —Écorces médicinales..............	100 k. N. B.	48 —	52 80	25	
CASIMIRS —Tissu de laine....................	100 k. B.	prohibé.	prohibé.	1 50	
CASQUES (5) en cuivre....................	dito.	dito.	dito.	1 —	
» en cuivre dorés ou argentés...........	dito.	dito.	dito.	4 —	
» en fer...........................	dito.	dito.	dito.	25	
» en cuir...........................	dito.	dito.	dito.	25	
CASQUETTES en feutre en laine en castor ou en soie...	la pièce.	1 50	1 50	05	
» en cuir...........................	100 k. B.	prohibé.	prohibé.	25	
» en draps....................	dito.	dito.	dito.	1 50	(6) Les casquettes de paille entière, d'écorce de bois ou de sparterie, qui ont moins de 11 tresses dans l'espace d'un décimètre, sont considérées comme grossières. On traite comme fines :
» en crin....................	la pièce.	— 25	— 25	05	
» garnies de fourrure............	100 k. B.	prohibé.	prohibé.	25	
» de paille, d'écorce ou de sparte 6 grossières	la pièce.	— 20	— 20	05	1° celles des mêmes espèces qui ont 11 tresses, ou plus dans le même espace ;
» » fines à tresses cousues....	dito.	1 —	1 —	05	2° Les casquettes de paille coupée et ouvragée, quelle que soit la largeur des tresses
» » fines à tresses engrenées..	dito.	1 25	1 25	05	
CASSE sans appret....................	100 k. B. B.	25 —	27 50	25	
» confite — Canéfice de bourbon..........	100 k. N. B.	61 —	»	25	
» » des Antilles et de la guiane franç	dito.	70 —	»	25	
» » de l'Inde.............	dito.	90 —	120 —	25	
» » d'ailleurs hors d'Europe......	dito.	95 —	120 —	25	
» » des entrepôts.............	dito.	105 —	120 —	25	
CASSE-NOISETTES en buis....................	100 k. N. B.	100 —	107 50	1 —	
» en fer.............	dito.	prohibé.	prohibé.	25	
» en acier.............	dito.	dito.	dito.	25	
CASSEROLES en fonte....................	dito.	dito.	dito.	25	
» en fer-battu.............	dito.	dito.	dito.	25	
» en fer-blanc.............	dito.	dito.	dito.	25	
» en cuivre.............	dito.	dito.	dito.	1 —	
CASSIA-LIGNEA de la Guiane française.............	1 k. N. B.	— 21	»	04	
» de l'Inde.............	dito.	— 33	1 —	04	
» d'ailleurs.............	dito.	— 66	1 —	04	
CASSIA gousses de du Sénégal et de la Guiane française	100 k. B. B.	— 25	»	25	
» de l'Inde.............	dito.	2 —	7 —	25	
» d'ailleurs hors d'Europe........	dito.	3 —	7 —	25	
» des entrepôts.............	dito.	5 —	7 —	25	
CASSIA, graine de) des pays hors d'Europe.........	dito.	5 —	12 —	25	
» des entrepôts.............	dito.	7 —	12 —	25	
CASSOLETTES — Mercerie commune.............	100 k. N. B.	100 —	107 50	1 —	
CASTINE pierre d'un blanc gris servant à la fusion du fer	100 k. B. B.	1 —	1 10	25	
CASTOR huile de ou ricin.............	dito.	25 —	30 —	2 —	
CASTOREUM....................	100 k. N. B.	184 —	195 70	25	

DÉNOMINATION DES MARCHANDISES	UNITÉS sur lesquelles portent LES DROITS	DROITS D'ENTRÉE		DROITS de SORTIE	NOTES.
		par Navires français.	par Nav. étr. et par terre.		
		F. C.	F. C.	F. C.	
CASUBE — Alcalis — Potasse de la Guiane française.....	100 k. N. B.	10 —	»	— 25	
» » » d'ailleurs hors d'Europe...	dito.	15 —	21 —	— 25	
» » » des entrepôts............	dito.	18 —	21 —	— 25	
CATAKOUTI (huile de)........................	dito.	900 —	917 50	2 —	
CATAPUCE herbes médicinales...................	100 k. B. B.	30 —	33 —	— 25	
» (semences de) fruits médicinaux..........	dito.	35 —	38 50	— 25	
CAURIS (coquillage).. substance propre à la médecine .	dito.	7 —	7 70	— 25	
CAVIAR de toute pêche........................	100 k. N.	100 —	107 50	exempt.	
CÉDRATS frais...............................	100 k. B. B.	10 —	11 —	— 25	
» confits au sel.......................	100 k. N. B.	60 —	65 50	— 25	
» confits au sucre, comme les confitures.....	»	»	»	— 50	
CENDRES de bois, vives.......................	100 k. B. B.	1 —	1 10	— 50	
• » lessivées (charrée)...............	dito.	— 10	— 10	— 25	
» du Levant , de Sicile et de Roquette.	dito.	11 50	12 60	— 10	
» gravelées et perlées, de la Guiane française. .	100 k. N. B.	10 —	»	— 25	
» » » d'ailleurs hors d'Europe...	dito.	15 —	21 —	— 25	
» » » des entrepôts	dito.	18 —	21 —	— 25	
» de tourbe....	100 k. B. B.	— 10	— 10	— 25	(1) Sulfate calcaire; c'est la pierre armé- nienne broyée et épurée. Cette couleur qui venait d'Arménie ou d'Allemagne se fabrique aussi en France par des moyens artificiels; elle est bleue ou verte selon qu'on l'a com- binée avec l'ammoniaque ou la chaux vive.
» de houille.........................	dito.	— 10	— 10	— 02	
» bleues ou vertes (notam.ᵗ vert de Schwinfurt (1).	100 k. N. B.	164 —	174 70	— 25	
» de plomb ou scories.....................	100 k. B. B.	5 —	7 —	2 —	
» d'orfèvre (regrets).....................	100 k. B. N.	— 05	— 05	50 —	
CENTAURÉE, herbes médicinales	100 k. B. B.	30 —	33 —	— 25	
» fleurs médicinales.................	dito.	40 —	44 —	— 25	(2) Les cercles de fer, employés comme ligamens des balles de tissus de laine et de coton, sont assujettis aux droits du fer étiré en barres plates ; mais quand le nombre de ces cercles n'excède pas ce qui est nécessaire pour serrer les balles, ou quand ces cercles brisés ou oxidés sont reconnus impropres à tout autre emploi qu'à la refonte, on peut les admettre en franchise.
CÉRAT (médicamens composés)............ ͏.......	1 k. B.	prohibé.	prohibé.	— 02	
CERCLES (2) de bois de 2 mètres de longueur et au-dessous.	1000 en nomb.	— 50	— 50	— 30	
» » de 2 à 4 mètres exclusivement	dito.	2 —	2 —	2 —	
» » de 4 mètres et au-dessus	dito.	10 —	10 —	10 —	
» de fer, séparés des fûts................	100 k. B.	prohibé.	prohibé.	»	
CÉRÉALES, (voir le Tarif des Céréales à la fin de celui-ci)		»	»	»	
CERFS...............................	la valeur.	1 p. %.	1 p. %.	1/4 p. %.	
CERISES fraîches......	100 k. B. B.	4 —	4 40	— 25	
» sèches.	dito.	16 —	17 60	— 25	
» à l'eau-de-vie......................	100 k. N. B.	98 —	105 40	— 25	
CÉRUSE sans distinction de forme................	100 k. B. B.	20 —	22 —	— 25	
CERVELAS.................................	dito.	30 —	33 —	— 25	
CÉTÉRAC. — Herbes médicinales..............	dito.	30 —	33 —	— 25	
CEVADILLE ou petite orge. — Fruits médicinaux.....	dito.	35 —	38 50	— 25	
CHADECS. — Fruits frais.....................	dito.	10 —	11 —	— 25	
CHAINES d'or (3)...........................	1 hect. N. N.	20 —	22 —	— 20	(3) Doivent être dirigées sur le bureau de garantie le plus voisin, pour y être poin- çonnés et acquitter le droit de marque.
» d'argent (3).........................	dito.	10 —	11 —	— 20	
» dorées, argentées ou d'or faux..............	100 k. B. B.	prohibé.	prohibé.	4 —	
» de fer ou d'acier.....................	dito.	dito.	dito.	— 25	
» de cuivre.........................	dito.	dito.	dito.	1 —	
» câbles en fer pour la marine................	dito.	37 50	41 20	— 25	
CHAISES entières.......................	la valeur.	15 p. %.	15 p. %.	1 4 p. %.	
» (dos et pieds de) mais démontés............	dito.	15 p. %.	15 p. %.	1 4 p. %	(4) Aux termes de la loi du 2 juillet 1836, les châles de cachemire ne peuvent entrer que par les bureaux ouverts au transit des marchandises prohibées.
CHALES de cachemire (4) fabriq. aux fuseaux dans les pays hors d'Eur., de grande dimension, dits 5/4 et 6 4 longs ou carrés.....	la pièce.	150 —	150 —	1 50 les 100 kil.	
» » de toute autre dimension......	dito.	80 —	80 —	»	(5) Les outils de toute sorte peuvent être importés par les bureaux de mer, en colis quel que soit leur poids, mais sans mélange des espèces soumises à des droits différens
» » autres......................	dito.	prohibé.	prohibé.	»	
» de laine...........................	100 k. B. B.	dito.	dito.	»	
» de soie façonnés ou brochés de soie.........	1 k. N. N.	19 —	20 90	— 02	
» de coton ou mélangés de coton.	100 k. B. B.	prohibé.	prohibé.	— 50	(6) Les ouvrages d'or et d'argent, importés de l'étranger, sont envoyés sous plomb et par acquit-à-caution sur le bureau de ga- rantie le plus voisin, s'il y a lieu, et acquitter le droit de marque. Sont affranchis de cette formalité comme de tous droits :
CHALUMEAUX (5)...........................	100 k. N. B.	150 —	165 —	1 —	
CHAMBRES noires. — Instrumens d'optique.........	{ La valeur à de- terminer par le commis. d'après les fides arts et ma- nufacturers. } 30 p. %	30 p. %.	1/4 p. %.		
CHAMPIGNONS, morilles et mousserons frais.........	100 k. B. B.	15 —	16 50	1 —	1° Les objets d'or et d'argent appartenant aux ambassadeurs et envoyés des puissances étrangères, quand ils les accompagnent ou sont déclarés par eux ;
» » secs ou marinés.	100 k. N. B.	50 —	55 —	1 —	
CHANDELIERS de vermeil (6)...................	1 hect. N. N.	10 —	11 —	— 50	
» d'argent (6)........................	dito.	3 —	3 30	— 15	2° Les bijoux d'or et les ouvrages en argent à l'usage personnel des voyageurs, dont le poids n'excède pas 5 hectogrammes. .
» dorés, argentés, plaqués ou vernissés...	100 k. B.	prohibé.	prohibé.	3 —	
» d'acier............................	dito.	»	»	— 25	
» de fer, de cuivre ou d'étain..	100 k. N. B.	100 —	107 50	1 —	

6*

DENOMINATION DES MARCHANDISES	UNITÉS sur lesquelles portent LES DROITS	DROITS D'ENTRÉE par Navires français.	par Nav. étr. et par terre.	DROITS de SORTIE.	NOTES.
		F. C.	F. C.	F. C.	
CHANDELLES	100 k. B. B.	25 —	27 50	— 25	(1) Les chapeaux de paille entière, d'écorce, de bois ou de sparterie, qui ont moins de 14 tresses dans l'espace d'un décimètre, sont considérés comme grossiers.
CHANVRE en tiges brutes, vertes sèches ou rouies.....	dito.	— 40	— 40	— 25	On traite comme fins :
» teillé et étoupes....................	dito.	8 —	8 80	— 25	1° Ceux des mêmes espèces qui ont 14 tresses ou plus, dans le même espace ;
» peigné.......................	dito.	15 —	16 50	— 25	2° Les chapeaux de paille coupée et ouvragée, quel que soit la largeur des tresses.
» et étoupes de chanvre goudronnées ou non, propres au calfatage et proven' de vieux cordag.	100 k. B.	— 10	— 10	prohibé.	
CHAPEAUX de castor, de laine, de poil, de soie...	la pièce.	1 50	1 50	— 05	(2) Les chapeaux de toile cirée sont traités comme habillemens supportés, s'ils sont présentés en petite quantité ; mais s'il s'agissait d'un assortiment remarquable, on devrait alors en adresser un échantillon à l'administration qui statuerait.
» de crin........................	dito.	— 25	— 25	— 05	
» de paille, d'éc. ou de spar- (grossiers.........	dito.	— 20	— 20	— 05	
» te (1), d'osier et de baleine (fins à tress cousses	dito.	1 —	1 —	— 05	
» » » engrenées	dito.	1 25	1 25	— 05	
» de cuir vernis ou non................	100 k. B.	prohibé.	prohibé.	— 25	
» de toile cirée (2)...............	100 k. N. B.	51 —	56 —	— 25	(3) Le charbon de bois peut être exporté par les points pour lesquels le gouvernement suspend la prohibition, et en payant le droit de 1 fr. par 100 kil. brut.
» de plumes d'oie.................	la valeur.	12 p. %	12 p. %	1/4 p. %	
» de carton imitant la paille d'Italie..........	100 k. N.B.	200 —	212 50	— 25	On peut en exporter, moyennant ce droit, des quantités illimitées par la rivière de la Meuse.
» marc de roses..................	100 k. B. B.	5 —	5 50	— 25	
» chinois — Instrumens de musique........	la pièce.	7 50	7 50	— 38	
CHAPELETS de bois — Mercerie commune........	100 k. N.B.	100 —	107 50	1 —	Néanmoins, peuvent sortir, en payant le droit de 10 centimes par hectolitre :
» de verre ou de rocaille.........	1 k. N. B.	1 —	1 10	— 01	Par les départemens du Rhin, des quantités illimitées.
CHAPES de boucle en fer ou en acier.............	100 k. B.	prohibé.	prohibé.	— 25	
CHARBON de bois ou de chenevottes (3)...........	l'hectolitre.	— 05	— 05	prohibé.	Par la frontière d'Espagne, 200 quintaux pour le compte de la commune de Briatou, et 400 quintaux pour celles de Sarre et d'Urugues.
CHARDONS argentins et benis, espèce médicin., racines.	100 k. B.	20 —	22 —	— 25	
» » » herbes.	dito.	30 —	33 —	— 25	
» » » fleurs..	dito.	40 —	44 —	— 25	Par les bureaux de Bellegarde, Mijonx et Forens (Ain), en quantités illimitées.
» » » fruits..	dito.	35 —	38 50	— 25	
» cardières, têtes.................	dito.	1 —	1 10	3 —	Le charbon de bois destiné aux provisions des navires étrangers peut être exporté au droit de 1 fr. par 100 kil. brut.
» » graines.............	dito.	1 —	1 10	— 25	
CHARIOTS......................	la valeur.	15 p. %	15 p. %	1/4 p. %	
» en fonte.................	100 k. B.	prohibé.	prohibé.	— 25	
CHARNIÈRES en fer................	dito.	dito.	dito.	— 25	(4) La charpie en feuille préparée à la mécanique présente un duvet cotonneux fixé à une chaine sans trame, par le moyen d'un fer chaud. Elle est assimilée au fil de lin simple blanchi, dont elle est principalement composée.
» en cuivre...............	dito.	dito.	dito.	— 25	
CHARPIE provenant de vieux linges effilés........	dito.	— 10	— 10	prohibé.	
» en feuilles (4).............	100 k. B. B.	34 —	37 40	— 50	
CHARRÉE. — Cendres de bois lessivées (5)........	dito.	— 10	— 10	— 25	
CHARRUES	la valeur à déterminer par le comité consultatif des arts et manufactures.	15 p. %	15 p. %	1/4 p. %	(5) La charrée peut être prohibée à la sortie par les départemens où elle est nécessaire aux fabriques.
CHASSIS en bois non garnis, pour fabriquer le papier.	la valeur.	15 p. %	15 p. %	1/4 p. %	
» garnis d'une toile en fil de laiton pour d°....	dito.	15 p. %	15 p. %	1/4 p. %	
CHATAIGNES et leurs farines................	100 k. B. B.	8 —	8 80	— 25	
CHAUDIÈRES { en fonte, en fer battu ou en fer-blanc.	100 k. B.	prohibé.	prohibé.	— 25	
et chaudrons { en cuivre................	dito	dito.	dito.	— 25	
» (fonds de) en cuivre pur battu.......	100 k. N.B.	80 —	86 50	1 —	
» » en cuivre allié de zinc battu..	dito.	80 —	86 50	1 —	
» » en cuivre pur laminé......	dito.	50 —	55 —	1 —	
» » en cuivre allié de zinc laminé.	dito.	50 —	55 —	1 —	
CHAUFFERETTES de bois commun, non garnies de tôle.	100 k. B. B.	4 —	4 40	— 25	
» » garnies de tôle....	100 k. N.B.	100 —	107 50	1 —	
CHAUX (6) à l'état brut..............	100 k. B. B.	— 10	— 10	— 15	(6) La chaux et les pierres à chaux, en quelque état qu'elles soient, sont traitées comme engrais, lorsqu'on justifie qu'elles sont destinées à l'amendement des terres situées dans le rayon des Douanes.
» calciné et broyée...........	dito.	— 20	— 20	— 05	
» pour engrais...........	dito.	— 10	— 10	— 25	
» carbonatée (craie)...........	dito.	5 —	5 50	— 25	
CHAYA-MONTERA — Écorces médicinales.......	100 k. B. B.	48 —	52 80	— 25	
CHÉLIDOINE. — Racines médicinales.........	100 k. B. B.	20 —	22 —	— 25	
CHENETS de fonte ou de fer.............	100 k. B.	prohibé.	prohibé.	— 25	
» de cuivre.............	dito.	»	»	1 —	
CHENEVIS ou graine de chanvre, par nav. franc. et p. terre	100 k. B. B.	2 50	»	— 25	
» » » par navires étrangers..	dito.	»	3 —	— 25	
CHENEVOTTES.....................	dito.	»	»	— 80	
CHEVAUX entiers..................	par tête.	25 —	25 —	prohibé.	
» hongres et jumens.........	dito.	25 —	25 —	5 —	
» poulains de toute espèce.......	dito.	15 —	15 —	5 —	
CHEVEUX	100 k. B.B.	1 —	1 10	2 —	
» (ouvrages en).............	1 k. N.B.	2 —	2 20	— 25 les 100 kil.	
CHEVILLES en bois.................	100 k. B. B.	4 —	4 40	— 25	
CHEVREAUX	par tête.	— 25	25 —	— 10	

DÉNOMINATION DES MARCHANDISES	UNITÉS sur lesquelles portent LES DROITS.	DROITS D'ENTRÉE		DROITS de SORTIE.	NOTES.
		par Navires français.	par Nav. étr. et par terre.		
		F. C.	F. C.	F. C.	
CHÈVRES	par tête.	1 50	1 50	— 15	
CHICORÉE moulue ou faux café	100 k. B.	prohibé.	prohibé.		
» (racines de) vertes	100 k. B. B.	— 50	— 50		
» » sèches, non torréfiées	dito.	2 50	2 70	} — 25	
» (semence de) fruits médicinaux	dito.	35 —	38 50		(1) Les chiens sont réputés de forte race quand ils ont 325 millimètres (12 pouces) et plus de hauteur au milieu de l'échine.
CHIENDENT — Racines médicinales	dito.	20 —	22 —	}	
CHIENS de chasse	par tête.	— 50	— 50	— 50	
» de forte race (1) de Dunkerque aux Rousses incl.	dito.	»	»	5 —	
CHIFFONS, même de laine, de soie et de toile de coton	100 k. B.	— 10	— 10	prohibé.	(2) Le minerai de fer chrômaté ne peut sortir que par les bureaux de Briançon, Saint-Tropez, Cavalaire et Marseille.
» imprégnés de couleur bleue—Maurelle	100 k. B. B.	25 —	27 50	2 55	
CHINOIS confits au sucre.. Comme les confitures	»	»	»	»	(3) Nom qui tire son origine du mot latin chrysocolla, par lequel on désignait un sel qui a la propriété de souder l'or. C'est le borax.
» » au sel	100 k. B. B.	60 —	65 50	}	
CHIQUES de marbre et de stuc	100 k. B. B.	15 —	16 50		
» d'agate	dito.	20 —	22 —	} — 25	
» de pierre	dito.	10 —	11 —		
CHIRAYITA racines médicinales	dito.	20 —	22 —	}	(4) Le borax brut, destiné au raffinage, peut être importé au droit de 50 centimes ou de 2 francs par cent kilogrammes brut, selon que le navire est français ou étranger, à charge de réexporter, dans l'année, le même poids de borax naturel raffiné.
» herbes médicinales	dito.	30 —	33 —		
CHIRIMOYA ou Courroussol du Pérou (graines de)	dito.	1 —	1 10	1 —	
CHLORURE de chaux et de soude	100 k. B.	prohibé.	prohibé.	— 25	
CHOCOLAT et Cacao simplement broyé	100 k. N. B.	150 —	160 —	— 51	
CHOM de pin et de sapin	100 m. de longr	1 —	1 —	— 15	
» autres	dito.	1 —	1 —	— 30	(5) Il y a exception à la prohibition d'entrée pour les cigares d'habitude, dont le ministre des finances autorise spécialement l'entrée.
CHOUAN feuilles médicinales	100 k. B. B.	30 —	33 —	— 25	
» semences, fruits médicinaux	dito.	35 —	38 50	— 25	Ils paient alors :
CHOUCROUTE — Légumes salés	dito.	9 —	9 90	— 25	Cigare de la Havane et des Indes.... 90 fr.
CHOUMARIN, racines médicinales	dito.	20 —	22 —	— 25	sans décime par franc, le mille en nombre,
» herbes	dito.	30 —	33 —	— 25	au poids de deux kilogrammes et demi au
CHRÔMATES de plomb (jaune de chrôme)	100 k. N. B.	75 —	81 20	2 —	plus, et seulement jusqu'à concurrence de de deux mille. Lorsque le poids des mille
» de potasse	dito.	100 —	160 —	2 —	cigares dépasse cette limite, le droit est
» de fer (brute ou lavée) (2)	100 k. B. B.	— 10	— 10	5 —	perçu proportionnellement sur l'excédent.
CHRYSOCALQUE ou or de Manheim (cuivre allié de zinc doré)	en lingots	100 k. N. B.	147 —	156 80	2 —	Les voyageurs arrivant des pays hors d'Europe peuvent importer 500 cigares aux droits ci-dessus.
	battu tiré ou laminé.	dito.	286 —	302 80	4 —	L'exportation des tabacs fabriqués ne peut
	filé sur fil	dito.	327 —	344 50	4 —	avoir lieu sans un permis spécial de l'ad-
	sur soie	dito.	950 —	967 50	4 —	ministration des contributions indirectes.
	ouvré	100 k. B.	prohibé.	prohibé.	4 —	
CHRYSOCOLLE (3) ou Borax brut de l'Inde (4)	100 k. N. B.	50 —	125 —	2 —	(6) C'est une combinaison de soufre et
» » d'ailleurs	dito.	100 —	125 —	2 —	de mercure qui se trouve abondamment
» » mi-raffiné de l'Inde	dito.	65 —	162 50	2 —	dans la nature. Le cinabre natif se présente
» » d'ailleurs	dito.	130 —	162 50	2 —	tantôt sous la forme d'un prisme hexaèdre
» » raffiné	dito.	180 —	191 50	— 25	régulier translucide, d'autrefois il offre une
CHRYSOLITE — Pierres gemmes brutes	1 h. N. B.	— 25	— 25	— 01	texture fibreuse d'un éclat soyeux, et enfin
» » taillées	dito.	— 50	— 50	— 01	on le trouve aussi en masse compacte, mais
CHRYSOPRASES brutes	100 k. B. B.	15 —	16 50	— 25	presque toujours alors mélangé de diverses
» ouvrées	1 k. N. B.	2 —	2 20	)les 100kil	substances et particulièrement d'argile bitumineuse.—Le cinabre artificiel se présente
CIDRE en futailles	l'hectolitre.	2 —	2 —	— 10	sous forme de masses plus ou moins épaisses,
» en bouteilles, verre compris	dito.	17 —	17 —	1 10	concaves d'un côté, convexes de l'autre,
CIERGES en cire jaune	100 k. N. B.	30 —	33 —	— 25	aiguillé dans sa cassure, d'un rouge-brun
» » blanche	dito.	85 —	91 70	— 25	dans son entier, et rouge vif lorsqu'on le
CIGARES (5)	100 k. B.	prohibé.	prohibé.	— 51	réduit en poudre ; projeté sur un corps
CIGUÉ — Herbes médicinales	100 k. B. b.	30 —	33 —	— 25	très-chaud, il se volatilise sans reste et
CIMENT	»	— 20	— 20	— 05	sa vapeur n'est accompagnée d'aucune odeur
CINABRE (6) (sulfure rouge de mercure) en pierres naturel ou artificiel.	100 k. N. B.	150 —	160 —	— 25	désagréable. Ce dernier caractère appartient également au cinabre naturel, et il sert même à le distinguer de quelques minerais
» » pulvérisé (vermillon)	dito.	200 —	212 50	— 25	d'arsenic. Le cinabre broyé dans l'eau et
CIRAGE (noir à soulier)	dito.	123 —	131 60	2 —	réduit en poudre impalpable est ce qu'on
CIRE non ouvrée, brune non clarifiée, du Sénégal	100 k. B. B.	3 —	— —	10 20	connaît dans le commerce et dans les arts sous le nom de vermillon.
» » jaune, d'abeille et de myrica, des pays hors d'Eur.	dito.	8 —	15 —	10 20	
» » » » des entrepôts	dito.	10 —	15 —	10 20	(7) Le résidu de cire ne doit pas être confondu avec la crasse de cire. Le résidu pro-
» » (crasse de) comme la cire jaune n. ouv.	100 k. N. B.	60 —	65 50	1 02	vient de l'épuration de la cire ; c'est une
» » (résidu de) (7)	100 k. B. B.	»	»	»	matière terreuse qu'on emploie généralement comme engrais, mais dont
» » Cire à gommer à l'usage des tapissiers (8)	comme la cire jaune non ouvrée.				on peut encore extraire de la cire.
» ouvrée, jaune	100 k. N. B.	50 —	55 —	— 25	
» » blanche	dito.	85 —	91 70	— 25	(8) C'est un mélange de cire et de poix
» à souliers	dito.	123 —	131 60	2 —	dont on enduit les coutils employés par les
» à cacheter ou cire d'Espagne	dito.	200 —	212 50	2 —	tapissiers.
CISAILLES — Outils de fer rechargés d'acier	dito.	140 —	149 50	1 —	

DÉNOMINATION DES MARCHANDISES.	UNITÉS sur lesquelles portent LES DROITS.	DROITS D'ENTRÉE.		DROITS de SORTIE.	NOTES.
		par Navires français.	par Nav. étr. et par terre.		
		F. C.	F. C.	F. C.	
CISEAUX froids à tailler ou à sculpter, de fer recharg. d'ac.	100 k . N. B.	140 —	149 50	1 —	
» » » de pur acier......	dito.	200 —	212 50	1 —	
» à tondre les draps..................	dito.	140 —	149 50	1 —	
» » les haies et les moutons..........	dito.	80 —	86 50	1 —	
» autres..............................	100 k . B.	prohibé.	prohibé.	1 —	
CITRATE de chaux...........................	100 k . B. B.	8 —	8 —	— 25	
CITRONNELLE— Herbe de citron— Herbes médicinales.	dito.	30 —	33 —	— 25	
CITRONNIER (feuilles de) — feuilles médicinales.....	dito.	30 —	33 —	— 25	
CITRONS, fruits frais................................	dito.	10 —	11 —	— 25	
» (écorces de) écorces médicinales............	dito.	17 —	18 70	— 25	
» (jus de) naturel au-dessous de 30°........	dito.	1 —	1 —	— 25	
» » concentré de 30 à 35°............	dito.	8 —	8 —	— 25	
» (huile de)	100 k . N. B.	400 —	440 —	— 25	
» salés ou confits.......................	dito.	60 —	65 50	— 25	
CITROUILLES , légumes verts..................	100 k . B. B.	— 50	— 50	— 20	
» (pépins de) — fruits médicinaux	dito.	35 —	38 50	— 25	
CIVETTE (1)	1 k . N. B.	123 —	131 60	— 25 les 100 kil.	(1) A l'état récent , la civette est blanche et comme écumeuse ; elle brunit et s'épaissit avec le temps et prend la consistance du miel ou celle du beurre, sa couleur est brune ou jaunâtre
CLAIES	100 k . B. B.	35 —	38 50	— 25	
CLARINETTES..................................	la pièce.	4 —	4 —	— 20	
CLAVALIER (écorce ou aiguillon de) des pays hors d'Eur.	100 k . B. B.	4 —	9 —	— 25	
» » des entrepôts	dito.	7 —	9 —	— 25	
CLAVECINS à queue ou en buffet.	la pièce.	400 —	400 —	1 —	
» carrés..........................	dito.	300 —	300 —	1 —	
CLEFS de voiture et de porte....................	100 k . B. B.	prohibé.	prohibé.	— 25	
» de montre en métaux communs................	1 k. N.B.	5 —	5 50	— 05	
» » d'or ornées en pierres ou perles fines..	1 h. N. N.	20 —	22 —	1 —	
» » » toutes autres...........	dito.	20 —	22 —	— 20	
» » d'argent ornées en pierr. ou perl. fines	dito.	10 —	11 —	— 50	
» » » toutes autres...........	dito.	10 —	11 —	— 20	
CLEPSYDRES (horloges d'eau)....................	100 k . N.B.	100 —	107 50	3 —	
CLINQUANS en cuivre doré laminé	dito.	285 —	302 80	4 —	
» » argenté laminé ou en plomb verni.	dito.	204 —	216 70	4 —	
CLOCHES et clochettes de bronze cassées,des pays h'd'Eu.	100 k . B. B.	1 —	3 —	2 —	
» » » des entrepôts......	dito.	3 —	3 —	2 —	
» » en état de servir......	100 k . B.	prohibé.	prohibé.	1 —	
CLOPORTES — Insectes desséchés..................	100 k . N.B.	62 —	67 60	— 25	
CLOUS de Girofle (fleurs) de Bourbon..............	1 k. N.B.	— 50	»		
» » » de la Guiane française......	dito.	— 60	»		
» » » des autres colonies françaises.	dito.	— 75	»		— 25
» » » de l'Inde..................	dito.	1 —	3 —	les 100 k.	
» » » d'ailleurs hors d'Europe... ..	dito.	1 80	3 —		
» » » des entrepôts.............	dito.	2 —	3 —		
» de cuivre pour doublage et penture de gouvernail	100 k . N. B.	80 —	86 50	— 25	
» » autres	100 k . B.	prohibé.	prohibé.	1 —	
» de fer, de cordonnier et de sellier	100 k . N.B.	100 —	107 50	1 —	
» » autres.....................	100 k . B.	prohibé.	prohibé.	— 25	
» de zinc pour doublage de navires.........	100 k . N.B.	50 —	55 —	— 25	
COAK—Houille carbonisée	par mer, de la front. d Espagne aux Sables d'Olonne inclusivem'. et par les ports de la Méditerranée......	100 k . B. B.	— 60	1 60		
	des Sables-d'Olonne exclusivem' à Saint-Malo inclusivem'..	dito.	1 20	2 20		
	frontière de la Belgique	dito.	2 —	3 —	— 01	
	par terre, de la mer à Hallain exclusivem'	dito.	»	1 20		
	d'Hallain à Baisieux exclusiv'.	dito.	»	— 60		
	Ardennes par la rivière de Meuse	dito.	»	— 20		
	» par toute autre voie.	dito.	»	— 30		
	Meuse	dito.	»	— 30		
	Moselle	dito.	»	— 20		
	autres frontières...........	dito.	»	— 60		
COBALT minerai de) (2)......	dito.	5 —	5 50	— 25	
» (métal de) (3)...................	dito.	17 —	18 70	— 25	
» grillé — Safre (4).................	dito.	— 50	— 50	— 25	
» vitrifié en masse— Smalt (5). émail...	1 k. N.B.	2 —	2 20	— 25 les 100 kil.	
» » » » vitrifications....	dito.	3 —	3 30	— 01	
» en poudre—Azur	100 k . B.B.	30 —	33 —	— 25	

(2, Le cobalt se trouve toujours , dans la nature,combiné avec l'arsenic,le soufre,etc. dont il est difficile de le séparer. On ne l'obtient que par petits culots et jamais en grosses masses.—Ce que le commerce nomme cobalt cristallisé n'est autre chose que l'arsenic métallique.

(3) Métal blanc, solide, d'un blanc grisâtre et sans éclat, d'une teinture granuleuse serrée. Il est sans usages.

(4) Le safre, qui est du minerai de cobalt grillé, est un oxide d'un gris cendré. Dans le commerce, il est mélangé de sable ou silice, en sorte qu'il n'y a plus qu'à y ajouter de la potasse pour le fondre, c'est la matière première du smalt.

(5) Le smalt est un verre opaque de couleur bien foncé résultant de la fusion du safre. C'est par sa pulvérisation que l'on obtient l'azur en poudre.

DÉNOMINATION DES MARCHANDISES	UNITÉS sur lesquelles portent LES DROITS.	DROITS D'ENTRÉE par Navires français.	par Nav. étr. et par terre.	DROITS de SORTIE.	NOTES.
		F. C.	F. C.	F. C.	
COCHENILLE	1 k. N. B.	1 50	1 60	— 50	
COCHONS	par tête.	12 —	12 —	— 25 les 100 kil.	
» de lait	dito.	— 40	— 40	— 10	
COCONS de soie	100 k. B.	1 —	1 10	prohibé.	(1) Les petites noix de coco quoique pleines, qui n'ont que 7 à 10 centimètres de longueur et celles plus fortes, mais qui ne sont plus mangeables, ne doivent que le droit des coques vides.
COCOS (noix de) pleines (1)	100 k. B. B.	25 —	27 50	— 25	
» (coques de) vides	dito.	3 —	3 30	— 25	
» (boutons de)	100 k. N. B.	100 —	107 50	1 —	
COFFINS d'osier, de jonc ou de palme brut	100 k. B. B.	15 —	16 50	— 25	
» » » pelé	dito.	25 —	27 50	— 25	
» » » coupé	dito.	35 —	38 50	— 25	
COFFRES de bois, communs, non ferrés	dito.	4 —	4 40	— 25	
» » ferrés	la valeur.	15 p. %	15 p. %	1 p. %	
» de bois fin	dito.	15 p. %	15 p. %	1 p. %	
» peints ou vernis	dito.	15 p. %	15 p. %	1 p. %	
» recouverts de peau et doublés (malles)	100 k. N. B.	100 —	107 50	1 —	
» en fer	100 k. B.	prohibé.	prohibé.	— 25	
COFFRETS en bois communs avec damiers, miroirs et serrures grossières en cuivre.	100 k. N. B.	100 —	107 50	1 —	(2) Les outils peuvent entrer par mer en colis de tous poids, mais sans mélange d'espèces frappées de droits différens.
COGNÉES (2)	dito.	140 —	149 50	1 —	
COIFFES à chap. en toile de lin cirée, de moins de 8 fils.	dito.	70 —	70 —	— 25	
» » » de 8 d'' à 13 exclus	dito.	120 —	120 —	— 25	
» » » de 13 d'' à 20 d°	dito.	170 —	170 —	— 25	
» » » au-dessus de 20 fils.	dito.	220 —	2?0 —	— 25	
» » en toile de coton	100 k. B.	prohibé.	prohibé.	— 50	
COINGS—Fruits	100 k. B. B.	4 —	4 40	— 25	
» (pépins de)	dito.	35 —	38 50	— 25	
COINS à fendre les bois (2)	100 k. N. P.	140 —	149 50	1 —	
» gravés	la val. à déterminer par le comité consultatif des arts et manuf.	15 p. %	15 p. %	4 p. %	
COLCHIQUE (bulbe) (3)	100 k. B. B.	5 —	5 50	— 25	(3) Bulbes un peu coniques de la grosseur d'une petite pomme, couvertes d'une tunique ou brune extérieurement. Si on les coupe avec le couteau, elles déposent de la fécule sur la lame. L'amidon s'y trouve en grande quantité.
COLCOTHAR ou Vitriol rubifié	dito.	10 —	11 —	— 25	
COLLE de poisson de la Guiane française	100 k. N. B.	10 —	—	— 25	
» d'ailleurs	dito.	160 —	170 50	— 25	
» forte	dito.	25 —	27 50	— 25	
COLLIERS de bois, de frétilles, d'iris, de graines d'abrus, de balisier, de panacoco	dito.	100 —	107 50	1 —	
» de grains de verre et de pierres fausses	1 k. N. B.	1 —	1 10	— 01	
» de grenat	1 hect. N. B.	— 50	— 50	— 01	
» de corail montés en or	dito.	20 —	22 —	1 —	
» d'or ornés en pierres ou perles fines	dito.	20 —	22 —	1 —	
» » tous autres	dito.	20 —	22 —	— 20	
» de perles fausses	100 k. N. B.	200 —	212 50	2 —	
» de jais	dito.	100 —	107 50	1 —	
» en cuivre doré	100 k. B.	prohibé.	prohibé.	4 —	
COLOMBINE — Engrais	100 k. B. B.	— 10	— 10	— 25	
COLOMBO — Racines médicinales	dito.	20 —	22 —	— 25	
COLOPHANE	dito.	5 —	5 50	1 —	
COLOQUINTE	dito.	35 —	38 50	— 25	
COLS en soie ou velours de soie pure, unis	1 k. N. N.	16 —	17 50	— 02	(4) Les vêtemens neufs, confectionnés, et autres effets neufs à l'usage des voyageurs (en tissus ou matières prohibées à l'entrée), sont admis au droit de 30 p. % de la valeur, quand ils ont été déclarés avant la visite, et que la douane reconnaît que ce sont des objets hors de commerce destinés à l'usage personnel des déclarants, et en rapport avec leur condition et le reste de leurs bagages.
» » » façonnés et brochés	dito.	19 —	20 50	— 02	
» en crin dits crinoline	100 k. B.	prohibé.	prohibé.	1 50	
» en cuir	dito.	dito.	dito.	— 75	
» en coton	dito.	dito.	dito.	— 50	
» neufs à l'usage personnel des déclarans (4)	la valeur.	30 p. %	30 p. %	»	
» supportés	100 k. N. B.	54 —	56 —	— 25	
COLZA (graine de) par navires français et par terre	100 k. B. B.	2 50	—	— 25	
» » par navires étrangers	dito.	—	3 —	— 25	
» (huile de)	dito.	25 —	30 —	— 25	
» (tourteaux de graine de)	dito.	— 50	— 50	— 25	
COMPAS de bureau en fer et cuivre, à la grosse	100 k. N. B.	100 —	107 —	1 —	
» » » autres	la val. à déterminer par le comité consultatif des arts et manuf.	30 p. %	30 p. %	1 p. %	
» de charpentier et de menuisier (2)	100 k. N. B.	140 —	149 50	1 —	

7

DÉNOMINATION DES MARCHANDISES	UNITÉS sur lesquelles portent LES DROITS.	DROITS D'ENTRÉE		DROITS de SORTIE.	NOTES.
		par Navires français.	par Nav. étr. et par terre.		
		F. C.	F. C.	F. C.	
CONCOMBRES frais............................	100 k. B. B.	4 —	4 40	— 25	
» confits..............................	dito.	17 —	18 70	— 25	
» (pepins de).......................	dito.	35 —	38 50	— 25	
au sucre et au miel, voy. plus bas Confitures.	»	»	»	»	
sans sucre ni miel, des pays hors d'Europe.	100 k. B. B.	4 —	7 —	— 25	
» des entrepôts..........	dito.	5 —	7 —	— 25	
au vinaig., fruits, cornichons et concombres	dito.	17 —	18 70		
» » olives et picholines....	dito.	36 —	39 60		
CONFECTIONS » » capres.	100 k. N. B.	60 —	65 50		
et Conserves, » » atchar..............	100 k. B. B.	17 —	18 70	— 25	
» » piment.................	»	»	»	les 100 kil.	
» légumes salés ou confits	100 k. B. B.	9 —	9 90		
en extrait, liquides, jus ou sauces épicées					
pour assaisonnement............	1 k. N. B.	2 —	2 20		
pharmaceutiques (1)....................	1 k. B.	prohibé.	prohibé.	— 02	(1) Particulièrement la confection d'Hya-
alimentaires........................	100 k. B. B.	33 —	36 30		cinthe, d'anacarde, etc.
CONFITURES (2) de Bourbon....................	100 k. N. B.	38 50	»		Les confections pharmaceutiques, dont
» de l'Inde......................	»	»	»		l'école de pharmacie reconnaît la nécessité
» des Antilles et de la Guiane française.	dito.	45 —	»		ou l'utilité, et dont elle détermine alors le
» de l'Inde......................	dito.	90 —	120 —		prix commun, sont admises par dérogation
» d'ailleurs hors d'Europe...........	dito.	95 —	120 —	— 25	à la prohibition, moyennant le droit de
» des entrepôts....................	dito.	105 —	120 —		20 p. % de la valeur.
CONSOUDE. — Racines médicinales................	100 k. B. B.	20 —	22 —		(2) Les écorces de bergamotte, de citron,
CONTRA-YERVA. — Racines médicinales..............	dito.	20 —	22 —		d'orange, etc. mélangées avec du sucre,
CONTRE-BASSES................................	la pièce.	7 50	7 50	— 38	et les conserves dans lesquelles il entre du
CONTREFAÇONS (librairie)......................	»	prohibé.	prohibé.	prohibé.	sucre ou du miel sont aussi des confitures.
COPAL. — Résine de l'Inde....................	100 k. N. B.	50 —	125 —	— 25	— La casse, les myrobolans et les tamarins
» d'ailleurs hors d'Europe...........	dito.	90 —	125 —	— 25	confits sont spécialement tarifés.
» des entrepôts....................	dito.	100 —	125 —	— 25	
COPAL taillé................................	dito.	200 —	212 50	2 —	
COQUELICOT. — Pavot rouge. — Fleurs médicinales....	100 k. B. B.	40 —	44 —		
COQUES de cacao (pellicules), des colonies françaises....	100 k. N. B.	40 —	»		
» » » des pays sit. à l'O. du cap Horn.	dito.	50 —	105 —		
» » » d'ailleurs hors d'Europe..	dito.	55 —	105 —		
» » » des entrepôts............	dito.	95 —	105 —	— 25	
» de coco........................	100 k. B. B.	3 —	3 30		
» du levant (fruits médicinaux)......	dito.	35 —	38 50		
COQUILLAGES pleins (autres que les huîtres) de pêc. franç.	100 k. B.	exempt.	exempt.		
» » » de pêc. étran.	100 k. B.	1 —	1 10		
vides, non spécialement dénommés (3)..	la valeur.	1 p. %.	1 p. %.	1/4 p. %.	(3) Les coquillages spécialement tarifés
nacrés (haliotides dits oreilles de mer (4),					sont : le cauris, l'antale, la nacre et les
de l'Inde..	100 k. B. B.	2 —	5 —	— 25	coquillages nacrés.
» » » d'ailleurs...	dito.	3 —	5 —	— 25	(4) Ces coquillages ne peuvent être im-
CORAIL brut de pêche française.................	dito.	1 —	»	2 —	portés que par les ports de Marseille, Bor-
» de pêche étrangère................	dito.	20 —	22 —	2 —	deaux, Nantes, le Havre, Rouen, Calais et
» taillé mais non monté............	1 k. N. B.	10 —	11 —	— 01	Dunkerque; ailleurs ils paient comme nacre
» monté — Bijouterie d'or..........	1 k. N. N.	20 —	22 —	1 —	franche.
» » » d'argent.............	dito.	10 —	11 —	— 50	
» en poudre......................	100 k. N. B.	184 —	195 70	2 —	
» de Jardin, autre nom du piment, de la Guiane fr..	dito.	10 —	»		
» » » » de l'In et des pays					
à l'O du c.-Horn.	dito.	45 —	115 —		
» » » » d'ailleurs,.....	dito.	90 —	115 —		
CORALINE ou Mousse marine—Lichens médicinaux....	100 k. B. B.	15 —	16 50		
CORBEILLES, en quelque végétal que ce soit, brut......	dito.	15 —	16 50		
» » » » pelé......	dito.	25 —	27 50	— 25	
» » » » coupé.....	dito.	35 —	38 50		
CORDAGES de chanvre.......................	dito.	25 —	27 50		
» de sparte, de tous calibres, fabriqués avec des					
fils ou tresses battues (veltes)..	dito.	5 —	5 50		
» d'autres végétaux (tilleul, jones et herbes)..	dito.	2 —	2 20		
» filets neufs ou en état de servir...........	dito.	25 —	27 50		
» de crin.......................	dito.	5 —	5 50		
» vieux ou en charpie...............	100 k. B.	— 10	— 10	prohibé.	
CORDES de filasse ou d'étoupes..............	100 k. B. B.	25 —	27 50	— 25	
» de boyau pour instruments de musique........	100 k. N. B.	200 —	212 50	2 —	
» » pour mécaniques...............	dito.	100 —	107 50	1 —	

DÉNOMINATION DES MARCHANDISES	UNITÉS sur lesquelles portent LES DROITS.	DROITS D'ENTRÉE		DROITS de SORTIE.	NOTES.
		par Navires français.	par Nav. étr. et par terre.		
		F. C.	F. C.	F. C.	
CORDES métalliques pour { blanches roulées en couronne.	100 k. N. B.	60 —	65 50	— 25	
instrumens... { » » en bobines..	dito.	70 —	76 —	— 25	
{ jaunes polies ou non polies..	dito.	100 —	107 50	1 —	
» en laine teinte pure ou mélangée............	dito.	220 —	233 50	1 50	
» en soie pure..........................	1 k. N. N.	16 —	17 60	— 02	
» » mélée d'autres matières.............	dito.	8 —	8 80	— 02	
» en coton.................................	100 k. B.	prohibé.	prohibé.	— 50	
{ en coton.	dito.	dito.	dito.	— 50	
{ en fleuret	100 k. N. N.	800 —	817 50	2 —	
{ en laine teinte ou mélangée..........	100 k. N. B.	220 —	233 50	1 50	
CORDONS et { en fil de lin, écrus, bis ou herbés.......	dito.	80 —	86 50	— 25	
Cordonnets { » » mélangés de blanc....	dito.	120 —	128 50	— 25	
{ » blancs..............	dito.	120 —	128 50	— 25	
{ » teints en tout ou en partie..	dito.	150 —	160 —	— 25	
{ en soie pure.............................	1 k. N. N.	16 —	17 60	— 02	
{ » mélée...........................	dito.	8 —	8 80	— 02	
CORIANDRE (graine de). — Fruits médicinaux.	100 k. B. B.	35 —	38 50	— 25	
CORIS ou Cauris. — Coquillage...............	dito.	7 —	7 70	— 25	
CORNALINE (1) brutes..........................	dito.	15 —	16 50	— 25	(1 La couleur dominante de la cornaline est le rouge. Elle est ordinairement demi-diaphane; sa pesanteur spécifique est de 2, 6. C'est la pierre la plus employée pour graver les cachets.
» ouvrées..........................	1 k. N. B.	2 —	2 20	les 100 kil.	
» montées sur or..................	1 hec. N. N.	20 —	22 —	1 —	
» brutes........................	100 k. B. B.	— 10	— 10	20 —	
» préparées......................	dito.	25 —	27 50	20 —	
{ en feuillets, long' 19 à 24, larg' 19 à 22 cent.	104 feuilles.	8 —	8 —	— 40	
(bétail) » » 14 à 16 » 11 à 14 »	dito.	6 —	6 —	— 30	
» » 11 à 14 » 11 »	d.to.	4 —	4 —	— 20	
{ » » au-dessous de 11 »	dito.	3 —	3 —	— 15	
de cerf, de snack et de rennes	100 k. B. B.	5 —	5 50		
rapées.	dito.	9 —	9 90		
{ entières { du Sénégal.............	100 k. N. B.	25 —	»		
{ ou en { de l'Inde.............	dito.	35 —	70 —		
CORNES. { morceaux { des comptoirs d'Afrique					
de Licorne { de plus { autre que le Sénégal.	dito.	40 —	70 —		
(narval) { d'un kil. { d'ailleurs...........	dito.	55 —	70 —		
et de { en { du Sénégal.............	dito.	50 —	»	— 25	
rhinocéros, { morceaux { de l'Inde.............	dito.	70 —	140 —		
{ d'un kil. { des comptoirs d'Afrique					
ou moins. { autres que le Sénégal	dito.	80 —	140 —		
{ d'ailleurs...........	dito.	110 —	140 —		
brulées..............................	100 k. B. B.	7 —	7 70		
{ calcinées ou spode	dito.	7 —	7 70		
CORNETS à jouer, de corne ou de cuir............	100 k. B. B.	100 —	107 50	1 —	
CORNICHONS frais...........................	100 k. B. B.	4 —	4 40	— 25	
» confits..........................	dito.	17 —	18 70	— 25	
CORONS (2) de laine, par navires français et par terre.	la valeur.	20 p. %	»	— 25	(2) Les corons, c'est-à-dire les déchets ou bouts de fil de laine, de lin, de chanvre ou de coton qu'entraîne le décolage ou le tissage, et qui ont de 165 à 270 millim. de longueur, suivent le régime de la matière brute dont ces déchets dérivent.
» » par navires étrangers	dito.	»	22 p. %	les 100 kil.	
» de lin ou de chanvre	100 k. B. B.	15 —	16 50	— 25	
» de coton, des entrepôts.............	100 k.N. B.	30 —	35 —	— 50	
COS..	la pièce.	3 —	3 —	— 15	
COSTUS amer et doux. — Écorces médicinales	100 k. N. B.	48 —	52 80		
» d'Arabie. — Racines médicinales.............	dito.	20 —	22 —		
CÔTES de douppion. — Bourre de soie filée, fleuret écru.	1 k. N. B.	»	teint.		
» » » teint.	dito.	3 06	3 30	— 25	
» de feuilles de tabac p' la régie, des pays hors d'Eur.	100 k. B. B.	exempt.	10 —		
» » » des entrepôts...........	dito.	5 —	10 —		
» » » pour compte particulier ..	100 k. B.	prohibé.	prohibé.		
{ en laine sans { des colonies françaises	100 k. N. B.	5 —	»		
{ distinction { de Turquie................	dito.	15 —	25 —		(3) La graine de coton paie : 1 f. et 1 f. 10 par 100 k. B. à l'entrée; à la sortie 25 c. d'.
{ d'espèce, { de l'Inde..................	dito.	10 —	35 —		
{ importé en { des autres pays hors d'Europe...	dito.	20 —	35 —		(4) Les cotons filés des numéros admissibles aux droits ne peuvent être importés qu'en paquets de deux livres anglaises au moins, et par les seuls bureaux du Havre, de Calais et de Dunkerque.
{ droiture. { des entrepôts...............	dito.	30 —	35 —	— 50	
COTON. { non égrené.......................	100 k. B.B.	le droit du coton pour le quart de son poids, et le droit des graines de coton pour les trois autres quarts (3).			Au moment de l'acquittement des droits, ils reçoivent une marque à défaut de laquelle ils sont saisissables dans l'intérieur, conformément à la loi du 28 avril 1816. Les formes et les conditions de cette marque sont déterminées par des ordonnances du roi.
{ en feuilles cardées et gommées. — Ouate.	100 k. N. B.	100 —	107 50	— 25	
{ filé, écru, du n° 143, système métrique{simple.	1 k. N. B.	7 —	7 70	— 25	
{ et au-dessus (4). {retors.	dito.	8 —	8 80	les 100 kil.	
{ » tous autres, sans distinct. d'espèces ni de n°.	100 k. B.	prohibé.	prohibé.		

DÉNOMINATION DES MARCHANDISES.	UNITÉS sur lesquelles portent LES DROITS.	DROITS D'ENTRÉE. par Navires français.	par Nav. étr. et par terre.	DROITS de SORTIE.	NOTES.
		F. C.	F. C.	F. C.	
COUAN ou Chouan (feuilles de) — Feuilles médicinales..	100 k. B. B.	30 —	33 —	— 25	
» (semences de). — Fruits médicinaux	dito.	35 —	38 50	— 25	
COULEURS non spécialem' dénommées, sèches ou liquides.	d.to.	35 —	38 50	2 —	
» » en pâtes humides.	dito.	17 50	19 25	2 —	
COULILAWAN 'écorce de'...............	100 k. N. B.	48 —	52 80	— 25	
» (huile de)...............	dito.	900 —	917 50	2 —	
COUPEROSE verte (sulfate de fer).....	100 k. B. B.	6 —	6 60	— 25	
» bleue (sulfate de cuivre).....	dito.	31 —	34 10	— 25	
» blanche (sulfate de zinc.....	dito.	31 —	34 10	— 25	
COURGES, péricarpe charnu, découpé et desséché.....	dito.	16 —	17 60	— 25	(1) Les outils de toute sorte peuvent être importés par les bureaux de mer en colis de tous poids, mais sans mélange d'espèces payant des droits différens.
» Vides.....	dito.	13 —	14 30	— 25	
COUTEAUX de poche ou de table...............	100 k. B.	prohibé.	prohibé.	1 —	
» de chasse...............	100 k. N. B.	400 —	417 50	5 —	
» de tanneur de corroyeur, et à pied p' sellier (1..	dito.	200 —	212 50	1 —	
» de tanneur , en ardoise....	la valeur.	15 p. %	15 p. %	1/4 p.%	(2) Planche de 81 cent. de longueur sur 27 de largeur, au centre de laquelle se trouve une ouverture où sont placées diagonalement plusieurs lames d'acier et un glissoir.
» de tonnelier (1..	100 k. N. B.	140 —	149 50	1 —	
» à choux (2)......	la valeur.	15 p. %	15 p. %	1 4 p. %	
COUTELLERIE 'ouvrages de....	100 k. B.	prohibé.	prohibé.	1 —	(3) Le coutil est une toile croisée et rayée en bleu, dont on se sert pour faire des lits de plume, oreillers, tentes, stores et autres objets de cette espèce.
COUTIL de pur fil (3. pour tenture ou literie..	100 k. N. B.	140 —	149 50	— 25	Les autres toiles croisées comprennent toutes celles de pur fil pour vêtemens d'homme et de femme, telles que basin et tissus de fantaisie appelés vulgairement coutils russes, dont on se sert pour pantalons d'été et habillemens de chasse.
» » pour vêtemens..	dito.	250 —	265 —	— 25	Le treillis, espèce de coutil grossier, est assimilé, pour le droit, à la toile de chanvre unie, écrue. Le coutil, comme les autres tissus de fil en une de chanvre, peut être importé par mer en colis de tous poids, mais sans mélanges des espèces payant des droits différens.
» de coton ou mélangé de coton...	100 k. B.	prohibé.	prohibé.	— 50	
COUVERCLES de pipe, en fer ou en cuivre.............	100 k. N. B.	100 —	107 50	1	
COUVERTURES de pur fil, blanches.............	dito.	140 —	149 50	1	
» » teintes, de moins de 8 fils...	dito.	60 —	60 —		
» » » de 8 fils......	dito.	72 —	72 —		
» » » de 9 fils inclus.à 12 excl..	dito.	130 —	130 —		
» » » de 12 fils	dito.	150 —	150 —		
» » » de 13 et.incl. à 16 excl..	dito.	210 —	210 —	— 25	
» » » de 16 fils............	dito.	300 —	300 —		
» » » de 17 fils...	dito.	340 —	349 —		
» » » de 18 et 19 fils....	dito.	360 —	360 —		
» » » de 20 fils....	dito.	450 —	450 —		
» » » au-dessus de 20 fils...	dito.	700 —	700 —		
» de laine.....	dito.	200 —	212 50	1 50	
» de poil.....	dito.	50 —	55 —	4 50	
» de soie.....	100 k. N.N.	205 —	216 70	2 —	
» de fleuret.....	d.te.	201 —	216 70	2 —	
» de coton.....	100 k. B.	prohibé.	prohibé.	— 50	
CRABES de terre 'graisse de....	100 k. B. B.	19 —	20 90	1 —	
CRAIE 'chaux carbonatee.....	dito.	2 —	2 20	— 25	
» de Briançon.....	dito.	2 —	2 20	— 25	
CRAMBE maritime — Chou marin (4.....	dito.	— 50	— 50	— 20	(4) De la famille du raifort. Cultivé en Angleterre.
CRASSE de soie.....	100 k. B.	prohibé.	prohibé.	— 01	
» de cire des pays hors d'Europe...	100 k. B. B.	8 —	15 —	16 20	
» » des entrepôts...	dito.	10 —	15 —	10 20	
» de soufre.....	dito.	2. —	2. —	— 50	
» de cuivre.....	dito.	2 —	2 20	— 25	(5) Par crayons simples on entend la pierre noire, l'ardoise, la sanguine sèche, etc. Les crayons composés se divisent en communs qui sont ceux garnis de bois de sapin, quelquefois total en rouge pour les métiers; et en fins, qui sont ceux garnis de bois de cèdre ou de bois rouge, ou les crayons de fabrique, tels que pastels, façon Comté, servant aux arts.
CRAVACHES.....	100 k. N. B.	100 —	107 50	1 —	
CRAYONS (5). simples en pierre.....	100 k. N. B.	40 —	44 —	— 25	
composés, à gaine de bois blanc...	100 k. N. B.	100 —	107 50	— 25	
» à gaine de cèdre.....	dito.	200 —	212 —	— 25	
CRÈME de tartre (tartrate acide de potasse pur.....	100 k. B. B.	30 —	33 —	— 50	
CRÊPE de soie.....	1 k. N.B.	34 —	37 40	— 02	(6) L'admission du crépon de Zurich est restreinte au seul bureau de St-Louis.
CRÉPON de Zurich (6.....	100 k. N. B.	200 —	212 50	4 50	
» de soie.....	1 k. N.N.	16 —	17 60	— 02	(7) Membranes de graisse dont on a extrait le suif; c'est le résidu de la 4e fonte; il sert exclusivement à la nourriture des chiens et de la volaille.
CRESSONS 7.....	100 k. B.B.	— 50	— 50	— 25	
CRESSETS.....	d.to.	10 —	11 —	— 25	
CRIBLES en bois.....	dito.	4 —	4 40	— 25	
» autres.....	100 k. N. B.	100 —	107 50	1 —	
CRIES.....	dito.	80 —	86 50	1 —	
CRINS bruts 'y compris ceux teints'.....	100 k. B. B.	2 —	2 70	1 —	
» préparés, soit frisés, soit en bottes de long assorties	dito.	5 —	5 50	— 25	
CRISTAL minéral (8) (sel de prunelle).....	100 k. B.	prohibé.	prohibé.	2 —	(8) Espèce de nitre raffiné, fondu, mêlé de sulfate de potasse.
» de tartre (tartrate acide de potasse pur.....	100 k. N.B.	20 —	27 50	2 —	
» de roche (quartz non ouvré (en masses.....	100 k. N. B.	62 —	67 60	— 25	
» » » de choix pour bijoux, brut..	1 k. N. B.	— 25	— 25	— 01	
» » » » taillé..	dito.	— 50	— 50	— 61	
» » taillé.....	100 k. P.	prohibé.	prohibé.	— 25	

DÉNOMINATION DES MARCHANDISES	UNITÉS sur lesquelles portent LES DROITS.	DROITS D'ENTRÉE		DROITS de SORTIE.	NOTES.
		par Navires français.	par Nav. étr. et par terre.		
		F. C.	F. C.	F. C.	
CRISTAUX de toute sorte (1)..........	100 k. B.	prohibé.	prohibé.	— 25	(1) Il n'y a d'autre exception à la défense d'importer des fabrications en verre ou en cristal, que, 1° pour les vases, tubes et bocaux qui sont tarifés comme instrumens de chimie; 2° pour les verres à peinture fines et les vieux vitraux qui sont des objets de collection hors de commerce; et 3° pour les verres grossièrement peints, qui sont repris à mercerie commune.
CROCHETS de métier à bas............	La valeur à déterminer par le comité consultatif des arts et manufactures.	15 p. %	15 p. %	1/4 p. %	
CRUCHES de grès....................	100 k. B. B.	10 —	11 —	— 25	
» de terre grossière..........	dito.	6 —	6 60	— 25	
CRUCIFIX en bois....................	la valeur.	15 p. %	15 p. %	1/4 p. %	
» en bois commun avec des ornemens en cuivre frappés.	100 k. N. B.	100 —	107 50	1 —	
CUBÈBE ou poix à queue (2) de la Guiane française...	dito.	10 —	»	— 25	(2) Semences de la grosseur d'un grain de millet.
» » de l'Inde et des pays à l'ouest du cap Horn...........	dito.	40 —	105 —	— 25	
» » d'ailleurs..........	dito.	80 —	105 —	— 25	
CUDBEARD ou orseille violette (3)........	dito.	200 —	212 50	2 50	(3) Le cudbeard peut se présenter en pâte humide, en poudre, en gâteaux secs ou en liqueur.
CUILLERS d'or ou de vermeil............	1 h. N. N.	10 —	11 —	— 50	
» d'argent..................	dito.	3 —	3 30	— 15	
» de bois communs.............	100k. B. B.	4 —	4 40	— 25	
» autres................	100 k. N. B.	100 —	107 50	1 —	
» de corne, d'os, d'étain, de fer ou de métaux communs mélangés.............	dito.	100 —	107 50	1 —	
» d'ivoire..................	1 k. B.	prohibé.	prohibé.	— 01	
CUIRASSE, d'un modèle en usage pour la cavalerie franç.	la valeur.	1 p. %	1 p. %	prohibé.	
» vieilles armures...........	la valeur.	1 p. %	1 p. %	1/4 p. %	
CUIRS, repris à peaux..............	»	»	»	»	
» à rasoir, munis ou non de leurs gaines (4)... mercerie commune.	100 k. N. B.	100 —	107 50	1 —	(4) Les cuirs à rasoir de bas prix, tels que ceux qui se vendent dans les foires de campagne, doivent comme mercerie commune, et les autres comme mercerie fine.
mercerie fine.	dito.	200 —	212 50	1 —	
CUIVRE mineral..............	100 k. B.	— 10 —	— 10	prohibé.	
» pur de 1re fusion, en masses, des pays hors barres en plaques ou en d'Europe... objets détruits........ des entrepôts.	100 k. B.B.	1 —	3 —	2 —	
	dito.	2 —	3 —	2 —	
» » laminé en barres ou en planches.......	100 k. N.B.	50 —	55 —	2 5	
» » battu..................	dito.	80 —	86 50	2 5	
» » filé teint en jaune, imitant la dorure.....	dito.	286 —	302 80	4 —	
» » non éteint..............	dito.	190 —	197 50	1 —	
» » monnaie................	100 k. B. B.	— 20 —	— 20	— 20	
» » ouvrages simplement tournés............	100 k. N. B.	Mêmes droits que la mercerie selon l'espèce 5.		1 —	
» allié de zinc (laiton)	de 1re fusion en masses, des pays hors barres en plaques ou d'Europe... en objets détruits... des entrepôts.	100 k. B.B.	1 —	3 —	2 —	
	dito.	2 —	3 —	2 —	
laminé en barres ou en planches....	100 k. N.B.	50 —	55 —	1 —	
battu..................	dito.	80 —	86 50	1 —	(5) Suivant le fini du travail
filé poli, sauf ceux ci-après............	100 k. B.	100 —	167 50	1 —	
» non poli ou poli p° cordes d'instrum°	dito.	285 —	302 50	4 —	
» propre à la broderie...........	dito.	Mêmes droits que la mercerie selon l'espèce 5.		1 —	
ouvrages simplement tournés........	dito.			1 —	
» allié d'argent (monnaie de billon).........	100 k. B. B.	1 —	1 10	1 —	
» » d'étain, de 1re fusion en masses, des pays barres ou plaques ou d'Europe... en objets détruits... des entrep.	dito.	1 —	3 —	2 —	
	dito.	2 —	3 —	2 —	
» doré, en lingots................	100 k. N. B.	147 —	156 80	2 —	
» » battu, tiré ou laminé.............	dito.	286 —	302 80	4 —	
» » filé sur fil.................	dito.	327 —	344 50	4 —	
» » » sur soie.............	dito.	900 —	967 50	4 —	
» » ouvré..................	100 k. N. B.	prohibé.	prohibé.	4 —	
» argenté, en masses ou lingots.........	100 k. N. B.	102 —	109 60	2 —	
» » battu, tiré ou laminé...........	dito.	204 —	216 70	4 —	
» » filé sur fil................	dito.	327 —	344 50	4 —	
» » » sur soie............	dito.	600 —	617 50	4 —	
» » ouvré................	100 k. N. B.	prohibé.	prohibé.	4 —	
» ouvré ou autrem° préparé qu'il n'est dit ci-dessus, limailles................	dito.	dito.	dito.	1 —	
CUMIN (graine de)—Fruits médicinaux.....	100 k. B.B.	— 10 —	— 10	2 —	
» huile de (6)...............	dito.	135 —	38 50	— 25	(6) Huile jaunâtre plus légère que l'eau, possédant à un haut degré l'odeur et la saveur du cumin; elle n'est guère employée que dans la médecine vétérinaire.
CURCUMA (7, en racines, de l'Inde........	100 k. N. B.	405 —	425 50	2 —	(7) Racines rondes, longues et dures, recouvertes d'une écorce mince, grise et chagrinée; elles sont compactes à l'intérieur, de couleur orange foncé, à cassure analogue à celle de la cire. Elles sont employées pour teindre en jaune; elles se nomment aussi terra merita; safran des Indes.
CURCUMA (7, en racines, de l'Inde........	100 k. B B.	15 —	50 —	— 50	

7*

DÉNOMINATION DES MARCHANDISES	UNITÉS sur lesquelles portent LES DROITS.	DROITS D'ENTRÉE par Navires français.	par Nav. étr. et par terre.	DROITS de SORTIE.	NOTES.
		F. C.	F. C.	F. C.	
CURCUMA en racines, d'ailleurs hors d'Europe.......	100 k. B. B.	22 —	50 —	— 50	
» » des entrepôts.................	dito.	36 —	50 —	— 50	
» en poudre............................	dito.	prohibé.	prohibé.	— 50	
CURE-DENT et Cure-oreille en bois, os ou plumes....	100 k. N. B.	100 —	107 50	1 —	
» » en écaille, nacre ou ivoire.	100 k. B.	prohibé.	prohibé.	1 —	
CUSCUTE ou Épithymes — Herbes médicinales	100 k. B. B.	30 —	33 —	— 25	
CUVEAUX en bois, avec ou sans cercles de fer........	la valeur.	15 p. %	15 p. %	1/4 p. %	
CYLINDRES gravés, en cuivre ou en fer, propres à l'impression des tissus.	dito.	15 p. %	15 p. %	1/4 p. %	
» non gravés, pour mécaniques, en acier...	100 k. B. B.	200 —	212 50	1 —	
» » » en cuivre...	dito.	150 —	160 —	1 —	
» pour chauffer les bains..............	la valeur.	15 p. %	15 p. %	1/4 p. %	
CYMBALES..	la paire.	1 50	1 50	— 08	
CYPERUS (souchet) — Racines médicinales.............	100 k. B. B.	20 —	22 —	— 25	(1) Les fruits du Cyprès toujours vert, improprement appelés noix, sont aujourd'hui inusités.
CYPRÈS (noix de) (1)—Fruits médicinaux.............	dito.	35 —	38 50	— 25	

D

DAMES et Damiers — Tabletterie.................	100 k. B.	prohibé.	prohibé.	1 —	
» en bois communs peints............	100 k. B.	80 —	86 50	1 —	
DAMES JEANNE clissées en osier....	100 k. B.	prohibé.	prohibé.	— 25	
DATTES fruits frais exotiques......................	100 k. B. B.	8 —	8 80	— 25	
» sèches ou tapées......................	dito.	16 —	17 60	— 25	
DAUCUS semences — Fruits médicinaux............	dito.	35 —	38 50	— 25	
» (racines de) — Racines médicinales..........	dito.	20 —	22 —	— 25	
DÉBRIS de cire ouvrée, jaune des pays hors d'Europe..	dito.	8 —	15 —	10 20	
» » » des entrepôts......	dito.	10 —	15 —	10 20	
» » blanche....................	100 k. B.	60 —	65 50	1 02	(2) Les débris de navires échoués pouvant tous être réappliqués à la construction ou à l'usage des navires, ont une valeur qui se détermine exactement par la vente qui s'en fait au rivage. Le droit de sortie n'affecte que les agrès et apparaux que l'on exporte séparément comme marchandise, à l'exclusion de ceux qui font partie nécessaire du mobilier des navires exportés.
» d'embarcations échouées (2)...............	la valeur.	10 p. %	10 p. %	5 p. %	
» de momie...........................	100 k. B. B.	35 —	38 50	2 —	
» d'ouvrages en fonte, par mer..............	dito.	7 —	7 70	— 25	
» » » par terre, de la mer à blancmission exclusive	dito.	»	7 —	— 25	
» » » de Blanchmisseron à Sapogne inclust.	dito.	»	4 —	— 25	
» » » par les autres fron.	dito.	»	6 —	— 25	
DÉCHETS de cornes de bétail, bruts....	»	— 10	— 10	20 —	
» de soie, écrus....................	100 k. N. B.	1 —	1 10	2 —	
» teints....................	1 k. N. N.	»	82 —	90 les 100 kil.	
DÉFENSES, voyez plus bas Dents..	»	»	»	»	
DÉGRAS de peaux des pays hors d'Europe............	100 k. N. B.	40 —	50 —	— 25	
» des entrepôts	dito.	48 —	50 —	— 25	(3) La dentelle faite au fuseau se distingue par le nœud qui l'empêche de s'étendre dans tous les sens, comme le tulle qui n'est qu'un tricot.
DENTELLES de coton fabriq. à la main et aux fuseaux (3)	la valeur.	5 p. %	5 p. %	1/4 p. %	
» de lin.........................	dito.	5 p. %	5 p. %	1/4 p. %	
» de soie, dites blondes...............	dito.	15 p. %	15 p. %	1/4 p. %	
» d'or fin......................	1 k. N. N.	200 —	212 50	— 05	
» d'argent fin.....................	dito.	100 —	107 50	— 05	
» d'or ou d'argent faux	dito.	25 —	27 50	— 04	
DENT-DE-LION — Feuilles médicinales.............	100 k. B. B.	30 —	33 —		(4) Les défenses et cornes autres que de bétail, propres à la tabletterie, et notamment les défenses de licorne (narval) et d'hippopotame, dénommées dans la loi du 28 avril 1816, paient, à l'entrée, le même droit que les défenses d'éléphant. Il en est de même pour celles de phoque, de cachalot et de Lamentin.
» Racines »	dito.	20 —	22 —		
DENTS d'éléphant défenses (4) entier. ou en morc. de plus d'un k. du Sénégal........	100 k. N. B.	25 —	»		
» » de l'Inde...........	dito.	35 —	70 —		
» » des comptrs d'Afriq. autres que le Sénég.	dito.	40 —	70 —		
» » d'ailleurs.........	dito.	55 —	70 —		
» en morceaux d'un kil. ou moins du Sénégal........	dito.	50 —	»	— 25	
» » de l'Inde....	dito.	70 —	140 —		
» » des comptrs d'Afriq. autres que le Sénég.	dito.	80 —	140 —		
» » d'ailleurs.........	dito.	110 —	140 —		
» mâchelières du Sénégal..............	100 k. B. B.	3 12	»		
» de l'Inde.............	dito.	4 37	8 75		
» des comptoirs d'Afrique autres que le Sénégal ...,......	dito.	5 —	8 75		
» d'ailleurs	dito.	6 87	8 75		

DÉNOMINATION DES MARCHANDISES	UNITÉS sur lesquelles portent LES DROITS.	DROITS D'ENTRÉE		DROITS de SORTIE.	NOTES.
		par Navires français.	par Nav. étr. et par terre.		

		F. C.	F. C.	F. C.	
DENTS de loup et de sanglier...........	100 k. B. B.	5 —	5 50	— 25	
DERLE ou terre de porcelaine...........	dito.	— 10	— 10	— 25	
DÉS à coudre et à jouer, de fer, de cuivre ou d'os.....	100 k. N. B.	100 —	107 50	1 —	
» » de nacre ou d'ivoire.........	100 k. B.	prohibé.	prohibé.	1 —	
» » d'or ou de vermeil..........	1 hec. N. N	20 —	22 —	— 20	
» » d'argent.........	dito.	10 —	11 —	— 20	
DESSINS à la main, gouaches, aquarelles, lavis, etc.	la valeur.	1 p. ¼	1 p. ¼	1 p. ¼	(1) Le Diamant est le corps le plus dur de la nature. Il raye tous les minéraux et n'est rayé par aucun. Il résiste à la lime et ne peut être poli qu'à l'aide de la poudre du diamant même. Sa pesanteur spécifique est de 3,55 quand l'eau est 1.
DIAMANS (1) bruts...........	1 h. N. B.	1 — 50	— 50	— 01	
» taillés...........	dito.	1 —	1 10	— 01	
» montés en or...........	1 h. N. B.	20 —	22 —	1 —	
» » en argent...........	dito.	10 —	11 —	— 50	
DICTAME de crète et autres, feuilles médicinales....	100 k. B. B.	30 —	33 —	— 25	
» (fécule de)......	100 k. N.B.	41 —	45 10	— 25	
DOLICS de toute sorte—Fruits médicinaux........	dito.	35 —	38 50	— 25	
DOMINOTERIE, gravures en bois ou gross. enluminées.	dito.	100 —	107 50	1 —	
DOMPTE-VENIN(asclepias vince-toxicum)racine médic.n.	100 k. B. B.	20 —	22 —	— 25	
DOUPPIONS...........	1 k. B. N.	— 10	— 10	2 —	
DOUVELLES [de chêne de 1299 mil. de long et au-dessus.	100 k en N	2 —	2 —	2 —	
et Douvains [» de 1299 mil. excl. à 974 mil. incl.	dito.	1 50	1 50	1 50	
[» au-dessous de 974...	dito.	1 —	1 —	1 —	
[autres que de chêne.......	dito.	Mêmes droits que les morceaux de chêne.		10 p. ¼ de la val.	
DRAGÉES de Bourbon...........	100 k. N. B.	61 —	»	— 25	
» des Antilles et de la Guiane française.....	dito.	70 —	»	— 25	
» de l'Inde...........	dito.	90 —	120 —	— 25	(2) Les tissus de coton et de laine jouissent d'une prime de sortie.
» d'ailleurs hors d'Europe...........	dito.	95 —	120 —	— 25	
» des entrepôts...........	dito.	100 —	120 —	— 25	(3) La dénomination de drilles embrasse toutes les matières propres à fabriquer le papier, comme vieux cordages, vieux filets, papier écrit pour épiceries ou pour être réduit en pâte, maculatures et rognures de papier, charpie effilée, linge à pansement et même les chiffons de laine, de soie et de coton. — Les morceaux de vieilles étoffes qui pourraient encore servir, et font partie du commerce de la friperie, doivent les droits d'habillemens vieux, 54 et 56 francs à l'entrée et 25 cent. à la sortie par 100 k. N B
DRAPS de coton (2)...........	100 k. B.	prohibé.	prohibé.	— 50	
» de laine (2)...........	dito.	dito.	dito.	1 50	
» de soie...........	1 k. N. B.	16 —	17 60	— 02	
DRÈCHE ou Drage (résidu de brasserie).......	100 k. B. B.	— 10	— 10	— 50	
DRILLES et chiffons (3)...........	100 k. B.	— 10	— 10	prohibé.	
DUVET de cygne, d'oie, de canard et de flamant......	100 k. N.B.	200 —	212 50	— 25	
» d'eyder — Edredon...........	dito.	5 —	5 50	— 25	
» d'autruche...........	100 k. B. B.	1 —	1 10	2 —	
» de cachemire, brut...........	1 k. B.	— 10	— 10	prohibé.	
» peigné...........	1 k. N.	1 —	1 10	dito.	
» de bombax pyramidal...........	100 k. B. B.	— 10	— 10	— 25	
» cotonneux de l'apocin, du fromager et du massette.	dito.	10 —	10 —	— 25	

E

EAUX de vie (4) de vin même anisée...........	l'hectolitre d'eau-de-vie pur.	50 —	50 —		(4) On doit liquider séparément les vases qui les contiennent, soit au droit des bouteilles pleines 15 cent. à l'entrée, à cent. à la sortie par litre de contenance, soit comme poterie de grès commun 10 fr. et 11 fr. à l'entrée,25 cent. à la sortie par quintal brut. Les difficultés que présente cette liquidation ont fait chercher à l'Administration les moyens de la simplifier. Il a été vérifié que 100 cruchons de grès, vides, pèsent 104 kil., et remplis d'eau 237.
» » de cerises — Kirschwaser...........	dito.	200 —	200 —		
» » demi-classe (rum et tafia des colonies franç.	dito.	20 —	»		
» » » de l'étranger.	dito.	200 —	200 —	— 10	
» » de riz — Rack...........	dito.	200 —	200 —		
» » de grains, de pommes de terre, de baies d'arbousier, de gentiane, etc........	dito.	prohibé.	prohibé.		
» » d'anday et autres sucres de la Martiniq.	l'hectolitre.	100 —	»	1 —	
» » » d'ailleurs..	dito.	150 —	150 —	1 —	
» médicinales (5) alcooliques...........	100 k N.B.	150 —	160 —	2 —	(5) plus le droit sur les vases qui les contiennent.
» » sans alcool...........	dito.	100 —	107 50	2 —	
» de senteur (5) alcooliques...........	dito.	150 —	160 —	2 —	
» » sans alcool...........	dito.	100 —	107 50	2 —	
» minérales gazeuses en cruchons de grès communs (contenu et contenant)...........	100 k. B.B.	1 —	1 10	— 25	
» » autres (5)...........	dito.	1 —	1 10	— 25	
» forte — (Acide nitrique)...........	100 k. N. B.	90 60	98 60	— 25	
» régale — (Acide nitro-muriatique)...........	dito.	62 —	67 60	— 25	
» de poix ou de raze (huile essent elle)...........	100 k. B. B.	25 —	27 50	— 50	
ÉCAILLES d'abl tte...........	dito.	5 —	5 50	4 08	
» de tortue—Carapaces et ongl débités en feuill. de l'Inde	100 k. N.B.	100 —	300 —	— 25	
» » » d'ailleurs hors d'Eur.	dito.	150 —	300 —	— 25	
» » » des entrepôts.....	dito.	200 —	300 —	— 25	

DÉNOMINATION DES MARCHANDISES.	UNITÉS sur lesquelles portent LES DROITS.	DROITS D'ENTRÉE.		DROITS de SORTIE.	NOTES.
		par Navires français.	par Nav. étr. et par terre.		
		F. C.	F. C.	F. C.	
ÉCAILLE de tortue — Caouanes et onglons entiers de l'Inde............	100 k. N. B.	50 —	300 —	— 25	(1) Les instrumens aratoires peuvent être présentés dans les ports en colis de tous poids, mais sans mélange des espèces soumises à des droits différens.
» » » d'ailleurs hors d'Eur.	dito.	75 —	300 —	— 25	
» » » des entrepôts.......	dito.	100 —	300 —	— 25	
» » Rognures de l'Inde.............	dito.	25 —	75 —	— 25	
» » » d'ailleurs hors d'Europe.	dito.	37 50	75 —	— 25	
» » » des entrepôts..........	dito.	50 —	75 —	— 25	
ÉCARLATE (graine d') en grains................	100 k. B. N.	1 —	1 10		(2) Les écorces à tan peuvent être exportées par les points pour lesquels le Gouvernement suspend la prohibition.
» » en poudre des pays hors d'Eur.	1 k. N. N.	4 —	6 —	2 — le kilog.	
» » » des entrepôts.......	dito.	5 —	6 —		
ÉCHALAS...........................	1000 en N.	— 25	— 25	1 —	Par application de cette disposition, on peut exporter :
ÉCHECS (jeux d').................	1 k. B.	prohibé.	prohibé.	— 01	1° Par la rivière de la Meuse, des quantités illimitées d'écorces à tan moulues ou non moulues.
ÉCHELLES en bois.................	100 k. B. B.	4 —	4 40	— 25	
ÉCHENILLOIRS — Instrumens aratoires (1).	100 k. N. B.	80 —	86 50	1 —	2° Par la douane de Mijoux cent cinquante mille kilogrammes, annuellement, d'écorces de sapin non moulues provenant du territoire de la commune de Septmoncel (Ain).
ÉCORCES de pin non moulues.............	100 k. B. B.	— 10	— 10	4 —	
» moulues..............	dito.	1 —	1 10	— 10	
» à tan (2), de sapin non moulues..	100 k. B	— 10	— 10	prohibé.	Dans ces cas, comme toutes les fois que la prohibition est suspendue, on perçoit les droits suivans :
» » moulues, tan..	dito.	— 50	— 50	dito.	Écorce à tan de sapin, non moul. 0f 50 p. 100 k. B.
» » autres non moulues..	dito.	— 10	— 10	dito.	» moulues..0 25 »
» » » moulues, tan..	dito.	— 50	— 50	dito	autres, non moul. 2 00 »
» de grenade, d'aulne et de bourdaine....	100 k. B. B.	1 —	1 10	4 —	» moulues..1 00 »
» de tilleul pour cordages..........	dito.	— 10	— 10	1 —	Toutefois l'arrondissement de Lure (Haute-Saône), peut exporter annuellement 12500 quintaux métriques d'écorces à tan, non moulues, à charge de payer le droit de 1.00 par mille kil. brut.
» médic. de citron, d'orange et de leurs variétés (3).	dito.	17 —	18 70	— 25	
» de quinquina des pays sit. à l'O. du c. Horn	100 k. N. B.	25 —	100 —	— 25	
» » d'ailleurs.............	dito.	90 —	100 —	— 25	
» » à dénommer.........	dito.	48 —	52 80	— 25	
» d'alibouffier....	100 k. N. B.	17 —	18 70	— 25	(3) Les écorces confites et sucrées doivent comme confitures.
» de scavisson, de Chine, de l'Inde........	1 k. N. B.	— 33	1 —	— 04	
» » d'ailleurs...........	dito.	— 66	1 —	— 04	
» autre de la Guiane française....	dito.	— 65	»	— 04	
» » de l'Inde...........	dito.	1 —	1 —	— 04	
» » d'ailleurs.........	dito.	2 —	3 —	— 04	
ÉCRANS de main................	100 k. N. B.	100 —	107 50	1 —	
ÉCREVISSES d'eau douce de toute pêche, frais.....	100 k. B.	— 50	— 50	exempt.	
» » préparées,.....	dito.	40 —	44 —	dito.	
ÉCRITOIRES de corne, de bois ou d'os.....	100 k. N. B.	100 —	107 50	1 —	
» de carton verni.	dito.	200 —	212 50	— 25	
» de cuir.....................	100 k. B.	prohibé.	prohibé.	— 25	
» d'ivoire.................	1 k. B.	dito.	dito.	— 01	
» de métaux vernissés, plaqués, dorés ou arg.	100 k. B.	dito.	dito.	3 —	
» d'or ou de vermeil........	1 h. N. N.	20 —	22 —	— 20	
» d'argent..............	dito.	10 —	11 —	— 20	
ÉCUELLES en bois — Boissellerie	100 k. B. B.	4 —	4 50	— 25	
ÉCUME de verre...........	100 k. B.	prohibé.	prohibé.	— 01	
» de mer, brute.................	100 k. B. B.	2 —	2 20	— 25	
» ouvrée en pipes	100 k. N. B.	5 —	5 50	— 25 les 100 kil.	
ÉDREDON — Duvet d'eyder..........	1 k. N. B.	5 —	5 50	— 25	(4) Les vêtemens neufs, confectionnés, et autres effets neufs à l'usage des voyageurs, en tissus ou en matières prohibés à l'entrée sont admis au droit de 30 p. % de la valeur, quand ils ont été déclarés avant la visite, et que la Douane reconnaît que ce sont des objets hors de commerce destinés à l'usage personnel des déclarants, et en rapport avec leur condition et le reste de leurs bagages.
ÉFFETS à usage (4), linge uni, ouvragé ou damassé...	100 k. N. B.	Même droit que le tissu dont il est formé et le dixième en sus		— 25	
» » habillemens neufs..........	....	Comme l'étoffe principale dont ils sont formés.			
» » supportés..........	dito.	51 —	56 —	— 25	
ÉLIXIRS stomachiques de stoughton (5)........	dito.	150 —	160 —	2 —	Les habillemens à l'usage des voyageurs sont exempts de droits à l'entrée comme à la sortie.
» autres (6)...............	1 k. B.	prohibé.	prohibé.	— 02	Cette exemption s'applique aux habits de théâtre qui suivent les acteurs dans leur déplacement.
ÉLLÉBORE noir ou blanc — Racines médicinales...	100 k. B. B.	20 —	22 —	— 25	
ÉMAIL en gâteaux ou en poudre...........	1 k. N. B.	2 —	2 20	— 25 les 100 kil.	(5) Plus à l'entrée le droit sur les bouteilles ou les cruches.
» ouvré — Bijouterie.............	1 h. N. N.	20 —	22 —	— 20	
ÉMBARCATIONS en état de servir, bâtimens de mer..	le tonneau de mer	prohibé.	prohibé.	2 —	(6) Ils sont admis au droit de 2 p. % de la valeur, lorsque l'école de pharmacie reconnaît la nécessité ou l'utilité de leur importation et dont elle détermine alors le prix commun.
» » bateaux de rivière..	dito.	20 —	20 —	2 —	
» à dépecer, doublées en métal........	dito.	— 60	— 60	2 —	
» » non doublées.....	dito.	— 25	— 25	2 —	
ÉMERAUDES brutes..............	1 h. N. B.	— 25	— 25	— 01	
» taillées................	dito.	— 50	— 50	— 01	
» montées en or.	1 h. N. N.	20 —	22 —	1 —	
ÉMERI en pierres brutes.............	100 k. B. B.	2 —	2 20	— 25	
» préparé en grains ou en poudre.......	dito.	8 —	8 80	— 25	
ÉMÉTIQUE (tartrate de potasse et d'antimoine).......	1 k. B.	prohibé.	prohibé.	— 02	

DÉNOMINATION DES MARCHANDISES	UNITÉS sur lesquelles portent LES DROITS.	DROITS D'ENTRÉE		DROITS de SORTIE.	NOTES.
		par Navires français.	par Nav. étr. et par terre.		
		F. C.	F. C.	F. C.	
EMPLATRES.............................	1 k. B.	prohibé.	prohibé.	— 02	(1) Les outils peuvent entrer par mer en colis de tout poids, mais sans mélange d'espèces payant des droits différens.
EMPORTE-PIÈCES (1)	100 k. N. B.	140 —	149 50	1 —	
ENCADREMENS d'ardoise — Boisscllerie...	100 k. B. B.	4 —	4 40	25	
ENCENS commun	dito.	5 —	5 50	1 —	
» fin de l'Inde....................	100 k. N. B.	50 —	125 —	25	
» d'ailleurs hors d'Europe	dito.	90 —	125 —	25	
» des entrepôts....................	dito.	109 —	125 —	25	
ENCLUMES.............................	dito.	140 —	149 50	1 —	
ENCRE à dessiner, en tablettes..........	1 k. N. B.	1 —	1 10	2 —	
» liquide à écrire ou à imprimer.....	100 k. B. B.	60 —	65 50	25	
ENDIVE, légume vert...................	100 k. B. B.	— 50	— 50	20	2 Cette dénomination comprend les fientes d'oiseaux, la poudrette, la poudre végétative, la col ombine, le terreau, le fumier et les cendres de tombe.
» (semence d')	dito.	35 —	38 50	25	
ENGRAIS 2.............................	dito.	— 10	— 10	—	
ÉPEAUTRE, suit le régime des céréales, voir à la fin du Tarif.	»	»	»	»	
ÉPÉES.................................	100 k. N. B.	100 —	117 50	1 —	
ÉPERONS d'argent......................	1 k. N. N.	3 —	3 30	1 5	3 Ce sont des extraits liquides, pâtes, sauces ou sucs épices pour assaisonnement, qu'importent pour leur usage, les Anglais qui viennent de France; la poudre de Kary, qu'on importe de l'Inde, le plus ordinairement en bouteille, et qui paraît composée de gingembre et d'autres espèces.
» bronzés, plaqués ou argentés......	100 k. B.	prohibé.	prohibé.	5 —	
» grossiers, seulement limés, noircis ou étamés.	100 k. N. B.	100 —	107 50	1 —	
» en métaux limés ou polis...........	dito.	200 —	212 50	2 —	
ÉPICES préparées (3)....................	1 k. N. B.	2 —	2 30	25	
ÉPINETTES.............................	la pièce.	18 —	18 —	— 50	
ÉPINE-VINETTE (racines et bois d') des colonies françaises.	100 k. B. B.	— 80	— —	— 50	
» » des pays hors d'Europe.	dito.	1 50	6 —	50	
» » des entrepôts.........	dito.	3 —	6 —	50	
» (baies d').......................	dito.	4 —	4 40	25	
ÉPINGLES d'or, ornées en pierres ou perles fines. ...	1 hect. N. N.	20 —	22 —	1 —	
» toutes autres....................	dito.	20 —	22 —	20	
» d'argent, ornées en pierres ou perles fines.	dito.	10 —	11 —	50	
» toutes autres....................	dito.	10 —	11 —	20	
» de cuivre ou de fer, même celles de rebut...	100 k. N. B.	100 —	107 50	25	
ÉPITHYMES ou Cuscute — Herbes médicinales...	100 k. B. B.	30 —	33 —	25	
ÉPLUCHURES de cacao des colonies françaises...	100 k. N. B.	40 —	— —	25	4 Grabeau ou poussier, résidu de diverses matières qu'on a pressurées; tirées ou vannées. S'il est simple et qu'on en reconnaisse la nature, il peut payer le même droit que la matière pure; si non, il doit être traité comme médicament composé et à nommer.
» des pays situés à l'O. du cap Horn,	dito.	50 —	105 —	25	
» d'ailleurs hors d'Europe..,	dito.	55 —	60. —	25	
» des entrepôts....................	dito.	55 —	105 —	25	
» autres — Grabeau (4).............	dito.	55 —	105 —	25	
ÉPONGES (5) communes	100 k. N. B.	60 —	65 50	25	5 La différence consiste dans la finesse des pores que les éponges présentent; mais ce qui est encore plus facile à reconnaître, c'est la forme; les éponges communes sont plus ou moins rondes, et le tuyau par lequel elles adhèrent au rocher, tandis que les éponges fines ou ou-fines sont coniques, et la base ou tendamment comme une espèce de barmet et à la pointe un entonu dont la couleur est plus sombre et les pores autrement faits qu'au reste de la surface.
» fines...........................	dito.	200 —	212 50	25	
ÉPURGE, herbes médicinales.............	100 k. B. B.	30 —	33 —	25	
» (semence d').....................	dito.	35 —	38 50	25	
ÉQUERRE.............................	la valeur.	30 p 0	30 p 0	1 p 0	
ESCAJOLLES — Farineux alimentaires....	100 k. B. B.	10 —	11 —	1 —	
ESCARGOTS de pêche française...........	100 k. B. B.	exempt.	— —	—	
» de pêche étrangère...............	100 k. B. B.	1 —	1 10	—	
ESCAVISSON de Chine, de l'Inde.........	1 k. N. B.	— 65	1 —	—	6 Leur diamètre se prend au sixième de la longueur à partir du gros bout.
» d'ailleurs.......................	dito.	— 65	1 —	—	
» autre de la Guiane française.......	d ito.	1 —	3 —	—	
» » de l'Inde...................	d i.	1 —	3 —	—	
» d'ailleurs.......................	dito.	2 —	3 —	—	
ESCOURGEON — Voir le tarif des céréales...	»	»	»	»	
ESPAGNOLETTES, tissus de laine.........	100 k. N.	prohibé.	prohibé.	1 —	
» ouvrages en fer...................	dito.	dito.	dito.	— 25	
ESPARRES de 15 cent. inclus à 25 cent exclus (6)...	la pièce.	— 75	— 75	75	7 Les fausses monnaies sont saisissables partout en vertu du code pénal.
ESPÈCES { d'or, quelqu'en soit le type...	1 k. B. B.	— 01	— 01	— 01	
monnay- { d'argent..................	1 k. B. B.	— 01	— 01	— 01	
ées (7) { ayant cours légal, par...	100 k. B. B.	— 20	— 20	— 20	
{ cuivre { allié d'argent...	100 k. B. B.	1 —	1 10	1 —	
et de { hors { pour la médailletographie...	la valeur.	1 p 0	1 p 0	1 p 0	
billon { cours { pour la » hors d'Eur.	100 k. N. B.	1 —	3 —	2 —	8 Les médicaments composés non dénommes dont l'école de pharmacie reconnaît la nécessité ou l'utilité, et dont elle détermine alors le prix commun, sont admis moyennant le droit de 20 p. % de la valeur.
{ refonte { » des entrepôts..	dito.	2 —	3 —	2 —	
{ allié d'argent...	dito.	1 —	3 —	2 —	
ESPRIT de genièvre, de succin et de corne de cerf (8).	1 k. B.	prohibé.	prohibé.	— 02	
» de nitre........................	100 k. B. B.	90 —	93 60	25	
» de poix ou de raze...............	100 k. B. B.	25 —	27 50	50	
» de savon (8)....................	1 k. B.	prohibé.	prohibé.	— 02	
» de sel	100 k. N. B.	62 —	67 60	25	

8

DENOMINATION DES MARCHANDISES	UNITÉS sur lesquelles portent LES DROITS.	DROITS D'ENTRÉE		DROITS de SORTIE.	NOTES.
		par Navires français.	par Nav. étr. et par terre.		
		F. C.	F. C.	F. C.	
ESPRIT de soufre ou de vitriol..............	100 k. N. B.	51 —	45 10	2.5	(1) On obtient l'alcool par en multipliant le
» de vin (1)............................	l'hectolitre d'alcool pur	50 —	50 —	10	nombre de litres par le degré et en divisant
ESQUINE — Racines médicinales	100 k. B. B.	20 —	22 —	2.5	par 100. Plus le droit sur les bouteilles.
ESSANDOLES (2)...........................	10000 en nombre	— 50	— 50	50	(2) Petites planches qui servent à couvrir
ESSAVE, (3) racine sèche....................	100 k. B. B.	12 —	13 20	1 —	les maisons.
» sanouae ou en paille.................	dito.	30 —	33 —	50	(3) Racine qu'on emploie dans les Indes
ESSENCE (4) médicinales....................	1 k. B.	prohibé.	prohibé.	— 02	pour teindre en écarlate : elle est assimilée
» de savon........................	100 k. N. B.	161 —	174 70	2 —	à la garance.
» de térébenthine..................	100 k. B. B.	25 —	27 50	50	(4) Les essences ou huiles essentielles sont
ESTAGNONS vides en fer blanc...	100 k. B.	prohibé.	prohibé.	2.5	reprises à huiles.
» en cuivre..........	dito.	dito.	dito.	1 —	
» en étain..........	dito.	dito.	dito.	1 —	
» contenant des liquides ou matières fluides taxés au net	la valeur.	10 p. %	10 p. %		
ESTAMPES de porte-feuille et d'ornement (5)..........	100 . N. B.	300 —	317 50	1 —	(5) Les gravures et lithographies placées
» encadrées.......	dito.			»	dans les ouvrages de librairie et se rappor-
ESULE — Racines médicinales................	100 k. B. B.	20 —	22 —	2.5	tant au texte, paient les mêmes droits d'en-
ÉTAIN (6) brut (7) de l'Inde...............	dito.	— 50	4 —	2 —	trée que les livres.
» d'ailleurs..................	dito.	2 —	4 —	2 —	Pour les estampes encadrées, il faut ajouter
» battu ou laminé..............	100 k. N. B.	60 —	65 50	1 —	au droit des estampes celui de 15 %, de la
» ouvrages d', poterie grossière........	dito.	100 —	107 50	1 —	valeur des cadres. — Le droit de sortie est
» » polie..........	dito.	200 —	212 50	2 —	de 2 p. % de la valeur totale.
» » autres.........	100 k. B.	prohibé.	prohibé.	1 —	(6) L'étain oxide , qui est le seul minéral
» oxidé (6)..........................	100 k. B. B.	10 —	11 —	2.5	duquel on extrait l'étain, est d'un brun noi-
» de glace (bismuth) brut, de l'Inde......	dito.	— 50	4 —	2.5	râtre foncé, il est quelquefois translucide,
» » d'ailleurs........	dito.	2 —	4 —	2.5	presque toujours opaque ; son éclat ne dé-
» » battu ou laminé...	100 k. N. B.	60 —	65 50	2.5	cèle pas sa nature métallique, mais la pe-
» » ouvré..........	100 k. B.	prohibé.	prohibé.	2.5	santeur spécifique considérable qui lui est propre fait soupçonner que ce minerai ren-
ÉTAMINES, tissus de laine..................	dito.		d'io.	1.50	ferme un métal.
ÉTAUX....................................	100 k. N. B.	130 —	139 50	1 —	L'étain est un métal solide plus dur et plus
ÉTHER, médicaux, composés (8).............	1 k. B.	prohibé.	prohibé.	02	brillant que le plomb; sa couleur est blanche
ÉTHIOPS martial (oxide de fer noir).........	100 k. B. B.	10 —	11 —	2.5	brillante à l'état de pureté ; faisant entendre, quand on le plie, un craquement nommé
ÉTOILES à vider de bois, de carton ou d'os..	100 k. N. B.	100 —	107 50	1 —	cri d'étain ; très-malléable , peu ductile ;
» d'ivoire, d'écaille ou de nacre....	1 k. B.	prohibé.	prohibé.	1 —	pesant par spécifique de 7.291. Il a une odeur particulière désagréable, devenant très-pro-
ÉTRIÈRES de chanvre......................	100 k. B. B.	8 —	8 85	2.5	noncée quand on le frotte.
» de fil............................	dito.	5 —	5 50	2.5	(7) Sous ce nom sont rangés les lingots,
ÉTRIERS bronzés, plaqués ou argenté........	100 k. B.	prohibé.	prohibé.	3 —	masses ou saumons et les ouvrages brisés
» grossiers, seulement limés, noircis ou étamés	100 k. N. B.	100 —	107 50	1 —	qui ne sont absolument plus propres qu'à la refonte.
ÉTRILLES, outils de fer (9)..............	dito.	30 —	33 —	1 —	(8) Les médicaments composés, non dénom-
ÉTUIS de bois, d'os et étuis de gainerie.....	dito.	100 —	107 50	1 —	més, dont l'école de pharmacie reconnaît
» d'ivoire ou de nacre.............	1 k. B.	prohibé.	prohibé.	1 —	la nécessité ou l'utilité, et dont elle déter-
» de mathématiques.............	la valeur du dernier par 1 recensement	30 p. %	30 p. %	1 ½ p. %	mine alors le prix commun , sont admis , par dérogation à la prohibition, moyennant
» d'or.............................	1 hect. N. N	20 —	22 —	50	le droit de 2 p. % de la valeur.
» d'argent.........................	dito.	10 —	11 —	20	(9) Les outils en fer peuvent entrer , par
» de violon........................	100 k. N. B.	100 —	107 50	1 —	les bureaux de mer en colis, de tout poids,
EUPHORBE (10) de l'Inde................	dito.	50 —	125 —	2.5	mais sans mélange des espèces payant des droits différent.
» d'ailleurs hors d'Europe...........	dito.	90 —	125 —	2.5	(10) Gomme-résine en larmes ou morceaux
» des entrepôts..................	dito.	120 —	125 —	2.5	sous arrondis ou oblongs, souvent rameux,
EUPHRAISE — Herbes médicinales..........	100 k. B. B.	30 —	33 —	2.5	perforés de un ou deux trous coniques
ÉVENTAILS montés ou en feuilles, fins.......	100 k. N. B.	200 —	212 50	2 —	dans lesquels se trouve quelquefois les aiguillons de la plante ; sont l'aspect de la
» communs.........	dito.	100 —	107 50	1 —	cire jaune, mais plus pâle, matte, lisse , de
EXTIRPATEURS...........................	la valeur.	15 p. %	15 p. %	1 ½ p. %	la grosseur d'un poids et plus, fragile, friable. L'euphorbe est un poison corrosif très-
EXTRAITS résineux.......................					énergique;sa saveur est peu sensible d'abord,
» de saturn............					mais ensuite elle devient acre et corrosive.
» d'aduba de cente et.....					
» d'aconit, de genièvre, de médic, composés (8), ratanha et de sureau......	1 k. B.	prohibé.	prohibé.	— 02	
» de cacn , concret ou liquide...					
» » liqueur alcoolique, (11)de la Martiniq.	l'hectolitre.	100 —	100 —	1 —	(11) Si les liqueurs sont présentées en bou-
» » d'ailleurs......	dito.	150 —	150 —	1 —	teilles, elles doivent en outre 15 cent. à
» de quinquina concret ou pulvérulent du Pérou	1 k. N. B.	50 —	55 —	— 02	l'entrée et 1 cent. à la sortie par litre de contenance.
» » d'ailleurs.	dito.	prohibé.	prohibé.	— 02	
» d'absinthe, liquide (11) de la Martinique...	l'hectolitre.	100 —	100 —	1 —	

DÉNOMINATION DES MARCHANDISES	UNITÉS sur lesquelles portent LES DROITS.	DROITS D'ENTRÉE		DROITS de SORTIE.	NOTES.
		par Navires français.	par Nav. étr. et par terre.		
		F. C.	F. C.	F. C.	
EXTRAITS d'absinthe liquide (1), d'ailleurs...........	l'hectolitre.	150 —	150 —	1 —	(1) Voyez la note (11), page 58.
» sec..............	1 k. B.	prohibé.	prohibé.	— 02	
» liquides, épicés pour assaisonnement......	1 k. N. B.	2 —	2 20	— 25	
» de bois de teinture....................	100 k. B.	prohibé.	prohibé.	les 100 kil. — 25	
» d'avelanèdes et de noix de galle..........	100 k. B. B.	10 —	11 —	— 25	
» de viande en pains....................	1 k. N. B.	1 —	1 10	— 25	
» de punch (1) de la Martinique..............	l'hectolitre.	100 —	100 —	les 100 kil. — 25	
» » d'ailleurs................	dito.	150 —	150 —	1 —	
EYGI.................................	100 k. B. B.	— 50	— 50	— 25	

F

FAAM — Feuilles médicinales (2).............	100 k. B. B.	30 —	35 —	— 25	(2) Ces feuilles ont une odeur très-agréable et très-suave, qui a beaucoup d'analogie avec celle de la fève tonka. Elles sont allongées, rubanées longues de 3 à 6 pouces.
FABAGO — Racines médicinales...	dito.	20 —	22 —	— 25	
FAHON — Feuilles médicinales.............	dito.	30 —	33 —	— 25	
FAÏENCE (3)..............................	100 k. N. B.	39 —	43 30	2 —	(3) La faïne est le fruit du hêtre; ce fruit est ovale à quatre côtes, s'ouvrant en quatre parties, ne formant qu'une seule loge, contenant qu'une semence strieuse, dont l'huile de faïne est médiocre, d'couleur jaunâtre et d'une saveur un peu âcre lorsqu'elle est récente, mais qu'elle se fait en vieillissant; elle est alors très-agréable, et peut être employée comme aliment.
» (huile de).........	dito.	25 —	30 —	— 50	
FANONS de baleine bruts, de pêche française.	d.to.	— 20	»	— 25	
» » de pêche étrangère......	dito.	30 —	33 —	— 25	
» » coupés et apprêtés.......	100 k. N. B.	60 —	65 50	— 25	
FARD blanc.................................	dito.	98 —	105 40	2 —	
» rouge..............................	1 k. N. B.	17 —	18 70	— 02	
FARINES de grains — Voir le tableau des céréales...	»	»	»	»	
» de légumes secs.................	100 k. B. B.	10 —	11 —	— 25	4) La provenance directe se justifie 1° par l'examen des livres de bord; 2° par la production de certificats d'origine délivrés par les agents consulaires résidant au lieu d'extraction, ou, à leur défaut, par les officiers publics.
» de manioc.....................	dito.	7 —	7 70		
» de marrons et châtaignes.........	dito.	8 —	8 80		
» de moutarde...................	dito.	25 —	27 50		
» de riz des ports de 1er embarq'., 4 des pays h.d'E.	dito.	2 50	9 —	— 25	
» » d'Europe.....	dito.	4 —	9 —		
» des entrepôts.............	dito.	6 —	9 —		
» du Piémont en droiture par terre......	dito.	»	6 —		
FAUCILLES (5).............................	100 k. N. B.	80 —	85 50	1 —	5) Les instrumens aratoires peuvent entrer par les bureaux de mer en colis de tous poids, mais sans mélange d'espèces payant des droits différens.
FAUVIC (espèce de sumac), écorces, feuilles et brindilles.	100 k. B. B.	1 —	1 10	— 50	
» » moulu.................	dito.	15 —	16 50	— 50	
FAULX (5).................................	100 k. N. B.	150 —	160 —	1 —	
FÈCES ou lies d'huile — Mêmes droits que leurs huiles.	»	»	»	»	
FÉCULES de manioc et de pommes de terre....	100 k. B. B.	7 —	7 70		
» de dictame et de flèche indienne.	100 k. N. B.	11 —	64 10		
FÉNASSES — Fruits à ensemencer (6).........	100 k. B. B.	1 —	1 10	— 25	6) Fourrage composé d'avoine et de plantes graminées qui approchent de l'avoine.
FENOUIL, racine médicinale..............	dito.	20 —	22 —		
» (graine de).............	dito.	35 —	38 50		
» (huile de).............	100 k. N. B.	108 —	125 50	2 —	
FENU-GREC, semences....................	100 k. N. B.	1 —	1 10	— 25	
» (fécule de).............	100 k. B. B.	41 —	45 10	— 25	
FER minerai brut ou lavé, chromaté (7)...	100 k. B. B.	— 10	— 10	5 —	(7) Le minerai de fer chromaté ne peut sortir que par les bureaux de Briançon, Saint-Tropez, Cavalaire et Marseille.
» » sulfuré ou non....	100 k. N. B.	— 10	— 10	prohibé.	
FER fonte (8) { brute, par mer.............	100 k. B. B.	7 —	7 70		(8) Les débris d'ouvrages en fonte appelés tels et blocailles sont admis aux droits de la fonte brute, en vertu de permissions spéciales, délivrées sur la demande du ministre du commerce quand ils ne sont évidemment plus propres qu'à la refonte et sont destinés pour les forges situées dans le rayon frontière.
{ en masses pesant au moins 25 kil. { » par terre, de la mer à Blancmisseron exclusivement.	dito.	»	7 —	— 25	
{ » » de Blancmisseron à Saigne inclusivement.	d.to.	»	4 —		
{ » » par les autres frontières.	dito.	»	5 —		
{ épurée dite mazée.................	dito.	12 —	13 20		
{ moulée pour projectiles de guerre.........		prohibé.	prohibé.	prohibé.	
{ » en quelque autre forme que ce soit.....	100 k. B.	dito.	dito.	dito.	
{ de toute autre espèce.................	dito.	dito.	dito.	dito.	
FER forgé en massiaux ou prismes	dito.	dito.	dito.	dito.	

DÉNOMINATION DES MARCHANDISES.	UNITÉS sur lesquelles portent LES DROITS.	DROITS D'ENTRÉE.		DROITS de SORTIE.	NOTES.
		par Navires français.	par Nav. étr. et par terre.		
		f. c.		F. c.	

Fers étirés au laminoir et forgés au charbon de terre.

plate, de 158 mil. 90 lig. et plus, la largeur multipliée par l'épaisseur.......	100 k. B. B.	18	75		
» de 213 mil. inclus. à 458 exclus.	dito.	27	—		
57 à 90 lig.) idem...............	dito.	37	50		
» de moins de 213 mil. 12 lig., idem.	dito.	18	75		
franc. (carrées de 22 mil. 10 lig. et plus sur chaque face..................	dito.	27	—		
» de 15 mil. inc. à 22 exc. 7 à 10 lig. id.	dito.	37	50		
» de moins de 15 mil. 7 lig., idem.	dito.	27	—		
rondes de 15 mil. 7 lig., et plus de diamètre.	dito.	37	50		
» de moins de 15 mil. 7 lig., idem.	dito.	20	60	— 25	(1) Cette modération de droits est subordonnée à la condition que l'importation des fers s'effectuera par certains bureaux, et que ceux arrivant par mer seront importés en droiture.
plates, de 158 mil. 90 lig. et plus, la largeur multiplié par l'épaisseur.......	dito.	29	70		
» de 213 mil. inclus. à 458 exclus.	dito.	41	20		TABLEAU des bureaux par lesquels doivent être importés les fers traités au charbon de bois et au marteau pour être admis aux droits établis par la loi du 21 décembre 1814.
57 à 90 lig.) idem...............	dito.	20	60		
» de moins de 213 mil. 12 lig. idem.	dito.	29	70		
» de 15 mil. inc. à 22 exc. 7 à 10 lig., id.	dito.	41	20		
rondes de 15 mil. 7 lig. et plus de diamètre.	dito.	29	70		Directions — Bureaux
» de moins de 15 mil. 7 lig., idem.	dito.	41	20		Marseille...... Marseille

					Montpellier ... Cette.

Fers forgés au marteau et traités au charbon de bois (1).

plates, de 158 mil. 90 lig. et plus, la largeur multiplié par l'épaisseur.....	100 k. B. B.	15	—		Bayonne...... Bayonne, Béhobie, Ainhoa.
» de 213 mil. inclus. à 458 exclus.	dito.	25	—		Bordeaux..... Bordeaux.
57 à 90 lig.) idem...............	dito.	40	—		La Rochelle... La Rochelle, St-Martin - île
» de moins de 213 mil. 12 lig. idem.	dito.	15	—		Nantes........ Nantes. de Ré.
franc. (carrées de 22 mil. 10 lig. et plus sur chaque face.................	dito.	25	—		Lorient........ Redon, Lorient.
» de 15 mil. inc. à 22 exc. 7 à 10 lig., id.	dito.	40	—		Brest......... Brest, Morlaix.
» de moins de 15 mil. 7 lig., idem.	dito.	25	—		Saint-Malo.... Le Légué, Saint-Malo.
rondes de 15 mil. 7 lig. et plus de diamètre.	dito.	40	—		Cherbourg.... Granville, Cherbourg, Caen
» de moins de 15 mil. 7 lig., idem.	dito.	16	50		Rouen........ Honfleur, Rouen, le Havre, Fécamp.
plates, de 158 mil. 90 lig. et plus, la largeur multiplié par l'épaisseur.....	dito.	27	50		Abbeville..... Dieppe, S.-Valery, Somme
» de 213 mil. inclus. à 458 exclus.	dito.	44	—		Boulogne..... Boulogne, Calais.
57 à 90 lig.) idem...............	dito.	46	50	— 25	Dunkerque.... Dunkerque.
» de moins de 213 mil. 12 lig. idem.	dito.	27	50		Metz.......... Thionville-Long, Longwy, par Villeneuve, Mont-S.-Martin et la Malmaison
franc. (carrées de 22 mil. 10 lig. et plus sur chaque face..............	dito.	44	—		
» de 15 mil. inc. à 22 exc. 7 à 10 lig., id.	dit.	46	50		Les barres à rainures, dites rails, paient à l'entrée le même droit que les autres fers étirés selon leur dimension.
rondes de 15 mil. 7 lig. et plus de diamètre.	dito.	27	50		
» de moins de 15 mil. 7 lig., idem.	dito.	44	—		(2) Le fer-blanc ne peut entrer que par les bureaux principaux.
étiré, platiné ou laminé, noir — Tôle....	100 k. B. B.	40	44	—	(3) Le fil de fer ou d'acier comprend les baguettes rondes au-dessous de 7 millimètres 3 lignes, de diamètre, qui sont en bottes droites, et tout le fil de fer ou d'acier, quel que soit son diamètre, qui est rondé en couronne.
» » étamé — Fer-blanc (2) ...	100 k. N. B.	70	76	—	
» de trèfilerie — Fil de fer, même étamé (3)	dito.	60	65	50	
» ouvré ou ouvrages en fer, tôle ou fer-blanc	100 k. B.	prohibé.	prohibé.		
» ébauché — Acier naturel et cémenté, en barres ou tôle	100 k. N. B.	60	65	50	Les cordes métalliques blanches pour instruments, étant en fil de fer, doivent, quand elles sont rondées en couronne, le droit du fer de trèfilerie.
» » » fil...........	dito.	70	76	—	
» » fondu en barres............	dito.	120	128	50	Celles rondes en bobines sont soumises, à l'entrée, au droit de 70 ou 76 fr. par 100 kil.
» » » en tôle ou filé (4).	dito.	140	149	50	
» » ouvré................	100 k. B.	prohibé.	prohibé.		(4) Les débris de vieux ouvrages en fer ferraille, sont admis aux mêmes droits que la fonte brute, pour ce qui s'importe à la demande du ministre du commerce par les bureaux ouverts à l'importation des marchandises payant plus de 20 fr. par 100 kil.
» limailles et pailles..............	100 k. B. B.	10	11	—	
» ferraille et mitraille (4).........	100 k. B.	prohibé.	prohibé.		
» vieux fer par mer................	100 k. B. B.	1	1	— 10	
» par terre de la mer à Blancmisseron exclus.	dito.	»	1	— 10	
» de Blancmisseron à Appange incl.	dito.	»	80	— 10	
» par les autres frontières.......	dito.	»	1	— 10	

DÉNOMINATION DES MARCHANDISES	UNITÉS sur lesquelles portent LES DROITS.	DROITS D'ENTRÉE		DROITS de SORTIE.	NOTES.
		par Navires français.	par Nav. étr. et par terre.		
		F. C.	F. C.	F. C.	
FER-BLANC (1) fer platiné ou laminé étamé.........	100 k. N. B.	70 —	76 —	— 25	(1) Le fer blanc ne peut entrer que par les bureaux principaux.
» ouvré........................	100 k. B.	prohibé.	prohibé.	— 25	
FERRAILLE (2)................................	dito.	dito.	dito.	— 25	(2) Les débris de vieux ouvrages en fer sont admis aux mêmes droits que la fonte brute, pour ce qui s'importe à la demande du ministre du commerce par les bureaux ouverts à l'importation des marchandises payant plus de 20 f.
FERRET d'Espagne — Hématite (3...............	100 k. B. B.	5 —	5 50	— 25	
FERS à cheval..............................	100 k. B.	prohibé.	prohibé.	— 25	
» à cheveux, à repasser et à gaufrer............	100 k. N. B.	50 —	55 —	1 —	
» à rabot............................	dito.	140 —	149 50	1 —	
FEUILLES de palmier..........	100 k. B. B.	— 50	— 50	— 25	(3) Pierre servant à brunir les métaux ; elle vient de Suède.
» propres à la tannerie et aux teintures (4)..	dito.	1 —	1 10	6 —	
» médicinales non dénommées au tarif.......	dito.	30 —	33 —	— 25	(4) Ce sont les feuilles de fustet, de redoul, de sumac de houx, de myrthe et de noyer.
FEUTRES à doublage.........................	100 k. N. B.	100 —	107 50	— 25	
» à filtrer et autres ouvrages en feutre........	dito.	400 —	417 50	— 25	
FÉVEROLES — Légumes secs..................	100 k. B. B.	10 —	11 —	— 25	
FÈVES de Saint-Ignace — Fruits médicinaux.........	dito.	30 —	33 —	— 25	
» (muscades de Para)	{ sans coques, de Bourbon et de la Guiane française.	1 k. N. B.	1 —	»	
	» de l'Inde..........	dito.	1 50	4 —	
	» d'ailleurs..........	dito.	2 50	4 —	— 25 les 100 kil.
	en coques, de Bourbon et de la Guiane française.	dito.	— 66	»	
	» de l'Inde..........	dito.	1 —	2 66	
	» d'ailleurs..........	dito.	1 66	2 66	
» odorantes de tonka (5) des pays à l'O. du cap-Horn.	dito.	2 50	5 50	— 25 les 100 kil.
» » d'ailleurs...........	dito.	5 —	5 50	
» de malac — Fruits médicinaux..............	100 k. B. B.	30 —	33 —	
» communes...................	dito.	10 —	11 —	
FIASQUES (bouteilles de verre mince empaillées........	100 k. B.	prohibé.	prohibé.	
FIBRES d'aloès teillées......................	100 k. B. B.	— 8	8 80	— 25	(5) Ovale, oblongue de 1 pouce et demi à 2 pouces de longueur, luisante à surface huileuse, marquée de fortes rides disposées en réseau, couleur rouge-violet; elle est un peu aplatie aux deux bouts, boublée vers son centre. Son odeur forte tient de la rose et de la vanille; on ne l'emploie que pour parfumer le tabac.
» » peignées....................	dito.	15 —	16 50	
FICELLES.............................	100 k. B.	25 —	27 50	— 25	
FICHES de fer..........................	100 k. B.	prohibé.	prohibé.	
» d'os, à jouer..........................	100 k. N. B.	100 —	107 50	1 —	
» de nacre ou d'ivoire..................	100 k. B.	prohibé.	prohibé.	1 —	
FIEL de verre........................	dito.	dito.	dito.	— 01	
FIENTE d'animaux........................	100 k. B. B.	— 10	— 10	— 25	
FIFRES..................................	la pièce.	— 63	— 63	— 04	
FIGUES fraiches........................	100 k. B.B.	8 —	8 80	— 25	
» sèches.........................	dito.	16 —	17 60	— 25	
FIGURES en pâte d'amidon ou en plâtre............	la valeur.	15 p. %	15 p. %	1/4 p. %	
» de saints, d'hommes et d'animaux, en bois...	dito.	15 p. %	15 p. %	1/4 p. %	
FILS de chanvre ou de lin.	{ simples, écrus, bis ou herbés d'étoupes.......	100 k. B. B.	14 —	15 40	— 50	
	» » à voile..	dito.	24 —	26 40	— 50	
	» » de mulquinerie..	dito.	24 —	26 40	40 — 50	
	» » autres........	dito.	24 —	26 40	— 50	
	blanchis..........................	dito.	34 —	37 40	— 50	
	teints...........................	100 k. N.B.	44 —	48 40	— 50	
	retors, écrus, à voile.................	100 k. B. B.	29 —	31 90	— 50	
	» autres.....................	100 k. N. B.	44 —	48 40	— 25 les 100 kil.	(6) Les cotons filés des numéros admissibles aux droits ne peuvent être importés qu'en paquets de deux livres anglaises (0,91 décag.)au moins, et par les seuls bureaux du Havre, de Calais et de Dunkerque. Au moment de l'acquittement des droits, ils reçoivent une marque à défaut de laquelle ils sont saisissables dans l'intérieur, conformement à la loi du 28 avril 1816. Les formes et les conditions de cette marque sont determinées par des ordonnances du roi.
	bis, herbés ou blanchis, à dentelles..	1 k. N. B.	10 —	11 —	
	» » autres	100 k. N. B.	123 —	131 60	
	mèches d'étoupe dites lumement.........	100 k. B. B.	10 —	11 —	— 25	
FILS de coton, écrus du n° 143, système métrique, simpl.s.	1 k. N.B.	7 —	7 70	— 25 les 100 kil.	
» et au-dessus (6...............tous.	dito.	8 —	8 80		
» tous autres, sans distinct. d'espèces ni de n°....	100 k. B.	prohibé.	prohibé.	dito.	
» de laine blanche...................	dito.	dito.	dito.		(7) Le fil de fer ou d'acier comprend les baguettes rondes au-dessous de 7 millim. (3 lignes) de diamètre, qui sont en bottes droites, et tout le fil de fer ou d'acier, quel que soit son diamètre qui est roulé en couronne. Les cordes métalliques blanches, pour instrumens, étant en fil de fer, elles doivent, quand elles sont roulées en couronne, le droit de la tréfilerie. Celles roulées en bobines sont soumises, à l'entrée, au droit de 70 à 76 fr. par quintal.
» teinte...........................	dito.	1 —	1 10		
» de poil de chien...................	dito.	20 —	22 —	— 25	
» de poil de chèvre...................	dito.	9 —	9 90		
» de ploc de vache et autres,.............	100 k. B.	prohibé.	prohibé.		
» de tous autres poils à dénommer..........	100 k. N. B.	60 —	65 50	4 —	
FIL de fer (7).........................	dito.	286 —	302 80	1 —	
» » de cuivre pur, teint en jaune imitant la dorure...	dito.	100 —	107 50	1 —	
» » non teint.....................	100 k. B.	prohibé.	prohibé.	1 —	
» allié de zinc non poli ou poli pour cordes (laiton).	{ poli, sauf ceux ci-après....				
	d'instrumens...........	100 k. N.B.	100 —	107 50	1 —	
	propre à la broderie.......	dito.	286 —	302 80	4 —	

8ᵉ

DÉNOMINATION DES MARCHANDISES	UNITÉS sur lesquelles portent LES DROITS	DROITS D'ENTRÉE		DROITS de SORTIE.	NOTES.
		par Navires français.	par Nav. étr. et par terre.		
		F. C.	F. C.	F. C.	
FIL de cuivre doré, filé sur fil......................	100 k. N. B.	327 —	344 50	4 —	
» » » sur soie...................	dito.	950 —	967 50	4 —	
» » argenté, filé sur fil...........	dito.	327 —	344 50	4 —	
» » » sur soie...............	dito.	600 —	617 50	4 —	
FILETS pour chevaux..........................	la valeur.	prohibé.	prohibé.	1/2 p. %	
» pour la pêche ou la chasse, neufs ou en état de serv.	100 k. B.	25 —	27 50	— 25	
» » » usés...............	100 k. B.	— 10	— 10	prohibé	
FILIÈRES (1).............................	100 k. N. B.	200 —	212 50	1 —	(1) Les outils de toute sorte peuvent être importés, par les bureaux de mer, en colis de tous poids, mais sans mélange d'espèces payant des droits différents.
» » teinte	1 k. N. B.	— 82	— 90	— 05	
FILOSELLE (bourre de soie filée) écrue............	1 k. N. B.	— 82	— 90	— 05	
» » teinte	dito.	3 06	3 30	— 05	
FIOLES de verre.............................	100 k. B.	prohibé.	prohibé.	— 25	
FLACONS de verre pleins (outre le droit des liquides)..	litre de cont.	— 15	— 15	— 01	(2) Les flacons de cristal qui pourraient contenir des liquides, ne peuvent être admis en raison de la prohibition qui les frappe à l'entrée, et en outre de ce qu'ils formeraient le principal et non l'accessoire.
» » vides...................	100 k B.	prohibé.	prohibé.	— 25	
» de cristal contenant des liquides (2).........	dito.	dito.	dito.	— 25	
» » vides................	dito.	dito.	dito.	— 25	
FLAGEOLETS ,.............................	la pièce.	— 63	— 63	— 04	(3) Les ouvrages d'or et d'argent importés de l'étranger sont envoyés sous plomb, et par acquit-à-caution, sur le bureau de garantie le plus voisin, pour y être poinçonnés, s'il y a lieu, et acquitter le droit de marque.
FLAMBEAUX de vermeil (3)..................	1 hec. N. N	10 —	11 —	— 50	
» » d'argent (3)...........	dito.	3 —	3 30	— 15	
» » vernissés, plaqués, dorés ou argentés..	100 k. B.	prohibé.	prohibé.	3 —	
» » d'acier....................	dito.	dito.	dito.	— 25	
» » de fer, de cuivre ou de sel gemme.....	100 k. B.	100 —	107 50	1 —	Sont affranchis de cette formalité en colis de tous droits,
» » de cristal.................	100 k. B.	prohibé.	prohibé.	— 25	1° Les objets d'or et d'argent appartenant aux ambassadeurs et envoyés des puissances étrangères, quand ils les accompagnent ou sont déclarés par eux.
FLAMMES — Instruments vétérinaires...........	la valeur.	10 p. %	10 p. %	1/4 p. %	
FLANELLE	100 k. B.	prohibé.	prohibé.	1 50	2° Les bijoux d'or et les ouvrages en argent à l'usage personnel des voyageurs, dont le poids n'excède pas 5 hectog.
FLANCS à monnaie, en cuivre (4) des pays hors d'Europe.	100 k. N. B.	1 —	3 —	2 —	
» » » des entrepôts.......	dito.	2 —	3 —	2 —	(4) Les flancs à monnaie sont des plaques métalliques circulaires, destinées à faire des monnaies, des jetons, des médailles.—Lorsque leur destination n'est pas justifiée, on doit leur appliquer le droit du cuivre battu ou laminé.
FLÉAUX de balance, en bois...................	dito.	4 —	4 40	— 25	
» » en fer (5)..............	100 k. N. B.	50 —	55 —	1 —	
FLÈCHES (objets de collection)...............	la valeur.	140 —	149 50	1 —	
FLÈCHE indienne (fécule de)..................	100 k. N. B.	1 p. %	1 p. %	1/4 p. %	
FLEURS naturelles—Fleurs médicinales...........	100 k. B. B.	41 —	45 10	— 25	(5) Les outils de toute sorte peuvent être importés par les bureaux de mer en colis de tous poids, mais sans mélange d'espèces payant des droits différents.
» de lavande et d'oranger , même salées..	dito.	40 —	44 —	— 25	
» artificielles—Ouvrages de mode...........	la valeur.	12 p. %	12 p. %	1/4 p. %	(6) Plus le droit sur le contenant.
» de jardin, sèches pour échantillon d'hist. nat.	dito.	1 p. %	1 p. %	1/4 p. %	
» de jasmin, à l'eau-de-vie (6)..............	100 k. B.	150 —	160 —	2 —	
» de soufre..................	100 k. B.	120 —	128 50	2 —	
» de zinc (oxide de zinc blanc *pompholix*)....	dito.	13 —	14 30	— 50	
» indicum ou maïabratum (9).............	dito.	13 —	14 30	— 25	
FLEURET—Bourre de soie filée écrue............	1 k. N. B.	— 82	— 90	— 05	
» » teint.............	dito.	3 06	3 30	— 05	
» (lames de).................	100 k. N. B.	200 —	212 50	1 —	(7) Sorte de verre qu'on nomme plus particulièrement cristal, qui est composé de verre et d'oxide de plomb. Les opticiens ont conservé ce mot anglais pour les verres de lunette dont ils se servent pour achromatiser leurs objectifs, c'est-à-dire en faire disparaître la coloration des images.
FLIN....................................	100 k. B. B.	5 —	5 50	— 25	
FLINT-GLASS (7) en tables brutes............	1 k. N. B.	3 —	3 30	— 01	
» taillé et poli pour verres à lunettes...	100 k. N. B.	200 —	212 50	— 25	
» autrement ouvré...............	100 k. B.	prohibé.	prohibé.	— 25	
FLUTES................................	la pièce.	— 75	— 75	— 04	(8) En masses opaques d'un rouge brun.
FOIE d'antimoine (oxide sulfuré demi-vitreux) (8)....	100 k. B. B.	prohibé.	prohibé.	— 25	
FOIN..................................	100 k. B. B.	— 10	— 10	— 50	(9) Elles sont produites par le *laurier malabratum*.
FOLIUM caryophyllatum—Feuilles de girofle......	dito.	30 —	33 —	\	
» indicum ou maïabratum (9).............	dito.	30 —	33 —	/	
FOLLICULES du séné,*entier ou en grabeau*,du Sénégal	100 k. N. B.	20 —	» —	\	
» » » d'aill.hors d'E.	dito.	50 —	100 —	— 25	
» » » des entrepôts.	dito.	75 —	100 —	/	
FONTAINES à filtrer l'eau....................	la valeur.	15 p. %	15 p. %	1/4 p. %	
FONTE de fer (10) en masses pesant au moins 25 kil. {brute, par mer................	100 k. B. B.	7 —	7 70	\	
» par terre, de la mer à Blancmisseron exclusiv.....	dito.	»	7 —		
» de Blancmisseron à Sapogne inclusiv..	dito.	»	4 —	— 25	(10) Les débris de vieux ouvrages en fer (*ferraille*) sont admis aux mêmes droits que la fonte brute, pour ce qui s'importe à la demande du ministre du commerce par les bureaux ouverts à l'importation des marchandises payant plus de 20 fr. par 100 kil.
» par les autres frontièr.	dito.	»	6 —		
» épurée dite mazée	dito.	12 —	13 20	/	
» moulée pour projectiles de guerre...........	....	prohibé.	prohibé.	prohibé.	
» en quelque autre forme que ce soit..	100 k. B.	dito.	dito.	— 25	
» de toute autre espèce.............	dito.	dito.	dito.	— 25	
FONTE verte dite *Polozum*—Cuivre allié d'étain de 1re fus. en mass.. barres ou des pays h[s] d'E.	100 k. B. B.	1 —	3 —	2 —	
» plaques ou en objets détruits {des entrepôts..	dito.	2 —	3 —	2 —	

DÉNOMINATION DES MARCHANDISES	UNITÉS sur lesquelles portent LES DROITS.	DROITS D'ENTRÉE		DROITS de SORTIE.	NOTES.
		par Navires français.	par Nav. étr. et par terre.		
		F. C.	F. C.	F. C.	
FORCES à tondre (1) les draps (2)	100 k. N. B.	140 —	149 50	1 —	(1) Les lames de fer rechargé d'acier, *brutes* destinées à la fabrication des forces à tondre les draps, sont assimilées au fer étiré en barres plates de 213 mil. inclus. à 488 exclus.
» » les moutons (2)	dito.	80 —	86 50	1 —	
FORMES de boutons en fer, vernies ou non, ou en os...	dito.	100 —	107 50	1 —	
» en bois pour fabriquer le papier	la valeur.	15 p. %	15 p. %	1/4 p. %	(2) Les outils et les instruments aratoires peuvent entrer par les bureaux de mer en colis quel que soit leur poids, mais sans mélange d'espèces payant des droits différens.
» pour souliers et chapeaux	dito.	dito.	dito.	dito.	
» de chapeau en carton, imitant la paille d'Italie.	100 k. N. B.	200 —	212 50	— 25	
FORTÉ-PIANO carrés	la pièce.	300 —	300 —	1 —	
» à queue ou en buffet	dito.	400 —	400 —	1 —	(3) La boissellerie n'embrasse que les objets ouvers : ainsi des fourches qui n'auraient reçu aucune main-d'œuvre devraient comme bois à brûler.
FOUETS	100 k. N. B.	100 —	107 50	1 —	
» (manches de)	la valeur.	15 p. %	15 p. %	1/4 p. %	
FOULARDS en écru, de l'Inde	1 k. N. N.	6 —	8 —	— 02	
» » d'ailleurs	dito.	7 —	8 —	— 02	
» imprim. ou façonn. dits *damassés*, de l'Inde.	dito.	12 —	15 —	— 02	
» » » d'ailleurs.	dito.	14 —	15 —	— 02	
FOURCHES en bois (3)—Boissellerie	100 k. B. B.	4 —	4 40	— 25	
» en fer	100 k. N. B.	80 —	86 50	1 —	(4) Les ouvrages d'or et d'argent, importés de l'étranger, sont envoyés sous plomb et par acquit-à-caution sur le bureau de garantie le plus voisin, pour y être poinçonnés s'il y a lieu, et acquitter le droit de marque. Sont affranchis de cette formalité comme de tous droits :
FOURCHETTES de vermeil (4)	1 h. N. N.	10 —	11 —	— 25	
» d'argent (4)	dito.	3 —	3 30	— 15	
» de métaux communs, de bois ou de corne.	100 k. N. B.	100 —	107 50	1 —	
FOURNIMENS à poudre	dito.	100 —	107 50	1 —	
FOURNITURES d'horlogerie (5)	1 k. N. B.	5 —	5 50	— 05	1° Les objets d'or et d'argent appartenant aux ambassadeurs et envoyés des puissances étrangères, quand ils les accompagnent ou sont déclarés par eux ;
FOURRAGES, foin, paille, herbe de pâturage, etc.	100 k. B. B.	— 10	— 10	— 50	2° Les bijoux d'or et les ouvrages en argent dont le poids n'excède pas 5 hectog.
» de toute sorte de grains.	dito.	— 50	— 50	— 50	
FOURREAUX de pistolet	la valeur.	prohibé.	prohibé.	1/2 p. %	Les deux tiers du droit de garantie sont remboursés à l'exportation des matières d'or et d'argent sur le certificat délivré par la Douane de sortie et visé par le Directeur.
» d'épée	100 k. N. B.	100 —	107 50	1 —	
FRAISES	100 k. B. B.	4 —	4 40	— 25	
FRAISIER—Racines médicinales	dito.	20 —	22 —	— 25	
FRAMBOISES	dito.	4 —	4 40	— 25	
FRAXINELLE—Dictame blanc, feuilles médicinales	dito.	30 —	33 —	— 25	
» » racines »	dito.	20 —	22 —	— 25	
FRÉTILLES à tailler	dito.	12 —	13 20	— 25	(5) Les fournitures d'horlogerie s'entendent des pièces qui se vendent séparément de la grosse, spécialement les ressorts, chaînes de fusée, roues de rencontre, aiguilles, spiraux, pignons, cadrans bruts ou achevés, clefs et canons de clef et autres pièces nécessaires à la composition des montres et pendules.
» taillées	100 k. N. B.	100 —	107 50	1 —	
FRISONS peignés	1 k. N. B.	— 82	» »	1 —	
FROMAGES (6) blanc de pâte molle	100 k. B. B.	6 —	6 60	1 —	
» autres	dito.	15 —	16 50	1 —	
FROMAGER (duvet cotonneux du)	dito.	— 40	— 40	— 25	
FROMENT.—Voir au Tarif des Céréales.		» »	» »	» »	(6) Les fromages de pâte molle ou de pâte dure, provenant des troupeaux français qui pacagent à l'étranger, peuvent être affranchis des droits d'entrée.
FRUITS frais non dénommés, exotiques	100 k. B. B.	8 —	8 80	» »	
» » » indigènes	dito.	4 —	4 40	» »	
» secs ou tapés, non dénommés	dito.	16 —	17 60	» »	(7) Plus, à l'entrée, le droit sur le contenant.
» confits à l'eau-de-vie	100 k. N. B.	100 —	105 70	» »	
» au sucre, de Bourbon	d to.	38 50	» »	» »	
» » des Antilles et de la Guia. franç.	dito.	45 —	» »	» »	
» » de l'Inde	dito.	90 —	120 —	» »	
» » d'ailleurs hors d'Europe	dito.	95 —	120 —	— 25	
» » des entrepôts	dito.	105 —	120 —	» »	(8) Excepté la casse, les tamarins et les myrobolans qui sont spécialement tarifés.
» médicinaux, non dénommés (8)	100 k. B. B.	35 —	38 50	» »	
» oléagineux, non dénomm., par nav. fran. et par ter.	dito.	2 50	» »	» »	
» » » par navires étrangers	dito.	» »	3 —	» »	
» artificiels en porcelaine commune	100 k. N. B.	164 —	174 70	» »	» Les outils de toute sorte peuvent être importés, par les bureaux de mer, en colis de tous poids, mais sans mélange d'espèces payant des droits différens.
» » » fine	dito.	327 —	344 50	— 01	
» en marbre, sans distinction	100 k. B. B.	40 —	44 —	— 01	
» en cire	100 k. N. B.	85 —	91 70	— 25	
» rouges percés pour breloques	dito.	100 —	107 50	» »	(10) Quand le gouvernement accorde des exceptions à la défense d'importer ou d'exporter des armes sans parties d'armes de guerre, les droits d'entrée pour les fusils sont ceux des armes de chasse ou de traite ; à la sortie, le droit des métaux dont ces armes sont formées.
FUMIERS	100 k. B. B.	— 10	— 10	— 25	
FUSEAUX en bois	dito.	4 —	4 40	— 25	
» d'acier pour mécaniques (9)	100 k. N. B.	200 —	212 50	1 —	
FUSILS de calibre (10)		prohibé.	prohibé.	prohibé.	
» de chasse, de luxe ou de traite (11)	100 k. N. B.	200 —	212 50	5 —	
» d'enfant	dito.	80 —	86 50	1 —	(11) Les armes de traite que l'on exporte par mer en caisses d'au moins 50 kil., ne paient que 25 cent. par 100 kil. brut ; celles en caisses au-dessous de 50 kil. sont soumises au droit de 5 f. Voir d'ailleurs note 4, page 37.
» de boucher ou de table (9)	dito.	200 —	212 50	1 —	
FUSTET—Écorces, feuilles et brindilles	100 k. B. B.	1 —	1 10	— 50	
» moulu	dito.	15 —	16 50	— 50	
FUTAILLES vides montées, cerclées en bois	hectolitre de	— 25	— 25	— 50	
» » » en fer	contenance.	2 20	2 20	— 50	
» démontées	la valeur.	10 p. %	10 p. %	10 p. %	
» barils au-dessous de 10 lit. de contenance	100 k. B. B.	4 —	4 40	— 25	
FUTAINE—Tissus de coton	100 k. B.	prohibé.	prohibé.	prohibé.	

DÉNOMINATION DES MARCHANDISES.	UNITÉS sur lesquelles portent LES DROITS.	DROITS D'ENTRÉE.		DROITS de SORTIE.	NOTES.
		par Navires français.	par Nav. étr. et par terre.		
		F. C.	F. C.	F. C.	

G

GAIAC (écorce de)	100 k. N. B.	48 —	52 80	25	
» (gomme résineuse de), de l'Inde	dito.	50 —	125 —	25	
» » d'ailleurs hors d'Europe.	dito.	90 —	125 —	25	
» » des entrepôts	dito.	100 —	125 —	25	
» (huile de)	dito.	102 —	109 60	2 —	(1) Comme cornets à jouer, fourreaux d'épée, gibecières, poires à poudre et autres fourniments.
GAINERIE (1)	dito.	100 —	107 50	1 —	
GALANGA (racines médicinales)	100 k. B. B.	20 —	22 —		
GALBANUM de l'Inde (2)	100 k. N. B.	50 —	125 —		(2) Gomme-résine en masses agglutinées, mêlées de semences et de débris de feuilles, ayant un aspect gras, adhérant fortement aux doigts qui la ramollissent promptement. Dans ces masses se trouvent des larmes blanches, claires, rougeâtres ou jaunâtres pouvant être facilement écrasées.
» d'ailleurs hors d'Europe	dito.	90 —	125 —	25	
» des entrepôts	dito.	100 —	125 —		
GALÈNE (minerai de plomb)	100 k. B. B.	3 50	3 80		
GALIPOT	dito.	5 —	5 50	1 —	
GALLES (noix de) (3) pesantes, des pays hors d'Europe.	dito.	5 —	12 —		(3) Les noix de galles pesantes sont noires, vertes ou blanches et garnies de petites aspérités; celles légères, qui sont d'une moindre valeur, sont lisses, blanchâtres et très-légères.
» » des entrepôts.	dito.	7 —	12 —		
» légères	dito.	— 50	— 50	25	
GALLIUM (caille-lait) — Herbes médicinales.	dito.	30 —	33 —		
» » fleurs »	dito.	40 —	44 —		
GALOCHES en bois	100 k. N. B.	4 —	4 40		
» en bois, ferrées	100 k. B.	100 —	107 50	4 —	
» en cuir	1 h. N. B.	prohibé.	prohibé.	— 25	
GALONS vieux pour brûler, en or	1 k. N. N.	— 25	— 25	25	
» » en argent	1 k. B.B.	— 05	— 05	05	
» de Hongrie	100 k. B. B.	3 —	3 30	— 25	
GALOUBETS	la pièce.	— 63	— 63	04	
GANTS de peau avec poils	la valeur.	15 p. %	15 p. %	1/4 p. %	
» sans poils	100 k. B.	prohibé.	prohibé.	— 25	
GARANCE (4) en racine verte	100 k. B. B.	5 —	5 50	1 —	(4) La garance destinée à être moulue dans les ateliers des départements du Haut et du Bas-Rhin est admise et payant seulement, savoir : la verte 0 50 cent. par 100 k B. la sèche 1 » » 1° de l'importer que par les bureaux de Framberg, Wolmunster, Wissembourg, Lauterbourg, ou Strasbourg par la Wantzenau; 2° de la réexporter dans le délai de 6 mois, en passant par le Havre, Drusenheim, par Haguenau, Strasbourg, Saint-Louis ou Pontarlier.
» » sèche ou alisari	dito.	12 —	13 20	1 —	
» moulue ou en paille	dito.	30 —	33 —	— 50	
GARDE-VUES	100 k. N. B.	100 —	107 50	1 —	
GARCOUSSES (5)		prohibé.	prohibé.	prohibé.	(5) Aux termes de l'ordonnance du 19 juillet 1829, l'administration des contributions indirectes délivre, sous certaines conditions, des permis d'exportation de poudre à tirer; on perçoit dans ce cas le droit de sortie de 25 cent. par 100 k. B.
GARNITURES de carde pour mécaniques	(la valeur à déterminer par le mode connu. Il fdes arts et manufactures.)	15 p. %	15 p. %	1/4 p. %	
GAROU (racine de) — Teinture	100 k. B. B.	1 —	1 10	4 —	(6) La loi du 27 mars 1817 a désigné, pour l'importation des livres, les seuls bureaux de Valenciennes, Strasbourg, Pont-de-Beauvoisin, Bayonne et Calais; mais des décisions ministérielles ont successivement ajouté à ces bureaux ceux de Lille, Baisieux, Fortbach, Wissembourg, Saint-Louis, Pontarlier, Les Rousses, Morez, Bellegarde, Chapareillan, Marseille, Béhobie, Bordeaux, Caen, Rouen, le Havre, Boulogne, et Dunkerque.
» (bois de) — Bois odorant	100 k. N. B.	100 —	107 50	— 50	
» (écorces de) — Écorces médicinales	100 k. B. B.	20 —	22 —		
GATEAUX au sucre, de Bourbon	100 k. N. B.	61 —	»		
» » des Antilles et de la Guiane franç.	dito.	70 —	»		
» » de l'Inde	dito.	90 —	120 —	25	
» » d'ailleurs hors d'Europe	dito.	95 —	120 —		
» » des entrepôts	dito.	105 —	120 —		
» sans sucre	100 k. B.	Mêmes droits que les farines suiv. l'espece.			Les livres importés de l'étranger sont dirigés, sous double plomb et par acquit-à-caution, soit sur la douane de Paris, soit sur une préfecture de département où il est vérifié, d'une part, s'ils ont été exactement déclarés quant aux espèces qui déterminent l'application de la taxe, et de l'autre, s'ils ne sont pas de nature à provoquer la saisie, pour contravention aux lois sur la presse.
GAUDE	dito.	1 —	1 10	1 —	
GAULETTES de coudrier de 2 mèt. de long. et au-dessous	100) en N	— 50	— 50	50	
» de 2 à 4 mètres exclusivement	dito.	2 —	2 —	2 —	
» de 4 mètres et au-dessus	dito.	10 —	10 —	10 —	Le commerce est tenu de faire emballer séparément, par espèce, les livres qui doivent acquitter moins de 150 fr. par 100 kilogrammes. (Loi du 27 mars 1817.)
GAZE de soie, de soie pure	1 k. N. N.	31 —	34 10	— 02	
» » mêlée de fil	dito.	17 —	18 70	— 02	
» » mêlée d'or ou d'argent fin	dito.	62 —	67 60	— 05	
» » » » faux	1 k. N.	prohibé.	prohibé.	— 50	
» de coton	100 k. B. B.	dito.	dito.	— 50	
GAZETTES et journaux (6) confondus dans la correspondance par suite d'abonnement.	»	exempt.	exempt.	exempt.	Les gazettes et journaux importés en collection, comme objets de commerce, paient les mêmes droits que les livres. (Loi du 28 avril 1816.)
» » en langues mortes ou étrangères	100 k. B. B.	10 —	11 —	1 —	
» » en lang. franç. (mémoir. scientifiq.	100 k. N. B.	50 —	55 —	1 —	(7) C'est la gomme arabique.
» » autres publiés à l'étrang.	dito.	100 —	107 —	1 —	
» » contrefaçons	»	prohibé.	prohibé.	prohibé.	
GEDDA (gomme de) (7) du Sénégal	100 k. B. B.	10 —	»		
» » des autres pays hors d'Europe.	dito.	20 —	30 —	25	
» » des entrepôts	dito.	25 —	30 —	25	
GÉSIERS d'autruche	la valeur.	1 p. %	1 p. %	1/4 p. %	

DÉNOMINATION DES MARCHANDISES	UNITÉS sur lesquelles portent LES DROITS	DROITS D'ENTRÉE		DROITS de SORTIE.	NOTES.
		par Navires français.	par Nav. étr. et par terre.		
		F. C.	F. C.	F. C.	
GÉLATINE d'os...........................	1 k. N B.	1 —	1 10	— 25 les 100 kil.	
GÉNÉPI, autre nom de l'absinthe...........	»	»	»	»	
GENESTROLLE ou genêt des teinturiers.......	100 k. B.B	1 —	1 10	6 —	
GENGEOLES, fruits secs — Jujubes...........	dito.	16 —	17 60	— 25	
GENÉVRIER (baies de).....................	dito.	1 —	1 10	— 25	
GENIÈVRE (eau-de-vie de grains) aromatisée avec les baies de..	l'hectolitre d'alcool pur.	prohibé.	prohibé.	— 10 (1)	(1) Plus le droit de 1 cent. par litre de contenance, si elle est présentée en bouteilles.
GÉNISSES................................	par tête.	12 50	12 50	1 50	
GENTIANE — Racines médicinales...........	100 k. R. B.	20 —	22 —	— 25	
GERMANDRÉE — Herbes médicinales.........	dito.	30 —	33 —	— 25	
GIBECIÈRES — Mercerie commune...........	100 k. N. B.	100 —	107 50	1 —	
GIBERNES................................	100 k. B.	prohibé.	prohibé.	— 25	
GIBIER vivant...........................	la valeur.	2 p. %	2 p. %	4 p. %	
» mort.............................	100 k. B. B.	— 50	— 50	3 —	
GINGEMBRE..............................	dito.	20 —	22 —	— 25	
GINSENG — Racines médicinales...........	100 k. B. B.	20 —	22 —	— 25	
» faux ou mandragore — Racines médicinales.	dito.	20 —	22 —	— 25	
CIRASOLS d'Orient, bruts................	1 k. N. B.	— 25	— 25	— 01	
» » taillés.................	dito.	— 50	— 50	— 01	
» autres, bruts...................	100 k. B. B.	15 —	16 50	— 25	
» » ouvrés...................	1 k. N. B.	2 —	2 20	les 100 kil.	
GIROFLE—Clous (fleurs), de Bourbon.......	dito.	— 50	»		
» » de la Guiane française.....	dito.	— 60	»		
» » des autres colonies françaises	dito.	— 75	»		
» » de l'Inde.................	dito.	1 —	3 —		
» » d'ailleurs hors d'Europe.....	dito.	1 80	3 —		
» » des entrepôts.............	dito.	2 —	3 —		
» griffes (pédicules) de Bourbon.......	dito.	— 12	»		
» » de la Guiane française...	dito.	— 15	»	— 25 les 100 kil.	
» » des autres colonies franç.	dito.	— 18	»		
» » de l'Inde.................	dito.	— 25	— 75		
» » d'ailleurs hors d'Europe..	dito.	— 45	— 75		
» » des entrepôts.............	dito.	— 50	— 75		
» (feuilles de)—Feuilles médicinales.........	100 k. N. B.	41 —	45 10		
» écorces de giroflier................	dito.	48 —	52 80		
» (huile de)......................	dito.	900 —	917 50	2 —	
» (autofles de) même droits que les clous...	»	»	»	»	
GLACE (eau gelée)......................	»	exempt.	exempt.	exempt.	
GLACES (2) sans tain....................	100 k. B.	prohibé.	prohibé.	— 25	(2) Glaces signifie une table de verre d'une forte dimension soit coulée, soit soufflée. — Une glace étamée devient miroir; cependant on lui conserve encore son nom dans l'usage pour indiquer que c'est un miroir de prix.
étamées—Miroirs(3)grands(4) de plus de 3 mill. d'épaisseur.	valeur fixée par le tarif de la manufacture royale.	15 p. %	15 p. %	4 p. %	
» » » de 3 mil. au moins	Les 24 de ladite valeur.	15 p. %	15 p. %	4 p. %	(3) Le droit des miroirs atteint non-seulement la glace ou le miroir, mais son encadrement; ainsi à la valeur de la glace qui est fixée par le tarif de la manufacture royale, il faut ajouter celle du cadre et percevoir 15 p. % sur l'addition de ces 2 valeurs.
» » » petits(4) sans distin.d'ép.	100 k. N.B. (la val. à déterminer par le comité consultatif des arts et manuf.)	160 —	107 50	— 25	
» d'optique.....................		30 p. %	30 p. %	4 p. %	
GLAÏEUL ou iris du pays—Racines médicinales....	100 k. B. B.	20 —	22 —	— 25	
GLAISE commune........................	dito.	— 10	— 10	— 05	(4) Sont appelés grands les miroirs ayant 40 centim. ou plus en quelque sens que ce soit, petits ceux d'une moindre dimension. La dénomination de petits miroirs comprend les miroirs non encadrés et ceux de toilette de poche et montés en bois ou en carton; mais il faut que le miroir fasse l'objet principal; car s'il est seulement ajouté à des coffrets, nécessaires, ou autres meubles, il doit suivre le régime des meubles ou de la tabletterie, suivant l'espèce. Il est cependant fait une exception à l'égard des coffrets en bois commun avec damier, miroirs et serrures grossières en cuivre qui sont rangés dans la mercerie commune.
» fine...........................	dito.	2 —	2 20	— 25	
» épurée, du pays de Baden............	dito.	7 —	7 70	— 25	
GLANDS de chêne — Graines forestales.......	dito.	1 —	1 10	— 25	
GLOBES célestes ou terrestres............	La valeur à déterminer par le comité consultatif des arts et manufactures.	30 p. %	30 p. %	4 p. %	
» en verre........................		prohibé.	prohibé.		
GLOUTERON-BARDANE—Racines médicinales......	100 k. B.	prohibé.	prohibé.		
GLU....................................	100 k. B. B.	20 —	22 —		
GOBILLES en pierres...................	dito.	15 —	16 50		
» d'agate.........................	dito.	10 —	11 —	— 25	
» de marbre ou de stuc.............	dito.	20 —	22 —		
GOÉLAND (peau de)......................	100 k. N. B.	612 —	629 50		
GOÉMONS—Plantes alcalines..............	100 k. B. B.	— 10	— 10	— 10	

9

DENOMINATION DES MARCHANDISES	UNITÉS sur lesquelles portent LES DROITS.	DROITS D'ENTRÉE		DROITS de SORTIE.	NOTES.
		par Navires français.	par Nav. étr. et par terre.		
		F. C.	F. C.	F. C.	
GOMBO—Feuilles médicinales......................	100 k. B. B.	30 —	33 —	— 25	
» » (feuilles de) pulvérisées...........	1 k. B.	prohibé.	prohibé.	— 25	
GOMME élastique—Caoutchouc des pays hors d'Europe.	100 k. B. B.	10 —	25 —	— 25	
» » » des entrepôts	dito.	15 —	25 —	— 25	(1) Ce sont les gommes d'abricotier, de cerisier , d'olivier cultivé , de pécher, de prunier, etc.
GOMMES pures d'Europe (1).....................	dito.	1 —	1 10	10 20	
» » exotiques (2) du Sénégal..............	dito.	10 —	»		(2) Ce sont les gommes adragant, d'acacia, d'acajou , de Monbain, de Geluph et d'oli-
» » » des autres pays hors d'Eur.	dito.	20 —	30 —		viers sauvages.
» » » des entrepôts......	dito.	25 —	30 —		
» résineuses non dénommées, de l'Inde........	100 k. N. B.	50 —	125 —	— 25	(3) Il existe des gouges de tourneur de deux espèces.
» » » d'aill. hors d'Eur.	dito.	90 —	125 —		1º Celles en pur acier ont de 4 à 27 milli. de
» » » des entrepôts....	dito.	100 —	125 —		largeur pour les plus communes, et jusqu'à 40 milli. pour les autres. Leur cuiller se
GORGES de canard, de fouine, marte, pingouin et renard.	100 en N.	2 —	2 —	— 20	prolonge jusqu'à plus de moitié de la lon-
GOUDRON...............................	100 k. B. B.	5 —	5 50	1 —	gueur de l'outil et est ordinairement bra- nie; l'échancrure va en diminuant jusqu'à
GOUGES (3) outils de fer rechargé d'acier (4)...........	100 k. N.B	140 —	149 50	1 —	la pointe; leur longueur est toujours en
» » outils de pur acier (4)...........	dito.	200 —	212 50	1 —	raison de leur largeur;
GOUREAUX—Fruits frais exotiques...............	100 k. B.	8 —	8 80	— 25	2º Celles en fer rechargé d'acier sont plus longues, à largeur égale; leur cuiller est
GOURMETTES en fer.......................	100 k. B.	prohibé.	prohibé.		presque toujours noire et se prolonge moins;
» en cuivre.......................	dito.	dito.	dito.	1 —	la même largeur se conserve à-peu-près dans toute la longueur de l'outil, et se ter-
» en métaux communs , vernis , plaqués , dorés ou argentés.	dito.	dito.	dito.	3 —	mine par une queue. Les gouges de sculpteur , toutes en pur
GOUSSES tinctoriales (5) du Sénégal et de la Guiane franç.	100 k. B. B.	— 25	7 —	— 25	acier, sont polies des deux côtés, leur lon- gueur, sans la soie, est de 108 à 128 milli.
» » de l'Inde.................	dito.	2 —	7 —	— 25	On les expédie ordinairement en paquets
» » d'ailleurs hors d'Europe......	dito.	3 —	7 —	— 25	assortis de 6 à 33 milli. de largeur, creuses,
» » des entrepôts......	dito.	5 —	7 —	— 25	demi-creuses, plates et mi-plates.
GRABEAU (6)...........................		»	»		(4) Les outils peuvent entrer par mer en
GRAINES pr semences, de jardin et de fleurs	100 k. B. B.	1 —	1 10	1 —	colis de tout poids, mais sans mélange d'es- pèces payant des droits différents.
» » de pastel et de chardons cardières.	dito.	1 —	1 10	2 —	
» » forestales et de prairie.........	dito.	1 —	1 10	— 25	(5) Ce sont les gousses d'acacia (Bablah) et les gousses de cassie.
» » de coton et de garance..........	dito.	1 —	1 10	— 25	
» oléagineuses, amandes cassées	dito.	20 —	22 —	2 —	(6) Grabeau ou pousse; résidu de diverses matières qu'on a pressurées, triées ou van-
» » en coques.............	dito.	8 —	8 80	2 —	nées. S'il est simple et qu'on en reconnaisse
» » noix, noisettes, avelines et faînes.	dito.	8 —	8 80	2 —	la nature , il peut payer le même droit que la matière pure; si non il doit être traité
» » olives fraiches du cru du pays d'où elles sont importées	dito.	5 —	6 —	4 —	comme médicamens composés à dénommer.
» » » d'ailleurs........	dito.	5 60	6 —	4 —	
» » graines de ricin...............	dito.	15 —	16 50	4 —	
» » » de lin.................	dito.	1 —	1 50		
» » autres par nav. franç. et par terre.	dito.	2 50	»		
» » » par navires étrangers....	dito.	»	3 —	— 25	
» à distiller , anis vert...................	dito.	20 —	22 —		
» » baies de genièvre................	dito.	1 —	1 10		
» médicinales, non dénommées.............	dito.	35 —	38 50		
» d'amome et de coquenaudier.............	100 k. N. B.	123 —	131 60	8 —	
» d'alpiste et de millet.................	dito.	10 —	11 —	1 —	
» d'abrus, de balisier et de panacoco , percées....	100 k. N B.	100 —	107 50	1 —	
» » » non percées	100 k. B.B.	12 —	13 20	— 25	
» d'Avignon, de Perse, d'Andrinople et de Valachie..	dito.	10 —	11 —	8 —	
» de cassier , des pays hors d'Europe.........	dito.	5 —	12 —	— 25	
» » des entrepôts................	dito.	7 —	12 —	— 25	
» de carrobe........................	dito.	1 —	1 10	— 25	
» de chirimoya ou courroussol du Pérou......	dito.	1 —	1 10	— 25	
» d'écarlate........................	100 k B.N.	1 —	1 10	200 —	
» de georgelina ou jugeolina.............	100 k. B.B.	35 —	38 50	— 25	
» d'héliante annuelle, par nav. franç. et par terre.	dito.	2 50	»	— 25	
» » par navires étrangers....	dito.	»	3 —	— 25	
» légumineuses, fraiches................	dito.	— 50	— 50	— 20	
» » sèches................	dito.	— 50	— 50	— 25	
» de lupin........................	dito.	10 —	11 —	— 25	
» d'orobe........................	dito.	10 —	11 —	— 25	
» de paradis.......................	100 k. N. B.	123 —	131 60	8 —	
» de pivoine et d'aristoloche...............	100 k. B. B.	35 —	38 50		
» de pin..........................	dito.	1 —	1 10		
» de plantes alcaïnes..................	dito.	1 —	1 10	— 25	
» de rocou........................	dito.	1 35	1 40		
» thurique, graines d'acacia.............	dito.	35 —	38 50		
» de tabac........................	dito.	1 —	1 10	1 —	
» de vers à soie.....................	dito.	1 —	1 10	— 25	

DÉNOMINATION DES MARCHANDISES	UNITÉS sur lesquelles portent LES DROITS.	DROITS D'ENTRÉE par Navires français.	DROITS D'ENTRÉE par Nav. étr. et par terre.	DROITS de SORTIE.	NOTES.
		F. C.	F. C.	F. C.	
GRAINS de céréales — Voir le tarif des céréales......	»	»	»	»	
» d'acier à broder pour bijouterie fausse..	100 k. B.	prohibé.	prohibé.	— 25	
» de cuivre »	dito.	dito.	dito.	1 —	
» de cuivre doré »	dito.	dito.	dito.	4 —	
» durs à tailler....................	100 k. B. B.	12 —	13 20	— 25	
» » taillés.......................	100 k. N. B.	100 —	107 50	1 —	
» de verre percés, pour broderies ou tricots....	1 k. N. B.	2 —	2 20	— 02	
» » pour chapelets ou colliers....	dito.	1 —	1 10	— 01	
» perlés ou mondés....................	100 k. B. B.	12 —	13 20	— 25	
GRAISSES de mouton, suif brut et saindoux..........	dito.	10 —	13 —	1 —	
» de cheval, d'ours et toutes autres..........	dito.	19 —	20 90	1 —	
» dégras de peaux des pays hors d'Europe.....	100 k. B. B.	40 —	56 —		
» » des entrepôts......	dito.	48 —	56 —		
» de poisson, de pêche française........	100 k. B. B.	» 15	»	— 25	
» » de pêche étran. des pays h. d'Eur.	100 k. N. B.	50 —	56 —		
» » » des entrepôts.....	dito.	48 —	56 —		
GRANIT en blocs simplement écarris ou ébauchés, avec ou sans sciage, ayant au moins 16 cent. d'épais.	100 k. B. B.	2 50	2 70	— 05	
» en tranches de moins de 16 et de plus de 3 cent. d'épaisseur.	dito.	3 40	3 70	— 05	
» de 3 cent. ou moins.............	dito.	5 —	5 50	— 05	
» ouvré....................	dito.	40 —	44 —	— 01	
GRAPHITE (carbure de fer dite mine de plomb noire ou plombagine).	dito.	5 —	5 50	3 —	(1 Espèce de petites brosses en fil de laiton.
GRAPPINS en fer....................	100 k. B.	prohibé.	prohibé.	— 25	
GRATTE-BOSSES ou gratte-bois (1)...........	100 k. N. B.	100 —	107 50	1 —	(2) Les gravures et lithographies placées dans les ouvrages de librairie et se rapportant au texte, paient les mêmes droits d'entrée que les livres.
GRAVELLE—Lie de vin desséchée..........	100 k. B.	1 —	1 10	7 14	
GRAVURES et lithograp. de porte-feuille ou d'ornem. (2).	100 k. N. B.	300 —	317 50	1 —	
» encadrées............	»	»	»	»	
GRELOTS, même ceux de métal de cloche........	100 k. N. B.	100 —	107 50	1 —	Pour les gravures encadrées, il faut ajouter au droit des estampes, celui de 15 p. % de la valeur des cadres. Le droit de sortie est de ¼ p. % de la valeur totale.
GREMIL (graine de), mondée............	100 k. N. B.	10 —	11 —	1 —	
» non mondée..........	dito.	35 —	38 50	— 25	
GRENADES—Fonte moulée pour projectiles de guerre...	»	prohibé.	prohibé.	prohibé.	
GRENADE, Grenadier (fleurs de)...........	100 k. B. B.	40 —	44 —	— 25	(3) Plus 15 cent. à l'entrée, ¼ cent. à la sortie par litre de contenance, s'il est présenté en bouteilles.
» » (fruits de)............	dito.	8 —	8 80	— 25	
» » (écorces de)........	dito.	1 —	1 10	4 —	
» » (jus de) (3)........	l'hectolitre.	25 —	25 —	— 15	
GRENADILLE (pommes de) fraîches...........	100 k. B. B.	8 —	8 80	— 25	
» sèches...........	la valeur.	1 p. %	1 p. %	¼ p. %	
GRENAILLE à Giboyer, en fonte.........	100 k. B.	prohibé.	prohibé.	— 25	
» en plomb...........	100 k. B. B.	24 —	26 40	— 50	(4) La prime brute de grenat est un grenat sans couleur, ou légèrement coloré, et par conséquent d'une valeur bien inférieure à celle des grenats proprement dits.
GRENATS (prime brute de) (4) bruts...........	dito.	15 —	16 50	— 25	
» » ouvrés............	1 k. N. B.	2 —	2 20	(les 100 kil.) 01	
» autres bruts..............	1 h. N. B.	— 25	— 25	— 01	
» » taillés..............	dito.	— 50	— 50	— 01	
GRÈS commun, ustensiles............	100 k. B. B.	10 —	11 —	— 25	
» » vaisselle de table ou de cuisine....	dito.	15 —	16 50	— 25	
» fin....................	100 k. B.	prohibé.	prohibé.	— 25	
» (pierre de).................	100 k. B. B.	— 10	— 10	— 05	
GRIFFES de girofle de Bourbon............	1 k. N. B.	— 12	—		
» » de la Guiane française...........	dito.	— 15	—		
» » des autres colonies françaises.....	dito.	— 18	—		
» » de l'Inde............	dito.	— 25	— 75	(les 100 kil.) 25	
» » d'ailleurs hors d'Europe.....	dito.	— 45	— 75		
» » des entrepôts..........	dito.	— 50	— 75		
» de renoncules...........	100 k. B. B.	5 —	5 50	— 25	
GRIGNON—Marc d'olive entièrement sec...........	dito.	1 —	1 10	1 02	
GROISIL ou verre cassé.............	dito.	10 —	10 —	1 —	
GROISON—Pierre crayeuse, blanche et très-fine........	dito.	5 —	5 50	— 25	
GROSEILLES............	dito.	4 —	4 40	— 25	
» (jus de) en futailles ou en outres.......	l'hectolitre.	100 —	100 —	— 01	(5) Plus le droit de 15 cent. à l'entrée, et 1 cent. à la sortie par litre de contenance, si on le présente en bouteilles.
» » en bouteilles (5)........	dito.	100 —	100 —	— 05	
GRUAUX de manioc...........	100 k. B. B.	20 —	22 —	— 25	
» de toute sorte de grains..........	dito.	7 —	7 70		
GUÉDASSE de la Guiane française...........	100 k. N. B.	10 —	»		
» d'ailleurs hors d'Europe...........	dito.	15 —	21 —	— 25	
» des entrepôts..............	dito.	18 —	21 —		

DÉNOMINATION DES MARCHANDISES.	UNITÉS sur lesquelles portent LES DROITS.	DROITS D'ENTRÉE.		DROITS de SORTIE.	NOTES.
		par Navires français.	par Nav. étr. et par terre.		
		F. C.	F. C.	F. C.	
GUÈDE............................	100 k. B B.	1 —	1 10	6 —	
GUI de chêne.......................	dito.	1 —	1 10		
GUIMAUVE (fleurs de) — Fleurs médicinales...........	dito.	40 —	44 —		
» (feuilles de)—Feuilles »	dito.	30 —	33 —		
» (racines de)—Racines »	dito.	20 —	22 —		
» (sirop de) de Bourbon.............	100 k. N.B.	38 50	»	25	
» » des Antilles et de la Guiane franç.	dito.	45 —	»		
» » de l'Inde..................	dito.	90 —	120 —		
» » d'ailleurs hors d'Europe....	dito.	95 —	120 —		
» » des entrepôts................	dito.	105 —	120 —		
GUIMBARDES—Mercerie commune.	100 k. B. B.	100 —	107 50	1 —	
GUITARES {en masses—plâtre brut.........	la pièce.	3 —	3 —	1 —	
GYPSE (sulfate de chaux).	100 k. B. B.	» 10	» 10	— 15	
commun{ préparé, { par les bur. d'Abbevillers, soit moulu Villars - sous - Blamont, soit calciné Vaufrey et Delles...... par tout autre bureau...	dito.	» — 50	— 10 — 15	— 15 — 15	
moulé ou coulé..........	la valeur.	15 p. %.	15 p. %.	1/4 p. %.	
cristallisé, brut...........	100 k. B. B.	4 —	4 40	— 05	
» sculpté, moulé ou poli...........	la valeur.	15 p. %.	15 p. %.	01 les 100 kil.	
GYPSOPHILA (racines de) (1).....	100 k. B. B.	1 —	1 10	4 —	

H

HABILLEMENTS (2) neufs...........	»	Comme l'étoffe principale dont ils sont formés.			
» supportés.................	100 k. N. B.	51 —	56 —	— 25	
HACHE-NAVETS et Hache-paille, lames tranchantes (3).	(la val. à déter-miner par le comité consultatif des arts et manufact.	150 —	160 —	4 —	
» » complets...........	100 k. N. B.	15 p. %.	15 p. %.	1/4 p. %.	
HACHES et Hachoirs (3)...............	100 k. N. B.	140 —	149 50	4 —	
HALIOTIDES dits oreilles de mer (4) de l'Inde........	100 k. B. B.	2 —	5 —	— 25	
» d'ailleurs........	dito.	3 —	5 —	— 25	
HAMEÇONS de toute espèce.............	100 k. N.B.	100 —	107 50	4 —	
HARDEAU ou Viorne — Feuilles médicinales.......	100 k. B. B.	30 —	33 —	— 25	
» (baies de).................	dito.	35 —	38 50	— 25	
HARENGS de pêche française, frais, secs, salés ou fumés.	»	exempt.	»	exempt.	
» de pêche étr.frais,depuis Blancmisseron jusqu'à Mont-Genèvre.	100 k. B. B.	11 —	11 —	dito.	
» » par tout autre point.	dito.	40 —	44 —	dito.	
» » secs, salés ou fumés...	dito.	40 —	44 —	dito.	
» » marinés ou à l'huile, de toute pêche...	100 k. N.B.	100 —	107 50	dito.	
HARICOTS verts, en cosses...............	100 k. B. B.	— 50	» —	— 20	
» secs, écossés ou non (5)............	dito.	10 —	11 —	— 25	
» confits ou salés.............	dito.	9 —	9 90	— 25	
HARMONICA........................	la pièce.	18 —	18 —	— 90	
HARNAIS—Objets de harnachement ou de sellerie.....	la valeur.	prohibé.	prohibé.	1/2 p. %.	
HARPES...........................	la pièce.	36 —	36 —	1 —	
HAUTBOIS.........................	dito.	4 —	4 —	— 20	
HAVRE-SACS........................	100 k. B.	prohibé.	prohibé.	— 25	
HÉLIOTROPE, herbe aux verrues—Herbes médicinales.	100 k. B.B	30 —	33 —	— 25	
» silex brut..................	dito.	15 —	16 50	— 25	
» » ouvré, chiqué..........	dito.	20 —	22 —	— 25 les 100 kil.	
» » autre.............	1 k. N. B.	2 —	2 —		
HÉMATITE.........................	100 k. B.B.	5 —	5 50	— 25	
HERBAGES frais, légumes verts.............	dito.	— 10	— 10	— 20	
» » herbe de pâturage..........	dito.	— 10	— 10	— 50	
HERBES jaunes ou à jaunir................	dito.	1 —	1 10	1 —	
» médicinales, gui de chêne..........	dito.	1 —	1 10	— 25	
» » absinthe (arthémisia)........	dito.	5 —	5 50	— 25	
» » non dénommés...........	dito.	30 —	33 —	— 25	
» aux perles (graine d') mondée.......	dito.	10 —	11 —	1 —	
» » non mondées	dito.	35 —	38 50	— 25	
» potagères.................	dito.	— 50	— 50	— 20	

(1) La racine de Gypsophila, plus grosse que le pouce, blanchâtre à l'intérieur, grisâtre et ridée à l'extérieur, est celle d'un arbuste de la famille des Caryophyllées. Ses propriétés, encore mal connues, paraissent être savonneuses et promettent de devenir utiles. On la tire de l'Orient.

(2) Les vêtements neufs, confectionnés, et autres effets neufs à l'usage des voyageurs (en tissus ou en matières prohibés à l'entrée) sont admis au droit de 30 p. % de la valeur, quand ils ont été déclarés avant la visite, et que la Douane reconnaît que ce sont des objets hors de commerce, destinés à l'usage personnel des déclarants, et en rapport avec leur condition et le reste de leurs bagages.

Les habillements à l'usage des voyageurs sont exempts de droits à l'entrée comme à la sortie.

Cette exemption s'applique aux habits de théâtre qui suivent les acteurs dans leur déplacement.

(3) Les outils peuvent entrer par mer en colis de tous poids, mais sans mélange d'espèces payant des droits différents.

(4) Coquillages nacrés.

(5) D'après l'ordonnance du 17 janvier 1830, les légumes secs et leurs farines sont soumis, pour leur importation et leur exportation, aux même restrictions d'entrée et de sortie que les grains.—Voir le tarif des céréales.

DÉNOMINATION DES MARCHANDISES	UNITÉS sur lesquelles portent LES DROITS	DROITS D'ENTRÉE		DROITS di SORTIE.	NOTES.
		par Navires français.	par av. étr. et par terre.		
		F. C.	F. C.	F. C.	
HERBES de prairie........................	100 k. B. B.	— 10	1. —	— 50	(1) Bulbes de la grosseur d'un œuf de pigeon, lisses pâles, ressemblant un peu à des châtaignes privées de leur péricarpe. Parenchyme blanc solide abondant, en trente.
» propres à faires de la soude........	dito.	— 10	— 10	— 10	
» aux puces, herbes médicinales.........	dito.	30 —	33 —	— 25	(2) Les écorces à tan peuvent être exportées par les points pour lesquels le Gouvernement suspend la prohibition.
» » fruits médicinaux............	dito.	35 —	38 50	— 25	Par application de cette disposition, on peut exporter,
» aux vers—Tanaisie, herbe...........	dito.	30 —	33 —	— 25	1° Par la rivière de la Meuse, des quantités illimitées d'écorces à tan, moulues ou non moulues ;
» » fleurs.............	dito.	40 —	44 —	— 25	2° Par la douane de Mijoux, cent cinquante mille kilogrammes, annuellement, d'écorces de sapin, non moulues, provenant du territoire de la commune de Septmoncel (Ain).
» » semences.............	dito.	35 —	38 50	— 25	Dans ces cas, comme toutes les fois que la prohibition est suspendue, on perçoit les droits suivants :
» aux verrues—Héliotrope............	dito.	20 —	22 —	— 25	écorce à tan de sapin, non moulue. 0°50 p. 100 k. B.
» de saxifrage..................	dito.	30 —	33 —	— 25	» moulues, 0 25 »
HERMODACTE ou Hermodate—Bulbe (1).......	dito.	5 —	5 50	— 25	» autres, non moul. 2 60 »
HERSES..................................	la valeur.	15 p. %	15 p. %	14 p. %	» moulues, 1 00 »
HÊTRE (écorces du)—Écorces à tan (2)......	100 k. B.	— 10	— 10	prohibé.	Toutefois l'arrondissement de Lure (Haute-Saône), peut exporter annuellement 12500 quintaux métriques d'écorces à tan, non moulues, à charge de payer le droit de 1.02 par mille kil. brut.
» » moulues—Tan.	dito.	— 50	— 50	dito.	
» (fruits du)—Faines..............	100 k. B. B.	8 —	8 80	2 —	(3) Les objets d'or et d'argent appartenant aux ambassadeurs et envoyés des puissances étrangères, quand ils les accompagnent ou sont déclarés par eux, sont affranchis du droit de marque et des droits de Douane.
HISTOIRE naturelle (échantillons d').......	la valeur.	1 p. %	1 p. %	14 p. %	
HOCHETS d'os, de cuivre blanchi, garnis de verre..	100 k. N. B.	80 —	86 50	1 —	(4) Les ouvrages montés d'horlogerie ne peuvent entrer que par les bureaux ouverts au transit des marchandises prohibées. Voir, page 15.
» d'ivoire.................	1 k. B.	prohibé.	prohibé.	— 01	Les montres ainsi introduites sont dirigées, par acquit-à-caution et sous le plomb des douanes, sur l'un des cinq bureaux de garantie de Paris, Lyon, Besançon, Montbéliard, et Lons-le-Saulnier, pour y être essayées et marquées, et y acquitter le droit de garantie. (Loi du 2 juillet 1836.)
» d'or (3).................	1 h. N. N.	20 —	22 —	— 20	
» d'argent (3).............	dito.	11 —	11 —	— 20	
HOMARDS de pêche française..............	100 k. B.	exempt.	»	— 25	
» de pêche étrangère..............	100 k. B. B.	1 —	1 10	— 25	
HORLOGERIE. (4)	montres ouvrag. montés (4) { à boites d'argent { mouvem^s ordinaires à roues de rencontre, et de mé-tal autre que l'or. { la pièce.	1 10	1 10	} 3 —	(5) Les instruments aratoires peuvent entrer par les bureaux de mer en colis de tous poids ; mais sous mélange des espèces soumises à des droits différents.
	mouvem^s à la Lépine, répétitions et autres genres.....	dito.	1 80	1 80		(6) Les bâtiments à vapeur de la marine française, militaire ou marchande, qui naviguent en mer ou sur les affluents, jusqu'au dernier bureau des douanes, peuvent se servir de houilles étrangères prises dans les entrepôts en payant le simple droit de 15 centimes par 100 kilog. de valeur.
	à boites d'or. { mouvem^s ordinaires à roues de rencontre. { dito.	3 10	3 10		La houille carbonisée, dite Coak, paie à l'entrée le double du droit de la houille.
	mouvemens simples à la Lépine, répétitions ordinaires. { dito.	4 40	4 40		(7) L'admission au droit de 30 cent. d'Halluin à Baisieux, des houilles entrant par des canaux, est subordonnée à la condition qu'elles auront été acquittées d'avance au bureau de Condé.
	répétitions à la Lépine et autres genres. { la valeur.	6 —	6 —		
	sans boîtiers..............	la valeur.	10 p. %	10 p. %		(8) Elle a une saveur piquante et très-amère ; elle n'a pas beaucoup de fluidité, et sa couleur est d'un vert foncé.
	mouvemens de toute sorte..........	dito.	dito.	dito.		
	carillons à musique..........	1 k. N. B.	10 —	11 —		(9) Les médicaments composés dont ces huiles font partie et dont l'école de pharmacie reconnaît la nécessité ou l'utilité, et dont elle détermine alors le prix commun, sont admis, par dérogation à la prohibition, moyennant le droit de 20 p. % de la valeur.
	horloges en bois..............	la pièce	1 —	1 —	— 05	
	fournitures..............	1 k. N. B.	5 —	5 50	— 05	(10) Elle est blanche d'une saveur piquante et d'une odeur très-agréable ; elle se congèle à 8° au-dessus de zéro.
HORLOGES de sable et d'eau...............	100 k. N. B.	100 —	107 50	1 —	
HOUBLON................................	dito.	60 —	65 50	2 —	
HOUES—Instruments aratoires (5).........	dito.	80 —	86 50	1 —	
HOUILLE (6) par mer, de la front. d'Espagne aux Sables-d'Olonne inclus v., et par les ports de la Méditerranée..........	100 k. B. B.	— 30	— 80	} — 01	
» » des Sabl.-d'Olon. excl. à St-Malo incl.	dito.	— 60	1 —		
» » de St-Malo exclus à la fron. de Belgiq.	dito.	1 —	1 50		
» par terre, de la mer à Halluin exclusivement.	dito.	»	— 60		
» » d'Halluin à Baisieux excl. (7.)	dito.	»	— 30		
» » Ardennes par la rivière de Meuse.	dito.	»	— 10		
» » » par toute autre voie.	dito.	»	— 15		
» » Meuse...............	dito.	»	— 15		
» » Moselle..............	dito.	»	— 10		
» » autres frontières.......	dito.	»	— 10		
» » (cendres de).......	dito.	— 01	— 01		
HOUPPES à cheveux....................	100 k. N. B.	100 —	107 50	1 —	
HOUSSES de chevaux...................	la valeur.	prohibé.	prohibé.	1/2 p. %	
HOUX (feuilles de)....................	100 k. N. B.	1 —	1 10	6 —	
HOYAUX — Instruments aratoires (5).......	dito.	80 —	86 50	1 —	
HUILES d'	Absinthe (8).............	100 k. B. B.	164 —	174 70	2 —	
	Amande..............	1 k. B.	80 —	86 50	— 50	
	Ambre (distillation du succin) 9)	100 k. N. B.	prohibé.	prohibé.	— 02	
	Ambrée..............	100 k. N. B.	204 —	216 70	2 —	
	Anacarde..............	100 k. N. B.	25 —	30 —	— 50	
	Angélique..............	1 k. B.	108 —	117 —	2 —	
	Animales dites de Dippel (9).....	100 k. N. B.	prohibé.	prohibé.	— 02	
	Anis (10).............	100 k. B. B.	108 —	125 50	2 —	

9*

DÉNOMINATION DES MARCHANDISES	UNITÉS sur lesquelles portent LES DROITS	DROITS D'ENTRÉE par Navires français	par Nav. étr. et par terre	DROITS de SORTIE	NOTES.
		F. C.	F. C.	F. C.	
Arachis du cru du pays d'où l'huile est imp.	100 k. B. B.	25 —	30 —	— 50	
» d'ailleurs....................	dito.	28 —	30 —	— 50	
Aromatiques non dénommées............	100 k. N. B.	900 —	917 50	2 —	(1) Les médicaments composés, dont ces huiles font partie et dont l'école de pharmacie reconnaît la nécessité ou l'utilité, et dont elle détermine alors le prix commun, sont admis par dérogation à la prohibition, moyennant le droit de 20 p. % de la valeur.
Asphalte (1).....................	1 k. B.	prohibé.	prohibé.	— 02	
Aspic..........................	100 k. N. B.	150 —	160 —	2 —	
Baleine de pêche française...........	100 k. B. B.	— 15	»	— 25	
» de pêche étran., des pays hors d'Eur.	100 k. N. B.	40 —	56 —	— 25	
» » des entrepôts.....	dito.	48 —	56 —	— 25	
Ben...........................	100 k. B. B.	25 —	30 —	— 50	
Bergen — comme huile de baleine.......	»	»	»	»	
Beurre d'Ellipe — Huile concrète.........	100 k. B. B.	25 —	30 —	— 50	
Bouleau........................	100 k. N.B.	62 —	67 60	2 —	
Cacao (beurre de cacao) (2)...........	100 k. B. B.	25 —	30 —	— 50	(2) Elle a la compacité et la couleur du suif brut; et, de plus, une odeur bien prononcée de Cacao.
Cade...........................	100 k. B. B.	62 —	67 60	2 —	
Cajeput (3)......................	dito.	900 —	917 50	2 —	(3) Elle est limpide, légère et d'une couleur verte, odeur forte qui n'est point désagréable. Elle est employée pour préserver les collections d'insectes.
Cameline........................	100 k. B. B.	25 —	30 —	— 25	
dite Camine — Synonime de Copahu...	1 k. N. B.	2 —	2 20	— 25 les 100 kil.	
Camomille.......................	100 k. N.B.	102 —	109 60	2 —	
Cannelle........................	1 k. N. B.	100 —	107 50	— 02	
Caoutchouc......................	100 k. B. B.	25 —	27 50	— 50	
Carvi (4)........................	100 k. N. B.	408 —	425 50	2 —	(4) Toutes deux ont une couleur jaune de Citron et se solidifient à quelques degrés au-dessus de zéro.
Castor..........................	100 k. B.B.	25 —	30 —	— 50	
Catakouti.......................	100 k. N.B.	900 —	917 50	2 —	
Cèdre...........................	dito.	62 —	67 60	2 —	
Cedria..........................	dito.	62 —	67 60	2 —	
Chénevis ou de Chanvre.............	100 k. B. B.	25 —	30 —	— 25	
Cheval..........................	dito.	19 —	20 90	1 —	
Cire (1).........................	1 k. B.	prohibé.	prohibé.	— 02	
Citron, d'Oranges et leurs variétés (5)..	1 k. N.B.	4 —	4 40	— 02	(5) Les principales de ces variétés sont les Bergamotes, Cédrats, Chadecs, Limons, et Pomcires. L'huile extraite des diverses parties du Citronnier, de l'orange et de leurs variétés, suit le même régime que celle obtenue des fruits.
Colza..........................	100 k. N.B.	25 —	30 —	— 25	
Coriandre.......................	dito.	25 —	30 —	— 50	
Corne de cerf (sel huileux) (1).........	100 k. N. B.	408 —	425 50	2 —	
Coton (de graine de)...............	1 k. B.	prohibé.	prohibé.	— 02	(6) C'est une huile butireuse, blanche et qui participe du goût agréable de l'amande et des petites noix de Coco dont on l'extrait.
Coulitawan......................	100 k. B. B.	25 —	30 —	— 25	
Crabes de terre dite Toulouroux.....	100 k. N. B.	900 —	917 50	2 —	
Croton tiglian (c'est l'huile de graine de Tilly ou de petit Pignon).	100 k. B. B.	19 —	20 90	1 —	
Cumin (4).......................	dito.	25 —	30 —	— 50	
Dégras de peau, des pays hors d'Europe.	100 k. N. B.	408 —	425 50	2 —	
» des entrepôts..................	dito.	40 —	56 —	— 25	
Faine...........................	dito.	48 —	56 —	— 25	
Fenouil.........................	100 k. B. B	25 —	30 —	— 50	
Fleurs (7).......................	100 k. N. B.	408 —	425 50	2 —	(7) Huile de fleurs d'odeur fugace, telles que les Tubéreuses, Iris, Lis, Narcisse, Violette, qu'on fixe sur des huiles limpides et inodores, comme celle de Ben.
Foie, de pêche française...........	dito.	102 —	109 60	2 —	
» de pêche étrangère, des pays h. d'Eur.	100 k. N. B.	— 15	»	— 25	
» des entrepôts..................	dito.	40 —	56 —	— 25	
Gabian..........................	dito.	48 —	56 —	— 25	
Gaïac...........................	100 k. B. B.	7 —	7 70	— 25	
Genièvre........................	100 k. N. B.	102 —	109 60	2 —	
Gingembre......................	dito.	62 —	67 60	2 —	
Girofle (8).......................	dito.	900 —	917 50	2 —	(8) Couleur brunâtre, saveur piquante, chaude, brûlante.
Graines grasses..................	dito.	900 —	917 50	2 —	
Jais (1).........................	100 k. B. B.	25 —	30 —	— 25	
Jasmin..........................	1 k. B.	prohibé.	prohibé.	— 02	
Kalaga..........................	100 k. N. B.	102 —	109 60	2 —	
Karabé (1).......................	100 k. B. B.	25 —	30 —	— 50	
Kerva...........................	1 k. B.	prohibé.	prohibé.	— 02	
Laurier (9)......................	100 k. N. B.	25 —	30 —	— 50	(9) Huile butireuse de couleur verte et aromatique.
Laurinée........................	dito.	25 —	30 —	— 50	
Lavande.........................	dito.	25 —	30 —	— 50	
Macis...........................	100 k. N. B.	62 —	67 60	2 —	
Marjolaine.......................	1 k. N. B.	9 —	9 90	— 02	
Mélisse.........................	100 k. N. B.	74 —	80 20	2 —	
Menthe..........................	dito.	164 —	174 70	2 —	
Minérales d'Écosse................	dito.	164 —	174 70	2 —	(10) On l'extrait des semences du Sinapis alba vel nigra. Cette huile a une couleur jaune et une saveur aussi douce que celle du Colza.
Moutarde (10)....................	100 k. B. B.	7 —	7 70	— 25	
Muscade.........................	dito.	25 —	30 —	25 —	
	1 k. N. B.	9 —	9 90	— 02	

Left bracket labelled: HUILES de

DÉNOMINATION DES MARCHANDISES.	UNITÉS sur lesquelles portent LES DROITS.	DROITS D'ENTRÉE. par Navires français.	par Nav. étr. et par terre.	DROITS de SORTIE.	NOTES.
		F. C.	F. C.	F. C.	
Noisette...............................	100 k. B. B.	25 —	30 —	— 50	
Olitte	dito.	25 —	30 —	— 25	
Olive du cru du pays d'où l'huile est importée	dito.	25 —	30 —	— 50	
» d'ailleurs.......................	dito.	28 —	30 —	— 50	
Olivettier Organ.....................	dito.	25 —	30 —	— 25	
Ombellifère...........................	100 k. N. B.	408 —	425 50	2 —	
Ours...................................	100 k. B. B.	19 —	20 90	1 —	
Oxicèdre..............................	100 k. N. B.	62 —	67 60	2 —	
Palma-Christi........................	100 k. B. B.	25 —	30 —	— 50	
Palme du cru du pays d'où l'huile est imp.(1).	d to.	12 50	15 —	— 50	(1) C'est une huile butireuse d'une couleur orange foncée et d'une odeur aromatique assez agréable.
» d'ailleurs.......................	dito.	14 —	15 —	— 50	
Parfumée dite Antique..............	100 k. N. B.	102 —	109 60	2 —	
Pavot.................................	100 k. B. B.	25 —	30 —	— 25	
Pétrole...............................	dito.	7 —	7 70	— 25	
Pieds de mouton ou de pieds de bœuf....	dito.	19 —	20 90	1 —	
Pierre.................................	dito.	7 —	7 70	— 25	
Pignon................................	dito.	25 —	30 —	— 50	
Poisson de pêche française...........	dito.	— 15	»	— 25	
» de pêche étr., des pays hors d'Eur.	100 k. N. B.	40 —	56 —	— 25	
» » des entrepôts......	dito.	48 —	56 —	— 25	
Poix...................................	dito.	62 —	67 60	2 —	
Pouliot...............................	dito.	164 —	174 70	2 —	
Rabette...............................	100 k. B. B.	25 —	30 —	— 25	
Huiles de Rhodes (ou bois de Rhodes dit bois de Rose) (2)	1 k. N. B.	98 —	105 40	— 02	(2) Sa couleur est jaunâtre, sa saveur forte, et son odeur aromatique est très-agréable.
Ricin (3)............................	100 k. B. B.	25 —	30 —	— 50	(3) La bonne huile de Ricin est épaisse; elle est d'un jaune pâle ou presque incolore, sa saveur quoique douce laisse au larynx une légère impression d'astriction. On doit rejeter comme de mauvaise qualité celle qui a une couleur jaune tirant sur le rouge.
Romarin (4).........................	dito.	164 —	174 70	2 —	
Rose (5).............................	1 k. N. B.	100 —	107 50	— 02	
Rue..................................	100 k. N. B.	102 —	109 60		
Sabine	dito.	62 —	67 60		(4) Elle est incolore et d'une grande fluidité; son odeur est extrèmement forte.
Sandaraque	dito.	62 —	67 60		
Sassafras (6)........................	dito.	900 —	917 50	2 —	(5) Cette huile est incolore, quelquefois d'un blanc légèrement rose. C'est une des huiles qui se congèlent le plus facilement; la température de 10° au-dessus de zéro suffit pour sa congélation.
Sauge.................................	dito.	74 —	80 20		
Semen-contra.........................	dito.	74 —	80 20		
Sésame du cru du pays d'où l'huile est imp.	100 k. B. B.	25 —	30 —	— 50	
» d'ailleurs.......................	dito.	28 —	30 —	— 50	(6) Sa saveur est piquante, chaude, et sa couleur ambrée.
Soufre - Acide sulfurique............	100 k. N. B.	41 —	45 10	— 25	
Stéras ou Stœchas....................	dito.	62 —	67 60	2 —	
Succin (7)...........................	1 k. B.	prohibé.	prohibé.	— 02	(7) Les médicaments composés, dont ces huiles font partie et dont l'école de pharmacie reconnaît la nécessité et l'utilité, et dont elle détermine alors le prix commun, sont admis par dérogation à la prohibition, moyennant le droit de 20 p. % de la valeur.
Suif..................................	100 k. N. B.	19 —	20 90	1 —	
Tamarin..............................	100 k. N. B.	164 —	174 70	2 —	
Tartre ou Potasse liquide de la Guiane franç.	dito.	(.) —	»	— 25	
» » d'aill. hors d'Eur.	dito.	15 —	21 —	— 25	
» » des entrepôts...	dito.	18 —	21 —	— 25	
Térébenthine.........................	100 k. B. B.	25 —	27 50	— 50	
Thym..................................	100 k. B. B.	164 —	174 70	2 —	
Tuya	dito.	62 —	67 60	2 —	
Vipère (7)...........................	1 k. B.	prohibé.	prohibé.	— 02	
Vitriol...............................	100 k. N. B.	41 —	45 10	— 25	
Huitres fraiches, de pêche française.	100 k en N	exempt.	»	— 01	
» » de pêche étrangère.	dito.	1 50	5 —	— 01	
» marinées, de toute pêche......	100 k. B. B.	25 —	27 50	1 02	
Hyacinthes (pierres fines orangées) brutes.....	1 hect. N. B.	— 25	25 —	— 01	
» » taillées.............	dito.	— 50	50 —	— 01	
Hydromel (eau miellée, cuite ou fermentée) (8).	l'hectolitre.	25 —	25 —	— 15	(8) Plus le droit sur le contenant 15 cent. à l'entrée, 1 cent. à la sortie par litre de contenance.
Hydrophane brute.....................	100 k. B. B.	15 —	16 50	— 25	
» ouvrée......................	1 k. N. B.	2 —	2 20	les 100 kil	
Hypociste ou suc d'Hypocistis de l'Inde.....	100 k. N. B.	50 —	125 —		
» » d'ailleurs hors d'Europe.	dito.	90 —	125 —		
» » des entrepôts........	dito.	100 —	125 —		
Hysope—Herbes médicinales............	100 k. B. B.	30 —	33 —	— 25	
» feuilles »	dito.	30 —	33 —		
» fleurs »	dito.	40 —	44 —		

I

Ichtyocolle (colle de poisson) de la Guiane française.	100 k. N. B.	40 —	»	— 25	
» » d'ailleurs.............	dito.	160 —	170 50	— 25	

DÉNOMINATION DES MARCHANDISES	UNITÉS sur lesquelles portent LES DROITS.	DROITS D'ENTRÉE par Navires français.	par Nav. étr. et par terre.	DROITS de SORTIE.	NOTES.
		F. C.	F. C.	F. C.	
IGNAME (racines d') — Légumes secs (1)...............	100 k. B.B.	10 —	11 —	— 25	(1) Les prohibitions qui pourraient intervenir à l'égard des légumes secs, ne devront pas atteindre *la racine d'igname*, attendu qu'elle ne leur est assimilée que pour l'application des droits.
IMAGES 2) imprimées sur papier — Dominoterie......	100 k. N. B.	100 —	107 50	1 —	
» en colle de poisson	dito.	200 —	212 50	2 —	
IMBRATTA (3)................................	100 k. B. B.	1 —	1 10	1 02	
IMMORTELLE — Fleurs médicinales..............	dito.	40 —	44 —	— 25	(2) Les images qui sont le résultat de la taille-douce sont traitées comme *gravures.*
IMPÉRATOIRE — Racines médicinales..............	dito.	20 —	22 —	— 25	
INDE-PLATE — Comme l'indigo (5)	»	»	»	»	(3) Pâte huileuse, infecte, formée de suint d'eau et de sable.
INDIENNES — Tissus de coton (4)................	100 k. B.	prohibé.	prohibé.	— 50	
INDIGO des pays hors d'Europe, de l'Inde et autres pays où il est récolté....	1 k. N. B.	— 50	4 —	} — 50	(4) Les tissus de coton jouissant d'une prime de sortie.
» » autres...............	dito.	2 —	4 —	} les 100 kil.	
» des entrepôts..........................	dito.	3 —	4 —	}	(5) Préparations d'indigo mélangé avec l'azur et d'autres matières, et qui servent à teindre ou à azurer le linge.
INDIQUE — Même droits que l'indigo (5).........	»	»	»	»	
INSTRUMENTS aratoires (6) faux................	100 k. N. B.	150 —	160 —	1 —	(6) Les instruments aratoires peuvent entrer par les bureaux de mer en colis de tous poids, mais sans mélange d'espèces payant des droits différents.
» » faucilles et tous autres....	dito.	80 —	86 50	1 —	
INSTRUMENTS de chimie et de chirurgie..............	la valeur.	10 p. %	10 p. %	1/4 p. %	Par la désignation d'instruments aratoires, on n'entend que les outils *en fer* nécessaires à l'industrie rurale; es instruments de l'espèce, *entièrement en bois*, tels que râteaux, fourches, etc., sont traités comme ouvrages en bois. Quant à la combinaison, comme charrues; extirpateurs, haches-navets, hache-paille, herses, semoirs, ventilateurs, ils font partie des machines et mécaniques, les qu'ils n'ont entièrement en fer.
INSTRUMENTS de musique (7) Fifres, flageolets et galoubets..........	la pièce.	— 63 —	— 63 —	— 04	
Flûtes, pèches et triangles.............	dito.	— 75 —	— 75 —	— 04	
Sistres, mandolines, psaltérions, luths, tambours, tambourins, timbales, tympanons, cymbales (la pièce) et tam-tam.	dito.	1 50	1 50	— 08	
Altos, violes, violons, bas-ons, guitar., lyres.	dito.	3 —	3 —	— 15	
Cors, serinettes (8), serpents, trompes, trompettes, trombones, accordéons...	dito.	3 —	3 —	— 15	(7) Il y a exemption de droits pour les instruments portatifs qu'importent on exportent les voyageurs pour leur usage personnel, ainsi que pour ceux dont se servent les artistes ambulans.
Clarinettes et hautbois.................	dito.	4 —	4 —	— 20	
Vielles simples.........................	dito.	5 —	5 —	— 25	
Basses, contrebasses, chapeaux chinois et grosses caisses.......................	dito.	7 50	7 50	— 25	(8) Les serinettes adaptées à des horloges en bois doivent, outre le droit du tarif, celui des horloges, qui est d'un franc la pièce à l'entrée et cinq centimes à la sortie.
Epinettes, harmonica, vielles organisées et orgues portatives..............	dito.	18 —	18 —	— 90	
Harpes................................	dito.	36 —	36 —	1 —	
Forte-piano (9) carrés..................	dito.	300 —	300 —	1 —	
» à queue ou en buffet....	dito.	400 —	400 —	1 —	(9) Les forte-piano, qui n'appartiennent ni à l'une ni à l'autre des espèces tarifées, sont assimilés à ceux carrés, si leur valeur n'excède pas 1200 francs.
Orgues d'église.......................	dito.	400 —	400 —	1 —	
à dénommer...........................		mêmes droits que leurs analogues			
INSTRUMENTS d'optique, de calcul et d'observation (10).	la val. déterminée par le comité consultatif des arts et manufact.	30 p. %	30 p. %	1/4 p. %	(10) Les instruments d'optique, de calcul, etc., sont ceux employés en astronomie, mathématiques, navigation, optique et physique, et, en général, tous ceux nécessaires à des travaux scientifiques. Ils doivent, comme les machines et mécaniques, être accompagnés du plan colorié, et sur échelle de leur forme, dimension, etc. Mais lorsqu'ils sont destinés pour Paris, on abrège toutes ces formalités, en les expédiant sous la douane de cette ville, sous double plomb et par acquit-à-caution.
INULA-CAMPANA (aunée) — Racines médicinales........	100 k. B. B.	20 —	22 —	— 25	
IODE (11)...............................	dito.	15 —	16 50	— 25	
IPÉCACUANHA des pays hors d'Europe..............	1 k. N. B.	1 —	3 —	— 25	
» d'ailleurs..................	dito.	2 —	3 —	} les 100 kil.	
IRIS de Florence......................	100 k. B. B.	60 —	65 50	— 25	
» du pays — Glaieul............	100 k. B. B.	20 —	22 —	— 25	
» (boules d') percées pour chapelets.	100 k. N. B.	100 —	107 50	1 —	(11) Sous formes de petites lames grisâtres, d'une faible ténacité, ayant quelque ressemblance avec la plombagine. Appliqué sur la peau, il la colore en jaune. Pesanteur spécifique 4,948. Odeur désagréable rappelant celle du chlore.
» en poudre........................	1 k. B.	prohibé.	prohibé.	— 02	
IVOIRE — (Dents d'éléphant) défenses(12) entier.ou en morc.de plus d'un k. du Sénégal	100 k. N. B.	25 —	»		
» » de l'Inde.........	dito.	35 —	70 —		
» » des compt.d'Afriq. autres que le Sénég.	dito.	40 —	70 —		(12) Les défenses et cornes autres que de bétail, propres à la tabletterie, et notamment les défenses de licorne (*narval*) et d'hippopotame, dénommées dans la loi du 28 avril 1816, paient, à l'entrée, le même droit que les défenses d'éléphant. Il en est de même pour celles de phoque, de cachalot et du Lamentin.
» » d'ailleurs.........	dito.	55 —	70 —		
» en morceaux d'un kil. ou moins du Sénégal	dito.	50 —	»		
» » de l'Inde........	dito.	70 —	110 —	} — 25	
» » des compt.d'Afriq. autres que le Sénég.	dito.	80 —	140 —		
» » d'ailleurs..........	dito.	110 —	140 —		
» » mâchelières du Sénégal	100 k. B. B.	3 12	»		
» » de l'Inde.........	dito.	4 37	8 75		
» » des comptoirs d'Afrique autres que le Sénégal	dito.	5 —	8 75		
» » d'ailleurs..........	dito.	6 87	8 75		
» ouvré, billes de billard..........	1 k. N. B.	4 —	4 40	— 01	
» » peignes..........	dito.	4 —	4 40	— 01	
» autres ouvrages..........	1 k. B.	prohibé.	prohibé.	— 01	
» (râpures d')......................	100 k. B.B.	21 —	23 10	— 25	
» (noir d')..........................	100 k. N. B.	62 —	67 60	2 —	
» calciné — Spode — Sous-phosphate de chaux..	dito.	62 —	67 60	2 —	

DÉNOMINATION DES MARCHANDISES	UNITÉS sur lesquelles portent LES DROITS.	DROITS D'ENTRÉE		DROITS de SORTIE.	NOTES.
		par Navires français.	par Nav. étr. et par terre.		
		F. C.	F. C.	F. C.	
JABLOIRES — Outils de tonnelier (1)....	100 k. N. B.	140 —	149 50	1 —	(1) Les outils de toute sorte peuvent être importés, par les bureaux de mer, en colis de tous poids, mais sans mélange d'espèces payant des droits différents.
JADES (2) brutes.................	100 k. B. B.	15 —	16 50	— 25	
» taillée..............	1 k. N. B.	2 —	2 20	}lcs 100 kil.	
JAIET ou Jais (3)................	100 k. B.B.	1 —	1 10		(2) Pierre d'une couleur verdâtre ou blanchâtre, fort dure. Les Turcs et les Polonais en font des manches de sabre.
JALAP (racine de)..............	100 k. N. B.	100 —	107 50		
» (résine de)...........	dito.	123 —	131 60	} — 25	(3) Ce corps que le tarif général comprend encore au nombre des bitumes, forme une variété de l'espèce connue sous la dénomination de lignite. Le lignite provient évidemment de la décomposition du bois, il varie par son aspect et ses propriétés, suivant que cette décomposition est plus avancée. De là les différentes variétés. Sa pesanteur spécifique est de 1, 4 à 1, 7. On vend dans le commerce sous le nom de jaïet ou de jais des lignax à bon marché qui ne sont autre chose que du verre noirci et soufflé.
JAMBONNEAUX — Coquilles nacrées, de l'Inde.	100 k. N. B.	2 —	5 —		
» » d'ailleurs......	dito.	3 —	5 —		
JAMBONS..................	100 k. B.B.	33 —	33 30		
JARDINAGE...............	dito.	— 20	— 20	— 26	
JARGON — Pierre fine jaune brute....	1 k. N. B.	— 25	— 25	— 01	
» » taillée.......	dito.	— 30	— 30	— 01	
JAROSSE (graine de) ou Vesce des pays de production.	l'hectolitre.	— 25	1 25	— 25	
» » d'ailleurs..........	dito.	1 25	1 25	}lcs 100 kil.	
JARRES en terre grossière........	100 k. B. B.	6 —	6 60	— 25	
» » en grès commun........	dito.	10 —	11 —	— 25	
JARRETIÈRES élastiques (4........	100 k. N. B.	200 —	212 50		(4) Toutes celles qui seraient faites en tissus ou en tricots suivent le régime des tissus ou de la passementerie selon l'espèce.
JASMIN (huile de).............	dito.	102 —	109 60		
JAUNE de cassel, minéral, de Naples, de roi, et jaune royal, sèches ou liquides.	100 k. B. B.	35 —	38 50	2 —	(5) L'arrêté du 5 germinal an 12 défend aux particuliers de France de faire frapper des jetons et pièces de plaisir ailleurs qu'à l'hôtel des monnaies ; dès lors ce qui provient de l'étranger pour le commerce est défendu. Il n'y a d'exception que pour les objets de science qui se distinguent en ce qu'ils sont de formes différentes et en petit nombre de chaque espèce.
» » en pâtes humides.	dito.	17 50	19 25		
» de chrôme (chrômate de plomb)........	100 k. N. B.	75 —	81 20		
JETONS d'ivoire ou de nacre....	1 k. B.	prohibé.	prohibé.	— 01	
» d'os............	100 k. N. B.	100 —	107 50	1 —	
» de métal — Objets de collection (5)....	la valeur.	1 p. %	1 p. %	1 p.%	
JEUX de domino, et d'échec....	1 k. B.	prohibé.	prohibé.	— 01	
» exotiques, bambous (6) et joncs forts de l'Inde.	100 k. N. B.	80 —	200 —		(6) On appelle lambou une espèce de tige jaunâtre et luisante qui a des nœuds, à l'une avec une cannelure de l'un à l'autre de ces nœuds, et sert exclusivement à la fabrication des cannes. Quant à la dénomination de joncs forts elle comprend, sans distinction, tous les joncs à tiges, naturellement couverts d'un vernis, dont la production est étrangère à l'Europe. Leur destination est aussi de servir à fabriquer des cannes ou badines, soit d'un seul jet, soit de deux pièces rajustées.
» » » d'ailleurs....	dito.	160 —	200 —		
» rotins de petit calibre, ce... de l'Inde.	dito.	40 —	100 —		
» » tiers ou en éclisses (7. d'ailleurs.	dito.	80 —	100 —		
JONCS et roseaux	» d'Europe, des jardins, en tiges entières.	100 k. B.B.	8 —	8 80		(7) Ils sont de la même espèce que ceux désignés ci-dessus mais ils n'ont qu'un diamètre de 6 à 9 mill. Ils sont longs de 300 à 325 cent., et portent leurs nœuds à une distance de 32 à 38 cent. L'un de l'autre. Ils sont toujours repliés par un bout et viennent en p que le plus communément du poids de 2 à 4 k... On traite com e joncs, les rotins ou rostangs qui sont droits dans toute leur longueur.
	» » en tubes sans nœud....	dito.	11 —	12 10		
	» » en brochettes, pour peignes à tisser.	dito.	18 —	19 80	— 25	
	» sparte en tiges, brutes.......	dito.	— 50	— 50		
	» » battues.......	dito.	4 —	4 40		
	» presle............	dito.	— 5	— 5		
	» à dénommer...........	dito.	4 —	4 10		
JONCS odorants à dénommer......	100 k. N. B.	41 —	45 40		(8) Ce s nt le nard Indien ou le schénanthe.
JOCK-STICK ou mèches de la Chine...	100 k. B.B.	13 —	14 30		
JOUJOUX d'enfant — Bimbeloterie.	dito.	80 —	86 50		
JOURNAUX et Gazettes (9) confondus dans la correspondance par suite d'abonnement.	»	exempt.	exempt.	exempt.	(9) Voir la note 6, page 65.
» » en langues mortes ou étrangères.	100 k. B.B.	10 —	11 —	1 —	
» » en lang. franç. mémoir. scientifiq.	100 k. N.B	50 —	55 —	1 —	
» » autres publiés à l'étrang.	dito.	100 —	107 50	1 —	
» » contrefaçons......	»	prohibé.	prohibé.	prohibé.	(10) Plus le droit de 15 cent à l'entrée, et 1 cent à la sortie par litre de contenance, si on le présente en bouteilles.
JUBIS, grappes de raisin séchées au soleil	100 k. B.B.	16 —	17 60		
» » fruits...........	dito.	16 —	17 60		
» (pâte de) de Bourbon........	100 k. N. B.	61 —	— —		
» » des Antilles et de la Guiane française.	dito.	70 —	— —	} — 25	
» » de l'Inde.........	dito.	90 —	120 —		
» » d'ailleurs hors d'Europe..	dito.	95 —	120 —		
» » des entrepôts........	dito.	105 —	120 —		
JUMENTS...............	par tête.	25 —	25 —	5 —	
JUS d'ananas à dénommer......	l'hectolitre.	25 —	25 —	— 15	
» de cerises — Kirchwasser (10).	l'hectolitre.	200 —	200 —	— 10	
» de citron et de limon, naturel au-dessous de 30°.	1 k. B. B.	— 01	— 01	— 25	
» » concentré de 30 à 35°..	dito.	— 08	— 08	}lcs 100 kil.	
» épices pour assaisonnement....	»	2 —	2 20		
» de grenade (10).........	l'hectolitre.	25 —	25 —	— 15	
» de nerprun...........	100 k. N. B.	200 —	212 50	2 50	
» d'orange (10)..........	l'hectolitre.	25 —	25 —	— 15	
» de réglisse...........	100 k. N. B.	48 —	52 80	— 25	

10

DÉNOMINATION DES MARCHANDISES	UNITÉS sur lesquelles portent LES DROITS.	DROITS D'ENTRÉE		DROITS de SORTIE.	NOTES.
		par Navires français.	par Nav. étr. et par terre.		
		F. C.	F. C.	F. C.	
JUSQUIAME — Racines médicinales............	100 k. B. B.	20 —	22 —	— 25	(1 Fluide et transparent, répandant une odeur forte et très-pénétrante, d'une légè-
» herbes »	dito.	30 —	33 —	— 25	rete comparable à celle de l'alcool absolu;
» fruits »	dito.	35 —	38 50	— 25	très-volatil, très-inflammable , ne laissant aucun résidu en brûlant. — C'est un ver-
					mifuge.
K					(2) Insecte qui naît sur le chêne vert. On appelle Kermès en grains l'insecte entier
KAGNE (espèce de vermicelle en rubans).......	100 k. B. B.	20 —	22 —	— 25	desséché et roulé sur lui-même. Poudre
KALI — Plantes alcalines	dito.	— 10	— 10	— 10	rouge de brique. Il donne une couleur plus solide que celle obtenue de la cochenille,
KAMINE mâle (1)...............	dito.	7 —	7 70	— 25	mais moins belle.
KAOLIN...............	dito.	— 10	— 10	— 25	(3) Sel solide d'un rouge brun velouté.
KARABÉ (un des nombreux synonymes du succin)....	dito.	37 —	40 70	— 25	(4) Plus 15 centi. à l'entrée est 1 centi. A
KARY (poudre de)...............	1 k. N. B.	2 —	2 20	— 25	la sortie par litre de contenance, si le Kirsch
KERMÈS (2) en grains ou graine d'écarlate........	100 k. B. N.	1 —	1 10	les 100 kil.	est présenté en bouteilles.
» en poudre , des pays hors d'Europe........	1 k. N. N.	4 —	6 —	2 — le kilog.	(5) Petits pains carrés très-durs qu'on ap-
» » des entrepôts............	dito.	5 —	6 —		porte des Indes; couleur violette en dehors,
» minéral (3)............	1 k. B.	prohibé.	prohibé.	— 02	efflorescence rose; cassure résineuse et d'une couleur très-foncée.
KINA (écorces de) des pays situés à l'ouest du cap Horn.	100 k. N. B.	25 —	100 —	— 25	(6) TABLEAU des bureaux ouverts à l'im-
» » d'ailleurs .	dito.	50 —	100 —	— 25	portation des laines.
KIRSCHWASSER — Eau-de-vie de cerises (4)........	l'hectolitre d'alcool pur.	200 —	200 —	— 40	

Directions.	Bureaux.
Dunkerque	Dunkerque, Armentières, Halluin Threeing, par Risconlont, Lille, par Bonsbeck, Halluin ou Baisieux, Baisieux.
Valenciennes .	Blanc - Misseron, Valenciennes p.Blanc-Misseron, Murchipont ou Sébourg, Maubeuge,par Bétignies, Lillers-aux-Nicole, Jeumont ou Coursoire.

L						
LABDANUM — Concret ou liquide...............	100 k. N.B.	92 —	99 10	— 25	Charleville...	Rocroy, Givet, Sedan par Saint-Menges ou par Givonne , substitue à la
LACK-LAKE (5) de l'Inde...............	dito.	50 —	100 —	5 —		Chapelle.
» d'ailleurs...............	dito.	75 —	100 —	5 —	Metz........	Sierck, Forbach , Sarreguemines.
LAINES (6) en masse, par navires français et par terre.	la valeur.	20 p. %	»		Strasbourg....	Wissembourg,Strasbourg, par le Bantzenau et le
» » par navires étrangers.....	dito.	»	22 p. %			pont du Rhin, St-Louis.
» peignées...............	dito.	30 p. %	30 p. %		Besançon....	Les Rousses.
» teintes de toute sorte............	100 k. N. B.	300 —	317 50	— 25 les 100 kil.	Belley......	Pont de-Beauvoisin, Bel-
» (déchets de) bourre entière............	Mêmes droits que les laines selon l'espèce.					legarde.
» » bourre lanice et tontice..	100 k. N. B.	1 —	1 10		Grenoble....	Chaparellan,Pont-Charra.
LAINE (fils de) blanche...............	100 k. B.	prohibé.	prohibé.	— 25	Digne......	Larche, Saint-Laurent- du-Var.
» » teinte...............	dito.	dito.	dito.	»	Toulon......	Toulon.
» » (pennes de) (7)............	»	»	»	»	Marseille....	Marseille, Arles.
LAIT de soufre...............	1 k. B.	prohibé.	prohibé.	— 02	Montpellier...	Cette, Agde.
» animal...............	100 k. B.	»	»	»	Perpignan....	Port - Vendres , Perthus, Coret, Bourg-Madame.
de 1ʳᵉ fusion en masses, barresdes pays h. d'Eur.	100 k. B.B.	1 —	3 —	2 —	Saint-Gaudens .	Bagnères.
» ou plaqués ou en objets détruits/des entrepôts..	dito.	2 —	3 —	2 —		*La suite, page 75 ci-contre.*
LAITON laminé, en barres ou en planches............	100 k. N. B.	50 —	55 —	—		
» battu...............	dito.	80 —	86 50	—		
allié filé poli, sauf ceux ci-après............	dito.	prohibé.	prohibé.	1 —	(7) Les pennes, paines ou Corons qui ont	
» non poli ou poli pour cordes d'instruments..	100 k. N. B.	100 —	107 50	—	de 105 à 270 milli. de longueur suivent le	
de zinc » propre à la broderie............	dito.	286 —	302 80	—	régime de la matière brute dont ces déchets	
ouvrages simplement tournés (8)............	dito.	100 —	107 50	2 —	dérivent.	
		200 —	212 50	— 20	(8) Suivant le fini de l'ouvrage.	
LAITUE — Plante — Légumes verts............	100 k. B.B.	— 50	— 50	— 25	(9) En cas d'exception, on perçoit les	
» (graine de) — Fruits médicinaux....	dito.	35 —	38 50		mêmes droits que ceux établis sur les armes	
LAMES de sabre pour enfant............	100 k. N.B.	80 —	86 50		de luxe.	
» de sabre ou d'épée, d'un modèle en usage pour les troupes françaises (9).....		prohibé.	prohibé.	prohibé.	(10) Les armes de traite que l'on exporte par mer en caisses de 50 kil. au moins ne	
» » de luxe ou de traite (10)..	100 k. N.B.	400 —	417 50	5 —	paient que 25 cent. par 100 k. B.	
» de couteau de chasse ou de cout. pr canifs à sucre.	dito.	400 —	417 50	5 —	(11 Les lames à scie peuvent être présentées	
» à scie (11) ayant 146 cent. de long. ou plus, mais d'épaisseur d'usage.	dito.	140 —	149 50	1 —	dans les ports en colis de tous poids, mais sans mélanges des espèces soumises à des	
» ayant moins de 146 cent............	dito.	200 —	213 50	1 —	droits différents.	
LAMINOIRS à l'usage des orfèvres et des bijoutiers....	La val. à déter. indiner par le comité consult.[tatif des arts et noninlan].	15 p. %	15 p. %	1 4 p. %		
LAMPES en cuivre...............	100 k. B.	prohibé.	prohibé.	1 —		
» en cuivre doré ou argenté............	dito.	dito.	d. to	4 —		
» en métaux comm.,vernis,plaq.,dorés ou argentés.	dito.	dito.	dito.	3 —		
LANCETTES...............	la valeur.	10 p. %	10 p. %	1 4 p. %		

DÉNOMINATION DES MARCHANDISES.	UNITÉS sur lesquelles portent LES DROITS.	DROITS D'ENTRÉE.		DROITS de SORTIE.	NOTES.
		par Navires français.	par Nav. étr. et par terre.		
		F. C.	F. C.	F. C.	
LANTERNES magiques, grandes..........	(la valeur à déterminer par le comité consultatif des arts et manuf.	15 p. %	15 p. %	1/4 p. %	(1) Pierre fine, d'un bleu plus ou moins prononcé dure, rayant le verre et faisant feu avec l'acier. On en fait des bijoux, des mosaïques : c'est la base du bleu d'outre-mer.
» servant de joujoux aux enfans	100 k. N.B.	80 —	86 50	1 —	
» à la douzaine......................	100 —	100 —	107 50	1 —	
LAPIS — Antalis........................	100 k. B.B.	7 —	7 70	— 25	(2) Couleur en pâte, formée de craie ou d'alumine saturée de rouge extrait du Bois d'Inde : elle sert à la peinture commune.
» lazuli (1) brute..................	1 h. N.B.	— 25	— 25	— 01	
» • taillée....................	dito.	— 50	— 50	— 01	
LAQUE nat. ou résine de laque à ses différens états de l'Inde	100 k. B.B.	1 40	5 70	— 25	(3) Les outils de toute sorte peuvent être importés, par les bureaux de mer, en colis de tous poids, mais sans mélange d'espèces payant les droits différents.
» » d'ailleurs	dito.	4 —	5 70	— 25	
» en teinture ou en trochisques, de l'Inde....	100 k. N.B	50 —	100 —	5 —	
» » d'ailleurs	dito.	75 —	100 —	5 —	
« préparée — Rosette (2)	100 k. B.B.	17 50	19 25	2 —	(4) D'après l'ordonnance du 17 janvier 1830, les légumes secs et leurs farines sont soumis pour leur importation, et leur exportation, aux mêmes restrictions d'entrée et de sortie que les grains.
LARD frais............................	dito.	18 —	19 80	3 —	
» salé, fumé, assaisonné, mariné....	dito.	35 —	36 30	— 25	
LARDOIRES (3) outils de pur acier............	100 k. N.B.	200 —	212 50	1 —	
» » de cuivre..............	dito.	150 —	160 —	1 —	(5. Résultat de la fabrication du savon.
LATANIER............................	100 k. B.B.	— 50	— 50	— 25	
LATTES de 2 mètres de longueur et au-dessous....	1000 en N.	— 50	— 50	— 50	
» de 2 à 4 mètres exclusivement............	dito.	2 —	2 —	2 —	(7) Les lies de vin pressées et encore humides ne sont passibles à leur sortie que du demi-droit imposé sur la lie desséchée, c'est-à-dire, qu'on ne perçoit le droit de 7 f. 14 c. que sur la moitié du poids brut de la lie de vin pressée et encore humide.
» de 4 mètres et au-dessus..............	dito.	10 —	10 —	10 —	
LAUDANUM............................	1 k. B.	prohibé.	prohibé.	— 02	
LAURIER — Feuilles......................	100 k. B.B.	30 —	33 —	— 25	
» baies........................	dito.	35 —	38 50	— 25	
» (huile de)....................	dito.	25 —	70 —	— 50	
LAVANDE (herbe de)....................	dito.	30 —	33 —	— 25	
» (fleurs de)....................	dito.	5 —	5 50	— 25	
» (graine de)....................	dito.	35 —	38 50	— 25	
» (huile de)....................	100 k. N.B.	62 —	67 60	2 —	
LAVES de volcan ouvrées..................	la valeur.	15 p. %	15 p. %	1/4 p. %	
LAZAGNES (pâtes d'Italie)..................	100 k. B.B.	20 —	22 —	— 25	Suite de la note 6, ci-contre.
LAZULITE — Voir plus haut Lapis lazuli.......	»	»	»	»	
LÉGUMES verts........................	100 k. B.B.	— 50	— 50	— 20	Bayonne........ Bedous, par Urdos, Saint-Jean-Pied-de-Port, Bayonne.
» salés ou confits	dito.	9 —	9 90	— 25	
» secs et leurs farines (4)..........	dito.	10 —	11 —	— 25	Bordeaux.... Bordeaux.
LENTILLES — Comme légumes secs............	»	»	»	»	La Rochelle... La Rochelle.
LESSIVE (5) de la Guiane française............	100 k. N.B.	10 —	»	— 25	Nantes..... Nantes.
» d'ailleurs hors d'Europe..........	dito.	15 —	21 —	— 25	Lorient.... Lorient.
» des entrepôts..............	dito.	18 —	21 —	— 25	Brest..... Morlaix.
LEVAIN ou levure de bière..................	100 k. B.B.	— 50	— 50	— 25	Saint-Malo... Le Légué, Saint-Malo.
LEVIERS en fer (3	100 k. B.B.	50 —	55 —	1 —	Cherbourg.... Granville,Cherbourg,Caen
LIBIDIBI (gousses de) du Sénégal et de la Guiane franç	100 k. B.B.	— 25	»	— 25	Rouen.... Honfleur, Le Havre, Rouen
» » de l'Inde.................	dito.	2 —	7 —	— 25	Abbeville..... Dieppe, Saint-Valery-sur-Somme.
» » d'ailleurs hors d'Europe.......	dito.	3 —	7 —	— 25	
» » des entrepôts...........	dito.	5 —	7 —	— 25	Boulogne..... Boulogne, Calais.
LICHENS tinctoriaux......................	dito.	1 —	1 10	2 —	Les salaires voisins de la frontière, auxquels leur éloignement de tous les bureaux designés pour l'importation des laines, ne permettrait de tirer leur approvisionnement qu'au moyen d'un circuit onéreux, peuvent être temporairement autorisés à recevoir cet approvisionnement par le bureau de la route directe, conformément à l'article 2 de la loi du 25 avril 1816.
» autres que ceux propres à la teinture.....	dito.	15 —	16 50	— 25	
LIES de vin (tartrate acide de potasse très-impur (7.) liquide....	dito.	1 —	1 10	2 04	
» » » desséchée.	dito.	1 —	1 10	7 14	
» » brûlée, de la Guiane française........	100 k. N.B.	10 —	»	— 25	
» » » d'ailleurs hors d'Europe..........	dito.	15 —	21 —	— 25	C'est sur la valeur que les laines ont à la frontière et ayant l'acquittement de toutes taxes, que le droit de 20 ou de 50 p % doit être calculé. La douane ne fixe plus de minimum pour leur évaluation.
» » » des entrepôts..........	dito.	18 —	21 —	— 25	
» d'huile, même droit que leurs huiles..........	»	»	»	»	
LIÉGE brut ou revêtu de sa croûte gercée, en planches...	100 k. B.B.	6 —	6 60	1 —	
» » en petits cubes..............	dito.	12 —	13 20	1 —	La douane exige des importateurs autant de déclarations qu'il y a d'espèces de laines et n'admet jamais dans le même colis des balles d'une valeur différente.
» rapé, en planches......................	dito.	9 —	9 90	1 —	
» » en petits cubes	dito.	18 —	19 80	1 —	En cas de dissimulation de la part du déclarant, la douane a la faculté de retenir la marchandise, pour son compte, en payant au propriétaire la valeur déclarée et les frais et coûts, dans les 15 jours qui suivent la notification du jugement qui le retient. Il ne lui est plus accordé que trois jours, au lieu de dix pour déclarer la préemption.
» ouvré...........................	100 k. N.B.	54 —	59 20	— 25	
» (rognures de)	100 k. B.B.	6 —	6 60	1 —	
» brûlé (noir d'Espagne)	dito.	15 —	16 50	2 —	
LIERRE (feuilles et branches de) — Feuilles médicinales.	dito.	1 —	1 10	— 25	
LIGNES de pêcheur......................	100 k. N.B.	100 —	107 50	1 —	
LIMAÇONS.............................	1000 en N.	1 —	1 —	— 50	
LIMAILLES de fer........................	100 k. B.B.	— 10	— 10	— 25	
» de cuivre.....................	dito.	— 10	— 10	2 —	
» d'or et d'argent — Regrets d'orfèvres.....	100 k. B.N.	— 05	— 05	50 —	

DÉNOMINATION DES MARCHANDISES	UNITÉS sur lesquelles portent LES DROITS	DROITS D'ENTRÉE par Navires français	par Nav. étr. et par terre.	DROITS de SORTIE.	NOTES.
		F. C.	F. C.	F. C.	
à grosses tailles dites communes (1)	100 k. N. B.	80 —	86 50	1 —	(1) On comprend sous la dénomination de limes à grosses tailles, dites *communes*, les
LIMES à polir dites ｛ de 17 cent. de long' et au-dessus.	dito.	200 —	212 50	1 —	limes à queues non polies dont chacune ne
fines (2) ｛ de moins de 17 cent. de longueur.	dito.	250 —	265 —	1 —	pèse pas moins d'un hectogramme, qui, em-
vieilles en acier forgé.	dito.	60 —	65 50	— 25	paillées et sans papier, sont en paquets de
» en acier fondu	dito.	120 —	128 50	— 25	six au plus, et se vendent au poids dans le commerce.
LIMONS — Variétés du citron		» »	» »	» »	(2) Les limes à polir, dites *fines*, se distin-
LIN brut en tiges vertes	100 k. B. B.	— 50	— 50 ｝		guent des limes communes par les caractères
» sèches	dito.	— 60	— 60 ｝		opposés à ceux décrits ci-dessus: la taille
» rouies	dito.	— 75	— 80 ｝ — 25		en est serrée et plus régulière; le morceau
» teillé et étoupes.	dito.	5 —	5 50 ｝		d'acier dont chacune est formée ayant été
» peigné	dito.	15 —	16 50		poli avant qu'on le poinçonnât, la partie
» filé, simple, écru, bis ou herbé d'étoupes.	dito.	14 —	15 40	— 50	inférieure, qui sert d'emmanchement, est
» » » à voile.	dito.	24 —	26 40	— 50	lisse et régulièrement évidée. Elles sont, à
» » » de mercerie...	dito.	24 —	26 40	40 —	moins de fraude, enveloppées de papier, et
» » » autres.	dito.	24 —	26 40	— 50	se vendent au pouce.
» » » blanchi.	dito.	34 —	37 40	— 50	Les longueurs ne se mesurent que sur la
» » » teint.	100 k. N.B.	44 —	48 40	— 50	partie de la lime qui est taillée ou poin-
» » retors, écru, à voile.	100 k. B. B.	29 —	31 90		çonnée, sans comprendre la partie réservée
» » » autres.	100 k. N.b.	44 —	48 40		pour l'emmanchement.
» » » bis, herbé ou blanchi, à dentelles.	1 k. N. B.	10 —	11 —	— 25 les 100 kil.	
» » » autres	100 k. N.B.	62 —	67 60		
» » » teints.	dito.	123 —	131 60		
» (graine de）	100 k. B. B.	1 —	1 50	— 25	
» (huile de）	dito.	25 —	30 —	— 25	(1) Les vêtements neufs, confectionnés,
» (tourteaux de）	dito.	— 50	— 50	— 25	et autres effets neufs à l'usage des voya-
LINGE neuf (1) en coton	100 k. B	prohibé.	prohibé.	— 50	geurs, (*en tissus ou matières prohibés*
» en lin ou en chanvre ou damassé.	100 k. N.B	Même droit que le tissu dont il est formé et le dixième en sus.			*à l'entrée*), sont admis au droit de 30 p. % de la valeur, quand ils ont été déclarés
» supporté (2) accompagnant les voyageurs.	dito.	exempt.	exempt.	exempt.	avant la visite, et que la douane reconnaît
» usé, déchiré ou à pansement.	»	— 10	— 10	prohibé.	que ce sont des objets hors de commerce
» de table en pièce, ouvragé et damassé (3) écru.	100 k. N. B.	150 —	160 —	— 25	destinés à l'usage personnel des déclarants,
» » » blanc.	dito.	300 —	317 50	— 25	et en rapport avec leur condition et le reste
LINGOTS d'or.	1 h. N. N.	— 25	— 25	— 25	de leurs bagages.
» d'argent.	1 k. B.B.	— 05	— 05	— 25	(2) S'il s'agissait d'une quantité de linge
» de fer.	100 k. B.	prohibé.	prohibé.	— 25	supporté formant un fond de ménage, et
» de plomb.	100 k. N.B.	— 7	— 7	— 2	non le nécessaire d'un voyageur, il y au-
LINON — Tissus de lin.	1 k. N.B.	25 —	27 50	— 25	rait lieu à appliquer le droit du linge, à
LIQUEURS (4) de la Martinique.	l'hectolitre.	100 —	100 —	1 —	moins d'une exemption accordée par le Directeur des Douanes.
» d'ailleurs.	dito.	150 —	150 —	1 —	(3) Le linge de table uni en pièces paie le
LISIÈRES de drap.	100 k. B.	prohibé.	prohibé.	1 50	droit de la toile de lin suivant l'espèce.
LITHARGE, oxide de plomb demi-vitreux rougeât. ou jaun.	100 k. B.B.	10 —	11 —	— 25	(4) Plus 15 cent. à l'entrée, 1 cent. à la
LITHOGRAPHIES de porte-feuille et d'ornement (5).	100 k. N.B.	300 —	317 50		sortie par litre de contenance si elles sont
LIVRES (6) en langues mortes ou étrangères.	100 k. B.B	10 —	11 —		présentées en bouteilles de verre.
» en langue fran., mémoires scientifiques.	100 k. N.B.	50 —	55 — ｝	1 —	(5) Les gravures et lithographies placées
» » autres ouvrag. publiés à l'étr.	dito.	100 —	107 50 ｝		dans des ouvrages de librairie et se rappor-
» » réimprimés sur éditions fran.	dito.	150 —	160 —		tant au texte, paient les mêmes droits d'en-
» imprim. en Fran. et réimport. dans les cinq ans.	100 k. B. B.	1 —	1 10		trée que les livres.
» contrefaçons.		prohibé.	prohibé.	prohibé.	(6) Voir la note 6, page 64.
LONGUES-VUES.	La valeur des la matière par le comité consultatif des arts et manuf.	30 p. %	30 p. %	1/4 p. %	
LOQUES.	100 k. B.	— 10	— 10	prohibé.	
LORGNETTES montées en corne avec tubes de carton.	100 k. N.B	100 —	107 50	1 —	
» montées en métal.	dito.	200 —	212 50	2 —	
LOUPES.	La valeur à déterminer par le comité consult. ｛ il des arts et manufactures	30 p. %	30 p. %	1/4 p. %	
LUMENT — Mèches d'étoupes.	100 k. B. B.	10 —	11 —	— 25	
LUNETTES ou Bésicles en boite et à la douzaine.	10 k. N.B.	100 —	107 50	1 —	
» en or ou en vermeil.	1 hec. N. N.	20 —	22 —	— 20	
» en argent.	dito.	10 —	11 —	— 20	
» d'astronomie.	la val. à déterminer par le comité consultatif des arts et manufact.	30 p. %	30 p %	1/4 p. %	

DÉNOMINATION DES MARCHANDISES	UNITÉS sur lesquelles portent LES DROITS	DROITS D'ENTRÉE par Navires français.	par Nav. étr. et par terre.	DROITS de SORTIE.	NOTES.
		F. C.	F. C.	F. C.	
LUPINS (1)................	100 k. B.B.	10 —	11 —	— 25	(1) Les légumes secs et leurs farines sont soumis pour leur importation et leur exportation aux mêmes restrictions d'entrée et de sortie que les grains.
LUSTRES........................	100 k. B.	prohibé.	prohibé.	— 25	
LUTHS........................	la pièce.	1 50	1 50	— 08	
LYCOPODE ou soufre végétal (2).......	100 k. B.B.	20 —	22 —	— 15	(2) Poudre subtile, jaune-soufre, difficilement miscible à l'eau, mais s'attachant facilement aux doigts et susceptible de s'enflammer brusquement quand on la projette sur la flamme.
LYRES........................	la pièce.	3 —	3 —	— 15	
LYS de vallée — Muguet — Fleurs médicinales........	100 k. B.B.	40 —	44 —	— 25	

M

MACARONI — Pâtes d'Italie.....	100 k. B.B.	20 —	22 —	— 25	(3) Les machines locomotives pour chemins de fer doivent être traitées comme machines à dénommer et payer 15 p. % de la valeur à l'entrée.
MACHEFER par mer.....	dito.	1 40	1 54	— 10	Les machines et mécaniques propres aux arts et métiers peuvent sortir soit montées soit en pièces détachées.
» par terre, de la mer à Blancmisseron exclus.	dito.	»	1 40	— 10	Le droit de 15 ou 30 p. % de la valeur se perçoit d'après les déclarations dûment vérifiées; mais on exige une commission cautionnée de payer tel supplément qui pourrait résulter du jugement du comité consultatif des arts et manufactures. Les déclarants doivent fournir des dessins sur échelle des machines qu'ils présentent, ou une épreuve de chaque objet s'il s'agit de planches ou de rouls ... Les déclarations doivent aussi indiquer l'usage des machines, leur composition, leur poids, leur valeur, et désigner les quantités par matière, telles que bois, fonte, fer, fer-blanc, acier. S'il s'agit de pompes à vapeur, les déclarations doivent indiquer si elles sont posées ou non, fixes ou portatives, de quelle fabrique elles proviennent, le nombre des chevaux qu'elles remplacent, et le diamètre de leurs cylindres.
» » de Blancmisseron à Signogne inclus.	dito.	»	— 80	— 10	
» » par les autres frontières......	dito.	»	1 20	— 10	
MACHINES (cardes à carder et garnitures de cardes.	la val. à déterminer par le comité consultatif des arts et manufact.	15 p. %	15 p. %	1/4 p. %	
et (peignes à tisser et les broches propres à les faire	d.to.	15 p. %	15 p. %		
mécaniques (pompes à vapeur...	dito.	20 p. %	30 p. %		
(3) (à dénommer...	dito.	15 p. %	15 p. %		
MACIS de Bourbon et de la Guiane française.....	1 k. N.B.	2 —	2 —	— 2½	(4) Cuivre carbonaté; sa couleur varie du vert-pomme au vert d'émeraude; sa pesanteur spécifique est 3, 57 à 3, 98. On en fait usage dans la bijouterie.
» de l'Inde.	dito.	1 50	4 —	les 100 kil.	
» d'ailleurs.	dito.	2 50	4 —		
» (huile de)	dito.	9 —	9 90	— 02	
MACULATURES de papier........	100 k. B.B.	— 10	— 10	prohibé.	
MAGNÉSIE (carbonate de)....	100 k. N.B.	2 50	212 —	2 —	
» (sulfate de, (sel d'Epsom).	d'to.	70 —	76 —	— 2½	
MAGNOLIER glauque — Écorces médicinales...	dito.	48 —	52 80	— 2½	(5) Elles se présentent dans le commerce sous la forme d'morceaux durs, secs ou creux, rugueux, un peu translucides et fragiles. On en obtient une couleur jaune tout solide.
MAÏS — Voir le Tarif des céréales.....	»	»	»	»	
MALABATHRUM — Feuilles médicinales.....	100 k. B.B.	30 —	33 —	— 2½	(6) Leur diamètre se prend au 6e de la longueur et celle du gros bout.
MALACHITES en masses ou pulvérisées.	dito.	31 —	34 10	2 —	
» taillées pour bijoux (4)..	1 k. N.B.	— 50	— 50	— 01	(7) Couteaux de cannes à sucre. Ils sont semblables aux lames de sabre-briquet, mais la soie, qui a lieu d'être carrée et plate et au-dessous de chaque côté d'un morceau de bois de très peu de valeur qui en forme la poignée.
MALICORIUM — Écorces à tan (5).....	100 k. B.B.	1 —	1 10	4 —	
MALLES non garnies	d'to.	4 —	4 40	— 25	
» garnies....	100 k. N.B.	100 —	107 50	1 —	(8) Les armes de traite que l'on exporte par mer en caisse d'au moins 50 kil., ou celles ... payent que 25 centimes par les 100 k.; celles en caisses au-dessous de 50 kil. sont soumises au droit de 6 f.
MALT (orge germée et desséchée) suit le régime des céréales.	»	»	»	»	
MALTHE — Bitume glutineux......	100 k. B.B.	21 —	23 10	— 2½	(9) Métal à l'état d'oxide d'un gris blanchâtre, d'une texture grenue, très-dur et néanmoins tellement cassant qu'il peut être réduit en poudre dans un mortier; sa pesanteur spécifique est de 6, 85. Il est connu dans le commerce sous le nom de magnésie, oxide et de savon des verriers.
MANCHES de brosse et de fouet.	la valeur.	15 p. %	15 p. %	1/4 p. %	
» d'outils en bois communs avec ou sans virole.	dito.	15 p. %	15 p. %	1/4 p. %	
» en buis.......	100 k. B.B.	100 —	107 50	1 —	
» de pinceaux.	100 k. B.B.	4 —	4 40	— 25	
» de gaffe de 6 cent. inclus à l'exclus de diam. (6)	la pièce.	— 10	— 10	— 02	
» de fouine et de pinceaux à goudron.	dito.	— 02	— 02	— 10	
MANCHETTES (7) (8).......	100 k. N.B.	400 —	417 50	1 —	(10) Les cartes géographiques placées dans des ouvrages de librairie, et se rapportant au texte, acquittent, à l'entrée, les mêmes droits que les livres.
MANCHONS.......	la valeur.	15 p. %	15 p. %	1/4 p. %	
MANDOLINES.......	la pièce.	1 50	1 50	— 08	
MANDRAGORE ou faux Ginseng — Racines médicinales.	100 k. B.B.	20 —	22 —		
MANGANÈSE (9).....	dito.	7 —	7 70	— 2½	
MANGLIER noir — Écorces médicinales...	dito.	20 —	22 —		
» rouge (écorces de) des pays hors d'Europe..	dito.	4 —	9 —	— 25	
» des entrepôts...	dito.	9 —	9 —		
MANICORDIUM — Cuivre allié de zinc bien poli.	100 k. B.	prohibé.	prohibé.	1 —	
MANIGUETTE ou graine de paradis....	100 k. N.B.	125 —	131 60	8 —	
MANIOC (fécule de)....	100 k. B.B.	7 —	7 70	— 25	
» espèce de semoule grillée dite Tapioca....	100 k. B.B.	7 —	22 —	— 25	
MANIVELLES en bois, servant à tourner les cabestans, etc.	la valeur.	10 p. %	10 p. %	5 p. %	
» en fer....	100 k. B.	prohibé.	prohibé.	2 —	
MANNE........................	100 k. N.B.	80 —	86 50	2 —	
MANNEQUINS........................	la valeur.	15 p. %	15 p. %	1/4 p. %	
MAPPE-MONDES, gravures (10).....	100 k. N.B.	300 —	317 50	1 —	
» instruments d'observation....	la val. à déterminer par le comité consultatif des arts et manufact.	30 p. %	30 p. %	1/4 p. %	

DÉNOMINATION DES MARCHANDISES		UNITÉS sur lesquelles portent LES DROITS.	DROITS D'ENTRÉE		DROITS de SORTIE.	NOTES.
			par Navires français.	par Nav. étr. et par terre.		
			F. C.	F. C.	F. C.	
MARBRES (1)	blanc autre que statuaire, bleu turquin, bleu fleuri et brocatelle... / en blocs, simplement équarris ou ébauchés avec ou sans sciage, ayant au moins 16 centimètres d'épaisseur.	100 k. B. B	5 —	5 50		(1) Les marbres étrangers les plus connus dans le commerce sont ceux d'Italie, d'Espagne et de Belgique.
	en tranches / de moins de 16 et de plus de 3 cent. d'épais.	dito.	9 —	9 90		MARBRES D'ITALIE. — Blanc statuaire ou blanc pur ; — Blanc veiné ; — Bardiglio ou bleu Turquin ; — Bardiglio fleuri ou bleu fleuri ; — Porte-or ; — Jaune de Sienne et de Vérone ; — Vert de Gênes ; — Vert de mer ; — Vert de Turin ; — Brèche violette ; — Brèche dite jaspe du lion ; — Cipolin ; — Sicile ; — Noir antique
	de 3 cent. ou moins..	dito.	13 30	14 80		
	blanc statuaire, jaune de Sienne, vert dit ser-	en blocs, simplement équarris ou ébauchés, avec ou sans sciage, ayant au moins 16 centimètres d'épaisseur.......	dito.	1 —	11 —	— 05	
	pentine.porte-or.......	en tranches / de moins de 16 et de plus de 3 cent. d'épais.	dito.	15 —	16 50		
		de 3 cent. ou moins..	dito.	22 —	24 20		
	autres en blocs, simplement équarris ou ébauchés avec ou sans sciage, ayant au moins 16 centimètres d'épaisseur...		dito.	2 50	2 70		
	» en tranches de moins de 16 et de plus de 3 centim. d'épaisseur...		dito.	3 40	3 70		MARBRES DE BELGIQUE. — Noir pur de Dinant et de Namur; — Saint-Anne; — Rouge de Franchimont dit royal; — Féluy; — Écaussines, comme à Paris sous le nom de granité ou petit granit ; — Malplaquet.
	» » de 3 centimètres ou moins.		dito.	5 —	5 50		
	sculptés, moulés, polis ou autrement ouvrés, sans distinction de marbre.............		dito.	40 —	44 —	— 01	MARBRES D'ESPAGNE. — Brocatelle.
MARBRES antiques..........	chiques, sans distinction de marbre........		dito.	15 —	16 50	— 25	Le marbre vert de Gênes est classé pour les droits comme marbre autres.
» sculpt. par des Franç.attachés à l'école de Rome.		la valeur.	1 p. %	1 p. %	1/4 p. %	
» pulvérisé—Comme les marbres bruts selon l'esp.		»	1 p. %	1 p. %	1/4 p. %	
MARC d'olives, grignon ou amurca.............		100 k. B. B.	1 —	1 10	1 02	(2) Une des variétés du fer sulfaré. La marcassite est d'un jaune de laiton, assez dure pour étinceler par le choc du briquet, susceptible d'un beau poli et d'être taillée à facettes. Sa pesanteur spécifique est de 4, 65; elle contient selon Haüy, une petite quantité de cuivre.
» de raisins.................................		dito.	— 10	— 10	— 10	
» de roses................................		dito.	5 —	5 50	— 25	
» d'amandes et de pignons..................		dito.	25 —	27 50	2 —	
MARCASSITES (2) en masse—Minerai de fer sulfaré...		100 k. B.	— 10	— 10	prohibé.	
» de choix pour bijoux, brutes....		1 hect. N. B.	— 25	— 25	— 01	
» » taillées		dito.	— 50	— 50	— 01	(3) Les marchandises non dénommées ne peuvent être importées que par les bureaux principaux de Douane on le droit le plus analogue leur est appliqué. Si le consignataire de la marchandise le veut, on suspendra la perception jusqu'à ce que l'administration ait décidé. On joindra au rapport un échantillon des produits qu'il s'agit d'assimiler.
MARCHANDISES non dénommées (3)................		100 k. B. B.	1 —	1 10	1 —	
MARCOTTES d'œillet...........................		dito.	30 —	33 —	— 25	
MARJOLAINE—Herbes médicinales...............		100 k. N. B.	74 —	80 20	2 —	
» (huile de)...................		1 k. B.	prohibé.	prohibé.	— 02	
MARMELADES d'anacarde.......................		100 k. N. B.	38 50	—	1 —	(4) Les outils peuvent entrer par mer en colis de tous poids, mais sans mélange d'espèces payant des droits différents.
» autres, de Bourbon.............		dito.	45 —	—		
» » des Antilles et de la Guiane franç		dito.	90 —	120 —	— 25	
» » de l'Inde....................		dito.	95 —	120 —		
» » d'ailleurs hors d'Europe........		dito.	105 —	120 —		
» » des entrepôts................		100 k. B.	prohibé.	prohibé.	1 —	
MARMITES en cuivre..........................		dito.	dito.	dito.	— 25	
» en fonte moulée.....................		dito.	dito.	dito.	— 25	
» en fer et en fer blanc.................		100 k. B. B.	— 10	— 10	— 02	
MARNE......................................		100 k. B.	prohibé.	prohibé.	— 25	(5) Ce sont tous ceux qui ont 0m. 081 (3 pouces) et au-dessous et dont les têtes rondes et polies n'ont pas plus de 0 m. 03. (13 lignes de diamètre.)
MAROQUIN—Peaux préparées..................		la valeur.	15 p. %	15 p. %	1/4 p %	
MARQUETERIE................................		100 k. N. B.	80 —	86 50	1 —	
MARRONNETTES...............................		100 k. B. B.	1 —	1 10	— 25	
MARRONS et leur farine.......................		100 k. N. B.	200 —	212 50	1 —	(6) On lui a substitué avec avantage le chromate de plomb, dont la couleur est plus vive, plus intense et dont les nuances sont plus variées.
MARTEAUX (4, d bijoutier, de ciseleur et d'horleger (5)	» autres..................	100 k. N. B.	140 —	149 50	1 —	
MARUM—Herbes médicinales..................		100 k. B. B.	30 —	33 —	— 5	
MASQUES....................................		100 k. N. B.	100 —	107 50	1 —	(7) En larmes ovales, de grosseur variable, lisses diaphanes, fragiles, d'un jaune pâle. Cette résine est si friable qu'elle se couvre d'une poussière qui doit sa naissance au frot cnent réciproque des morceaux.
MASSICOT—Oxide de plomb jaune (6).........		100 k. B. B.	37 —	40 70	1 —	
MASTIC—Résine (7) de l'Inde..................		100 k. N. B.	50 —	125 —		
» » d'ailleurs hors d'Europe...........		dito.	90 —	125 —	— 25	
» » des entrepôts.................		dito.	100 —	125 —		
» composé pâteux employé p' clore les joints, etc.		100 k. B. B.	21 —	23 10		(8) Quand ils renferment des poils non filés, prohibés à la sortie, l'exportation en est interdite.
MAT préparation qui sert à dorer le bronze.....		dito.	35 —	38 50	2 —	
MATELAS (8).................................		la valeur.	15 p. %	15 p. %	1/4 p.%	
MATÉRIAUX de 25 cent. inclus. à 40 cent. exclus. (9)...		la pièce.	3 —	3 —	15 —	(9) Leur diamètre se prend au sixième de la largeur, à partir du gros bout.
MATÉRIAUX (10)..............................		»	»	»	»	
MATIÈRES propr.à f.fabric.de la colle,peau blanche.		100 k. B. B.	1 —	1 10	— 25	(10) Les matériaux, tels que chaux, plâtre, ardoises, etc., sont repris à leur ordre alphabétique.
» » autres...............		100 k. B.	1 —	1 10	prohibé.	
» propres à la fabrication du papier.......		dito.	— 10	— 10	dito.	
MATRICES en acier quelconq. serv.a fondre les caractères.		la valeur.	15 p. %	15 p. %	1/4 p. %	

DÉNOMINATION DES MARCHANDISES.	UNITÉS sur lesquelles portent LES DROITS.	DROITS D'ENTRÉE.		DROITS de SORTIE.	NOTES.
		par Navires français.	par Nav. étr. et par terre.		
		F. C.	F. C.	F. C.	
MATS (1) de 40 cent. de diamètre et au-dessus........	la pièce	7 50	7 50	37 50	(1) Leur diamètre se prend au sixième de la longueur, à partir du gros bout.
MAURELLE (loques ou chiffons imprégn.de couleur bleue).	100 k. B. B.	25 —	27 50	2 55	
MAUVE—Fleurs médicinales........................	dito.	40 —	44 —	— 25	
MÉCANIQUES (2) cardes à carder et garnitures de cardes.	(la val. à déterminer par le comité consultatif des arts et manufact.)	15 p. %	15 p. %		(2) Les parties de machines et mécaniques sont prohibées à l'entrée, mais elles peuvent être admises en vertu de permissions spéciales.
» peign.à tisser et les broch.propr.à les faire	dito.	dito.	dito.	1/4 p. %.	Les machines et mécaniques propres aux arts et métiers peuvent sortir soit montées, soit en pièces détachées.
» pompes à vapeur...................	dito.	30 p. %	30 p. %		
» à dénommer........................	dito.	14 p. %	15 p. %		(3) Ne peuvent entrer que par les bureaux ouverts aux marchandises prohibées.
» produisant des airs de musique (3).	1 k. N. B.	10 —	11 —	— 03	
MÈCHES à tarière ou à vilebrequin, de 24 cent. de long et au-dessous.	100 k. N. B.	200 —	212 50	1 —	
» autres...........	dito.	100 —	149 50	1 —	
» de coton en fil...............	100 k. B.	prohibé.	prohibé.	— 25	
» tissées.................	dito.	dito.	dito.	— 50	
» d'étoupes, dites lunement........	100 k. B. B.	10 —	11 —	— 25	
» soufrées.................	dito.	13 —	14 50	— 50	(4) Pastilles odorantes à brûler; elles sont en petits trochisques en bâtons ou en grains; on leur assimile les substances dites pots-pourris, ainsi que les mèches Chinoises, qu'on brûle pour parfumer les appartements.
» de la Chine (4) de l'Inde........	100 k. N. B.	120 —	125 —	2 —	
» d'ailleurs hors d'Europe.....	dito.	90 —	125 —	2 —	
» des entrepôts...........	dito.	100 —	125 —	2 —	
» de lampe de nuit............	dito.	100 —	107 50	1 —	
MÉCHOACAN—Racines médicinales.		comme Rhubarbe			
MÉDAILLES en métaux (en petit nombre de chaque espèce.	la valeur.	1 p. %.	1 p. %.	1 4 p. %	(5) Si elles sont en petit nombre et d'empreintes différentes elles paient les droits des objets et collection.
» en plâtre, soufre, etc. (5).	dito.	15 p. %	15 p. %	dito.	
MÉDICAMENTS composés, eaux distillées alcooliques.	100 k. N. B.	150 —	160 —	2 —	
» » » sans alcool....	dito.	100 —	107 50	2 —	
» » » extraits de quinquina......	1 k. B.	prohibé.	prohibé.	— 02	
» » » concret et pulvérul! du l'éroú.	1 k. N. B.			— 02	(6) Les médicamens composés, non dénommés, dont l'école de pharmacie reconnaît la nécessité ou l'utilité, et dont elle détermine alors le prix commun, sont admis, par dérogation à la prohibition, moyennant le droit de 20 p. % de la valeur.
» » » non dénommés (6).	dito.	prohibé.	prohibé.	— 02	
MÉLASSE des colonies françaises...........	100 k. B. B.	12 —	»		
» étrangère...........	100 k. B.	prohibé.	prohibé		
MÉLISSE—Herbes médicinales........	100 k. B. B.	30 —	33 —	}	(7) Sont traités comme mercerie fine, tous les objets rangés dans la classe de la mercerie commune, auxquels on travail plus parfait a ajouté une valeur indépendante de leur utilité première, et qui ne sont pas destinés à être vendus communément dans les foires de campagne), ainsi que les ouvrages en fer ou acier que le vif ou l'éclat de leur poli distingue de ceux de la mercerie commune, lesquels ne sont ordinairement polis qu'au brunissoir, procédé qui n'est généralement employé que pour les objets grossiers.
» feuilles............	dito.	30 —	33 —		
» fleurs	d to.	40 —	44 —	} 25	
» (eau de)—Alcoolique.	100 k. N. B.	150 —	160 —	2 —	
MELONS—Fruits frais............	100 k. B.B.	4 —	4 40		
» (pepins de)—Fruits médicinaux..	dito.	35 —	38 50		
MENTHE—Herbes médicinales........	dito.	30 —	33 —	} 25	
» feuilles	dito.	30 —	33 —		
» fleurs	dito.	40 —	44 —		
» (huile de)	100 k. N. B.	164 —	171 70	2 —	
MERCERIE commune (7)............	dito.	100 —	107 50	1 —	(8) La mercerie fine en soie ou en fleuret qui comprend les merchoirs, les bourses à cheveux et les manches, est soumise à l'entrée, au même droit que l'espèce de soie dont elle est formée.
» fine (8)............	dito.	200 —	212 50	2 —	
MERCURE natif ou minéral...........	dito.	20 —	22 —	— 25	
» (sulfure de) en pierr., natur! ou artific! (Cinabre).	100 k. N. B.	150 —	160 —	— 25	
» » pulvérisé (Vermillon)........	dito.	150 —	160 —	2 —	(9) Lorsque la laine des moutons, béliers, brebis et agneaux se trouve avoir plus de quatre mois de croissance, on perçoit indépendamment des droits affectés aux animaux, le droit de la laine selon son espèce.
MÉRINOS—Tissu de laine............	100 k. B.	prohibé.	prohibé.	1 50	
MÉRINOS (9) béliers, brebis et moutons........	par tête.	5 —	5 —	— 25	
» agneaux.............	dito.	— 50	— 50	— 10	
MERRAINS de chêne de 1299 mill. de long et au-dessus	100 j. en N	2 —	2 —	1 —	
» de 1299 mil. exclus. à 974 mil. inclus.	dito.	1 50	1 50	1 50	
» au-dessous de 974 milli. ...	dito.	1 —	1 —	1 —	(10) L'entrée des mesures anciennes est prohibée; celles des mesures établies d'après le système métrique l'est également par le fait des lois et règlements qui assujettissent la fabrication des poids et mesures à une marque d'étalonnage; et à d'ailleurs, les poids et mesures, soit anciens, soit nouveaux, tenant dans les ouvrages de fonte, de cuivre ou d'étain, prohibés à l'entrée.
» autres que de chêne.	dito.	{ Mêmes droits que les merrains en chêne.		10 p. % de la vat.	
MESURES (10).			»	»	
MÉTAL de cloche (cuivre allié d'étain).	100 k. B. B.	1 —	3 —	2 —	
» de 1re fusion en masses, barres, etc., des pays h.d'Eur.	dito.	2 —	3 —	2 —	
» plaques ou en objets détruits des entrepôts.					
» (en lingots.	100 k. N. B.	147 —	156 80	2 —	
» de prince (or faux.	{ battu, tiré ou laminé.	dito.	286 —	302 80	4 —	
» cuivre doré....	{ ôté sur (1.	dito.	327 —	316 50	4 —	(11) Le droit de la mercerie fine serait dû si la poterie était présentée polie.
» { ouvré.	dito.	900 —	967 50	4 —	
» d'Alger, brut, de l'Inde............	dito.	prohibé.	prohibé.	4 —	
» » d'ailleurs.	100 k. B. B.	— 50	4 —	2 —	(12) Mélange de froment et de seigle.
» » cuivré—Cuillers, fourchett! et poterie(11)	100 k. N. B.	100 —	107 50	1 —	
MÉTEIL (12). Voir le Tarif des Céréales.		»	»	»	

DÉNOMINATION DES MARCHANDISES	UNITÉS sur lesquelles portent LES DROITS.	DROITS D'ENTRÉE par Navires français.	par Nav. étr. et par terre.	DROITS de SORTIE.	NOTES.
		F. C.	F. C.	F. C.	
MÉTIERS pour les fabriques (machines et mécaniques).	la valeur.	15 p. ℀.	15 p. ℀.	1/4 p. ℀.	
MÉTRONOME............................	dito.	10 p. ℀.	10 p. ℀.	prohib.	
MEUBLES de toute sorte (1)................	dito.	15 p. ℀.	15 p. ℀.	1/4 p. ℀.	(1) Les matelas sont rangés dans la classe des meubles. Quand ils renferment des poils
» (petits) en sel-gemme............	100 k. N. B.	100 —	107 50	1 —	non fités, prohibés à la sortie; l'exportation
» en ouvrages de Spa.............	200 —	212 50	2 —	en est interdite.
MEULES {dont le diamètre est de plus de 1949 millim...	la pièce.	7 50	7 50	10 —	Les meubles de Boule, qui sont des meubles antiques, chargés d'ornements en cuivre in-
» {dont le diamèt. est de 1949 à 1299 mill. inclus.	dito.	5 —	5 —	6 —	crusté, font partie des objets de collection.
moudre {dont le diamètre est de moins de 1299 millim.	dito.	2 50	2 50	3 —	
MEULES à aiguiser, de plus de 1218 millim. en diamètre.	dito.	5 —	5 —	2 50	
» » de 1218 à 1083 mill. inclus. de...	dito.	2 50	2 50	2 50	
» » de moins de 1083 à 920 mill. de...	d.to.	1 75	1 75	1 75	
» » de moins de 920 à 677 mill. de...	d.to.	1 —	1 —	1 —	
» » de moins de 677 à 541 mill. de...	dito.	— 40	— 40	— 40	
» » de moins de 541 à 406 mill. d°...	dito.	— 20	— 20	— 20	
» » de moins de 406 millimèt. d°...	dito.	— 10	— 10	— 10	
MÉUM — Racines médicinales...............	100 k. B. B.	20 —	22 —	— 25	(2) Du mot latin micare, briller. Trans-
MICA (2)................................	dito.	2 —	2 20	— 25	parent, d'un éclat vitreux tirant sur le métallique; il se divise aisément en lentil-
MICROSCOPES...........................	la val. à déterminer par le compte conv. du fabrique et manuf.	30 p. ℀.	30 p. ℀.	1/4 p. ℀.	les ou lames flexibles, extrêmement min- ces; il offre la couleur verte ou la couleur rouge, selon qu'on le regarde parallèlement
MIEL de Bourbon.......................	100 k. N. B.	19 25	»		ou perpendiculairement à l'axe des lames. Sa pesanteur spécifique est de 2, 65 à 2. 93.
» des Antilles et de la Guiane française...	dito.	22 50	»	} 1 —	Le mica remplace le verre dans le vitrage des vaisseaux et des lanternes. On l'emploie
» de l'Inde.........................	dito.	40 —	50 —		en poudre pour l'appliquer sur certains ou-
» d'ailleurs, lieux d'Europe...........	dito.	42 50	50 —		vrages d'agrement auxquels on donne, par
» des entrepôts.....................	dito.	47 50	50 —		ce moyen, du brillant. En poudre plus fine, on s'en sert pour dessécher l'écriture.
MIL et Millet...........................	100 k. B. B.	10 —	11 —		
MILLET (tiges de)......................	dito.	8 —	8 80	— 25	(3) Ne pas confondre, à cause de la couleur,
MINE de plomb—Noire graphite...........	dito.	5 —	5 50	3 —	le minium avec le mine orange. Sa valeur
» » Rouge-minium...........	dito.	24 —	26 40	— 25	est à celle du minium comme 5 à 2, et son
MINE-ORANGE (oxide de plomb rouge d'visé) (3).....	dito.	35 —	38 50	2 —	oxide comme 1 à 2.
MINERAI de fer brut ou lavé chromate (4).....	dito.	— 10	— 10	5 —	(4) Il ne peut sortir que par les bureaux
» » » sulfuré ou non......	dito.	— 10	— 10	prohibé	de Briançon, Saint-Tropez, Cavalaire et
» cuivre........................	dito.	— 10	— 10	d.to.	Marseille.
» zinc (pierres calaminaires).........	duo.	— 10	— 10	2 —	
» cobalt........................	dito.	5 —	5 50	— 25	
» soufre, avec son mélange de parties terreuses	dito.	— 25	— 25	— 50	
MINÉRAUX classés, excepté les pierres gemmes.	la valeur.	1 p. ℀.	1 p. ℀.	1/4 p. ℀.	
MINIUM (oxide de plomb rouge) (3)........	dito.	24 —	26 40	— 25	
MIROIRS, grands, de plus de 3 millimètres d'épaisseur.	Valeur fixée pour le tarif de la manufacture royale. Les glaces achetées ailleurs	15 p. ℀.	15 p. ℀.	1/4 p. ℀.	(5) Les débris de vieux ouvrages en fer sont admis aux mêmes droits que la fonte brute, pour ce qui s'importe à la demande du mi-
» » de 3 millimètres ou moins d'épaisseur	100 k. N. B.	15 p. ℀.	15 p. ℀.	1/4 p. ℀.	nistre du commerce par les bureaux ouverts à l'importation des marchandises payant
» petits, sans distinction d'épaisseur........	100 k. N. B.			— 25	plus de 20 u. par 100 kil. (V. page 5.)
MITRAILLE de fer (5)....................	100 k. B.	prohibé.	prohibé.	— 25	(6) Cet article comprend, outre les ou-
MODE (ouvrages de) (6).................	la valeur.	12 p. ℀.	12 p. ℀.	1/4 p. ℀.	vrages de mode proprement dits : 1° Les fleurs artificielles; 2° Les bandes de mous-
MODÈLES en bois......................	dito.	15 p. ℀.	15 p. ℀.	1/4 p. ℀.	seline, de percale et de tulles brodées, mais
MOELLE de cerf........................	100 k. B. B.	13 —	14 50	— 25	pour la sortie seulement, attendu que les
MOELLONS et débris de pierre............	dito.	— 10	— 10	— 01	tissus de coton sont prohibés à l'entrée;
MOLLETONS—Tissus de laine..............	100 k. B. B.	prohibé.	prohibé.	1 50	3° Les carcasses servant à monter les bonnets.
MOLYBDÈNE dur ou tendre (7)...........	100 k. B.B.	5 —	5 50	3 —	(7) En masse grise brillante, tissu lamel-
MOMIES (corps embaumés) entiers.........	la valeur.	3 p. ℀.	3 p. ℀.	1/4 p. ℀.	leux; frotté sur la porcelaine, ce métal y
» (débris de) couleurs..........	100 k. B. B.	35 —	38 50	2 —	laisse des traces brunes, tandis que la plom-
» d'or.........................	1 hect. B. B.	— 01	— 01	— 01	bagine qui a un tissu creux, y laisse des traces d'un gris bleuâtre, comme celles
» d'argent.....................	1 k. B. B.	— 01	— 01	— 01	qu'elle laise sur le papier.
MONNAIES ayant cours légal, de cuivre.....	100 k. B. B.	— 20	— 20	— 20	(8) Les ouvrages montés d'horlogerie ne
quelqu'en » de billon.......	dito.	1 —	1 10	1 —	peuvent entrer que par les bureaux ouverts
soit le type. de cuivre ou (pour la numismographie)	la valeur.	1 p. ℀.	1 p. ℀.	1/4 p. ℀.	au transit des marchandises prohibées. Voir, page 15.)
{de billon hors}de la refonte,des pays hors d'Eur.	100 k. B. B.	1 —	1 —	2 —	Les montres ainsi introduites sont di-
d'or et d' des entrepôts..........	dito.	2 —	3 —	2 —	rigées, par acquit-à-caution, sur l'un des cinq bureaux de garantie de Paris, Lyon, Besançon, Mont-
{à boîtes d'ar-{mouvements ordinaires à roues gent et de de rencontre..........	la pièce.	1 10	1 10		Béliard, et Lons-le-Saulnier, pour y être essayées et marquées, et y acquitter le droit
MONTRES {métal autre{mouvements à la Lépine, répétit- (8). que l'or, tions et autres genres......	dito.	1 80	1 80	} 3 — (les fonds).	de garantie.
{à boîtes d'or, mouvements ordinaires à roues de rencontre......	dito.	3 10	3 10		
{mouvements simples à la Lépine, répétitions ordinaires........	dito.	4 40	4 40		

DÉNOMINATION DES MARCHANDISES	UNITÉS sur lesquelles portent LES DROITS.	DROITS D'ENTRÉE par Navires français.		par Nav. étr. et par terre.		DROITS de SORTIE.	
		F.	C.	F.	C.	F.	C.
Montres (1) à boites d'or, répétitions à la Lépine et autres genres	la pièce.	6	—	6	—	3	—
» sans boitiers	la valeur.	10 p. %		10 p. %		les 100 kil.	
» solaires pour les bergers	100 k. N.B.	100	—	107	50	1	—
Montures d'éventails communs	dito.	100	—	107	50	1	—
» » fins	dito.	200	—	212	50	2	—
» de parapluie	la pièce.	—	40	—	40	les 100 kil.	
Moquette — Tapis (2)	100 k. N.B.	250	—	250	—	1	50
Morelle — Feuilles médicinales	100 k. B. B.	30	—	33	—	—	25
Morfil—Dents d'éléphant séparées du corps de l'animal.	»	»		»		»	
Morilles fraiches	100 k. B.B.	15	—	16	50	1	—
» sèches ou marinées	100 k. N.B	50	—	55	—	1	—
Mors de bride en fer	100 k. B.	prohibé.		prohibé.		—	25
» » en argent	1 h. N. N.	3	—	3	30	—	15
» » en métaux communs, plaqués, vernis, dorés ou argentés.	100 k. B.	prohibé.		prohibé.		3	—
Mortiers à piler, en marbre	100 k. B B.	40	—	44	—	—	01
» » en pierres	la valeur.	15 p. %		15 p. %		1/4 p. %	
» » en fonte	100 k. B.	prohibé.		prohibé.		—	25
» » en cuivre	dito.	dito.		dito.		1	—
» » en verre	dito.	dito.		dito.		—	25
» » en bois	la valeur.	15 p. %		15 p. %		1/4 p. %	
» d'artillerie (3)	»	prohibé.		prohibé.		prohibé.	
Mortina—Feuilles propres à la teinture	100 k. B.B.	1	—	1	10	6	—
Morue de pêche française, fraiche, sèche, salée ou fumée.	»	exempt.		exempt.		exempt.	
» de pêche étran., fraiche, depuis Blancmisseron jusqu'à Mont-Genèvre	100 k. B.	11	—	11	—	dito.	
» » » par tout autre point	dito.	40	—	44	—	dito.	
» » sèche, salée ou fumée	dito.	40	—	44	—	dito.	
Mosaïques (4) non montées, pour bagues ou épingles	1 h. N.B.	—	50	—	50	—	01
» » pour tableaux	la valeur.	1 p. %		1 p. %		1/4 p. %	
» montées (5) sur or	1 h.N.N.	20	—	22	—	1	—
» » sur argent	dito.	10	—	11	—	—	50
Mottes à brûler	1000 en N.	—	15	—	15	—	50
Mouches cantharides	100 k. N.B.	62	—	67	60	—	25
» à miel (ruches)	la pièce.	1	—	1	—	—	25
Mouchettes en fer ou en cuivre	100 k. N.B.	100	—	107	50	1	—
» en acier	100 k. B.	prohibé.		prohibé.		—	25
Mouchoirs de coton	dito.	dito.		dito.		—	50
» de lin ou de chanvre (6)	dito.	»		»		—	25
Mouchoirs de soie pure: unis, foulards en écru, de l'Inde	1 k. N. N.	6	—	8	—		
» » » d'ailleurs	dito.	7	—	8	—		
» » imprimés ou façonnés dits *damassés*, de l'Inde.	dito.	12	—	15	—		
» » » d'ailleurs	dito.	14	—	15	—	—	02
» autres	dito.	16	—	17	60		
façonnés ou brochés de soie	dito.	19	—	20	90		
Mouchoirs de soie mêlée de fil sans autre mélange	dito.	13	—	14	30		
Mouette (peaux de)	100 k. N.B.	612	—	629	50	—	25
Moules à balle	dito.	100	—	107	50	1	—
» à plâtre, et autres en métal, pierres, soufre, etc.	la valeur.	15 p. %		15 p. %		1/4 p. %	
» de boutons en bois	100 k. B.B.	13	—	14	30	—	25
» » en fer, vernis ou non, ou en os	100 k. N. B.	100	—	107	50	1	—
» (*coquillages pleins*) de pêche française	100 k B.	exempt.		exempt.		—	25
» » de pêche étrangère	100 k. B.B.	1	—	1	10	—	25
Moulins à café et à poivre, montés	100 k. N.B.	100	—	107	50	1	—
» mobiles, à farine, etc. (7)	la val. à déterminer par le comité consultatif des arts et manufact.	15 p. %		15 p. %		1/4 p. %	
Moulures en plâtre	la valeur.	dito.		dito.		dito.	
Mousseline et Mousselinettes — Tissus de coton	100 k. B.	prohibé.		prohibé.		—	50
Mousserons frais	100 k. B.B.	15	—	16	50	1	—
» secs ou marinés	100 k. N.B.	50	—	55	—	1	—
Mousses-marines servant à la médecine	100 k. B.B.	15	—	16	50	—	25
Mout de raisins, ordinaire, en futail. ou en outres, pr terre.	l'hectolitre.	10	—	10	—	2/3 de 1c	
» » » » par mer.	dito.	23	34	23	34	2/3 de 1c	
» » » en bouteilles (8) par terre	dito.	10	—	10	—	2/3 de 5c	
» » » » par mer	dito.	23	34	23	34	2/3 de 5c	

NOTES.

(1) *Voir la note (8) page 80.*

(2) Les tapis dits *moquettes* sont à chaine veloutée de fil, de lin ou de chanvre; l'envers présente un canevas, sur lequel on doit compter dans l'espace d'un décimètre au moins 40 carreaux en hauteur et 50 en largeur. — Ces tapis ne peuvent entrer que par les seuls bureaux de Lille et de Dunkerque.

(3) Avant d'admettre comme métaux bruts les canons ou autres bouches à feu, on exige qu'ils soient encloués et qu'on brise les tourillons qui les retiennent sur l'affût.

(4) Réunion de diverses substances colorées, consolidée par un ciment, de manière qu'il résulte de leur réunion une sorte de tableau. On fait ainsi des tables, des pavés, etc. On en compose de petites qui représentent des fleurs, des animaux; on les dispose sur le couvercle des tabatières, ou dans des chatons de bagues ou d'épingles, etc.

C'est à Rome et à Florence que ce genre d'industrie est exercé avec le plus d'habileté. On distingue deux espèces de Mosaïque très différentes: l'une, dite *romaine*, est composée de cailloux colorés, qu'on emploie pour former des tableaux: c'est la belle mosaïque ancienne. Dans la seconde, dite de *Florence*, ce sont des pierres dures et polies qu'on assemble auprès les unes des autres; et l'on cherche quelquefois à profiter des nuances de couleurs et des taches accidentelles qu'elles présentent, pour produire des images.

(5) Les ouvrages d'or et d'argent, importés de l'étranger, sont envoyés sous plomb, et par acquit-à-caution, sur le bureau de garantie le plus voisin, pour y être poinçonnés s'il y a lieu et acquitter le droit de marque.

(6) Ils paient à l'entrée comme la toile, selon leur espèce.

(7) Les parties de machines et mécaniques sont prohibées à l'entrée; mais elles peuvent être admises en vertu de permissions spéciales.

(8) Plus le droit de 15 cent. à l'entrée et 1 cent. à la sortie par litre de contenance, si le liquide est présenté en bouteille.

DÉNOMINATION DES MARCHANDISES	UNITÉS sur lesquelles portent LES DROITS	DROITS D'ENTRÉE par Navires français	par Nav. étr. et par terre	DROITS de SORTIE
		F. C.	F. C.	F. C.
MOÛT de raisins, de liqueur, en futailles ou en outres (1)	l'hectolitre	66 67	66 67	2 3 de 1°
» » » en bouteilles (1)	dito	66 67	66 67	2 3 de 5°
MOUTARDE (farine ou confection de)	100 k. B.B.	25 —	27 50	— 25
» (graine de)	dito	5 —	5 50	— 25
MOUTONS de toute espèce (2) béliers, brebis et moutons	par tête	5 —	5 —	— 25
» » agneaux	»	— 30	— 30	— 10
MOUVEMENTS de montre	la valeur	10 p. %	10 p. %	3 —
MUGUET — Fleurs médicinales	100 k. B.B.	40 —	44 —	— 25 (les 100 kil.)
MULES et Mulets	par tête	15 —	15 —	— 2
MUNITIONS de guer., bomb., boulets, obus, grenades, etc. (3)	»	prohibé.	prohibé.	prohibé.
» » balles de calibre	»	dito.	dito.	dito.
» » poudre à tirer et gargousses (4)	»	dito.	dito.	dito.
MÛRES — Fruits frais	100 k. B.B.	4 —	4 40	— 25
MURIATES d'ammoniaque, brute en poudre de quelque nature que ce soit	1 k. N.B.	— 50	— 50	2 — (les 100 kil.)
» raffiné en pains	dito	1 —	1 10	
» antimonié (5)	1 k. B.	prohibé.	prohibé.	— 62
» de baryte, de chaux, de cuivre, d'étain	100 k. N.B.	70 —	76 —	2 —
» jaune de plomb et de plomb fondu, sec ou liq.	100 k. B.B.	35 —	38 50	2 —
» en pâte humide	dito	17 50	19 25	2 —
» de potasse	dito	30 —	33 —	— 25
» de soude, des marais ou de saline	100 k. B.	prohibé.	prohibé.	— 01
» gemme ou fossile	dito	dito.	dito.	— 01
» de mercure doux ou corrosif (5)	1 k. B.	dito.	dito.	— 02
MURIER (feuilles de)	100 k. B.B.	— 10	— 10	— 50
MUSC (6) pur	1 k. N.B.	100 —	197 50	
» vésicules pleines	dito	65 —	70 70	
» » vides	dito	10 —	11 —	
» peaux de rais musqués	dito	25 —	27 50	
MUSCADES { fruits de Bourbon et de la Guiane française	dito	1 —	»	
sans coques { de l'Inde	dito	1 50	4 —	
{ d'ailleurs	dito	2 50	4 —	— 25 (les 100 kil.)
fruits de Bourbon et de la Guiane française	dito	— 66	»	
avec coques { de l'Inde	dito	1 —	2 66	
{ d'ailleurs	dito	1 66	2 66	
{ de Bourbon et de la Guiane franç.	dito	— »	»	
on arille de l'Inde	dito	1 —	2 —	
(macis) { d'ailleurs	dito	2 50	4 —	
(huile de)	dito	9 —	9 90	— 02
MUSETTE — Instruments de musique	la pièce	4 —	4 —	
MUSIQUE manuscrite	la valeur	1 p. %	1 p. %	1.4 p. %
» gravée (7)	100 k. N.B.	300 —	317 50	1 —
MYROBOLANS secs, des pays hors d'Europe	100 k. B.B.	4 —	7 —	
» » des entrepôts	dito	4 —	7 —	
» confits	dito	62 —	67 60	— 25
MYRRHE — gomme-résine de l'Inde	dito	50 —	125 —	
» d'ailleurs hors d'Europe	dito	90 —	125 —	
» des entrepôts	dito	100 —	125 —	
MYRTHE (feuilles de)	100 k. B.B.	1 —	1 10	6 —
» (baies de)	dito	1 —	1 10	— 25
MYRTILE (baies d'Airelle)	dito	1 —	1 10	— 25

N

DÉNOMINATION DES MARCHANDISES	UNITÉS	par Navires français	par Nav. étr. et par terre	DROITS de SORTIE
NACELLES en état de servir, de mer	le tonn. de mer	prohibé.	prohibé.	2 —
» de rivière	dito	20 —	20 —	2 —
» à dépecer, doublées en métal	dito	20 —	20 —	2 —
» » non doublées	dito	— 25	— 25	2 —
NACRE { argentée dite franche, de l'Inde	100 k. B.B.	20 —	50 —	
(coquilles) { d'ailleurs	dito	35 —	50 —	
à bords noirs dite bâtarde (8) de l'Inde	dito	10 —	25 —	
» d'ailleurs	dito	17 50	25 —	
de écies ou dépouillée de sa croûte, de l'Inde	100 k. N.B.	60 —	160 —	— 25
(perle) { d'ailleurs	dito	120 —	160 —	
coquillages nacrés (haliotides ditside l'Inde	dito	2 —	5 —	
oreilles de mer) (8) d'ailleurs	dito	3 50	5 —	
ouvrée	1 k. B.	prohibé.	prohibé.	— 01

NOTES.

(1) Voir la note (8), page 81.

(2) Lorsque la laine des moutons, béliers, brebis et agneaux, se trouve avoir plus de 4 mois de croissance, on perçoit, indépendamment des droits afférents aux animaux, le droit de la laine selon son espèce.

(3) *Les projectiles de guerre*, tels que bombes, boulets, obus, grenades, mitraille, etc., sont prohibés comme munitions de guerre; mais lorsque le gouvernement accorde des exceptions à la défense d'en importer ou d'en exporter, les droits ci-après sont exigibles, savoir: à l'entrée, 4 f. ou 4 f. 50 c. par 100 kil. brut, selon le mode d'importation; à la sortie, 25 cent. par 100 kil. brut.

(4) Aux termes de l'ordonnance du 19 juillet 1829, l'administration des contributions indirectes peut, dans certaines conditions, des permis d'exportation de poudre à tirer; on perçoit dans ce cas le droit de 25 c. par 100 kil. brut.

(5) Voir la note (8), page 57.

(6) Substance aromatique particulière, fournie par un animal mammifère ruminant, du genre des chevrotins, il vit au Tonquin et dans le Tibet. Ce musc est contenu dans une sorte de petite bourse que l'animal porte entre le nombril et les parties de la génération. Sa couleur est brune-noirâtre; il est comme grumeleux, et présente assez l'aspect du sang coagulé et desséché avec lequel on suppose qu'on le mélange pour en augmenter le poids. On reçoit dans le commerce deux qualités distinctes de musc: l'une vient du Tonquin, c'est le plus estimé; il nous revient dans des poches recouvertes d'un poil brun-roussâtre; l'aut., au contraire, qu'on nomme plus ordinairement *Musc Kabardin*, vient du Tibet, et est recouvert d'un poil blanchâtre et comme argenté; il est moins odorant.

(7) La musique gravée étant assujétie, en France, à un droit de timbre, celle qu'on y importe de l'étranger est, après l'acquittement des droits de timbre, expédiée par acquit-à-caution sur un bureau de timbre extraordinaire, aux choix du déclarant, à l'effet d'y être timbrée. Si cependant elle était de nature à être dispensée du timbre, c'est-à-dire, s'il s'agissait de feuilles non périodiques ou œuvres quelconques de musique contenant plus de deux feuilles d'impression, elle serait remise à la disposition des importateurs immédiatement après le paiement des droits d'entrée.

Le droit de timbre fixe ou de dimension dont il est parlé ci-dessus, atteint:

1° Toutes les feuilles périodiques, quelle que soit leur étendue;

2° Toute œuvre non périodique qui n'excède pas deux feuilles d'impress. Ce droit est (feuilles ouvertes) ou environ, de... 38 (feuilles ouvertes) ou environ, de.. » 05 Pour chaque demi-feuille de cette dimension, ... » 03

Les feuilles de papier de plus de 25 centimètres, et les demi-feuilles de plus de 12 centimèt. et demi paient 1 centime par 5 centimetres d'excédant.

La musique gravée peut être importée par tous les ports et bureaux de douane ouverts à l'entrée des marchandises payant plus de 20 f. par 100 k°. V. page 6. Celle qui passe à l'étranger a droit, par compensation, au remboursement de la taxe du timbre.

(8) La réduction des droits sur la nacre *bâtarde* et les *coquillages nacrés* ne s'applique qu'autant que l'importation s'effectue par les ports de Marseille, Bordeaux, Nantes, le Havre, Calais et Dunkerque; ailleurs ils paient comme nacre franche.

DÉNOMINATION DES MARCHANDISES.	UNITÉS sur lesquelles portent LES DROITS.	DROITS D'ENTRÉE. par Navires français.	par Nav. étr. et par terre.	DROITS de SORTIE.	NOTES.
		F. C.	F. C.	F. C.	
NANKIN apporté en droiture de l'Inde..........	1 k. N.B.	5 —	prohibé.	— 50	(1) Étoffes de coton imitant le Nankin des Indes. On donne aussi ce nom à des tissus de coton de fantaisie qui ne ressemblent au Nankin ni par la couleur ni par la forme des pièces.
» » d'ailleurs............	....	prohibé.	dito.	(les 100 kil.)	
NANKINET (1)	100 k. B.	dito.	dito.	— 50	
NAPHTE (2)	100 k. B. B.	7 —	7 70	— 25	
NARD indien (jonc odorant).......	100 k. N. B.	41 —	45 10	— 25	
» celtique des Alpes.—Racines médicinales....	100 k. N. B.	20 —	22 —	— 25	(2) Liquide, diaphane, l'égèrement coloré en jaune fauve, d'une odeur très-prononcée. Un litre de Naphte pèse 86 grammes environ.
NARVAL (cornes de licorne). Comme dents d'éléphant..		»	»		
NATRONS (soude carbonatée)............	100 k. B. B	6 50	7 10	— 10	
» de bois blanc, de plus de 7 millim. de largeur.	100 k. N. B.	70 —	76 —		
» de 7 millimètres ou moins.....	dito.	190 —	202 —		
NATTES de paille, d'écorce, grossières pour paillassons.	100 k. B. B.	2 —	2 20		
ou de sparte de plus » pour chapeaux..	dito.	5 —	5 50	} — 25 les 100 kil.	(3) Les Nattes considérées sous le point de vue du tarif ne sont point des tissus, mais bien des tresses destinées à les former.
Tresses. de 3 bouts , etc. fines.............	1 k. N. B.	5 —	5 50		
(3) de sparte à 3 bouts , exclusivement destinées à la fabrication des cordages..........	100 k. B. B.	2 —	2 20		
NAVETS..	dito.	— 50	— 50	— 20	
NAVETTE (graine de) par navires français et par terre	dito.	2 50	»	— 25	
» » par navires étrangers..........	dito.	»	3 —	— 25	
» » (tourteaux de)..................	dito.	— 50	— 50	— 25	
» » (huile de)..................	dito.	25 —	30 —	— 25	
NAVETTES de tisserand................	la valeur.	15 p. ...	15 p. ...	1/4 p. ...	
NAVIRES, en état de servir..............	le tonn. de mer	prohibé.	prohibé.	2 —	
» à dépecer, doublés en métal..........	dito.	— 60	— 60	2 —	
» » non doublés..............	dito.	— 25	— 25	2 —	
NAY-PAUL-KAPOUR (4) des pays hors d'Europe......	100 k. B. B.	4 —	9 —	— 25	(4) Pâte grasse, jaune, propre à la teinture et même à la peinture. Elle a été assimilée au quercitron, quant aux droits, le 23 septembre 1845.
» des entrepôts............	dito.	7 —	9 —	— 25	
NÉCESSAIRES de toilette et de voyage..........	1 k. B.	prohibé.	prohibé.	— 01	
NÈFLES...............	100 k. B.B.	4 —	4 40	— 25	
NÉNUPHAR.—Racines médicinales..........	dito.	20 —	22 —	— 25	
NERFS de bœuf et d'autres animaux..........	dito.	1 —	1 10	9 18	
NÉROLI (huile de fleur d'oranger)..........	1 k. N. B.	4 —	4 40	— 02	
NERPRUN (baies de)............	100 k. B. B.	10 —	11 —	8 —	
» (jus de)............	100 k. N. B.	200 —	212 50	2 50	
NHANDIROBE.—Herbes médicinales..........	100 k. B. B.	30 —	33 —	»	
NIELLE (graine de).—Fruits médicinaux..........	dito.	35 —	38 50	»	
NIKEL métallique, brut (5)............	100 k. N. B.	100 —	107 50	»	(5) Métal solide, un peu moins blanc que l'argent, très-ductile; on peut le réduire en lames et en fils qui ont beaucoup de ténacité. Sa pesanteur spécifique est de 8,665 lorsqu'il est forgé, et de 8,279 lorsqu'il n'a été que fondu.
NITRATES (6) de potasse (nitre ou salpêtre) des pays h. d'E.	100 k. B. B.	15 —	25 —	} — 25	
» » d'ailleurs.....	dito.	20 —	25 —		
» de soude, des pays hors d'Europe........	dito.	15 —	25 —		
» » d'ailleurs..........	dito.	20 —	25 —		
» d'argent (pierre infernale) (7)..........	100 k. B.	prohibé.	prohibé.	2 —	(6) Les nitrates de potasse et de soude, expédiés en transit, doivent porter, sur une planchette, les marques et numéros des sacs.
NITRE (sel de).—Comme nitrate de potasse.........		»	»	»	
» (esprit de).—Acide nitrique.........	100 k. N. B.	90 60	95 60	— 25	(7) Se livre sous forme de Cylindres noirâtres. On les renferme dans des bocaux longs et étroits et l'on remplit les interstices qu'ils laissent entre eux avec des semences de lin, afin qu'ils puissent être transportés sans se briser.
» (beurre de)............	1 k. N. B.	prohibé.	prohibé.	— 02	
NITRO-MURIATE d'étain............	100 k. N. B.	70 —	76 —	2 —	
NOIR à soulier............	dito.	125 —	151 60	2 —	
» animal d'ivoire............	dito.	62 —	67 60	2 —	
» » d'os, de cerf et autres......	100 k. B. B.	7 —	7 70	— 25	
» » ayant servi à la clarification du sucre...	dito.	— 10	— 10	— 25	
» d'imprimeur en taille douce, dit d'Allemagne...	dito.	7 —	7 70	— 25	
» » en caractères............	100 k. N. B.	60 —	65 50	2 —	
» d'Espagne (liège brûlé)............	100 k. B. B.	15 —	16 50	2 —	
» de fumée (suie de résine)............	dito.	12 —	13 20	2 —	
» minéral naturel, dit de Grant ou d'Angleterre...	dito.	10 —	5 50	2 —	
» » dit terre de Cologne.....	dito.	»	5 50	— 25	
» de teinturier et de corroyeur............	dito.	40 —	44 —	— 25	
NOIX et Noisettes — Fruits............	dito.	8 —	8 80	2 —	
» » (huiles de)............	dito.	25 —	30 —	— 50	
NOIX communes............	dito.	8 —	8 80	2 —	
» des Barbades — Pignons d'Inde............	dito.	35 —	38 50	»	
» de Galle, pesantes, des pays hors d'Europe.....	dito.	5 —	12 —	»	
» » des entrepôts............	dito.	7 —	12 —	»	
» » légères............	dito.	— 50	50 —	»	
» d'acajou, d'anacardium, d'arec, de ben, de cyprès..	dito.	35 —	38 50	} — 25	
» vomiques, même en poudre............	dito.	35 —	38 50		
» de terre—Fruits oléagineux—Arachis, par nav. franç. et par terre.	dito.	2 50	»		
» » » par nav. étran.	dito.	»	3 —		

DÉNOMINATION DES MARCHANDISES	UNITÉS sur lesquelles portent LES DROITS.	DROITS D'ENTRÉE		DROITS de SORTIE.	NOTES.
		par Navires français.	par Nav. étr. et par terre.		
		F. C.	F. C.	F. C.	
Noix de belloha	100 k. B. B.	35 —	38 50	— 25	
» de coco	dito.	25 —	27 50	— 25	
» muscades sans coques de Bourbon et de la Guiane fr.	1 k. N. B.	1 —	4 —		(1) Les substances médicinales pulvérisées sont, d'après l'usage et différentes décisions ministérielle, et l'avis de l'école de pharmacie, traitées à l'entrée comme médicaments composés non dénommés, à cause des facilités qu'elles offriraient à la fraude. Quant à la sortie, elles paient le droit des substances dont elles proviennent.
» » » de l'Inde	dito.	1 50	4 —		
» » » d'ailleurs	dito.	2 50	4 —	— 25	
» » en coques de Bourbon et de la Guiane fr.	dito.	— 66		les 100 kil.	
» » » de l'Inde	dito.	1 —	2 66	»	
» » » d'ailleurs	dito.	1 66	2 66	»	
» de Ravensera—Mêmes droits que les muscad. en coq.	»	»	»	»	
» de Sassafras—Mêmes droits que les muscades	»	»	»	»	
» vénéneuses (1)	»	prohibé.	prohibé.	»	
Noyaux	100 k. B. B.	8 —	8 80	2 —	

O

DÉNOMINATION DES MARCHANDISES	UNITÉS	par Navires français.	par Nav. étr. et par terre.	DROITS de SORTIE.	NOTES.
Objets d'ameublement de navire	la valeur.	10 p. %	10 p. %	5 p. %	(2) La loi même indique qu'il faut comprendre dans cette classe :
» de collection hors de commerce (2)	dito.	1 p. %	1 p. %	1/4 p. %	1º Les échantillons d'histoire naturelle, comme plantes et animaux rares, vivants ou empaillés, œufs vides, coquillages, minéraux choisis, etc., sauf les pierres gemmes, qui ont un droit spécial.
Obsidienne — Pierre transparente noire brute	100 k. B. B.	15 —	16 50	— 25	
» ouvrée	»	2 —	2 20	les 100 kil.	2º Les objets de curiosité, comme momies entières, vieilles armures, meubles de Boule, peintures en vieux laque chinois, bas-reliefs, etc.
Obus	»	prohibé.	prohibé.	prohibé.	
Ocres (argiles chargées d'oxides, soit rouges, jaunes ou vertes)	100 k. B. B.	2 —	2 20	— 01	3º Les objets d'art, comme bronzes et marbres antiques, vases étrusques, mannequins, miniatures, tableaux sans cadres, dessins à la main, soie gouaches, aquarelles, lavis, etc.
Octans (instruments de calcul)	la val. à déterminer par le comité consultatif des arts et manufac.	30 p. %	30 p. %	1/4 p. %	Les verres à peinture fines et les vieux vitraux sont traités comme peintures sur toile, bois, cuivre ou marbre; mais les verres qui recouvrent les uns ou les autres, doivent entrer dans l'estimation des cadres ou bordures, passibles du droit de 15 p. %.
Octavines (instruments de musique)	la pièce.	18 —	18 —	— 30	Les verres grossièrement peints sont rangés dans la mercerie commune.
Œil de Chat et du Monde — Pierres brutes	100 k. B. B.	15 —	16 50	— 25	
» ouvrées	1 k. N. B.	2 —	2 20	les 100 kil.	4º Tout ce qui se recueille pour la science numismatique, comme médailles, vieilles monnaies, pierres gravées antiques, de formes différentes et en petit nombre de chaque pièce, les autres étant traitées comme pierres taillées dont elles sont formées, etc. Quant aux médailles, jetons et pièces de plaisir il résulte de l'arrêté du 5 germinal an 12, qui défend aux particuliers de France d'en frapper ailleurs qu'à l'Hôtel des Monnaies, que ce qui proviendrait de l'étranger, pour le commerce, est défendu; et n'y a d'exception que pour les objets de science, qui se distinguent, en ce qu'ils sont de formes différentes et en petit nombre, de chaque espèce.
Œufs de poisson préparés pour serv. d'appât, de pêch. fran. de pêch. étran.	100 k. B.	exempt.	exempt.	exempt.	
» » (frais, depuis Blancmisseron jusqu'à Me Genê.	»	— 50	— 50	dito.	
» préparés pour alim. et assaisonnem^t. (3) (secs, salés ou fumés.	dito.	11 —	11 —	dito.	
» » (marinés ou à l'huile	dito.	40 —	44 —	dito.	
» » (de toute pêche	dito.	40 —	44 —	dito.	
» de volaille et de gibier	100 k. N.	100 —	107 50	2 —	Ceux de ces objets qu'on importe pour les Musées royaux, sont entièrement affranchis de droit; mais il faut que la destination soit justifiée.
» de vers à soie	100 k. B. B.	— 50	— 50	»	
» de fourmi	dito.	1 —	1 10	— 25	Les animaux rares, curieux ou savants conduits par des jongleurs, sont exempts de droits à l'entrée comme à la sortie.
Oignons communs	100 k. N. B.	63 —	67 60	— 25	
» de scille, de fleurs et tous autres	dito.	5 —	5 50	— 25	
Oiseaux vivants ou empaillés	la valeur.	1 p. %	1 p. %	1/4 p. %	(3) Boutargue et caviat.
» de Paradis (peaux d') brutes	100 k. N. B.	100 —	107 50	2 —	
» » » apprêtés	dito.	300 —	317 50	»	(4) Oliban, encens-mâle. Gomme-résine en larmes rubicondes ou d'un jaune pâle, ovales, oblongues, obtuses des deux bouts, de la grosseur d'une fève au moins et d'un œuf de colombe au plus; solitaires ou réunies, lisses, demi-opaques, fragiles; odeur balsamique légèrement amère.
Oliban (4) de l'Inde	dito.	50 —	125 —		
» d'ailleurs hors d'Europe	dito.	90 —	125 —		
» des entrepôts	dito.	100 —	125 —	— 25	
Oliette (graine d') par navires français et par terre.	100 k. B. B.	2 50			
» » par navires étrangers	dito.	»	3 —		(5) Les olives auxquelles on a substitué un morceau d'anchois et qui sont confites à l'huile suivent le régime des poissons de mer marinés à l'huile.
» tourteaux de graine d')	dito.	— 50	— 50		
» huile d')	dito.	25 —	30 —		
Olives fraiches, du cru du pays d'où elles sont importées.	dito.	5 —	6 —	4 —	
» d'ailleurs	dito.	5 60	6 —	4 —	
» confites (5)	dito.	36 —	39 60	— 25	
» (huile d') du cru du pays d'où elle est importée.	dito.	25 —	30 —	— 50	(6) Espèce d'agate très-fine, dont la couleur est blanche et brune; sa partie laiteuse est d'un blanc d'ongle.
» d'ailleurs	dito.	28 —	30 —	— 50	
Onglons entiers (de tortue) de l'Inde	100 k. N. B.	100 —	150 —	— 25	
» » d'ailleurs hors d'Europe	dito.	75 —	150 —	— 25	
» des entrepôts	dito.	150 —	150 —	— 25	
Onguens	1 k. B.	prohibé.	prohibé.	— 02	
Onyx (6) brutes	100 k. B. B.	15 —	16 50	— 25	
» ouvrées, chiques	dito.	20 —	22 —	— 25	
» autres	1 k. N. B.	2 —	2 20	les 100 kil.	

DÉNOMINATION DES MARCHANDISES	UNITÉS sur lesquelles portent LES DROITS	DROITS D'ENTRÉE		DROITS de SORTIE.	NOTES.
		par Navires français.	par Nav. étr. et par terre.		
		F. C.	F. C.	F. C.	
OPALE (1).— Comme Onyx............	»	»	»	»	(1) Pierre précieuse, du nombre de celles qu'on appelle tendres.
OPIATS dentifrices................	100 k. N. B.	184 —	195 70	2 —	
OPIUM (2)....................	dito.	200 —	212 50	— 25	(2) Suc gommo-résineux extrait des capsules du pavot. On le trouve en masses aplaties, arrondies, pesantes, noirâtres à l'extérieur, parsemées de pellicules provenant des capsules qui l'ont fourni et en outre de diverses semences enveloppées de feuilles de pavot, de tabac ou de rumex, dont le poids varie de 1 à 12 onces. L'opium s'enflamme à l'approche d'une bougie allumée; sa pesanteur spécifique est de 1. 1336.
OPODELDOCH (3)................	1 k. B.	prohibé.	prohibé.	— 02	
OPOPANAX—Gomme-résine de l'Inde....	100 k. N.B.	50 —	125 —	— 25	
» » d'ailleurs hors d'Europe....	dito.	90 —	125 —	— 25	
» » des entrepôts............	dito.	100 —	125 —	— 25	
On brut en mass.,lingots,barr.,poudres,bijoux cassés,etc.	1 hec. N. N.	— 25	— 25	— 25	(3) Baume pharmaceutique pour les douleurs rhumatismales; il est composé de savon blanc, de camphre, d'alcool, de racine de guimauve, de gentiane, etc., etc.
» battu en feuilles...............	1 hec. N. b.	30 —	33 —	— 04	
» tiré ou laminé (traits, lames, paillettes et clinquants).	dito.	10 —	11 —	— 04	
» filé sur soie..................	dito.	10 —	11 —	— 04	
» (ouvrag. d') bijouter. (4) ornée en pierres ou perles fines.	1 hec. N. N.	20 —	22 —	1 —	(4) Les ouvrages d'or et d'argent, importés de l'étranger, sont envoyés sous plomb et par requisition sur le bureau de garantie le plus voisin, pour y être poinçonnés, s'il y a lieu, et acquitter le droit de marque. Sont affranchis de cette formalité comme de tous droits: 1° Les objets d'or et d'argent, appartenant aux ambassadeurs et envoyés des puissances étrangères, quand ils les accompagnent ou sont déclarés par eux; 2° Les bijoux d'or et les ouvrages en argent à l'usage personnel des voyageurs, dont le poids n'excède pas 5 hectog. Les deux tiers du droit de garantie sont remboursés à l'exportation des matières d'or et d'argent, sur le certificat délivré par la Douane de sortie et visé par le Directeur.
» » toute autre...............	dito.	20 —	22 —	— 20	
» » orfévrerie (4)............	dito.	10 —	11 —	— 30	
» (monnaies d') quelqu'en soit le type........	1 hec. B. B.	— 01	— 01	— 01	
» (médailles d') en petit nombre de chaque espèce (5).	la valeur.	1 p. %	1 p. %	1 p. %	
» en coquilles...................	100 k. B. B.	35 —	38 50	2 —	
» faux ou de Mannhein en lingots......	100 k. N .B.	147 —	152 50	4 —	
» » battu, tiré ou laminé......	dito.	386 —	374 50	4 —	
» » filé sur fil............	dito.	327 —	344 50	4 —	
» » » sur soie............	dito.	600 —	617 50	4 —	
» » ouvré............	100 k. B.	prohibé.	prohibé.	4 —	(5) Les médailles d'or, importées pour les Musées royaux, sont entièrement affranchies de droits. Quant aux médailles, qui proviendraient de l'étranger pour le commerce, elles sont prohibées.
ORANGER—Feuilles et tiges..........	100 k. N.B.	— —	— —	— 25	
» fleurs..............	dito.	5 —	5 50	— 25	
» (eau de feuilles, tiges ou fleurs d').	100 k. N.B.	100 —	107 50	2 —	
» (huile de feuilles, tiges, fleurs ou fruits d').	1 k. N. B.	4 —	4 40	— 02	(6) Racines cylindriques, longues de 3 à 5 pouces, un peu tortueuses, grosses comme le doigt, chevelues, revêtues d'une écorce extérieure, foliacée et ridée, d'un rouge en corps liganeux, rouge à l'extérieur et blanchâtre à l'intérieur, forme de fibres menues, cylindriques, distinctes les unes des autres et comme soudées entre elles. La grande liganité de la matière colorante rouge de l'orcanette n'a pas permis qu'on en puisse tirer parti dans l'art de la teinture que les couturiers colorent leurs sucreries et quelques liqueurs avec cette racine.
ORANGES—Fruits de table frais, même celles sécl. et amèr.	100 k. N. B.	10 —	11 —	— —	
» » confits au vinaigre........	100 k. N. B.	60 —	65 50	— —	
» » à l'eau-de-vie.........	dito.	98 —	105 40	— —	
» » au sucre, de Bourbon......	dito.	38 50	— —	— —	
» » » des Antilles et de la Guiane fr.	dito.	45 —	— —	— 25	
» » » de l'Inde.........	dito.	55 —	120 —	— —	
» » » d'ailleurs hors d'Europe....	dito.	95 —	120 —	— —	
» » » des entrepôts........	dito.	105 —	120 —	— —	
» (écorces d').............	100 k. B. B.	17 —	18 70	— —	
» (pépins d').............	dito.	12 —	13 20	— 02	
» (huile d').............	100 k. B. B.	5 —	5 50	— —	
ORCANETTE (6)................	100 k. B. B.	5 —	4 40	4 —	
OREILLES de mer (haliotide)-Coquillages nacrés de l'Inde.	dito.	2 —	5 50	— —	
» » d'ailleurs	dito.	3 —	1 10	— —	
OREILLONS de peaux et autres matières à de peau blanche.	100 k. N.	1 —	1 10	prohibé.	(7) Les mégissiers appellent oreillons les rognures et doublures de cuir, qui servent à faire de la colle forte.
fabriquer la colle forte (7) d'autres peaux.	1 h. N. N.	10 —	11 —	— 50	
ORFÉVRERIE (8) d'or ou de vermeil.....	dito.	10 —	11 —	— 30	
» d'argent.........	1 k. B. N.	— 10	— 10	2 —	(8) Voir ci-dessus la note 4
ORGANSIN — Soies écrues moulinées......				»	
ORGE—Grains et farines.— Voir le Tarif des Céréales.	100 k. b. B.	7 —	7 70	— 25	
» (gruau d').............	dito.	12 —	13 20	— 25	
» perlé ou mondé..........	la pièce.	400 —	100 —	1 —	
ORGUES d'églises................	dito.	18 —	18 —	— 90	
» portatives..............	100 k. B. B.	30 —	33 —	— 25	
ORIGAN—Herbes médicinales.........	100 k. N. B.	30 —	330 80	4 —	
ORIPEAU—Cuivre doré ou argenté battu...	100 k. B. B.	20 —	22 —	4 —	
ORME pyramidal — Écorces médicinales...					
ORNEMENTS d'église, neufs.........	100 k. N.B.	51 —	56 —	— 25	(Comme l'étoffe principale dont ils sont formés.)
» » supportés...........	100 k. B.	prohibé.	prohibé.	4 —	
» en cuivre ou en bronze doré..					
» en métaux communs vernis, plaqués, dorés ou argentés.	100 k. B. B.	10 —	11 —	3 —	
OROBE (petit pois de couleur brune).....	dito.	15 —	16 50	— 25	(9) Couleur que l'on nomme indistinctement, dans le commerce, orpiment, orpin, jaune de Cassel, jaune de roi ou jaune royal : elle est en poudre ou en trochisques.
ORPIMENT ou Orpin sulfure d'arsenic jaune en masses (orpiment) ou rouge (réalgar). (9)	dito.	35 —	38 50	— 25	
» pulvérisé (9).........	dito.	1 —	1 10	2 —	
ORSEILLE naturelle (lichens tinctoriaux)....	100 k. B. B.	205 —	212 50	2 50	
» préparée, violette ou cudbéard...	dito.	100 —	107 50	2 50	
» bleu cendré ou tournesol en pâte.	dito.	— 40	— 40	— 25	
ORTIE—Tiges brutes	100 k. B. B.	8 —	8 80	— 25	
» filasse naturelle	dito.				

11*

DÉNOMINATION DES MARCHANDISES	UNITÉS sur lesquelles portent LES DROITS.	DROITS D'ENTRÉE		DROITS de SORTIE.	NOTES.
		par Navires français.	par Nav. étr. et par terre.		

DÉNOMINATION DES MARCHANDISES	UNITÉS	par Nav. fr.	par Nav. étr.	SORTIE	NOTES
		F. C.	F. C.	F. C.	
ORTIE filasse peignée............	100 k. B. B.	15 —	16 50	— 25	
» (fleurs d')...........	dito.	40 —	44 —	— 25	
» (toile d').— Mêmes droits que celle de Chanvre.	»	»	»	»	
Os de bétail......	100 k. B. B.	— 10	— 10	20 —	(1) Charbon de matière animale, devenu blanc par l'entière calcination et le dégagement de toute huile empyreumatique.
» de cœur de cerf........	100 k. N. B.	41 —	45 10	— 25	
» de sèche (sepia officinalis)........	100 k. B. B.	5 —	5 50	— 25	
» de baleine............	la valeur.	1 p. %	1 p. %	1/4 p. %	
» brûlés............	100 k. B. B.	7 —	7 70	— 25	
» calcinés (spode) (1).........	dito.	7 50	7 70	— 25	
» ouvrés, mercerie commune...........	100 k. N.B.	100 —	107 50	1 —	
» » tabletterie (2)........	1 k. B.	prohibé.	prohibé.	— 01	(2) Cet article comprend tous les petits meubles de main tels que peignes, fiches, pions, étoiles à dévider qui ne sont pas nommément repris comme mercerie commune.
OSIER en bottes, brut.............	100 k. B. B.	— 50	— 50	— 80	
» » pelé ou fendu............	dito.	— 50	— 50	1 20	
OUATES de coton............	100 k. N. B.	100 —	107 50	— 25	
» de soie............	100 k. N. N.	62 —	67 60	2 10	
» autres (3)...........	100 k. B. B.	— 40	— 40	— 25	(3) Tels que le duvet qui environne les graines de l'ouatier bombax et celui que donne le peuplier d'Italie.
OUTILS (4) de pur fer............	100 k. N. B.	50 —	55 —	1 —	(4) Les outils peuvent entrer par mer en colis de tout poids, mais sans mélange d'espèces payant des droits différents.
» de fer rechargé d'acier............	dito.	140 —	149 50	1 —	
» de pur acier............	dito.	200 —	212 50	1 —	
» de cuivre ou laiton............	dito.	150 —	160 —	1 —	
OUTREMER (couleur bleue extraite de la lazulite) (5)...	dito.	62 —	67 60	2 —	(5) Le bleu d'outre mer de première qualité, bien préparé, forme une couleur très belle et très-solide; mais son prix exhorbitant est un obstacle à son emploi dans beaucoup de circonstances. On le remplace par le bleu de Cobalt ou de Thénard, du nom de son inventeur.
OUVRAGES en bois. futailles vides (6) montées, cerclées en bois.	hectolitre de contenance.	les 100 kil. — 25	— 25	— 50	(6) Les barils vides au-dessous de 10 litres de contenance paient les mêmes droits que la boissellerie.
» cerclées en fer..	dito.	2 20	2 20	— 05	
» démontées............	la valeur.	10 p. %	10 p. %	10 p. %	
balais communs de bouleau, bruyère, genêt, millet, etc.	100 en N	— 25	— 25	— 05	
boîtes de bois blanc............	100 k. B. B.	31 —	34 10	— 25	
moules de boutons............	dito.	13 —	14 30	— 25	
avirons et rames bruts, par nav. fr. et par terre.	par mètre de longueur.	— 02	»	— 01	
» par navires étrangers.	dito.	»	— 04	— 01	
» façonnés............	dito.	— 05	— 06	— 01	
sabots en bois, non garnis de fourrures......peints ou vernis..	100 k. B. B.	12 —	13 20	— 25	
	dito.	25 —	27 50	— 25	
boissellerie............	dito.	4 —	4 40	— 25	
non dénommés (7)............	la valeur.	15 p. %	15 p. %	1/4 p. %	(7) Ceux qui ne sont pas nommément tarifés.
OUVRAGES en buis............	100 k. B. B.	100 —	107 50	2 —	
» en coques de calebasse............	dito.	200 —	212 50	2 —	
» de figuier vernissés............	dito.	200 —	212 —	2 —	
» de Si a	dito.	200 —	212 —	2 —	
» de mode (8)............	la valeur.	12 p. %	12 p. %	1/4 p. %	(8) Cet article comprend, outre les ouvrages de mode proprement dits, 1° les fleurs artificielles; 2° les bandes de mousseline, de percale et de tulle brodées, mais pour la sortie seulement, attendu que toute espèce de tissu de coton est prohibée à l'entrée; 3° les carcasses servant à monter les bonnets.
» en acier, en fer, en fer-blanc et en fonte.	100 k. B.	prohibé.	prohibé.	— 25	
» en cuivre, en bronze ou en laiton............	dito.	dito.	dito.	1 —	
» en plomb............				— 50	
» en zinc............	100 k. B. B.	24 —	26 40	— 50	
» en or et en argent, nommément repris à bijouterie et orfévrerie.	100 k. B. B.	prohibé.	prohibé.	»	
» en poils, autres que les tissus............	1 k. N. B.	2 —	2 20	— 25	
OXALATE—Acide de potasse (sel d'oseille)............	100 k. N.B.	70 —	76 —	les 100 kil. — 50	
OXIDES d'antimoine (9)............	1 k. B.	prohibé.	prohibé.	— 02	(9) Les médicaments composés, non dénommés, dont l'école de pharmacie reconnaît la nécessité ou l'utilité, et dont elle détermine alors le prix commun, sont admis, par dérogation à la prohibition, moyennant le droit de 20 p. % de la valeur.
» d'arsenic—Acide arsénieux (arsenic blanc).....	100 k. N. B.	15 —	16 50	— 25	
» de bismuth blanc—Fard blanc............	100 k. N.B.	98 —	105 40	2 —	
» de cobalt, gris, avec silice............	100 k. B. B.	— 50	— 50	— 25	
» vitreux—Cobalt en masse............	1 k. N. B.	3 —	3 30	— 01	
» » en poudre............	100 k. B. B.	30 —	33 —	»	
» de zinc blanc (pompholix)............	dito.	— 10	— 10	»	
» gris cendré (tuthie ou cadmie)............	dito.	7 —	7 70	»	
» de cuivre (cuivre brûlé ou œs ustum)............	dito.	7 —	7 70	»	
» d'étain (potée d'étain)............	dito.	10 —	11 —	— 25	
» de plomb jaune (massicot)............	dito.	37 —	40 70	»	
» » rouge (minium)............	dito.	24 —	26 40	»	
» » demi-vitreux, rougeâtre ou jaunâtre (litharge).	dito.	10 —	11 —	»	
» » rouge divisé (mine-orange)........	dito.	35 —	38 50	2 —	
» de fer—Colcothar............	dito.	10 —	11 —	— 25	
» ocres............	dito.	2 —	2 20	— 01	
» de mercure............	100 k. B.	prohibé.	prohibé.	2 —	

DÉNOMINATION DES MARCHANDISES.	UNITÉS sur lesquelles portent LES DROITS.	DROITS D'ENTRÉE.		DROITS de SORTIE.	NOTES.
		par Navires français.	par Nav. étr. et par terre.		
		F. C.	F. C.	F. C.	
OXIDES terreux....................	100 k. B.B.	2 —	2 20	— 25	
» préparé— Couleurs sèches ou liquides......	dito.	35 —	38 50	2 —	
» » en pâtes humides........	dito.	17 50	19 25	2 —	
» » médicaments composés...........	100 k. B.B.	prohibé.	prohibé.	2 —	
OXI-MURIATE de chaux....................	100 k. N. B.	70 —	76 —	2 —	

P

DÉNOMINATION DES MARCHANDISES.	UNITÉS	par Navires français.	par Nav. étr. et par terre.	DROITS de SORTIE.	NOTES.
PACANES—Fruits frais exotiques...........	100 k. B.B.	8 —	8 80	»	
PADOU ou Rubans de fil, écrus, bis ou herbés.......	100 k. N. B.	80 —	86 50	⎫	
» » » mélangés de blanc...	dito.	120 —	128 50	⎬ — 25	
» » » blancs.................	dito.	120 —	128 50	⎪	
» » » teints en tout ou en partie.	dito.	150 —	160 —	⎭	
» » de soie pure....................	1 k. N. N.	16 —	17 60	— 02	
» » de fleuret....................	100 k. N. N.	800 —	817 50	2 —	
PAILLASSONS en quelque végétal que ce soit, brut...	100 k. B. B.	15 —	16 50	— 25	
» » » pelé.	dito.	25 —	27 50	— 25	
» » » coupé..	dito.	35 —	38 50	— 25	
PAILLE de céréales....................	dito.	— 10	— 10	— 50	
» nettoyée et coupée pour faire des tresses....	dito.	2 —	2 20	— 25	
» tressée—Tresses grossières (1) pour paillassons.	dito.	2 —	2 20	— 25	(1) On traite comme grossières, les nattes de paille de froment, formées de trois mèches
» » » » pour chapeaux..	dito.	5 —	5 50	— 25	de paille entière, dont on fait les paillassons à essuyer les pieds, et les tissus de paille, de
» » fines..................	1 k. N. B.	5 —	5 50	— 50 les 100 kil.	froment, semblables à celles dont sont formés les chapeaux des gens de la campagne, et
» ouvrée en boîtes, étuis, etc. (2)..........	100 k. N. B.	200 —	212 50	2 —	dont la moindre largeur est de 7 millimètres.
» (tissu de)	le mètre carré.	— 45	— 45	— 01	(2) Ces petits meubles sont connus dans
» de fer et d'acier..........	100 k. B.B.	— 10	— 10	— 25	le commerce sous la dénomination d'ou-
» de schénante....................	100 k. B.B.	41 —	45 10	— 25	vrages de Spa.
» de chat—Brindilles de sumac...	100 k. B.B.	1 —	1 10	— 50	
» (plumes et fleurs de)	1 k. N. B.	5 —	5 50	— 25 les 100 kil.	
PAILLETTES d'or fin....................	1 hect. N. B.	10 —	11 —	— 04	
» » faux—Cuivre doré....	100 k. B.B.	286 —	302 80	4 —	
» d'argent fin....................	1 k. N. B.	30 —	33 —	— 10	
» » faux—Cuivre argenté...........	100 k. N. B.	201 —	216 70	4 —	
PAIN d'épice....................	100 k. N. B.	13 —	14 30	— 25	
» et biscuit de mer (3)....................	dito.	Mêmes droits que les farineux selon l'espèce.		— 25	(3) Le biscuit destiné à l'avitaillement des navires français et étrangers est exempt
» d'amande et de pignon....................	dito.	25 —	27 50	2 —	de tous droits de sortie. — Le pain néces-
» de graines oléagineuses—Tourteaux........	dito.	— 50	— 50	— 25	saire à la nourriture des voyageurs est éga-
» à cacheter ou à chanter....................	100 k. N. B.	100 —	107 50	1 —	lement dispensé de droits, tant à l'entrée qu'à la sortie, pourvu que la quantité n'en
PALMA-CHRISTI (ricin)—Graine ovale, brune et luisante.	100 k. B. B.	35 —	38 50	— 25	excède pas quatre kilog. par individu.
» » (huile de)....................	dito.	25 —	30 —	— 25	
PALMES non ouvrées....................	dito.	1 —	1 10	— 25	
» nattées—(Voyez plus bas Palmier).				»	
» (huile de) du cru du pays où l'huile est importée.	100 k. B.B.	12 50	15 —	— 50	
» » d'ailleurs....................	dito.	14 —	15 —	— 50	
PALMIER (tiges de) de l'Inde....................	100 k. N. B.	40 —	100 —	— 25	
» » d'ailleurs....................	dito.	80 —	100 —	— 25	
» (rameaux de)....................	100 k. B. B.	1 —	1 10	— 25	
» chapeaux (4) grossiers....................	la pièce.	— 20	— 20	— 05	(4) Les chapeaux de paille entière, d'écorce, de bois ou de sparterie, qui ont moins de
» » fins à tresses cousues........	dito.	1 —	1 —	— 05	14 tresses dans l'espace d'un décimètre, sont
» » à tresses engrenées........	dito.	1 25	1 25	— 05	considérés comme grossiers.
» nattes ou tresses grossières, pour paillassons.	100 k. B.B.	2 —	2 20	— 25	On traite comme fins :
de plus de trois » pour chapeaux.	dito.	5 —	5 50	— 25	1º Ceux des mêmes espèces qui ont 14 tresses ou plus, dans le même espace ;
» bouts, etc... fines....................	1 k N. B.	5 —	5 50	— 25	2º Les chapeaux de paille coupée et ou-
» (vannerie de)....................	100 k. B. B.	35 —	38 50	— 25	vragée, quelle que soit la largeur des tresses.
» (tissu de)....................	1er mètre carré	— 45	— 45	— 01	
PANIERS en quelque végétal que ce soit, brut...	100 k. B. B.	15 —	16 50	— 25	
» » pelé....................	dito.	25 —	27 50	— 25	
» » coupé....................	dito.	35 —	38 50	— 25	
PANNES—Tissu de laine....................	100 k. B.	prohibé.	prohibé.	1 50	
PAPIERS d'enveloppe à pâte de couleur....................	100 k. N. B.	80 —	86 50	— 50	
» blanc ou rayé pour musique........	dito.	150 —	160 —	1 —	
» colorié, en rames ou mains pour reliures....	dito.	90 —	97 —	1 —	
» peint en rouleaux pour tenture....	dito.	125 —	133 70	— 50	
» soyeux, dit papier de soie, papier de Chine, papier Joseph et autres de la même espèce.	dito.	100 —	107 50	1 —	

DÉNOMINATION DES MARCHANDISES	UNITÉS sur lesquelles portent LES DROITS	DROITS D'ENTRÉE		DROITS de SORTIE.	NOTES.
		par Navires français	par Nav. étr. et par terre.		
		F. C.	F. C.	F. C.	
PAPIER mâché —Carton moulé...............	100 k. N. B.	200 —	212 50	— 25	(1) On assujetit au même droit le parchemin ou le vélin neufs ou écrits, soit entiers ou coupés en bandes. Les rognures qui ne peuvent servir qu'à la fabrication de la colle, doivent être traitées comme oreillons.
» d'affaires.................	»	exempt.	exempt.	exempt.	
» à cautère.................	1 k. B.	prohibé.	prohibé.	— 02	
» à polir..................	100 k. N. B.	80 —	86 50	2 —	
» imprimés pour registres ou états...	dito.	150 —	160 —	1 —	
PARAPLUIES et Parasols en soie.............	la pièce.	2 —	2 —	— 02	(2) Le parchemin brut a moins l'apparence d'une peau que d'une feuille; toutes les extrémités irrégulières ont été coupées; il est sec, il a quelques pouces de plus que la peau passée qu'on y a employée; il est plus mince, plus blanc, plus flexible, moins gras et moins transparent.
» » en toile cirée ou autre.......	dito.	— 75	— 75	— 01	
» » en coton..............	»	prohibé.	prohibé.	»	
» » d'herbes-marines...........	100 k. B. B.	15 —	16 50	— 25	
» » (montures et carcasses de)..	la pièce.	— 40	— 40	2 — les 100 kil.	
PARCHEMIN et Vélin (1) bruts (2)............	100 k. B. B.	1 —	1 10	— 25	(3) Pour achever le parchemin et le rendre propre à l'usage, il faut encore le dégraisser, le raturer, le fouler à l'eau, le passer à la chaux et le polir avec la pierre-ponce.
» » achevés (3)...........	dito.	25 —	27 50	— 25	
PAREÏRA-BRAVA — Racines médicinales...........	dito.	20 —	22 —	— 25	
PARIÉTAIRE—Herbes médicinales............	dito.	30 —	33 —	— 25	
PARFUMERIES—Eaux de senteur (4) alcooliques...	100 k. N. B.	150 —	160 —		(4) Indépendamment du droit sur les eaux de senteur, celui des bouteilles ou cruchons est exigible.
» » sans alcool......	dito.	100 —	107 50	— 02 le kilog.	
» vinaigres parfumés..........	dito.	100 —	107 50		Les eaux de senteur non alcooliques se distinguent en ce qu'elles fondent le sucre et ne peuvent s'enflammer. — Il ne faut pas confondre avec les eaux de senteur les esprits, essences et quintessences tarifés à l'article huiles, ni les liqueurs reprises à l'article Boissons.
» pâtes liquides ou en pains (5)......	100 k. B. B.	25 —	27 50		
» savons liquid., en poudre, pains et boules.	100 k. N. B.	164 —	174 70		
» poudres à poudrer............	100 k. B. B	25 —	27 50	— 25	
» de senteur (6) de Chypre......	1 k. B.	9 —	9 90		(5) Ces pâtes comprennent seulement celles d'amande et de pignon. Ce qu'on appellerait pâte de savon serait également traité comme savons.
» » à dénommer.....	100 k. N. B	184 —	195 70		
» pommades de toute sorte (7)......	dito.	123 —	131 60		
» fards blanc..............	dito.	98 —	105 40	— 02 le kilog.	(6) Toutes les poudres de toilette parfumées sont comprises sous cette dénomination, notamment les poudres dentifrices sèches ou en opiats.
» » rouge..............	1 k. N. B.	17 —	18 70		
» pastill. odorantes à brûler (8) de l'Inde..	100 k. N. B.	50 —	125 —		
» » » d'ail.h d'E.	dito.	90 —	125 —		(7) Sous la dénomination de pommades, on entend des graisses parfumées pour la toilette et non des médicaments composés plus connus sous le nom d'onguent, de cérat, etc.
» » » des entrep.	dito.	100 —	125 —		
PAS-D'ANE—Tussillage—Fleurs médicinales.......	100 k. B. B.	40 —	44 —	— 25	
PASSE-LACETS en corne, os, fer même étamé ou cuivré.	100 k. N. B.	100 —	107 50	— 25	(8) Elles sont en petits trochisques, en bâtons ou en grains, et on leur assimile les substances assorties, dites pots-pourris, ainsi que les mèches chinoises, qu'on brûle aussi pour parfumer les appartements.
» en acier.................	dito.	200 —	212 50	1 —	
» en écaille ou ivoire..........	1 k. B.	prohibé.	prohibé.	— 01	
» en or.................	1 h. N. N.	20 —	22 —	— 20	
» en argent...............	dito.	10 —	11 —	— 20	
PASSE-PIERRE ou Perce-Pierre, verte...	100 k. B. B.	— 50	— 50	— 20	
» » salée ou confite...	dito.	9 —	9 90	— 25	
PASSEMENTERIE (9) de coton (10) (11).........	100 k. N. B.	prohibé.	prohibé.	— 50	(9) La passementerie comprend les franges, galons, tresses, ganses, cordons, cordonnets, sangles, lacets, torsades, jarretières, aiguillettes, boutons, etc.
» de crin................	100 k. N. B.	150 —	160 —	1 50	
» de fleuret..............	100 k. N. N.	800 —	817 50	2 —	
» de laine pure (10) blanche.......	100 k. N. B.	190 —	202 —	1 50	(10) La passementerie de coton et celle de pure laine jouissent d'une prime à la sortie.
» » teinte..........	dito.	220 —	233 50	1 50	
» » mélangée de fil, laine et poil..	dito.	220 —	233 50	1 50	
» de fil, écrus, bis ou herbés........	dito.	80 —	86 50	— 25	(11) Les boutons de passementerie de coton pur ou mélangé seront admis au droit de 200 ou de 100 f. (mercerie fine ou commune) selon que par un travail plus ou moins parfait ou par un mélange d'autres matières plus ou moins fortement imposées, ils devraient être rangés dans la classe de la mercerie fine ou commune. Toutefois, comme la passementerie de soie ou de laine, mêlée d'autres matières, est nommément taxée, on appliquera aux boutons de coton mélanges de soie ou de laine, dans le premier cas, le droit imposé sur la passementerie de soie mêlée d'autres matières; dans le second cas, le droit de la passementerie de laine mélangée de fil et poil.
» » mélanges de blanc......	dito.	120 —	128 50	— 25	
» » blancs.............	dito.	120 —	128 50	— 25	
» » teints en tout ou en partie...	dito.	150 —	160 —	— 25	
» d'or ou d'argent fin...........	1 k. N. N.	30 —	33 —	— 05	
» » faux............	dito.	5 —	5 30	— 04	
» de soie pure.............	dito.	16 —	17 60	— 02	
» » mêlée d'or ou d'argent fin..	dito.	25 —	27 50	— 05	
» » faux..	dito.	8 —	8 80	— 04	
» » d'autres matières....	dito.	8 —	8 80	— 03	
PASTEL (12) (feuilles et tiges de).............	100 k. B.B.	1 —	1 10	6 —	(12) Le pastel se trouve dans le commerce, sous forme pulvérulente bleuâtre, ou en masses de forme allongée. On le prépare avec la plante de l'Isatis tinctoria.
» (graine de).............	dito.	1 —	1 10	2 —	
» (pâte de) des pays b. d'E., de l'Inde et autres pays où il est récolt.	1 k. N. B.	— 50	4 —	— 50 les 100 kil.	
» » autres.............	dito.	2 —	4 —		Lorsque nos relations étaient interrompues avec les colonies, on avait essayé de remplacer l'indigo par la pâte obtenue du pastel des teinturiers; mais depuis la paix les essais tentés ont été abandonnés.
» d'écarlate, des pays hors d'Europe...	dito.	3 —	4 —	2 —	
» » des entrepôts........	1 k. N. B.	4 —	6 —	2 —	
» à dessiner.............	dito.	5 —	6 —	2 —	
PASTILLES odorantes à brûler, de l'Inde..........	100 k. N. B.	200 —	212 50	2 —	
» » d'ailleurs hors d'Europe.	dito.	50 —	125 —	2 —	
» » des entrepôts...	dito.	90 —	125 —	2 —	
» » à bijoux, dites du Sérail.......	1 k. N.B.	100 —	107 50	— 25 les 100 kil	

DÉNOMINATION DES MARCHANDISES	UNITÉS sur lesquelles portent LES DROITS.	DROITS D'ENTRÉE par Navires français.	par av. étr. et par terre.	DROITS de SORTIE.	NOTES.
		F. C.	F. C.	F. C.	
PASTILLES sucrées, de Bourbon............	100 k. N. B.	61 —	»	»	
» » d. s Antilles et de la Guiane française.	dito.	70 —	»	»	
» » de l'Inde................	dito.	90 —	130 —	— 25	
» » d'ailleurs hors d'Europe........	dito.	95 —	120 —		
» » des entrepôts........	dito.	105 —	130 —		
» médicinales..............	1 k. B.	prohibé.	prohibé.	— 62	
PATATES......................	100 k. B.B.	30 —	30 —	— 25	
PATÈRES pr rideaux, en cuivre.........	100 k. B.	prohib.	prohib.	1 —	
» en métaux comm. plaq, vernis, etc.	dito.	dito.	dito.	3 —	
PATES d'amandes ou de pignons.......	100 k. B. B.	25 —	27 50	2 —	
» d'anis...........	dito.	1 —	1 10	6 —	
» de cacao........	100 k. N. B.	130 —	140 —	— 51	
» d'Italie et autres pâtes granulées...	100 k. B.B.	20 —	23 —	— 25	
» de guimauve et autres sucrées— Comme Pastilles sucrées ci-dessus.					
» de papier, { lustré, à presser les draps..	10 k. N.B.	80 —	86 40	2 —	
Carton { de papier collé et passé au laminoir.	dito.	150 —	160 —	1 —	
en feuilles, autre............	100 k. N.	150 —	160 —	prohibé.	
» de pastel.—Voyez plus haut Pastel........		»	»	»	
» de savon........	100 k. N. B.	164 —	174 70	2 —	
» de térébenthine............	100 k. N. B.	8 —	8 80	1 —	
» de tournesol........	100 k. N.B.	130 —	167 50	2 50	
PATÉS à la viande............	100 k. B.B.	25 —	26 —	— 25	
PATIENCE—Racines médicinales..........	dito.	20 —	22 —	— 25	
PATINS.......................	100 k. B.	300 —	312 50	2 —	
{ de Bourbon........	dito.	61 —	»	»	
PATISSERIES—Biscuits, macarons, { des Antilles et de la Guiane française...	dito.	70 —	»	»	
nougats et autres { de l'Inde........	dito.	90 —	130 —	»	
de même espèce, { d'aill. hors d'Europe...	dito.	95 —	120 —	»	
{ des entrepôts........	dito.	105 —	130 —	— 25	
pâtés de viande........	100 k. B. B.	25 —	26 —	»	
autre- patisserie........	dito.	13 —	14 30	»	
PATTES d'ancre de fer de 16 à 20 k. l'une..	dito.	15 —	16 50	»	
» draguées (1)........	dito.	1 —	1 —	»	
de lion—Fleurs médicinales........	dito.	40 —	44 —	»	
PAVÉS même piqués...........	dito.	— 10	— 10	— 65	
PAVOT blanc ou noir (têtes et graines de) par nav. franç. et par terre........	dito.	2 50	»	— 25	
» » par nav. étran.	dito.	»	3 —	— 25	
» » (huile de)........	dito.	25 —	25 —	— 25	
» rouge—Fleurs médicinales........	dito.	40 —	44 —	— 25	
fraîches, grandes (2)............	dito.	1 —	1 10	16 —	
{ de bélier, brebis et mou-{par nav. franç.	la valeur.	10 p.%	10 p.%	15 —	
fraîches, { ton, revêtus de leur et par terre.	dito.	11 p.%	11 p.%		
petites { d'agneau { revêtus {plus {par nav. fran.	dito.	16 p.%	10 p.%	20 —	
(2). { (3) { de {leur et par terre.	dito.	11 p.%	»		
{ pesant {un kilog. au moins.	100 k. B. B.	1 —	1 10	20 —	
dépouillées de leur laine...	dito.	1 —	1 10	20 —	
de chevreau............	dito.	1 —	1 10	20 —	
PEAUX { sèches, grandes, par mer, du Sénégal.	100 k. B. N.	1 —	1 10	15 —	
brutes. { des entrepôts........	dito.	5 —	15 —		
(3) { pr terre (d'où qui leur cuir)...	dito.	10 —	15 —	— 25	
{ de bélier, brebis et mou-{par nav. fr....	la valeur.	13 13 p.%.	70 —		
{ ton, revêtus de leur et par terre.	dito.	14 24 p.%.	75 —		
sèches, { revêtus {plus {par nav. tran.	dito.	14 14 p.%.	70 —		
petites.. { d'agneau {leur laine {kil. {par nav. étr.	dito.	14 24 p.%.	75 —		
{ (3) { pesant {un kilog. au moins.	100 k. B. B.	1 —	1 10	70 —	
dépouillées de leur laine...	dito.	1 —	1 10	20 —	
de chevreau............	dito.	1 —	1 10	20 —	
autres........	100 k. B. N.	1 —	1 10	70 —	

(1) Cette modération de droits n'est applicable qu'aux ancres ou pates d'ancre retirées du fond des ports et rades du royaume, par des dragueurs français. Le dragage doit en être constaté par les agents de la marine.

(2) Par grandes, on entend les peaux de bœuf, vache, taureau, taurillon, bouvillon, génisse, cheval, ane, buffle, bison, aurochs ou bœuf sauvage et mulet;

Et par petites, celles de veau, mouton, brebis, bélier, agneau, chèvre, chevreau, daine, biche, chevreuil, chamois, daim, gazelle, élan, renne, cochon, et sanglier.

Les peaux de chèvre d'Angora, et celles des animaux d'Astracan, de vigogne, et de lama, quoique revêtues de leur laine, sont toujours comme pelleteries. — Les peaux d'agneaux préparées en mégie ou en confit, sont aussi l'objet spéciale ment.

(3) Les peaux brutes, sèches, importées en droiture, par navires français, des contrées situées à l'O. du Cap Horn, ne paient que la moitié des droits imposés sur les peaux de même espèce importées des pays hors d'Europe.

Les peaux revêtues de leur laine ne peuvent entrer que par les bureaux ouverts à l'importation des laines. (Voir le tableau de la page 81).

Cet article ne comprend que les peaux brutes, que ne peuvent être destinées qu'aux tanneries ou mégisseries. Les peaux à fourrure sont reprises à l'article pelleteries. — Il n'y a pas de distinction à faire entre les peaux brutes qui sont salées et celles qui ne le sont pas, attendu que le sel n'ajoute rien à la valeur, mais bien au poids des peaux, et doit être considéré comme un moyen de les conserver dans le transport; ainsi elles doivent être traitées comme fraîches ou sèches selon l'espèce.

(4) Les peaux de brebis, béliers et moutons, que que revêtues de leur laine, mais dont le poids n'excède pas 1 kilo, ne sont passibles que du droit d'un fr., ou 1 fr. 10 cent. comme les petites peaux d'agneaux, pesant un kil. ou moins.

(5) Les peaux d'agneau, revêtues de leur laine, dont le poids est plus d'un kilogramme, sont les seules auxquelles soit applicable la tarification ci-contre.

(6) Les grandes peaux brutes et sèches, ne peuvent être importées par terre, que par les bureaux ouverts aux marchandises payant plus de 20 fr. le quintal.

12

DÉNOMINATION DES MARCHANDISES	UNITÉS sur lesquelles portent LES DROITS	DROITS D'ENTRÉE		DROITS de SORTIE.	NOTES.
		par Navires français.	par Nav. étr. et par terre.		
		F. C.	F. C.	F. C.	
PEAUX prépa- rées ou ou- vrées. { sauf les exceptions ci-après..........	100 k. B.	prohibé.	prohibé.	— 25	(1) On assujetit au même droit le parchemin ou le vélin neufs ou écrits, soit entiers ou coupés en bandes. Les rognures qui ne peuvent servir qu'à la fabrication de la colle, doivent être traitées comme oreillons. Le parchemin brut a moins l'apparence d'une peau que d'une feuille; toutes les extremités irrégulières ont été coupées; il est sec, il a quelques pouces de plus que la peau passée qu'on y a employée; il est plus mince, plus blanc, plus flexible, moins gras et moins transparent.
d'agneau et de chevreau en poil, en confit.....	100 en N.	2 50	2 50	— 25	
» mégics......	dito.	3 —	3 —	— 10	
parchemin et vélin (1) bruts............	100 k. B.B.	1 —	1 10		
» achevés............	dito.	25 —	27 50		
de cygne, d'oie ou d'agneau *pour éventails*....	100 k. N.B.	612 —	629 50	— 25 100 k. B.	
cuir de veau *odorant*, dit *de Russie*, propre à la reliûre (2).	la pièce.	5 —	5 —		
grandes peaux tannées pour semelles (3)	100 k. N.B.	75 —	81 20		
PEAUX de chien de mer, d'anguille et de re-{ fraiches..	100 k. B.B.	1 —	1 10	— 25	(2) Il s'agit ici du *cuir propre à la reliûre, traité à l'écorce de saule ou de bouteau*, à l'exclusion de celui dont on se sert pour faire des semelles.
quin, brutes, *de toute pêche*......{ sèches...	dito.	17 —	18 70	— 25	
PEAUX de lézard.— Mêmes droits que celles de chien de mer	»	»	»	»	
PÊCHER.—Feuilles médicinales............	100 k. B.B.	30 —	33 —		(3) Les grandes peaux tannées, pour semelles, ne peuvent être importées que par les bureaux ouverts aux marchandises payant plus de 20 fr. (*Voir page 6*).
» fleurs »	dito.	40 —	44 —		
PÊCHES.—Fruits frais.............	dito.	4 —	4 40		
» à l'eau-de-vie............	100 k. N.B.	98 —	105 40		
» au sucre, de Bourbon............	dito.	38 50	»	} — 25	(4) Les ouvrages d'or et d'argent, importés de l'étranger, sont envoyés sous plomb et par acquit-à-caution sur le bureau de garantie le plus voisin, pour y être poinçonnés, s'il y a lieu, et acquitter le droit de marque.
» des Antilles et de la Guiane française.	dito.	45 —	»		
» de l'Inde.	dito.	90 —	120 —		
» d'ailleurs hors d'Europe..........	dito.	95 —	120 —		
» des entrepôts............	dito.	105 —	120 —		
PEIGNES de vermeil (4) ornés en pierres ou perles fines.	1 h. N. N.	20 —	22 —	1 —	Sont affranchis de cette formalité comme de tous droits:
» tous autres............	dito.	20 —	22 —	— 20	1° Les objets d'or et d'argent, appartenant aux embassadeurs et envoyés des puissances étrangères, qui les accompagnent ou sont déclarés par eux;
» d'ivoire............	1 k. N.B.	4 —	4 40	— 01	
» d'écaille............	dito.	5 —	5 50	— 01	2° Les bijoux d'or et les ouvrages en argent à l'usage personnel des voyageurs, dont le poids n'excède pas 5 hectog.
» de corne, de bois ou de plomb............	100 k. N.B.	100 —	107 50	1 —	
» à tisser et les broches propres à les faire....	la val. à déterminer par le comité consultatif des arts et manufact.	15 p. %	15 p. %	1/4 p. %	Les deux tiers du droit de garantie sont remboursés à l'exportation des matières d'or et d'argent, sur le certificat delivré par la Douane de sortie et visé par le Directeur.
PEINTURES (5)............	la valeur.	1 p. %	1 p. %	1/4 p. %	(5) Les verres ou glaces qui reçoivent les peintures doivent entrer dans l'estimation des cadres ou bordures passibles du droit de 15 p. %.
PELLES de fer à remuer la terre—Instrum⁸ aratoires (6).	100 k. N.B.	80 —	86 50	1 —	
» à feu............	100 k. B.	prohibé.	prohibé.	— 25	(6) Les instruments aratoires peuvent entrer par mer en colis ou tous poids, mais sans mélange d'espèces payant des droits différents.
de bois — Boisscllerie............	100 k. B.B.	4 —	4 40	— 25	
de lapin, brutes............	100 k. B.N.	1 —		— 75 le kilog.	
» apprêtées............	100 en N.	1 —		1 — le kilog.	(7) *Brutes* vent dire que les peaux sont telles qu'elles ont été arrachées de dessus l'animal. Elles ont été simplement séchées ou saturées de cendres, pour éviter la corruption pendant le transport. — *Éjarrées.* Ce sont celles dont le revers a été écharné jusqu'à la plante du jarre, c'est-à-dire des poils longs, durs et luisans, qui départeraient les pelleteries, et qui laissent à découvert des cadres des peaux qui fait tout le prix de la fourrure. Cette opération est particulière aux peaux de lion ou de loup-marin, dont le quintuple la valeur. — *apprêtées* veut dire que les peaux ont été passées en mégie; qu'elles sont purifiées, assouplies et telles qu'on les emploie en fourrures.
de lièvre, brutes............	100 k. B.N.	1 —		— 75 le kilog.	
» apprêtées............	100 en N.	4 —		4 — le kil. B.	
de blaireau, brutes............	la pièce.	— 15		— 05 le kil. B.	
» apprêtées............	dito.	— 15		— 02	
de castor, brutes............	dito.	— 35		— 05	
» apprêtées............	dito.	— 35		— 04	
de castorin, brutes et mégies............	100 en N.	3 —		— 30	
» éjarrées............	dito.	15 —		— 30	
PELLE- TERIES Peaux (7) { » teintes............	dito.	25 —		— 30	
de phoque, brutes, de pêche française............	la pièce.	— 01		— 02	
» de pêche étrangère »	dito.	— 20		— 02	
» mégies............	dito.	— 20		— 02	
» éjarrées avec ou sans lustre.....	dito.	3 —		— 05	
» teintes et lustrées............	dito.	1 —		— 05	
brutes ou appré- tées. { de chameau, jaguard, léopard, once, panthère et tigre............	dito.	1 20		— 15	(8) Dans cette classe rentrent toutes les peaux d'agneaux *frisées*, propres à être employées en fourrures, qu'elles proviennent d'Astracan même de Crimée, Perse, Pologne, Russie et autres lieux. On doit observer toutefois que les petites peaux d'Italie ou des Alpes, quoiqu'un peu frisées, ne servant pas comme parure, restent dans la classe des autres peaux communes.
d'ours et d'ourson............	dito.	1 05		— 10	
de lion, lionne et zébre............	dito.	— 60		— 06	
de renards noirs ou argentés............	dito.	2 40		— 24	
» croises ou bleus............	dito.	— 90		— 10	
» blancs, jaunes et gris argenté de Virginie............	dito.	— 20		— 02	
» teintes............	dito.	2 40		— 04	
» autres............	dito.	— 10		— 01	
de chacal, de chinchilla et de fouine...	dito.	— 10		— 01	
d'agneaux, dits d'Astracan et de Carcaj. (8)	dito.	— 20		— 02	
de loutre............	dito.	— 45		— 05	
d'hyène, de loups cerviers et de bois...	dito.	— 40		— 04	
de chèvres d'Angora............	dito.	— 35		— 04	
de butor, cygne, eyder, glouton, lama, marte, pekan, raton, vautour et vigogne.	dito.	— 15		— 02	

DÉNOMINATION DES MARCHANDISES.	UNITÉS sur lesquelles portent LES DROITS.	DROITS D'ENTRÉE. par Navires français.	par Nav. étr. et par terre.	DROITS de SORTIE.	NOTES.
		F. C.		F. C.	
PELLE-TERIES Peaux — brutes ou appré-tées. de chats tigres et cerviers............	la pièce.	— 15		— 02	
» sauvages et domestiques......	100 en N.	3 —		— 30	
de civette, genette et putois même tigrés.	dito.	3 —		— 30	
de grèbe, marmotte, d'oie et vison......	dito.	6 —		— 60	
de belette, berveski, biscache, chien, écur¹, mulot ou hamster, palmistes des Indes, pe-tit-gris, rats musqués et autres, et taupe.	dito.	2 —		— 20	
de chikakois........................	dito.	3 75		— 40	
d'hermine, kolynsky ou kulonok et las-quette.......................	dito.	3 75		— 40	
dos et ventres de fouine, lièvres blancs, marte, petit-gris, renard, etc...............	....	La moitié du droit des peaux.			
gorges de canard, de fouine, marte, pingouin et renard de toukan..................	100 en N.	2 —		— 20	(1) Les queues de *rats musqués* n'étant employées qu'en parfumerie sont reprises à cet article.
» queues de fouine, loup, marte, pekan et renard (1)..................	dito.	2 —		— 20	
PELLE-TERIES — morceaux cousus (2) d'écureuil, d'hermine, de kolinsky ou kulonok, de petit-gris, de putois même tigrés et vison..................	dito.	— 25		— 03	(2) Dans le commerce, on appelle *sacs*, *nappes* ou *toulouppes* de *pelleterie*, des peaux ou parties de peau cousues ensemble pour former un tout plus facile à voir et à transporter. Les sacs ont le plus souvent 1ᵐ 21 à 1ᵐ 30 de hauteur, 1ᵐ 21 à 1ᵐ 30 de largeur à leur base, et 75 à 81 centimètres à leur tête. — Les nappes ont les mêmes dimensions que les sacs, avec cette différence qu'il faut en faufiler deux ensemble pour former un sac; ainsi on comptera deux nappes pour un sac lors de la perception. — Les toulouppes ont la forme des grands wildschouras à manches, et il entre dans leur confection environ un sac et demi ou trois nappes; mais il n'y a aucune distinction à en faire pour la perception, attendu qu'ils doivent payer comme les sacs entiers.
en peaux d'agneaux dits d'Astracan, d'hermine, de kolynsky ou kulonok, de lasquette, marte, putois même ti-grés et dos et ventres de petit-gris.	la pièce.	5 —		— 50	
en peaux de fouine, dos et ventres de chats tigres et cerviers, d'écureuil, renard et vigogne.	dito.	1 50		— 15	
en peaux d'agneaux ordinaires, de cas-tor, mulot ou hamster, rats mu-qués, taupe, dos et ventres de lapin, lièvres blancs, pattes ou autres fractions de peaux quelconques non dénommées au présent........................	dito.	1 —		— 10	
ouvrées (3).	la valeur.	15 p. %	15 p. %	1/4 p. %	(3) Ce qui s'entend des vêtements ou parties de vêtement, comme pelisses, man-chons, garnitures, rochets, palatines, boas, aumusses, bonnets, bottes, et en général de toutes les fourrures taillées, doublées ou assemblées par des coutures, autrement que pour former des ballottins appelés sacs, nappes ou toulouppes.
PELLICULES de Cacao, des colonies françaises........	100 k. N. B.	40 —	»	— 25	
» » des pays situés à l'O. du cap Horn.	dito.	50 —	105 —	— 25	
» » d'ailleurs hors d'Europe.	dito.	55 —	105 —	— 25	
» » des entrepôts..............	dito.	95 —	105 —	— 25	
PENDULES................................	100 k. B.	prohibé.	prohibé.	3 —	(4) Les corons, c'est-à-dire les déchets ou bouts de fil de laine, de lin, de chanvre ou de coton qu'entraîne le décordage ou le tissage, et qui ont de 108 à 270 millim. de longueur, suivent le régime de la matière brute dont ces déchets dérivent.
PENNES (4) ou corons de laine, par nav. fran. et par terre.	la valeur.	20 p. %	»	— 25	
» par navires étrangers....	dito.	»	22 p. %	(les tot.kil.)	
» de lin ou de chanvre....	100 k. B. B.	15 —	16 50	— 25	
» de coton, des entrepôts........	100 k. N. B.	30 —	35 —	— 50	
PENSÉES — Herbes médicinales..............	100 k. B. B.	30 —	33 —	— 25	
PEPINS de melon — Fruits médicinaux..............	dito.	35 —	38 50	— 25	
» d'oranger (grains durs à tailler)......	dito.	12 —	13 20	— 25	
PERCALE..................................	100 k. B.	prohibé.	prohibé.	— 50	
PERCE-PIERRE — Légumes verts................	100 k. N. B.	— 50	— 50	— 20	
» salée ou confite.............	dito.	9 —	9 90	— 25	
PERCHES (5)...............................	1000 en N.	— 25	25	prohibé.	(5) Les perches peuvent être exportées par les points pour lesquels le gouvernement suspend la prohibition et en payant les droits ci-après :
PERELLES — Lichens tinctoriaux	100 k. B. B.	1 —	1 10	2 —	
» » (pierre fine tirant sur le vert) brutes......	1 h. N.B.	— 25	— 25	— 01	
PÉRIDOTS (pierre fine tirant sur le vert) brutes... taillées.......	dito.	— 50	— 50	— 01	La houblon.....50 f. le 1000 en N.
PÉRIGORD ou Périgueux....................	100 k. B. B.	1 —	1 10	— 25	Perches dites *Wairres*....33 dᵒ
PERLASSES de la Guiane française..............	100 k. N.B.	10 —	»	— 25	/dites *Wairettes* 16 dᵒ
» d'ailleurs hors d'Europe.........	dito.	15 —	21 —	— 25	La sortie en est aujourd'hui permise :
» des entrepôts.................	dito.	18 —	21 —	— 25	1º Par la rivière de la Meuse,
PERLES fines, de toute pêche..............	1 h.N.B.	— 50	— 50	— 01	2º Par divers bureaux du département du Nord.
» fausses............................	100 k. N. B.	200 —	212 50	2 —	
» en verre pour broderies ou tricot........	1 k. N.B	2 —	2 20	— 02	
» pour chapelets ou colliers.........	dito.	1 —	1 10	— 01	
» en cuivre doré..................	100 k. B.	prohibé.	prohibé.	1 —	
PERROQUETS et Perruches..................	la pièce.	1 p. %	1 p. %	1/4 p. %	
PERRUQUES...............................	1 k. N.B.	2 —	2 20	— 25 les 100 kil.	
PERSES — Tissus de coton..................	100 k. B.	prohibé.	prohibé.	— 50	
PERSIENNES chinoises en jonc peint..........	la valeur.	15 p. %	15 p. %	1/4 p. %	
PERSIL de Macédoine — Fruits médicinaux..........	100 k. B. B.	35 —	38 50	— 25	

DÉNOMINATION DES MARCHANDISES	UNITÉS sur lesquelles portent LES DROITS.	DROITS D'ENTRÉE par Navires français.	par Nav. étr. et par terre.	DROITS de SORTIE.	NOTES.
		F. C.	F. C.	F. C.	
PERSPECTIVES ou vues d'optique.............	la valeur.	30 p. %	30 p. %	1/4 p. %	
PÈSE-LIQUEURS	dito.	dito.	dito.	dito.	
PETITE-ORGE (révalide) — Fruits médicinaux	100 k. B. B.	35 —	38 50		
PÉTROLE — Bitume fluide	dito.	7 —	7 70		(1) Ce produit, qu'on obtient de la combinaison de l'acide sulfurique et des os calcinés à blanc, est incolore, sa consistance est à peu près celle de la cire vierge; exposé à l'air il répand une odeur analogue à celle de l'ail. On le trouve dans le commerce sous forme de petits cylindres renfermés dans des flacons forts, pleins d'eau et bien bouchés à l'émeri; ces flacons sont enfermés individuellement dans des étuis de fer-blanc.
PHLOMIS de Ceylan — Herbes médicinales.........	dito.	30 —	33 —		
PHORMIUM-TENAX en tiges brutes.........	dito.	— 40	— 40	— 25	
» teillé et étoupes...	dito.	8 —	8 80		
» peigné............	dito.	15 —	16 50		
PHOSPHORE......................	100 k. N.B.	62 —	67 60		
PIANOS (2) carrés.................	la pièce.	300 —	300 —	1 —	(2) Les pianos qui n'appartiennent ni à l'une ni à l'autre des espèces tarifées, sont assimilés aux carrés, si leur valeur n'excède pas 1200 francs.
» à queue ou en buffet...	dito.	400 —	400 —	1 —	
PIASTRES — Monnaies d'argent...	1 k. B.B.	— 01	— 01	— 01	
PICARDES — Fruits secs.............	100 k. B.B.	16 —	17 60	— 25	(3) Les instruments aratoires peuvent entrer par les bureaux de mer en colis de tous poids, mais sans mélanges d'espèces payant des droits différents.
PICCOLINES — Fruits confits............	dito.	36 —	39 60	— 25	
PIEDS de chat — Fleurs médicinales......	dito.	40 —	44 —	— 25	
» d'élan..................	100 en N.	1 50	1 50	— 10	
» de bétail pour aliments.........	100 k. B.B.	18 —	19 80	3 —	
» pour faire de la colle.......	100 B.	1 —	1 10	prohibé.	
PIÈGES à loup, renard, taupe, etc. (3).........	100 k. B.B.	80 —	86 50	1 —	(4) Bol d'Arménie fossile terreux qui se casse par écailles. Il est opaque, peu éclatant; l'ongle peut le rayer. Il happe à la langue; il est gras au toucher; sa couleur est rouge; d'un côté il passe au jaune, de l'autre au brun.
à aiguiser, brutes...............	100 k. B.B.	2 —	2 20	— 25	
» achevées...............	dito.	5 —	5 50	— 25	
Alana ou tripoli	dito.	5 —	5 50	— 25	
Bol d'Arménie (4) et terre de Lemnos (5).....	la valeur.	15 p. %	15 p. %	1/4 p. %	(5) Terre de Lemnos. — Elle se présente en petits pains cylindriques formés d'une argile de même espèce que le bol d'arménie.
à broyer..................	100 k. B.B.	— 10	— 10	— 25	
Cailloux à faïence ou à porcelaine.........	dito.	— 10	10 —	2 —	
Calaminaires — Zinc............	dito.	— 10	— 10	— 15	(6) La chaux et les pierres à chaux, en quelque état que celles soient, sont traitées comme engrais, lorsqu'on justifie qu'elles sont destinées à l'amendement des terres situées dans le rayon des Douanes.
à chaux (6) à l'état brut.........	dito.	— 20	— 20	— 05	
» calcinées et broyées.......	dito.	5 —	5 50	— 25	
Craie (Chaux carbonatée)...........	dito.	— 10	— 10	— 01	
défauts de).................	dito.	— 10	— 10		
Dorie (felspath opaque) et argileuse, propre à la fabrication de la porce laine, des bains et faïences)...	dito.	— 10	— 10	— 25	(7) Lorsque ces pierres sont sciées elles sont traitées comme marbre autres.
Écossines dites d'Antoing, de Tournai et de Soignies, brutes ou simplement écarries (7)...	dito.	— 10	— 10	— 01	
F. crugineuses, émeri en pierres brutes.......	100 k. B.B.	2 —	2 20	— 25	
» préparé en poudre....	dito.	8 —	8 80	— 25	
autres que les agates.........	dito.	5 —	5 50	— 25	
» montées................	100 k. B.B.	2 —	2 20	1 —	
PIERRES à filtrer, brutes.........	dito.	2 —	2 20	— 25	
et	la valeur.	15 p. %	15 p. %	1/4 p. %	(8) On entend par gemmes, quant à l'application des droits de Douane, toutes les pierres à reflet dites pierres précieuses, que l'on monte en joyaux ou bijoux, ou dont on fait des objets de curiosité, tels que les rubis, — saphirs, — émeraudes, — hyacinthes, — topazes, — grenats, — lazulites, — aventurines, — spath adamentins, — zircons, — péridots, — amethystes, — tourmalines, — calcédoines, — jargons, — aigue-marine, — chrysolite, etc. Il ne s'agit ici que des pierres non montées, ou de celles qui ont une monture provisoire en métal commun. Celles montées en or ou en argent rentrent dans la bijouterie.
Terres.	Gemmes (8), diamants bruts...	1 k. N.B.	— 50	— 50	— 01	
» taillés...............	dito.	1 —	1 10	— 01	
» à dessiner, brutes.........	dito.	— 2 —	— 2 —	— 01	
» taillés............	dito.	— 50	— 50	— 01	
Graisses (pierres)...............	100 k. B.B.	5 —	5 50	— 25	
(alberane naturelle d'argent)......	dito.	prohibé.	prohibé.	2 —	
à lithographe...............	dito.	2 —	2 20	— 25	(9) Le groison est une pierre crayeuse, très-fine dont se servent les mégissiers.
meulières brutes............	100 k. B.B.	— 10	— 10	— 05	
» taillées et perles à dents de roues...	la valeur.	15 p. %	15 p. %	1/4 p. %	
Noire (pour crayon de charpentier)...	dito.	5 —	5 50	— 25	
Ocres (argiles chargées d'oxide)......	100 k. B.B.	2 —	2 20	— 01	
ouvrées, ciseaux............	100 k. B.B.	10 —	11 —	— 25	
» autres............	la valeur.	15 p. %	15 p. %	1/4 p. %	
de pipe...................	dito.	— 10	— 10	— 05	
à polir	dito.	— 10	— 10	— 15	
Ponce	dito.	5 —	5 50	— 25	
Sable à verre à faïence...........	100 k. N.B.	— 10	— 10	— 25	
du soleil, brutes............	dito.	15 —	16 50	— 25	(10) Spath — Fossile souvent cristallisé, de cassure lamelleuse, un peu transparent.
» ouvrées, autres que gemmes.....	1 k. N.B.	2 —	2 20	les 100 kil.	
Spath et Gustine (10)............	100 k. B.B.	1 10	1 10	— 25	(11) Leur diamètre se prend au 0° de la longueur à partir du gros bout.
de taille, brutes............	dito.	— 10	— 10	— 05	
de touche..................	dito.	5 —	5 50	— 25	
PIGNONS — Fruits médicinaux........	dito.	35 —	38 50	— 25	
(huile de)...................	dito.	25 —	30 —	— 50	
PIGOUILLES de 11 cent. inclus. à 15 cent. exclus. (11)..	la pièce.	— 20	— 20	1 —	

DÉNOMINATION DES MARCHANDISES	UNITÉS sur lesquelles portent LES DROITS.	DROITS D'ENTRÉE par Navires français.	par Nav. étr. et par terre.	DROITS de SORTIE.	NOTES.
		F. C.	F. C.	F. C.	
PILLULES de toute sorte..........	1 k. B.	prohibé.	prohibé.	— 02	
PIMENT de la Guiane française..........	100 k. N.B.	10 —	»	— 25	
» de l'Inde, des pays à l'ouest du cap Horn....	dito.	45 —	115 —	— 25	
» d'ailleurs..........	dito.	90 —	115 —	— 25	
PIN (écorces de) non moulues..........	100 k. B. B.	— 10	— 10	4 —	
» moulues..........	dito.	1 —	1 10	— 10	
» (pommes de) — Fruits médicinaux..........	dito.	35 —	38 50	— 25	
» (graine de)..........	dito.	1 —	1 10	— 25	(1) Poussière fécondante de la fleur de pin, d'un jaune de soufre et connue dans le commerce sous le nom de soufre végétal. Elle est résineuse, très-inflammable et s'emploie aux mêmes usages que le lycopode; quoique assimilée aux résines exotiques à dénommer elle peut néanmoins entrer par les bureaux ouverts aux marchandises payant plus de 20 f. par 100 kil.
» (poussière de) (1) de l'Inde..........	100 k. N. B.	50 —	125 —	— 25	
» » d'ailleurs hors d'Europe..........	dito.	90 —	125 —	— 25	
» » des entrepôts..........	dito.	100 —	125 —	— 25	
PINCEAUX de poils fins ou de cheveux..........	dito.	200 —	212 50	2 —	
» communs....	dito.	100 —	107 50	1 —	
PINCES à casser le sucre et à ongles..........	dito.	100 —	107 50	1 —	
» en fer — Leviers..........	dito.	50 —	55 —	1 —	
» autres..........	dito.	140 —	149 50	1 —	
PINCETTES en fer..........	100 k. B.	prohibé.	prohibé.	— 25	
» en cuivre..........	dito.	dito.	dito.	1 —	
PINCHEBEC — Métal formé de zinc et de cuivre..........	dito.	»	»	»	
PINNES-MARINES — Coquillages vides..........	la valeur.	1 p. %.	1 p. %.	1/4 p. %.	
» (byssus de) — Poil de nacre..........	1 k. B. B.	— 05	— 05	— 25 les 100 kil.	
» (drap de)..........	1 k. B. B.	16 —	17 60	— 02	
» (bonneterie de)..........	100 k. N. B.	1200 —	1217 50	2 —	
PIOCHES (2)..........	dito.	80 —	86 50	1 —	(2) Les instruments aratoires peuvent entrer par les bureaux de mer en colis de tous poids, sans mélange d'espèces payant des droits différents.
PIPES de faïence..........	dito.	49 —	53 90	— 25	
» de terre, façon Holl᷄ᵈᵉ, sans émail ou de grès commun.	dito.	49 —	53 90	— 25	(3) Ce sont des pipes de différentes couleurs dites terre d'Égypte, Hongrie, Turquie, Naples, qui sont aussi belles que le grès fin d'Angleterre.
» » fin (3)...	dito.	200 —	212 50	2 —	
» de porcelaine ou d'écume de mer..........	dito.	200 —	212 50	1 —	
» autres..........	dito.	100 —	107 50	1 —	
PIQUANTS de porc-épic....	100 k. B. B.	40 —	44 —	2 —	(4) Les armes de traite que l'on exporte par mer, en caisse d'au moins 50 kil., ne paient que 25 centimes par 100 kil. B., celles en caisses au-dessous de 50 kil. sont soumises au droit de 5 f.
PIQUES (4)..........	100 k. N.B.	100 —	117 50	5 —	
PIQUÉS de pur fil pour couvertures, blanc..........	mêmes dr. que la toile de lin imprimée.			— 25	
» teint..........	mêmes dr. que la toile de lin imprimée.	140 —	149 50	— 25	
» de coton..........	100 k. B. B.	prohibé.	prohibé.	— 50	
PISSASPHALTE (5)..........	100 k. B. B.	7 —	7 70		(5) Mélange de poix et de Bitume.
PISSENLIT — Racines médicinales..........	dito.	20 —	22 —		
» feuilles..........	dito.	30 —	33 —		
PISTACHES — Fruits de table en coques même celles vertes.	100 k. N. B.	48 —	52 80	— 25	
» cassées..........	dito.	144 —	153 70	— 25	
de terre — Arachis, par nav. fran. et par terre.	100 k. B. B.	2 50		— 25	(6) Quand le gouvernement accorde des exceptions à la défense d'importer ou d'exporter des armes ou parties d'armes de guerre, les droits ci-après sont exigibles, savoir : pour les armes à feu portatives, ceux des armes de chasse et de luxe; à la sortie, le droit de 25 centimes par 100 kil. brut. Les dispositions relatives aux armes de guerre sont applicables aux pièces d'armes de guerre. Voir pour plus de détails la note (1), page 33.)
» par navires étrangers...	dito.	»	3 —		
PISTOLETS (6) de guerre..........	»	prohibé.	prohibé.	prohibé.	
» de luxe ou de traite (6) (4)..........	100 k. N.B.	200 —	212 50	5 —	
PIVOINE — Racines médicinales..........	100 k. B. B.	20 —	22 —	— 25	
» fleurs..........	dito.	40 —	44 —	— 25	
PLANCHES pour l'impression sur toile ou sur papier (7).	la val. a déterminer par le combinaison du tarif des arts et monnaies	15 p. %.	15 p. %.	1 p. %.	(7) Consulter la note (3), page 77.
PLANCHETTES de 2 mètres de longueur et au-dessous.	1000 par N	— 50	— 50	— 50	
» de 2 à 4 mètres exclusivement..........	dito.	2 —	2 —	2 —	
» de 4 mètres et au-dessus..........	dito.	10 —	10 —	10 —	
PLANES (8)..........	100 k. N. B.	140 —	149 50	1 —	(8) Les outils peuvent entrer par mer en colis de tous poids, mais sans mélange d'espèces payant des droits différents.
PLANTES alcalines (fucus)..........	100 k. B. B.	— 10	— 10	— 10	
» de fleur..........	dito.	1 —	1 10	1 —	
» exotiques..........	la valeur.	1 p. %.	1 p. %.	1/4 p. %.	
PLANTS d'arbre..........	100 k. B. B.	— 50	— 50	— 25	
» d'asperge..........	dito.	1 —	1 10	1 —	
» ou boutures de garance..........	dito.	1 —	1 10	— 25	
» de tabac..........	100 k. B.	prohibé.	prohibé.	— 25	
PLAQUES de cheminée..........	dito.	dito.	dito.	— 25	(9) Ce sont de petites plaques rondes en cuivre, destinées à être émaillées pour cadrans de montre.
» de cuivre, coulées, des pays hors d'Europe.	100 k. B. B.	1 —	3 —	2 —	
» » des entrepôts..........	dito.	2 —	3 —	2 —	(10) Consulter la note (1), page 60.
» » à verdet, laminées..........	100 k. N. B.	50 —	55 —	— 25	
» » battues..........	dito.	80 —	86 50	— 25	(11) Plaques grossières de 1 millim. de largeur au 15 dépassent 120 de longueur, dont 120 pour le manche. Elles pèsent environ 3 kil., consistant en 1 acier large et de 3 f., et sont destinées à être étendues sur les enclumes brutes.
» à cadran (9)..........	1 k. N. B.	5 —	5 —	— 05	
» d'enclume (10) (11) étirées au laminoir et forg.	100 k. B. B.				
au charbon de terre..........	100 k. B. B.	27 —	27 —	— 25	

12*

DÉNOMINATION DES MARCHANDISES	UNITÉS sur lesquelles portent LES DROITS.	DROITS D'ENTRÉE		DROITS de SORTIE.	NOTES.
		par Navires français.	par Nav. étr. et par terre.		
		F. C.	F. C.	F. C.	
PLAQUES d'enclume, (1) forgées au marteau et traitées au charbon de bois.	100 k. B.B.	25 —	25 —	— 25	(1) Voir les notes (10) et (11), page 93.
» de terre cuite pour les émailleurs.	dito.	10 —	11 —	— 25	(2) Métal de couleur blanche, beaucoup plus sombre que celle de l'argent, et qui,
PLAQUÉS — Ouvrages en métaux communs, vernis, plaqués, dorés ou argentés.	100 k. B.	prohibé.	prohibé.	3 —	lorsqu'il a été poli, se rapproche de celle de l'acier. Le platine brut (minerai) se présente naturellement sous la forme de paillettes minces, ou de petits grains irréguliers,
PLATINE (2) brut en masses, lingots, barres, poudres.	1 h. N. N.	— 25	— 25	— 25	le plus souvent aplatis; les plus volumineux
» battu en feuilles.	1 h. N. B.	30 —	33 —	— 04	sont, pour l'ordinaire de la grosseur d'un petit pois, leur densité est au moins quinze
» tiré ou laminé, traits, lames, paillett. et clinq.	dito.	10 —	11 —	— 04	fois, et souvent dix huit fois plus considérable que celle de l'eau distillée. Ce n'est
» filé sur soie.	dito.	10 —	11 —	— 04	qu'en 1741 que don Ulloa, savant portugais,
» bijouterie (3) ornée en pierres ou perles fines.	1 h. N. N.	20 —	22 —	1 —	en fit la découverte dans l'Amérique méridionale. Les mines de Russie, aux Monts-
» » toute autre.	dito.	20 —	22 —	— 70	Ourals, n'ont été découvertes qu'en 1824.
» orfèvrerie (3).	dito.	10 —	11 —	— 50	Le platine sert à faire des chaînes de montre, des bijoux, des tabatières, des qua-
» monnaies.	1 h. N. B.	— 04	— 04	— 04	lités qu'il possède le rendent extrêmement
PLATINES de fusil ou de pistolet (4) de guerre.	»	prohibé.	prohibé.	prohibé.	précieux dans les arts. Il est inaltérable, à l'air,
» » de luxe ou de traite.	100 k. N. B.	209 —	212 50	5 —	à la chaleur et par l'action des acides les plus concentrés à l'exception de l'eau régale.
PLÂTRE brut ou pierre à plâtre.	100 k. B. B.	— 10	— 10	— 15	On a fait des chaudières pour la fabri-
» préparé, soit (par les bur. d'Abbevillers, Villars-moulin, soit sous-Blamont, Vaufrey et Delle.	dito.	» —	— 10	— 15	cation de l'acide sulfurique, des creusets, des capsules et des cornues pour le traitement d'un grand nombre de corps au moyen des
» calciné (par tout autre bureau.	dito.	— 50	— 50	— 15	acides. Sa pesanteur spécifique est de 21.47
PLOCS (5).	la valeur.	15 p. %	15 p. %	1/4 p. %.	et de 21 53 lorsqu'il a été battu. La résistance qu'il oppose aux variations de température,
PLOMB — Minéral ou plomb sulfuré, quelle qu'en soit la dénominat., galène, alquifoux, sable plombifié, etc.	100 k. B.B.	1 —	1 10	4 08	sa dilatabilité presque insensible le rend préférable à tout autre métal pour la fabri-
» allié d'antimoine.	dito.	3 50	3 80	2 —	cation des étalons de poids et de mesures,
» métal brut.	dito.	26 —	28 60	2 —	de pièces d'horlogerie délicates, ainsi que
» limailles.	dito.	— 7	— 7	2 —	pour la construction des thermomètres métalliques. Le gouvernement Russe en a fait
» en balles de calibre.	»	prohibé.	prohibé.	prohibé.	frapper des pièces de monnaie.
» battu ou laminé.	dito.	3 50	3 80	2 —	(3 Les ouvrages d'or et d'argent importés
» ouvré, de toute sorte.	dito.	24 —	26 40	— 50	de l'étranger sont envoyés sous plomb et
» (acétate de) (sel de saturne).	100 k. N. B.	24 —	26 40	— 50	par acquit-à-caution sur le bureau de ga-
» (chromate et bi-chromate de).	dito.	70 —	76 —	— 25	rantie le plus voisin, pour y être poinçonnés,
» (carbonates de (écruse sans distinct. de forme).	100 k. B. B.	75 —	81 20	2 —	s'il y a lieu, et acquitter le droit de marque. Sont affranchis de cette formalité comme
» pur ou mélangé (blanc de plomb.	dito.	20 —	22 —	— 25	de tous droits,
» (carbonates de) très-pur (blanc d'argent.	dito.	30 —	33 —	— 25	1° Les objets d'or et d'argent appartenant
» (oxides de) jaune (massicot).	dito.	35 —	38 50	2 —	aux ambassadeurs et envoyés des puissances étrangères, quand ils les accompagnent ou
» » rouge (minium).	dito.	37 —	40 70	— 25	sont déclarés pour eux.
» » demi-vitreux rougeâtre ou jaunâtre (litharge.	dito.	24 —	26 40	— 25	2° Les bijoux d'or et les ouvrages en argent à l'usage personnel des voyageurs dont
» » rouge divisé (mine-orange).	dito.	10 —	11 —	— 25	le poids n'excède pas 5 hectog.
PLOMBAGINE (carbure de fer dite mine de plomb noire.	dito.	35 —	38 50	— 25	(4) Voir les notes (3) et (4) page 33.
PLUMASSEAUX.	100 k. N. B.	5 —	5 50	3 —	(5) Ce sont des poils communs et avariés
PLUMES de parure (6) blanches, brutes.	dito.	100 —	107 50	1 —	qui proviennent de l'épilage des peaux passées ou tannées, et qui servent à faire des
» » apprêtées.	dito.	480 —	417 —	2 —	tapis grosiers, à rembourrer la sellerie grossière, on à former des mélanges avec le plâtre
» noires, brutes.	dito.	200 —	212 50	1 —	ou la chaux pour les plafonneurs.
» » apprêtées.	dito.	400 —	417 50	— 25	(6, Celles qui n'ont reçu qu'un premier
» autres, brutes.	dito.	100 —	107 50	1 —	lavage sont considérées comme brutes.
» » apprêtées.	dito.	300 —	317 50	— 25	(7) Celles en or ou en argent comme bijouterie selon l'espèce.
» à écrire (7) brutes, même celles de corbeau.	100 k. B. B.	40 —	44 —	2 —	(8) Les fonds de poêlon en laiton paient 1 f.
» » apprêtées, idem.	100 k. N. B.	240 —	254 50	— 25	par 100 k. B à la sortie.
» en métaux communs.	dito.	100 —	107 50	1 —	
» dorées ou argentées.	100 k. B.	prohibé.	prohibé.	3 —	
» en écaille.	dito.	dito.	dito.	— 04	
» à lit, duvet de cygne, d'oie, de canard et de flamant.	10 k. N. B.	200 —	212 50	— 25	(9) L'entrée des poids anciens est prohibée : celle des poids étalons d'après le système mé-
» » d'Eyder — Edredon.	1 k. N. B.	5 —	5 50 (les tout kil.	—	trique l'est également par le fait des lois, et règlements qui assujétissent la fabrication
» autres plumes.	100 k. N. B.	60 —	65 50	—	des poids et mesures à une marque d'éta-
PLUMETS.	»				lonnage; et d'ailleurs les poids et mesures,
POCHES — Instruments de musique.	la pièce.	12 p. %	12 p. %	1/4 p. %.	soit anciens, soit nouveaux, rentrent dans les ouvrages de fonte, de cuivre ou d'étain,
POÊLES à frire.	»	— 75	— 75	— 04	prohibés à l'entrée.
POÊLONS en fonte moulé ou en fer.	100 k. B.	prohibé.	prohibé.	— 25	
» en cuivre.	dito.	dito.	dito.	1 —	
» (fonds de) en cuivre par (8) battu.	100 k. N.B.	80 —	86 50	— 25	
» » laminé.	dito.	50 —	55 —	— 25	
POIDS en état de servir (9).	100 k. B.	prohibé.	prohibé.	— 25	
» de fonte, brisés.	dito.	dito.	dito.	prohibé.	
POIGNARDS.	»				
POILS de chameau, d'autruche et de phoque.	100 k. B.B.	1 —	1 10	2 —	
» de porc et de sanglier, en masse.	dito.	5 —	5 50	2 —	

DÉNOMINATION DES MARCHANDISES.	UNITÉS sur lesquelles portent LES DROITS.	DROITS D'ENTRÉE par Navires français.	par Nav. étr. et par terre.	DROITS de SORTIE.	NOTES.
		F. C.	F. C.	F. C.	
POILS de porc, et de sanglier, en bottes de long' assorties	100 k. B. B.	20 —	22 —	2 —	
» de vache et autres plocs	dito	1 —	1 10	4 08	
de lapin	100 k. B. N.	1 —	1 10	2 —	
» propres à la chapellerie ou à la filature / de lièvre, de blaireau et de castor	dito	1 —	1 10	le kilog. 50	
/ duvet de cachemire, brut	1 k. B.	— 10	— 10	le kilog. prohibé	
» peigné	1 k. N.	1 —	1 10	dito	
autres poils	100 k. B.	1 —	1 10	dito	
» de Messine	1 k. B. B.	— 05	— 05	...	
» de nacre — Pinnes-marines (byssus de)	dito	— 05	— 05	les 100 kil.	
» filés, de chien	100 k. B. B.	1 —	1 10	— 25	
» » de Chine	dito	20 —	22 —	— 25	
» » de ploc, de vache et autres	dito	9 —	9 90	— 25	
» » de tous autres poils à dénommer	100 k. B.			— 25	
POINTES de fer à fabriquer des cardes à carder	100 k. N. B	100 —	107 50	1 —	
POIRÉ	l'hectolitre.	2 —	2 —	— 10	
POIRES — Fruits frais	100 k. B. B.	4 —	4 40	— 25	
» sèches ou tapées	dito.	16 —	17 60	— 25	
» écrasées	dito.	1 —	1 10	— 05	
» à poudre, gainerie — Mercerie commune	100 k. N. B.	100 —	107 50	2 —	
» en cuivre bronzé — Mercerie fine	dito.	200 —	212 50	2 —	
POIS verts en écosses (1)	100 k. B. B.	— 50	— 50	— 20	(1) D'après l'ordonnance du 17 janvier 1859, les légumes secs et leurs farines sont soumis, pour leur importation et leur exportation, aux mêmes restrictions d'entrée et de sortie que les grains.
» secs écrasés ou non (1)	dito.	10 —	11 —	— 25	
» de bedeau (graines d'abrus) non percés	dito.	12 —	13 20	— 25	
» » percés	100 k. N. B.	100 —	107 50	1 —	
» à gratter — Fruits médicinaux	100 k. N. B.	35 —	38 50	— 25	
POISSONS d'eau douce de toute pêche, frais	100 k. B.	— 50	— 50		
» préparés	dito.	40 —	44 —		
» de mer (2) de pêch. fran. frais, secs, salés, ou fumés	»	exempt.	exempt.		(2) Les poissons de mer qui s'échouent sur nos côtes sont considérés comme provenant de pêche franç^{se}. Leur graisse paie les mêmes droits que celle provenant de pêche française. V. Graisses de poisson.
» » » de pêch. étr. frais, depuis Blancmisseron jusqu'à M.-Genèvre	100 k. B.	11 —	11 —	exempt.	
» » » par tout autre point	dito.	40 —	44 —		
» » » secs, salés ou fumés	dito.	40 —	44 —		
» » » marinés ou à l'huile, de toute pêche	100 k. N.	100 —	107 50		
POIVRE de la Guiane française	100 k. B. B.	10 —	»		
» de l'Inde et des pays à l'ouest du cap Horn	dito.	40 —	105 —	— 25	
» d'ailleurs	dito.	80 —	105 —	— 25	
POIX — Végétale ou galipot	100 k. B. B.	5 —	5 50	1 —	
» minérale — Pétrole	dito.	7 —	7 70	— 25	
» de montagne — Asphalte	dito.	21 —	23 10	— 25	
POLIUM des montagnes — Herbes médicinales	dito.	30 —	33 —	— 25	
POLOZUM — de 1re fusion, en masses, des pays hors d'Europe (cuivre allié d'étain) barres, plaques, ou rope, ouvré	dito.				(3) Les parties de machines et mécaniques sont prohibées à l'entrée; mais elles peuvent être admises en vertu de permissions spéciales.
objets détruits, des entrepôts	dito.	2 —	3 —	2 —	Les machines et mécaniques propres aux arts et métiers peuvent sortir soit montées, soit en pièces détachées.
ouvré	100 k. B.	prohibé.	prohibé.	1 —	Le droit de 15 ou 30 p. % de la valeur se perçoit d'après les déclarations dûment vérifiées; mais on exige une soumission cautionnée de payer tel supplément qui pourrait résulter du jugement du comité consultatif des arts et manufactures. Les déclarants doivent fournir des dessins sur échelle des machines qu'ils présentent, ou une épreuve de chaque objet, s'il s'agit de planches ou de coins gravés. Les déclarations doivent aussi indiquer l'usage des machines, leur composition, leur poids, leur valeur, et désigner les qualités par matière, telles que bois, fonte, fer, fer-blanc, acier, etc. S'il s'agit de pompes à vapeur, les déclarations doivent indiquer si elles sont fixes ou mobiles, ou portatives, de quelle fabrique elles proviennent, le nombre des chevaux qu'elles remplacent, et le diamètre de leurs cylindres.
POLYGALA de Virginie	100 k. B. B.	20 —	22 —	— 25	
POLYPODE de chêne — Racines médicinales	dito.	20 —	22 —	— 25	
POMMADES de toute sorte	100 k. N. B.	123 —	131 60	2 —	
POMMES — Fruits de table frais	100 k. B. B.	4 —	4 40	— 25	
» sèches ou tapées	dito.	16 —	17 60	— 25	
» pommes écrasées	dito.	1 —	1 10	— 05	
» d'acajou et c'e pin — Fruits médicinaux	dito.	35 —	38 50	— 25	
» d'amour, fraiches	dito.	— 50	— 50	— 20	
» » confites au vinaigre	dito.	9 —	9 90	— 25	
» » (marmelades ou tablettes de)	1 k. N. B.	— 50	— 50	— 25	
» de grenadille, fraiches	100 k. B. B.	8 —	8 80	les 100 kil.	
» » sèches	dito.	2 —	2 20	— 25	
» de terre	la valeur.	1 p. %	1 p. %	1/4 p. %	
POMPES en bois	100 k. B.	— 50	— 50	— 25	
» à incendie (3)	la valeur ...	15 p. %	15 p. %	1/4 p. %	
» à vapeur (3)					
» » machines locomotives	dito.	30 p. %	30 p. %	1/4 p. %	
» de pipe en plomb, même celles vernies et dorées	dito.	15 p. %	15 p. %	1/4 p. %	
POMPHOLIX (oxide de zinc blanc)	100 k. B. B.	13 —	14 30	— 25	
PONCIRE — Espèce de citron	dito.	10 —	11 —	— 25	

DÉNOMINATION DES MARCHANDISES	UNITÉS sur lesquelles portent LES DROITS	DROITS D'ENTRÉE		DROITS de SORTIE	NOTES
		par Navires français.	par Nav. étr. et par terre.		
		F. C.	F. C.	F. C.	
PORCELAINE commune (1).................	100 k. N. B.	164 —	174 70	— 25	(1) La porcelaine *commune* est celle non dorée qui n'a que la couleur de la pâte, soit blanche, grise ou jaune, ou qui ne porte que des dessins d'une seule couleur sans paysages, n'y figures.
» fine..................	dito.	327 —	344 50	— 25	
PORC-ÉPIC (piquants de)..................	100 k. B. B.	40 —	44 —	2 —	
PONCS	par tête.	12 —	12 —	— 25	
PORPHYRE en blos, simplem' écarris ou ébauches avec ou sans sciage, ayant au moins 16 cent. d'épais.	100 k. B. B.	2 50	2 70	— 05	La porcelaine *fine* est celle à fond uni de couleur bleue, dorée ou noir ; celle dorée, quellequo soit la couleur de la pâte, celle peinte ou imprimée, décorée, sculptée, etc.
» en tranches de moins de 16 et de plus de 3 cent. d'épaisseur.	dito.	3 40	3 70	— 05	
» » de 3 cent. ou moins...	dito.	5 —	5 50	— 05	
» sculpté, moulé, poli ou autrement ouvré...	dito.	40 —	44 —	— 01	
PORTE-CRAYONS à la grosse	100 k. N.B.	100 —	107 50	1 —	
» en acier..................	100 k. B.	prohibé.	prohibé.	— 25	
» dorés, argentés ou d'or faux........	dito.	dito.	dito.	4 —	
» en or ou vermeil..................	1 h. N. N.	20 —	22 —	— 20	
» en argent..................	dito.	10 —	11 —	— 20	
PORTE-FEUILLES de maroquin, de peaux maroquinées ou de cuir de Russie.	100 k. N. B.	200 —	212 50	2 —	
» autres..................	dito.	100 —	107 50	1 —	
PORTE-MANTEAUX en cuir................	100 k. B.	prohibé.	prohibé.	— 25	
» en bois.................	100 k. B. B.	4 —	4 40	— 25	
PORTE-PLATS et Porte-bouteilles en bois........	100 k. N. B.	100 —	107 50	1 —	
» » en joncs........	100 k. B. B.	35 —	38 50	—	
POTASSES de la Guiane française.........	100 k. N. B.	10 —	»		
» des entrepôts........	dito.	15 —	21 —		
» d'ailleurs hors d'Europe.........	dito.	18 —	21 —	— 25	
POTÉE d'étain — Oxide d'étain............	100 k. B. B.	10 —	11 —		
POTERIE de terre, grossière............	dito.	6 —	6 60		
» » faïence	100 k. N. B.	49 —	53 90		
» de grès, commun, ustensiles............	100 k. B.	10 —	11 —		
» » » vaissel. de table ou de cuisine.	dito.	15 —	16 50		
» » fin..............	100 k. B.	prohibé.	prohibé.		
» d'étain (suivant le fini du travail)............	100 k. N. B.	100 —	107 50	1 —	
		200 —	212 50	2 —	
POTIN gris, (de 1re fusion, en masses, (des pays hors d'Eu-(cuivre allié) barres ou plaques, ou rope, d'étain (objets détruits........ des entrepôts.....	100 k. B. B.	1 —	3 —	2 —	
	dito.	2 —	3 —	2 —	
POTIN jaune — Cuivre allié de zinc........					
POTS-POURRIS, eaux de senteur alcoolique (2) odorants à brûler, de l'Inde...	100 k. N.B.	150 —	160 —	2 —	2) Indépendamment des droits sur les liquides, ceux des bouteilles ou des cruchons sont exigibles.
» » d'aill. hors d'Europe.....	dito.	90 —	125 —	2 —	
» » des entrepôts.....	dito.	100 —	125 —	2 —	
POUDRES d'albâtre..................	100 k. B. B.	4 —	4 40	— 05	
» anti-charbonneuse, végétative et préservative de la carie de grains (3)..................	dito.	— 10	— 10	— 25	(3) Cette poudre, dans laquelle il entre de l'arsenic, sans que pour cela il y ait du danger à en permettre l'usage, est un mélange de substances qui a pour objet l'amélioration du sol et des semences et qui par conséquent doit être soumis aux mêmes droits que les engrais.
» dentifrices..................	100 k. N. B.	184 —	195 70	2 —	
» de henné, comme garance moulue........	100 k. B. B.	30 —	33 —	— 50	
» de kary..................	1 k. N. B.	2 —	2 20	— 25 les 100 kil.	(4) Elles paient à la sortie comme les substances d'où elle proviennent.
» de marbre—Comme les marbr. bruts selon l'esp.	» »	» »	» »	» »	(5) Les armateurs français et étrangers peuvent obtenir de l'administration des poudres et salpêtres des permis d'exportation pour la poudre de guerre, et de traite qu'elle leur fournit, tant pour la défense de leurs batiments que pour leurs échanges à l'extérieur. Ces poudres acquittent, à la sortie, le droit de 25 c. par 100 kil. brut.
» médicinales (4)..................	100 k. B.	prohibé.	prohibé.	»	
» d'or..................	1 h. N. N.	— 25	— 25	— 25	
» à poudrer..................	100 k. B. B.	25 —	27 50	— 25	
» de senteur, de chypre..................	1 k. N. B.	9 —	9 90	2 —	
» » à dénommer..................	100 k. N. B.	184 —	195 70 les 100 kil.		
» de Séville — Tabac fabriqué (5).....	100 k. B.	prohibé.	prohibé.	— 51	
» sternutatoire..................	dito.	dito.	dito.	2 —	
» à teindre les cheveux..................	100 k. N. B.	184 —	195 70	2 —	
» de tennant ou à laver le papier........	100 k. B.	prohibé.	prohibé.	— 25	
» à tirer (5)..................		dito.	dito.	prohibé.	
POUDRETTE — Engrais........	100 k. B. B.	— 10	— 10	— 25	(6) Les poulies en métal devraient comme les métaux ou réservec lesquels elles auraient été formées. Il en serait de même pour celles en faïence ou en porcelaine commune.
POULAINS de toute espèce..................	par tête.	15 —	15 —	5 —	
POULIES en bois (6)..................	la valeur.	15 p. "/₀	15 p. "/₀	1/4 p. "/₀	
POULIOT — Herbes médicinales........	100 k. B. B.	30 —	33 —	— 25	
» fleurs »	dito.	40 —	44 50	— 25	7 Grabeau ou pousse: résidu de diverses matières qu'on a pressurées, triées ou vannées. S'il est simple et qu'on en reconnaisse la nature, il doit payer le même droit que la matière pure, sinon il doit être traité comme médicaments composés à dénommer.
» (huile de)..................	100 k. N. B.	164 —	174 70	2 —	
POUPÉES (et têtes de)..................	dito.	80 —	86 50	1 —	
POURPIER (graine de) — Fruits médicinaux...	100 k. B. B.	35 —	38 50	— 25	
POURPRE naturelle ou factice..................	dito.	35 —	38 50	2 —	
POUSSE ou grabeau (7)..................	dito.	»	»	»	

DÉNOMINATION DES MARCHANDISES	UNITÉS sur lesquelles portent LES DROITS.	DROITS D'ENTRÉE par Navires français.	par Nav. étr. et par terre.	DROITS de SORTIE.	NOTES.
		F. C.	F. C.	F. C.	
OUSSIÈRE de foin................	100 k. B B.	1 —	1 10		(1) Poussière fécondante de la fleur de pin, d'un jaune de soufre, et connue dans le commerce sous le nom de *soufre végétal*. Elle est résineuse, très-inflammable et s'emploie aux mêmes usages que le lycopode, quoique assimilée aux résineux exotiques à dénommer, elle peut néanmoins entrer par les bureaux ouverts aux marchandises importées à plus de 20 f. par 100 k. (*Voy.* page 6.)
» de pin (1) de l'Inde..........	100 k. N.B.	50 —	125 —		
» » d'ailleurs hors d'Europe......	dito.	90 —	125 —		
» » des entrepôts..........	dito.	100 —	125 —	25	
» de poivre de la Guiane française......	dito.	10 —	»		
» » de l'Inde et d. pays à l'O. du c.Horn.	dito.	40 —	105 —		
» » d'ailleurs..............	dito.	80 —	105 —		
OUZZOLANE (sable ou terre volcanique d'un rouge brun).	100 k. B. B.	— 10	— 10	— 05	(2) Espèce d'émeraude, variété de quatz vert obscur.
RAISS (sauce de tabac)..............	dito.	1 —	1 10	— 25	
RASE (2), brutes..............	dito.	15 —	16 50	— 25	
» ouvrées..............	1 k. B.	2 —	2 20	les 100 kil.	(3) Les médicaments composés, *non dénommés*, dont l'école de pharmacie reconnaît la nécessité ou l'utilité, et dont elle détermine alors le prix commun, sont admis, par dérogation à la prohibition, moyennant le droit de 30 p. % de la valeur.
RÉCIPITÉ blanc, jaune ou rouge (3)....	1 k. B.	prohibé.	prohibé.	— 02	
RESLE..............	100 k. B.B.	5 —	5 50	— 25	
RESSES (4)..............	la valeur.	15 p. %	15 p. %	1/4 p. %	(4) Ce sont principalement les presses à emballer, d'imprimerie, de lingerie, lithographiques, de pharmacie, de relieur et à tabac.— Consulter la note 3, page 77.
RÉSURE..............	100 k. B. B.	— 50	— 50	— 25	
RIME de Grenat brute..............	dito.	15 —	16 50	— 25	
» » ouvrée..............	1 k. N. B.	2 —	2 20	les 100 kil.	
Acétates de potasse (*terre foliée*) et de soude.	100 k. N.B.	70 —	76 —	2 —	
» de fer..............	100 k. N.B.	40 —	44 —	2 —	
» de plomb (*sel de saturne*)......	100 k. N. B.	70 —	76 —	25	
» de (non cristallisé humide.	100 k. B. B.	13 —	14 30	2 —	
cuivre (*vert de gris*) sec..........	dito.	31 —	34 10	2 —	(5) Les boissons en bouteilles paient, indépendamment du droit qui leur est applicable 15 cent. à l'entrée et 1 centime à la sortie, par litre de contenance.
» (cristallisé (*vert et cristallisé*)	100 k. N. B.	41 —	45 10	2 —	
Acides acétique—Vinaig. de vin. (en futaille..	l'hectolitre.	10 —	10 —	— 01	
» piroligneux—Vinaigre de (en bouteille.	dito.	10 —	10 —	— 05	
» arsénieux (*arsénic blanc*)........	100 k. B.B	15 —	16 50	— 25	
» benzoïque (*fleur de benjoin*)........	100 k. N. B.	120 —	128 50	2 —	(6) L'Acide borique ne peut entrer que par les bureaux du pont de Beauvoisin, du Mont-le-Genèvre, de Saint-Laurent-du-Var et de Marseille.
» borique (6)..............	100 k. B.B.	— 25	— 25	— 25	
» citrique, jus de citron et de limon, naturel au-dessous de 30°....	1 k. B.B.	— 01	— 01		
» » concentré de 30 à 35°....	dito.	— 08	— 08	les 100 kil.	
» » citrate de chaux..........	dito.	— 08	— 08		
» » cristallisé ou concentré au-dessus de 35°.	1 k. N. B.	1 50	1 60	2 — les 100 kil.	
» muriatique (*acide marin, esprit de sel*), nitro-muriatique (*eau régale*) et phosphorique..............	100 k. N.B.	62 —	67 60	— 25	
» nitrique (*eau forte, esprit de nitre*) (7).	dito.	90 60	98 60	— 25	(7) Les Acides nitrique et sulfurique jouissent d'une prime de sortie.
» sulfurique (*esprit ou huile de vitriol*)(7).	dito.	41 —	45 10	— 25	
» tartrique et oxalique..........	dito.	70 —	76 —	2 —	
» autres non repris au tarif, sels....	100 k. B.	prohibé.	prohibé.	2 —	
PRODUITS chimiques { » » autres....	dito.	dito.	dito.	— 25	
Alcalis—Potasses de la Guiane française.	100 k. N. B.	10 —	»	— 25	
» » d'ailleurs hors d'Europe...	dito.	15 —	21 —	— 25	
» » des entrepôts..........	dito.	18 —	21 —	— 25	
» soudes de toute sorte..........	100 k. B.B.	11 50	12 60	— 10	
» natrons..............	dito.	6 50	7 10	— 10	
» cendres de bois vives..........	dito.	1 —	1 10	— 50	
» » lessivées (*charrée*) (8).	— 10			— 25	(8) La charrée peut être prohibée à la sortie par les départements où elle est nécessaire aux fabriques.
Arséniate de potasse..............	100 k. N. B.	70 —	76 —	»	
Borax (9) brut, de l'Inde..............	dito.	50 —	125 —		(9) Le borax brut, destiné au raffinage, peut être importé, par navires français, au droit de 50 cent., et, par navires étrangers, au droit de 2 f. par quintal B., à charge de réexporter, dans l'année, le même poids de borax naturel raffiné.
» d'ailleurs..............	dito.	100 —	125 —	2 —	
» mi-raffiné, de l'Inde..........	dito.	65 —	162 50		
» » d'ailleurs..........	dito.	130 —	162 50		
» raffiné..............	dito.	180 —	191 50	— 25	
Brôme..............	100 k. B.B.	40 —	44 —	— 25	
Carbonates de magnésie..............	100 k. N. B.	200 —	212 50	2 —	
» de potasse, des pays hors d'Eur.	dito.	15 —	21 —	2 —	
» » des entrepôts....	dito.	18 —	21 —	2 —	
» de baryte natif..............	100 k. B.B.	10 —	11 —	2 —	
» de plomb (céruse sans distinction pur ou (de forme.	dito.	20 —	22 —	— 25	
mélangé. (blanc de plomb....	dito.	30 —	33 —	— 25	
de plomb très-pur (blanc d'argent)	dito.	35 —	38 50	2 —	
Chromates et bi-chromates de plomb....	100 k. N. B.	75 —	81 20	2 —	
» » de potasse........	dito.	150 —	160 —	2 —	

DÉNOMINATION DES MARCHANDISES	UNITÉS sur lesquelles portent LES DROITS.	DROITS D'ENTRÉE par Navires français.	par Nav. étc. et par terre.	DROITS de SORTIE.	NOTES.
		F. C.	F. C.	F. C.	
Muriate de potasse........................	100 k. B.B.	30 —	33 —	— 25	
» de chaux, de cuivre, d'étain, et nitro-muriate d'étain	dito.	prohibé.	prohibé.	2 —	
Nitrates de potasse (nitre) des pays hors d'Eur.	dito.	15 —	25 —		
ou salpêtre), d'ailleurs............	dito.	20 —	25 —		
» de soude, des pays hors d'Europe...	dito.	15 —	25 —	} 25	
» » d'ailleurs................	dito.	20 —	25 —		
» d'argent (pierre infernale)......	100 k. B.	prohibé.	prohibé.	— 02	
Oxalade acide de potasse (sel d'oseille)......	100 k. N. B.	70 —	76 —	2 —	
Oxides de fer et d'étain	100 k. B. B.	10 —	11 —	— 25	
» de plomb jaune (massicot)...........	dito.	37 —	40 70	— 25	
» » rouge (minium).......	dito.	24 —	26 40	— 25	
» » demi-vitreux rougeâtre ou jaunâtre (litharge)......	dito.	10 —	11 —	— 25	
» » rouge divisé (mine orange).	dito.	35 —	38 50	2 —	
» de zinc blanc (pompholix)..........	dito.	13 —	14 30	— 25	
» » gris cendre (tuthie ou cadmie).	dito.	— 10	— 10	— 25	
» de cuivre (œs-ustum)	dito.	7 —	7 70	— 25	
Prussiates de fer — Bleu de Prusse..........	100 k. N.B.	150 —	160 —	2 50	
		plus 10 o/o de la val.			
» de potasse cristallisée............	dito.	210 —	223 —	5 —	
Sels marin, de marais ou de saline (1).......	100 k. B.	prohibé.	prohibé.	— 01	(1) Le sel de marais ou de saline paie 30 fr. par 100 kil. N. sans décime lorsqu'on le livre à la consommation. — Le droit de sortie ne se paie pas pour le sel employé à la pêche et aux salaisons maritimes, non plus que pour celui destiné aux armements et approvisionnements des colonies françaises ; mais il se paie pour tout ce qui passe à l'étranger ou même aux colonies françaises, par spéculation.
» » gemme ou fossile (2)........	100 k. B. B.	40 —	44 —	— 01	
» ammoniacaux, bruts en poudre, de quelque nature que ce soit (3)..	1 k. N.B.	— 50	— 50	2 —	
» » raffinés en pains........	dito.	1 —	1 10	100 kil. B.	
Sulfates de potasse des pays hors d'Eu.	100 k. N. B.	15 —	21 —		(2) On n'admet comme sel gemme ou fossile que celui qui est en cristaux, tel qu'il a été extrait de la mine ; celui en poudre suit le régime du sel de marais dont on ne peut le distinguer.
(sel de duobus) des entrepôts......	dito.	18 —	21 —		
» de soude des pays hors d'Eu.	dito.	15 —	21 —		
(sel de glauber) des entrepôts......	dito.	18 —	21 —		
» de magnésie (sel d'epsom)........	dito.	70 —	76 —		(3) Le sel ammoniac a une saveur fraîche, piquante, urineuse, et jouit d'une sorte de demi-ductilité qui rend sa pulvérisation assez difficile.
» d'alumine—Alun brûlé ou calciné ..	dito.	89 40	97 20		
» » de toute autre espèce	100 k. B. B.	25 —	28 —		
» de baryte (spath pesant).......	dito.	5 —	5 50		
» de fer (couperose verte).......	dito.	6 —	6 60	— 25	
» de cuivre (couperose bleue).......	dito.	31 —	34 10		
» de zinc (couperose blanche)......	dito.	31 —	34 10		
» de quinine...................	100 k. B.	prohibé.	prohibé.		
Sulfures d'arsénic jaune en masses (orpiment) ou rouge (réalgar)........	100 k. B. B.	15 —	16 50		
» de mercure en pierres, naturel ou artificiel (cinabre)......	100 k. N. B.	150 —	160 —		
» » pulvérisé (vermillon)....	dito.	200 —	212 50		
Tartrates très-impur (lie de vin) liquide....	dito.	1 —	1 10	2 04	(4) Le tartre brut destiné à être réexporté, après avoir été converti en crème de tartre ou en acide tartarique, est admis en payant seulement, par 100 kil. brut, 50 cent. par navires français, et 2 f. par navires étrangers et par terre.
acide de » » desséché....	dito.	1 —	1 10	7 14	
potasse. impur (4) (tartre brut) des pays h. d'E.	100 k. N. B.	15 —	21 —	7 14	
» » des entrepôts...	dito.	18 —	21 —	7 14	
pur (cristaux de tartre).....	100 k. B.B.	25 —	27 50	2 —	
» (crème de tartre)........	dito.	30 —	33 —	— 50	
Tartrates de potasse (sel végétal)...........	100 k. N.B.	70 —	76 —	2 —	
» de soude et de potas. (sel de seignette)	dito.	70 —	76 —	2 —	
non dénommés, prohibés à l'entrée........	100 k. B.	à la sortie { Sels .... Autres .		2 —	
PRUNEAUX	100 k. B.B.	16 —	17 60	} — 25	
PRUNELLE — Fleurs médicinales	dito.	40 —	44 —		
PRUNES — Fruits frais indigènes..............	dito.	4 —	4 40		
» sèches............................	dito.	16 —	17 60		
» à l'eau-de-vie.....................	100 k. N. B.	98 —	105 60		
» de Monbin — Acaja.................	100 k. B. B.	35 —	38 50		
PRUSSIATES de fer — Bleu de Prusse ou de Berlin.	10 k. N.B.	150 —	160 —	2 50	
		plus 10 o/o de la val.			
» de potasse cristallisé...........	dito.	210 —	223 —	5 —	
PSALTÉRIONS — Instruments de musique............	la pièce.	7 50	1 50	— 08	
PSYLLIUM — Herbes médicinales..............	100 k. B.B.	30 —	33 —	— 25	
» fruits médicinaux...............	dito.	35 —	38 50	— 25	
PULMONAIRE de chêne — Lichens médicinaux	dito.	15 —	16 50	— 25	

DÉNOMINATION DES MARCHANDISES.	UNITÉS sur lesquelles portent LES DROITS.	DROITS D'ENTRÉE. par Navires français.	par Nav. étr. et par terre.	DROITS de SORTIE.	NOTES.
		F. C.	F. C.	F. C.	
PUNCH (sirop de).— Liqueurs (1) de la Martinique......	l'hectolitre.	100 —	»	1 —	(1) Plus le droit sur le contenant.
» » » d'ailleurs............	dito.	150 —	150 —	1 —	
PYRÈTHRE — Racines médicinales.	dito.	20 —	22 —	— 25	
PYROLIGNITE de fer — Acétate de fer..............	100 k. B. B.	40 —	44 —	— 25	

Q

QUARTS de cercle..............	(la val. à déterminer par le comité consultatif des arts et manufact.	30 p. ℀	30 p. ℀	1.4 p. ℀	
QUERCITRON des pays hors d'Europe..............	100 k. B. B.	4 —	9 —	— 25	
» des entrepôts..............	dito.	7 —	9 —	— 25	
QUEUES de billard..............	1 k. B.	prohibé.	prohibé.	— 01	
de girofle (pédicules) de Bourbon..............	1 k. N.B.	— 12	»		(2) Cette dénomination indéterminée et qui fait double emploi avec celle de fer, d'acier et de cuivre ouvré, ou avec les ouvrages en métaux vernis plaqués et quelques articles de mercerie, les instruments aratoires, limes, rapes, etc., n'est admise ni dans les déclarations, ni dans les expéditions.
» de la Guiane française...	dito.	— 15	»		
» des autres colonies franç.	dito.	— 18	»	— 25	
» de l'Inde............	dito.	— 25	— 75	les 100 kil.	
» d'ailleurs hors d'Europe.	dito.	— 45	— 75		
» des entrepôts............	100 en N.	— 50	— 75		
de carcajou, fouine, loup, marte, pekan et renard.		2 —	2 —	— 20	(3) Les substances médicinales pulvérisées sont, d'après l'usage, différentes décisions ministérielles et l'avis de l'école de pharmacie traitées à l'entrée comme médicaments composés non dénommés, à cause des facilités qu'elles offriraient à la fraude. Quant à la sortie, elle paient le droit des substances dont elles proviennent.
d'écureuil, d'hermine, de kolinsky ou kulonok,					
de petit-gris, de putois même tigrés et vison..		— 25	— 25	— 03	
de rats musqués..............	1 k. N.B.	25 —	27 50	— 25 les 100 kil.	
QUINCAILLERIE (2)..............	»	»	»	» —	(4) Par dérogation à la prohibition dont sont frappés, à l'entrée, les extraits de quinquina, on admet au droit de 1 franc le kilog, l'extrait de quinquina concret et pulvérulent, quand il est importé du Pérou par navire français.
QUINQUETS en cuivre ou en bronze..............	100 k. B.	prohibé.	prohibé.	» —	
» en fer blanc..............	dito.	dito.	dito.	— 25	
» en métaux communs plaq., vernis, dorés, etc.	dito.	dito.	dito.	— 3	
QUINQUINA (écorces de) des pays situés à l'O. du cap Horn.	100 k. N.B.	25 —	100 —	— 25	
» d'ailleurs..............	dito.	50 —	100 —	— 25	
» en poudre (3)..............	100 k. B.	prohibé.	prohibé.	— 25	
» (extrait, elixir, sirop et vin de) (4)...	dito.	dito.	dito.	— 2	
» (sel de) — Sulfate de quinine..............	dito.	dito.	dito.	— 25	

R

RABANES—Tissus d'écorce en fibres (de 8 fils ou moins.	le mètre carré.	— 45	— 45	1 60	
de palmier dits pagnes (au-dessus de 8 fils.	100 k. N.	Mêmes droits que les toiles de lin sel. l'espèce.		par kil. B.	
RABETTE (graine de).—Fruits oléagineux, par nav. franç. et					
» » par terre..............	100 k. B.B.	2 50	»	— 25	
» » par nav. étrang.	dito.	»	3 —	— 25	(5) Les outils peuvent entrer par mer en colis de tous poids, mais sans mélange d'espèces payant des droits différents.
» (huile de)..............	dito.	25 —	30 —	— 25	
» (tourteaux de)..............	dito.	— 50	— 50	— 25	
RABOTS (fers de) (5)..............	100 k. N. B.	140 —	149 50	1 —	
» (bois de) (6)..............	la valeur.	15 p. ℀	15 p. ℀	1.4 p. ℀	(6) Si les bois de rabot étaient garnis de fer, d'acier ou de cuivre, alors ils seraient traités comme outils de fer, d'acier ou de cuivre, selon l'espèce.
RACINES (7) de bois communs (8)..............	le stère.	— 25	— 25	prohibé.	
» de bois..............	100 k. B.B.	10 —	11 —	— 2 —	(7) Toutes les racines sont spécialement taxées à leur ordre alphabétique.
» confites au vinaigre..............	dito.	17 —	18 70	— 25	
» médicinales non dénommées au tarif...	dito.	20 —	22 —	— 25	(8) Il y a exception permanente à la prohibition de sortie des bois à brûler pour 1500 stères, qui peuvent être exportés chaque année pour l'Espagne par le port de St-Jean-de-Luz.
» à vergette..............	dito.	5 —	5 50	— 25	
RACK — Eau-de-vie de riz (9)..............	l'hectolitre d'alcool pur.	200 —	200 —	— 10	
RACLURES d'écaille, de l'Inde	100 k. N. B.	25 —	— 75	— 25	
» d'ailleurs hors d'Europe..............	dito.	37 50	— 75	— 25	Dans ce cas, comme toutes les fois qu'il est dérogé à la prohibition, on perçoit les droits de sortie suivants :
» des entrepôts..............	dito.	50 —	— 75	— 25	
» de peaux blanches..............	100 k. B. B.	1 —	1 10	— 25	Bois à brûler { en bûches à cent. le stère.
» d'autres peaux à fabriquer la colle forte ..	dito.	1 —	1 10	prohibé.	{ en fagots à le cent. 100 en n°
RAILS (10) (français, par l'épaisseur. (de 458 mill. et plus la largeur multipliée	dito.	18 75	»		(9) Plus le droit sur le contenant si le rack est présenté en bouteilles ou en cruchons de grès.
et par (de 213 mill. inclus. à 458 exclus. id....	dito.	27 —	»	} — 25	
terre. (de moins de 213 mill.............. id....	dito.	37 50	»		
par nav. (de 458 mill. et plus..............	dito.	»	20 60		(10) Forgée au charbon de terre.
étrang. (de 213 mill. inclus. à 458 exclus.	dito.	»	29 70		
(de moins de 213 mill.	dito.	»	41 20		

DÉNOMINATION DES MARCHANDISES	UNITÉS sur lesquelles portent LES DROITS	DROITS D'ENTRÉE		DROITS de SORTIE.	NOTES.
		par Navires français.	par Nav. étr. et par terre.		
		F. C.	F. C.	F. C.	
RAILS (1) { par nav. français { par l'épaisseur. de 458 mill. et plus la largeur multipliée	100 k. B.B.	15 —	»	}	(1) Traités au charbon de bois.
et par { de 213 mill. inclus. à 458 exclus. id....	dito.	25 —	»	}	
terre. { de moins de 213 mill........... id....	dito.	40 —	»	}	
{ de 458 mill. et plus.................	dito.	»	16 50	} — 25	
par nav. { de 213 mill. inclus à 458 exclus	dito.	»	27 50	}	
étrang. { de moins de 213 mill...............	dito.	»	44 —	}	
RAISINS frais, pour table (dans des corbeilles)....	dito.	4 —	4 40		
» secs de Corinthe, de Damas, etc..	dito.	16 —	17 60		
» écrasés en cuve, ordinaires (par terre)......	l'hectolitre.	7 50	7 50	— 01	
» » de liqueur	dito.	50 —	50 —	— 01	
» d'ours — Feuilles médicinales...............	100 k. B.B.	30 —	33 —	— 25	
RAMEAUX d'olivier................................	dito.	— 10	— 10	— 50	
» de palmier...............................	dito.	1 —	1 10	25 —	
RAMES de bateau, bruts, par nav. français et par terre.	par mètre de longueur.	— 02	»	— 01	(2) On comprend sous la dénomination de limes *communes*, les limes à queue non polies, dont chacune ne pèse pas moins d'un hectogramme et qui, empaillées et sans papier, sont en paquets de six au plus et se vendent au poids dans le commerce.
» » » par navires étrangers..	dito.	»	— 04	— 01	
» » » façonnées	dito.	— 05	— 06	— 01	
RAPATELLE — Tissus de crin (*toile à tamis*)........	100 k. N.B.	41 —	45 10	1 50	Les limes *fines* se distinguent des limes *communes*, par les caractères opposés à ceux ci-dessus décrits, la taille en est plus serrée et plus régulière; le morceau d'acier, dont chacune est formée ayant été poli avant qu'on le poinçonnât, la partie inférieure qui sert d'emmanchement est lisse et régulièrement évidée. Elles sont, à moins de fraude, enveloppées de papier et se vendent au pouce.
RAPES (2) à grosses tailles dites communes........	dito.	80 —	86 50	1 —	
» à polir dites fines, de 17 cent. de longueur au-dessus	200 —	212 50	1 —	
» » ayant moins de 17 cent.......	dito.	250 —	265 —	1 —	
» de ménage en fer-blanc ou en fer.......	100 k. B.	prohibé.	prohibé.	— 25	
RAPURES de corne de bétail...................	100 k. B.B.	— 10	— 10	20 —	Les longueurs ne se mesurent que sur la partie de la lime qui est taillée ou poinçonnée, sans comprendre la partie réservée pour l'emmanchement.
» de cerf........................	dito.	9 —	9 90		
» d'ivoire........................	dito.	21 —	23 10		
» d'écaille, de l'Inde..............	100 k. N.B.	25 —	75 —	}	
» » d'ailleurs hors d'Europe...	dito.	37 50	75 —	} — 25	Les rapes peuvent entrer par mer en colis de tous poids, mais sans mélange d'espèces soumises à des droits différents.
» » des entrepôts..............	dito.	50 —	75 —	}	
» de bois de Gaïac................	100 k. B.	prohibé.	prohibé.	— 50	
RAQUETTES..................................	100 k. N.B.	100 —	107 50	1 —	(3) Petits grains de verre qui servent à faire des colliers des bracelets.
RASSADES (3) pour broderies ou tricots..........	1 k. N. B.	2 —	2 20	— 02	
» pour chapelets ou colliers........	dito.	1 —	1 10	— 01	
RATAFIAS — Liqueurs (4) de la Martinique........	l'hectolitre.	100 —	»	1 —	(4) Plus le droit sur le contenant si le liquide est présenté autrement qu'en fûts.
» » d'ailleurs...............	dito.	150 —	150 —	1 —	
RATANHIA — Racines médicinales................	100 k. B.B.	20 —	22 —	— 25	(5) L'extrait dit de Ratanhia a une couleur brune-rougeâtre analogue à celle de la racine qui le produit; sa cassure est vitreuse et luisante. Il a l'aspect du sang-dragon, et donne une poudre rouge de sang.
» (extrait de) (5)...............	100 k. N.B.	prohibé.	prohibé.	2 —	
BATEAUX de bois.......................	100 k. B. B.	4 —	4 40	— 25	
» de fer...........................	100 k. N.B.	80 —	86 50	1 —	
RATIÈRES.................................	dito.	100 —	107 50	1 —	
RATINE — Tissus de laine.................	100 k. B.	prohibé.	prohibé.	1 50	(6) Le principal emploi de cet arbrisseau est dans l'art du tanneur; on s'en sert aussi en teinture, il donne une belle couleur noire.
RATISSOIRS — Instruments aratoires........	100 k. N.B.	80 —	86 50	»	
RATONBIA — Voyez Ratanhia.					
RAVENSARA (feuilles de) — Feuilles médicinales......	100 k. B.B.	30 —	33 —	— 25	(7) Les racines de réglisse, importées par Marseille, qui sont déclarées pour la fabrication du jus de réglisse destiné à être exporté à l'étranger, ne paient, suivant qu'elles arrivent par navires français ou par navires étrangers, que 25 centimes ou 2 francs par 100 kilogrammes brut; mais les quantités de racines pour lesquelles, après la déclaration, on n'a pas justifié d'une exportation en jus dans la proportion d'un septième, acquittent la différence entre les droits ci-dessus et leur tarif.
» (noix de) de Bourbon et de la Guiane franç.	1 k. N.B.	— 66	»	100 kil.	
» » de l'Inde................	dito.	— 66	2 66		
» » d'ailleurs.............	dito.	1 66	2 66		
RAYONS de miel de Bourbon................	100 k. N.B.	19 25	»	}	
» » des Antilles et de la Guiane française.	dito.	22 50	»	}	
» » de l'Inde...............	dito.	40 —	50 —	} — 1	
» » d'ailleurs hors d'Europe.......	dito.	42 50	50 —	}	
» » des entrepôts.............	dito.	47 50	50 —	}	
RÉALGAR (sulfure d'arsenic rouge)............	100 k. B.B.	15 —	16 50	— 25	
REDOUL (6) (*coriaria*) écorces, feuilles et brindilles....	dito.	1 —	1 10	— 50	
» » moulu...................	dito.	15 —	16 50	— 50	
RÈGLES en fer..............................	100 k. B.	prohibé.	prohibé.	— 25	(8) Espèce de cendre de soufre non entièrement soluble dans l'eau bouillante, où elle dépose une des matières hétérogènes. On lui applique le droit du sulfate de potasse, proportionnellement à ce qu'elle en contient, et qu'on fait déterminer par un chimiste du lieu; mais sous soumission de payer le supplément de droit que pourrait exiger l'examen fait sur les échantillons qu'on adresse à l'administration.
» en cuivre.........................	dito.	dito.	dito.	1 —	
» en bois, fins.....................	dito.	dito.	dito.	1 —	
» » communs..................	la valeur.	15 p. %.	15 p. %.	1/4 p. %.	
RÉGLISSE (racines de) (7)....................	100 k. B.B.	15 —	16 50	— 25	
» en poudre....................	100 k. B.	prohibé.	prohibé.	— 25	
» (jus de).....................	100 k. N. B.	48 —	52 80	— 25	
REGRETS d'orfèvre.........................	100 k. N. N.	— 05	— 05	50 —	
RÉGULES — Mot remplacé par celui de Métal........	»	»	»	»	(9) Sel blanc très-poreux, qui est proprement le sulfate de potasse pur, obtenu de la lixiviation de la cendre dont il vient d'être parlé; celui-ci est entièrement soluble dans l'eau bouillante.
RENONCULE (bulbes de)....................	100 k. B.B.	5 —	5 50	— 25	
RÉSIDU d'acide sulfurique non lessivé (8)...........	100 k. B.	»	»	— 25	
» » » lessivé (9) des pays hors d'Eur.	100 k. N.B.	15 —	21 —	— 25	
» » » des entrepôts.....	dito.	18 —	21 —	— 25	

DÉNOMINATION DES MARCHANDISES	UNITÉS sur lesquelles portent LES DROITS.	DROITS D'ENTRÉE par Navires français.	par Nav. étr. et par terre.	DROITS de SORTIE.	NOTES.
		F. C.	F. C	F. C.	
Résidu d'acide nitrique, des pays hors d'Europe.....	100 k. N. B.	15 —	21 —		
» des entrepôts.................	dito.	18 —	21 —		
vergeoise de Bourbon............	dito.	38 50	»		
» des Antil. et de la Guiane.	dito.	45 —	»		
de raffineries de sucre... » de l'Inde........	dito.	80 —	100 —		
» d'ailleurs hors d'Europe	dito.	85 —	100 —	25	
» des entrepôts.......	dito.	95 —	100 —		
mélasse, des colonies françaises.	100 k. B. B.	12 —	»		
» étrangère............	100 k. B.	prohibé.	prohibé.		
» d'alun..................	100 k. B. B.	6 —	6 60		
» d'ammoniaque...........	dito.	7 —	7 70		
» de bière et la distillation des grains......	dito.	— 10	— 10	— 50	(1) Grabeau ou ponsse, résidu de diverses matières qu'on a pressurées, triées ou vannées. S'il est simple et qu'on en reconnaisse la nature, il peut payer le même droit que la matière pure, si non il doit ê re traité comme médicaments composés à dénommer
» de drogue (1).....	»	»	»	»	
» de la distillation de la houille (coak) (2)...	»	»	»	»	
» de houille consumée en partie, et qui ne peut être considéré comme cendre (3).....	»	»	»	»	
» de membranes de graisses provenant de l'extraction du suif..................	100 k. B. B.	— 50	— 50	25	(2) Il paie le double droit de la houille.
» de pastel...............	dito.	1 —	1 10	6 —	(3) Le droit de la houille.
» de cire..................	dito.	5 —	5 50	25	
RÉSINES indigènes brutes, d'exsudation, molles ou concrètes.— Poix ou galipot....	dito.	5 —	5 50		
» de combustion concrètes ou liquides.	dito.	5 —	5 50	1 —	
» — Brai gras et goudron..........	dito.	5 —	5 50		
épurées — Térébentine liquide..	dito.	31 —	34 10		
» compacte (pâte de ...	dito.	8 —	8 80		
distillées — Essence de térébenthine..	dito.	25 —	27 50	— 50	
résidu de distillation — Brai sec, colophane, résine d'huile..........	dito.	5 —	5 50	1 —	
RÉSINEUX exotiques — Scammonée..............	100 k. N. B.	130 —	160 —		
» jalap..............	dito.	123 —	151 60		
» labdanum, concret ou liquide..	dito.	92 —	99 10		
» à dénommer, de l'Inde..	dito.	50 —	125 —	25	
» d'aill. hors d'Eur..	dito.	99 —	125 —		
» des entrepôts.....	dito.	100 —	125 —		
RESSORTS de voiture.................	100 k. B.	prohibé.	prohibé.		
RÉSURES de morue — Voyez plus loin Rogues........	»	»	»		
RHAPONTIC (rhubarbe des moines) de l'Inde......	100 k. N. B.	75 —	175 —		(4) On en distingue plusieurs sortes dans le commerce. La Rhubarbe de Bucharie ou de Moscovie est celle qu'on récolte sur les confins de la Tartarie Chinoise et qui nous est expédiée par la Russie; elle est de qualité supérieure: Celle de Chine ou de l'Inde, que nous recevons par la voie de l'Inde est en morceaux arrondis ou oblongs, assez pesans. La couleur jaune n'a pas autant d'éclat que dans l'espèce précédente. Il arrive assez souvent que les racines en général plus volumineuses sont avariées dans leur intérieur. Les Rhubarbes dites de pays sont récoltées dans le département du Morbihan, elles sont moins estimées.
» des autres pays hors d'Europe......	dito.	140 —	175 —	25	
» des entrepôts......	dito.	150 —	175 —		
RHUBARBE (4) (racine de) — Comme Rhapontic....	»	»	»	»	
» (elixir et extrait de)...	100 k. B.	prohibé.	prohibé.	2 —	
» blanche—Méchoacan—Comme racines de Rhubarbe.	»	»	»	»	
RHUE — Feuilles médicinales................	100 k. B. B.	30 —	33 —	25	
RHUM (eau-de-vie de mélasse) des colonies françaises.	l'hectolitre d'alcool pur.	20 —	»	10	
» de l'étranger......	dito.	200 —	200 —	10	
RHUS de toute sorte, écorces, feuilles et brindilles.....	100 k. B. B	1 —	1 10	50	
» » moulu...........	dito.	15 —	16 50	50	
RICIN — Graine ovale, brune et luisante...........	dito.	55 —	38 50	25	
» (huile de)................	dito.	25 —	30 —	50	
Riz en grains des ports hors d'Europe...	dito.	2 50	9 —		
premier embarquement d'Europe...	dito.	4 —	9 —		
» en grains des entrepôts............	dito.	6 —	9 —		
» du Piémont en droiture par terre......	dito.	»	6 —	25	
» en paille, des ports des pays hors d'Europe ...	dito.	1 25	4 50		
premier embarquement d'Europe...	dito.	2 —	4 50		
» en paille des entrepôts............	dito.	3 —	4 50		
» du Piémont en droiture par terre......	dito.	»	3 —		
ROB-ANTISIPHYLITIQUE................	100 k. B.	prohibé.	prohibé.	2 —	(5) Le rocou de bonne qualité est en pâte bien homogène, d'une consistance assez ferme, onctueux au toucher; il doit être couleur de feu, et offrir une teinte plus vive en dedans qu'en dehors. On préfère dans le commerce le rocou qui nous vient de Cayenne.
ROBINETS en cuivre................	dito.	dito.	dito.	1 —	
» en bois................	la valeur.	15 p. %	15 p. %	1/4 p. %	
ROCOU (5) de la Guiane française...............	100 k. B. B.	7 50	»	— 50	
» d'ailleurs hors d'Europe........	dito.	15 —	25 —	— 50	
» des entrepôts..........	dito.	20 —	25 —	— 50	
» (graines de)............	dito.	1 35	1 40	25	

13*

DÉNOMINATION DES MARCHANDISES	UNITÉS sur lesquelles portent LES DROITS	DROITS D'ENTRÉE par Navires français	DROITS D'ENTRÉE par Nav. étr. et par terre	DROITS de SORTIE	NOTES.
		F. C.	F. C.	F. C.	
ROGNURES de peaux blanches............	100 k. B. B.	1 —	1 10	— 25	
et dollures d'autr. peaux et oreillons à fabriq. la colle forte	100 k. B.	1 —	1 10	prohibé.	
ROGNURES d'écaille de l'Inde...........	100 k. N. B.	25 —	75 —	— 25	
» » d'ailleurs hors d'Europe.........	dito.	37 50	75 —	— 25	
» » des entrepôts................	dito.	50 —	75 —	— 25	
» de papier.....................	100 k. B.	— 10	— 10	prohibé.	
ROGUES de morue et de maquereau de pêche française..	exempt.	exempt.	exempt.		
» » » de pêche étrangère..	100 k. B.	— 50	— 50	dito.	
ROMARIN — Tiges — Herbes médicinales.........	100 k. B. B.	30 —	33 —	— 25	
» fleurs médicinales..............	dito.	40 —	44 —	— 25	
» (essence ou huile de).............	100 k. N. B.	174 —	174 70	2 —	
ROSE végétal (1) des pays hors d'Europe...........	1 k. N. N.	4 —	6 —	2 —	(1) Le rose végétal est en tasses ou petits morceaux, dont la nuance extérieure approche du vert doré; on en importe aussi appliqué sur carton en forme de petit livret.
» » des entrepôts..........	dito.	5 —	6 —	2 —	
ROSES sèches..........................	100 k. B. B.	40 —	44 —	— 25	
» salées............................	dito.	5 —	5 50	— 25	
» (essence ou huile de).............	1 k. N. B.	100 —	107 50	01	
ROSEAUX et Joncs.	exotiques, bambous (2) et joncs forts de l'Inde...	100 k. N. B.	80 —	200 —	
	» d'ailleurs............	dito.	160 —	200 —	
	» rotins de petit calibre, en 6° de l'Inde.	dito.	40 —	100 —	
	tiers en éclisses (3) d'ailleurs...	dito.	80 —	100 —	
	d'Europe, des jardins, en tiges entières...	100 k. B. B.	8 —	8 80	
	» » en tubes sans nœud..	dito.	11 —	12 10	— 25
	» » en brochettes, pour peignes à tisser...	dito.	18 —	19 80	
	sparte en tiges, brutes...	dito.	— 50	— 50	
	» » battues........	dito.	1 —	1 10	
	presle...............	dito.	5 —	5 50	
	à démonter............	dito.	1 —	1 10	
ROSETTE (4)............................	100 k. B. B.	17 50	19 25	2 —	(4) Couleur en pâte, formée de craie ou d'alumine saturée de rouge, extrait du bois d'Inde et elle sert à la peinture commune.
ROTINS — Voyez Roseaux et Joncs.					
ROTUNNES — Outils de fer rechargés d'acier (5)...	100 k. N. B.	140 —	149 50	1 —	(5) Les outils peuvent entrer par mer en colis de tous poids, mais sans mélange d'espèces payant des droits différents.
ROUETS à filer.........................	la valeur.	1/4 p. %	1/4 p. %	1/4 p. %	
ROUGES d'Angleterre ou à polir (en poudre)...	100 k. B. B.	8 —	8 80	— 25	
» de toilette — Fards............	1 k. N. B.	17 —	18 70	02	
» de Portugal ou rouge en tasse, des pays h. d'Eur.	1 k. N. N.	4 —	6 —	2	
» » des entrepôts........	dito.	5 —	6 —	2	
» de montagne — Brun et d'Inde........	100 k. N. B.	2 —	2 20	01	
ROULETTES à découper de la pâte.........	100 k. N. B.	100 —	107 50	1 —	
RUBANS de fil, écrus, bis ou herbés........	dito	80 —	86 50		
» » mélanges de blanc...	dito.	120 —	128 50	— 25	
» blancs...............	dito.	120 —	128 50		
» teints en tout ou en partie...	dito.	160 —	160 —		
» à jour.................	dito.	300 —	311 —		
» de laine pure blanche.............	dito.	190 —	202 —	1 50	
» » teinte...............	dito.	220 —	233 50	1 50	
» » mélangée de fil, laine et poil...	dito.	220 —	233 50	1 50	
» de coton....................	100 k. B.	prohibé.	prohibé.	— 50	
» de Bouret................	100 k. N. B.	—	817 50	1 50	
» de crin.................	100 k. N. B.	149 —	160 —	1 50	
» de soie, même en velours........	100 k. N. B.	800 —	817 50	2 —	
RUBIS (6) bruts..................	1 k. N. B.	— 25	— 25	01	(6) Gemme orientale, qui parmi les pierres précieuses, tient le premier rang après le diamant ; elle est d'un rouge cramoisi. Les variétés moins estimées sont le Rubis spinelle; le Rubis balais et le Rubis de Bohême. Un Rubis de 3 Karats vaut, suivant les variétés 1200, 600, 300 et 100 fr.
» taillés...............	dito.	— 50	— 50	01	
RUCHES renfermant des essaims vivants....	la pièce.	1 —	1 —	— 25	
renferm¹ du miel	de l'Inde...	100 k. N. B.	19 25	»	
sans mouches	des Antilles et de la Guiane fran.	dito.	22 50	»	
	d'ailleurs hors d'Europe...	dito.	40 —	50 —	1 —
	des entrepôts.....	dito.	44 50	50 —	
	vid⁸, neuves, en tiges tissées...	dito.	44 50	50 —	
»	en planches de liége...	100 k. B. B.	15 —	16 50	— 25
»	en planches de bois...	100 k. N. B.	45 —	49 20	— 25
»	vieilles de toute sorte...	la valeur.	1/4 p. %	1/4 p. %	1/4 p. %
RUM — Eau-de-vie de mélasse des colonies françaises...	l'hectolitre d'alcool pur	20 —	—	— 10	
» » de l'étranger...........	dito.	290 —	290 —	— 10	

DÉNOMINATION DES MARCHANDISES.	UNITÉS sur lesquelles portent LES DROITS.	DROITS D'ENTRÉE.		DROITS de SORTIE.	NOTES.
		par Navires français.	par Nav. étr. et par terre.		
		F. C.	F. C.	F. C.	

S

DÉNOMINATION DES MARCHANDISES.	UNITÉS	F. C.	F. C.	F. C.	NOTES.
SABINE — Herbe médicinale....................	100 k. B. B.	30 —	33 —	— 25	
» feuilles »	dito.	30 —	33 —	— 25	
» (huile de)..................	100 k. N. B.	62 —	67 60	2 —	
SABLES à sel — Même régime que le sel de marais.....	»	exempt.	exempt.	exempt.	
» de mer pour engrais................	»	exempt.	exempt.	exempt.	
» destiné à la fabrication du verre et de la faïence.	100 k. B. B.	— 10	— 10	— 25	
» à mortier.................	dito.	— 10	— 10	— 02	
» plombifère.................	dito.	3 50	3 80	— 25	
» coloré destiné à dessécher l'encre......	dito.	2 —	2 20	— 25	
SABLIER (hura crepitans) capsules ligneuses du)....	dito.	35 —	38 50	— 25	
SABLON ou sable blanc des bords de la Manche, propre à faire du sel — Même régime que le sel de Marais.	»	»	»	»	
» de bétail.................	100 k. B. B.	— 10	— 10	20 —	
SABOTS garnis de fourrures................	100 k. N. B.	100 —	107 50	1 —	
» non garnis, peints ou vernis..............	100 k. N. B.	25 —	27 10	— 25	
» » communs................	dito.	12 —	13 20	— 25	
SABRES d'enfant....................	100 k. N. B.	80 —	86 50	1 —	
» de guerre (1)..................	»	prohibé	prohibé	prohibé	
» de chasse, de luxe ou de traite (2).......	100 k. N. B.	400 —	417 50	1 —	
SAVOCHES..........................	dito.	100 —	107 50	1 —	
SACS vides en toile que la toile (3).....	»	»	»	»	
» de peau, en pelleteries ouvrées.......	la valeur.	15 p. %.	15 p. %.	¼ p. %	
» en peaux ouvrées.................	100 k. B. B.	prohibé.	prohibé.	— 25	
SAFRAN (stigmate de la fleur du crocus), (4)...	dito.	»	dito.	d to.	
» bâtard (carthame) (4).............	1 k. N. B.	15 —	16 40	8 —	
» des Indes (autre) d'ailleurs hors d'Eur. en racines, de l'Inde......	100 k. B. B.	15 —	30 —	— 50	
nom du Curcuma) d'ailleurs hors d'Eur.......	dito.	22 —	40 —	— 50	
» des entrepôts..........	dito.	36 —	40 —	— 50	
(en poudre......	100 k. B. B.	prohibé	prohibé	— 50	
» de mars (oxide de fer jaune).........	100 k. B. B.	10 —	11 —	— 25	
SAFRANUM (carthame) (4).............	dito.	15 —	16 50	3 —	
SAFRE — Cobalt grillé...............	dito.	— 50	— 50	— 50	
SAGAPENUM — Gomme résine (5) de l'Inde.......	100 k. N. B.	50 —	125 —		
» d'ailleurs hors d'Europe.	dito.	90 —	125 —		
» des entrepôts...........	d to.	180 —	125 —		
SAGOU (sorte de semoule brune)........	dito.	11 —	15 10		
SAINDOUX......................	100 k. N. B.	10 —	13 —	— 25	
SAINFOIN — Herbe fraîche ou sèche........	dito.	— 10	— 10	— 50	
» (graine de).............	dito.	1 —	1 10	— 25	
SALEP ou Salab (6)................	100 k. N. B.	80 —	86 50	— 25	
SALICORNIA — Plante alcaline..........	100 k. B. B.	— 10	— 10	— 25	
SALINS (7, de la Guiane française......	100 k. N. B.	10 —	»		
» d'ailleurs hors d'Europe......	dito.	15 —	21 —		
» des entrepôts............	dito.	18 —	21 —		
SALPÊTRE — Nitrate de potasse, des pays hors d'Europe.	100 k. B. B.	15 —	25 —	— 25	
» d'ailleurs................	d to.	20 —	25 —	— 25	
SALSEPAREILLE du Sénégal..........	100 k. N. B.	10 —	»		
» d'ailleurs hors d'Europe....	dito.	75 —	125 —		
» des entrepôts...........	dito.	100 —	125 —		
SALSOLA — Plantes alcalines.........	100 k. B. B.	— 10	— 10	— 10	
» (graine de la)..........	dito.	1 —	1 10	— 25	
SANDARAQUE ou Vernix — Résine (8) de l'Inde....	100 k. N. B.	50 —	125 —	— 25	
» d'ailleurs hors d'Eur.	d to.	90 —	125 —	— 25	
» des entrepôts.......	dito.	180 —	125 —	— 25	
SANG de bétail, excepté celui de bouc desséché....	100 k. B. B.	1 —	1 10	2 —	
» de bouc, desséché.............	dito.	31 —	34 10	— 25	
SANG-DRAGON (9) — Résine (même droits que la Sandaraque)	»	»	»	»	
SANGLES garnies de cuir et de boucles (10)......	la valeur.	prohibé.	prohibé.	¼ p. %	
SANGSUES..........................	1000 en N.	1 —	1 —	— 50	
SANGUINE brute...................	100 k. B. B.	1 —	1 50	— 25	
» sciée.................	dito.	10 —	11 —	— 25	
SANTOLINE — Fruits médicinaux..........	100 k. N. B.	60 —	65 50	— 25	
SAPHIRS — Pierres gemmes, brutes........	1 h. N. B.	— 25	— 25	— 01	
» » taillées..........	dito.	— 50	— 50	— 01	

DÉNOMINATION DES MARCHANDISES	UNITÉS sur lesquelles portent LES DROITS.	DROITS D'ENTRÉE		DROITS de SORTIE.	NOTES.
		par Navires français.	par Nav. étr. et par terre.		
		F. C.	F. C.	F. C.	
SAPIN (écorces de) (1) non moulues..........	100 k. B.	— 10	— 10	prohibé	(1) Les écorces à tan peuvent être exportées par les points pour lesquels le Gouvernement suspend la prohibition.
» » moulues — Tan...............	dito.	— 50	— 50	dito.	Par application de cette disposition, on peut exporter :
» (bourgeons de) — Herbes médicinales..........	100 k. B. B.	30 —	33 —	25	1° P r la rivière de la Meuse, des quantités illimitées d'écorces à tan, moulues ou non moulues.
SAPONAIRE — Racines médicinales.............	dito.	20 —	22 —	25	
» » herbes »	dito.	30 —	33 —	25	2° Par la douane de Mijoux, cent cinquante mille kilogrammes, annuellement, d'écorces de sapin, non moulues, provenant du territoire de la commune de Septmoncel (Ain).
SARCLOIRS (2)................................	100 k N.B.	80 —	86 50	1 —	
SARCOCOLLE — Gomme résine d'Inde........	dito.	50 —	125 —	25	Dans ces cas, comme toutes les fois que la prohibition est suspendue, on perçoit les droits suivants :
» » d'ailleurs hors d'Europe.	dito.	90 —	125 —	25	Écorce à tan de sapin, non moul. 0f50p 100 k.B.
» » des entrepôts............	dito.	100 —	125 —	25	» » moulues..0 25. »
» de pêche fran. fraîches, sèches, salées ou fumées.	»	exempt.	exempt.	exempt.	» autres, non moul. 2 01 »
SARDINES de pêche)(fraîches, depuis Blanc-misseron jusqu'à Mont-Genèvre.....	100 k. B.	11 —	11 —	dito.	» » moulues..4 01 »
ou Sardaches (étrangère) » par tout autre point....	dito.	40 —	44 —	dito.	Toutefois l'arrondissement de Lure (Haute-Saône), peut exporter annuellement 12500 quintaux métriques d'écorces à tan, non moulues, à charge de payer le droit de 1. 02 par m. le kil. B.
» sèches, salées ou fumées.....	dito.	40 —	44 —	dito.	(2) Les instruments aratoires peuvent entrer par mer en colis de tous poids, mais sans mélange d'espèces payant des droits différents.
» marinées ou à l'huile, de toute pêche.	100 k. N.	100 —	107 50	dito.	(3) Jaune ou rougeâtre, assez semblable à la gomme arabique, en globules oblongs, tantôt de la grosseur d'un pois, tantôt de celle d'un grain de sable, quelquefois, solés, quelquefois agglomérés, friables, opaques, offrant une demi-transparence et parsemés de quelques paillettes; elle se ramollit au feu sans se fondre; elle pétille avant de s'enflammer, noircit et répand une fumée blanche d'une odeur désagréable.
SARDONIX ou Sardoine brutes...............	100 k. B. B.	20 —	22 —	25	
» » ouvrées autres que chiques....	1 k. N. B.	2 —	3 20	les 100 kil.	
SARMENS de vigne (4) en bûches...............	le stère.	— 25	— 25	prohibé	
» » en fagots...............	100 en N.	— 25	— 25	dito.	
SARRAZIN — Voir le tarif des Céréales.					
SARRETTE (5)..............................	100 k. B. B.	5 —	5 50	6 —	(4) Quand il est dérogé à la prohibition de sortie, on perçoit pour les bûches, 10 cent. le stère; pour les fagots, 40l cent en nombre.
SASSAFRAS (racines et bois de).............	dito.	20 —	22 —	50	(5) Plante vivace, qui croît en Europe dans les prés; sa tige, qui sert pour la teinture en jaune, à environ un mètre de hauteur; elle est dure, rougeâtre et qu'on la frotte avec le doigt, il se forme une sorte d'émulsion d'un jaune-verdâtre, qui a une odeur de lait aigre.
» (écorces de) — Écorces médicinales......	100 k. N.B.	48 —	52 80	25	
» (feuilles de) — Feuilles »	100 k. B. B.	30 —	33 —	25	
» (huile de).............	100 k. N.B	900 —	917 50	2 —	
SATIN — Tissu de soie uni...................	1 k. N.N.	16 —	17 60	— 03	
SAUCES épicées pour assaisonnement..........	dito.	2 —	2 20	25	
SAUCE de tabac (Praus)....................	100 k. N.B.	1 —	1 10	les 100 kil.	
SAUCISSONS...............................	dito.	33 —	36 30	25	
SAUGE — Herbes médicinales...............	dito.	30 —	33 —	25	
» (huile de).............	100 k. N.B.	74 —	80 20	2 —	
SAULE (écorce de) (1) non moulues...........	100 k. B.	— 10	— 10	prohibé	
» » moulues — Tan............	dito.	— 50	— 50	prohibé	
» » préparés..........	dito.	— 50	— 50	)	
SAUMONS d'eau douce de toute pêche, frais...	»	exempt.	exempt.	(	
» de mer 6 de pêch. fran. frais, secs, salés ou fumés.	»	exempt.	exempt.	(exempt.	
» de pêch. étr. frais, depuis Blancmisseron jusqu'à Mt-Genèvre......	100 k. B.	11 —	11 —	)	
» » par tout autre point....	dito.	40 —	44 —	)	
» » secs, salés ou fumés...	dito.	40 —	44 —		
» » marinés ou à l'huile, de toute pêche.	100 k. N.	100 —	107 50		
SAVONNETTES en savons ordinaires, blancs, rouges, marbrés ou noirs...	100 k. B.	prohibé.	prohibé.	— 25	
» parfumés.............	100 k. N.B.	164 —	174 70	2 —	
SAVONS ordinaires, blancs, rouges, marbrés ou noirs...	100 k. B.	prohibé.	prohibé.	— 25	
» parfumés, liquides, en poudre, pains et boules.	100 k. N.B.	164 —	174 70	2 —	
» des verriers mengane »	100 k. N.B.				
SAXIFRAGE (graine de) — Fruits médicinaux......	dito.	25 —	33 50	)	(6) Voir la note (2), page 95.
SCABIEUSE — Racines médicinales...........	dito.	20 —	22 —	(25	(7) La scammonée, dite d'Alep, est en petites masses plus ou moins poreuses, d'un gris roux, d'une cassure terne; mais les fragments minces jouissent d'une faible transparence sur les bords. Quand on amollit la surface de cette scammonée, et qu'on la frotte avec le doigt, il se forme une sorte d'émulsion d'un jaune-verdâtre, qui a une odeur de lait aigre. Cette qualité est rare. — Scammonée de Smyrne; elle est beaucoup plus dense et moins friable que celle d'Alep; sa cassure est comme cireuse. — Scammonée en galette ou Scammonée de Montpellier. Cette préparation s'éloigne tout-à-fait, par ses propriétés, de la véritable Scammonée; elle n'a ses deux moitiés; elle ne fait point émulsion avec l'eau, et n'a point l'odeur de lait aigri de la bonne Scammonée.
» herbes »	dito.	50 —	33 —	)	
SCAMMONÉE (7) — Gomme-résine.............	100 k. N.B.	150 —	169 —	)	
SCAVISSON)de Chine, de l'Inde.............	1 k. N.B.	— 33	1 —	/	
vieux (écorces)d'ailleurs.................	dito.	— 66	1 —	/	
cannelliers)autre de la Guiane française....	dito.	— 65	»	(— 01	
» » de l'Inde.............	dito.	1 —	3 —	/	
» » d'ailleurs.............	dito.	2 —	5 —	/	
SCHAKOS sans garnitures...................	la pièce.	3 —	3 —	— 05	La Scammonée est un puissant purgatif.
» garnis avec cuir, etc............	dito.	prohibé.	prohibe.	— 05	(8) Les scies peuvent entrer par mer en colis de tous poids, mais sans mélange de pièces payant des droits différents. — Les scies offrant sur une même ligne plusieurs dents sont soumises au plus fort droit. — La longueur des lames de scie doit être prise sans égard aux tenons qui servent à les monter. Toutefois ces tenons ne doivent point être d'une longueur disproportionnée.
SCHÉNANTE — Racines médicinal.............	100 k. B. B.	20 —	22 —	— 25	
» joncs odorants.............	100 k. N. B	41 —	45 10	— 25	
SCHRAL cu un extrait de punch de la Martinique.	l'hectol tre	100 —	»	4 —	
» » d'ailleurs.............	dito.	130 —	130 —	1 —	
SCIES 8° ayant 146 cent. de longueur ou plus, ayant d'épaisseur d'usage......	100 k. N. B.	140 —	149 50	4 —	(9) Gros oignon rougeâtre, de saveur âcre et nauséabonde.
» ayant moins de 146 cent. de longueur......	dito.	200 —	212 50	4 —	
SCILLES-MARINES (9)........................	100 k. B. B.	5 —	5 50	25	

DÉNOMINATION DES MARCHANDISES	UNITÉS sur lesquelles portent LES DROITS.	DROITS D'ENTRÉE par Navires français.	par av. étr. et par terre.	DROITS de SORTIE.	NOTES.
		F. C.	F. C.	F. C.	
SCIURES d'acajou.......................	la valeur.	15 p. %	15 p. %	1/4 p. %	
» d'écaille — Rognures, de l'Inde......	100 k. N. B	25 —	75 —	—	
» » d'ailleurs hors d'Europe.	dito.	37 50	75 —	— 25	
» » des entrepôts...........	dito.	50 —	75 —	— 25	
SCOLOPENDRE — Feuilles médicinales....	100 k. B. B.	30 —	33 —	—	
SCORPIONS séchés.....................	100 k. N. B.	62 —	67 60	—	
SCOURJON ou Escourgeon — Voir le tarif des Céréales.				»	
SEAUX en bois, avec ou sans cercles de fer....	la valeur.	15 p. %	15 p. %	1/4 p. %	(1) S'ils accompagnent des pompes à incendie dans une proportion relative, ils doivent alors être considérés comme objets accessoires de pompe et suivre leur régime.
» en tissu de chanvre imperméable (1)........	100 k. N. B.	30 —	30 —	— 25	
SÉBESTE — Fruits médicinaux............	100 k. B. B.	35 —	38 50	— 25	
SÈCHE (encre de) en tablettes — Sépia...	1 k. N. B.	1 —	1 10	— 02	
SEIGLE — Voir le tarif des Céréales.........		»	»	»	
SELLERIE grossière — Bâts non garnis de cuir........	la pièce.	— 50	— 50	— 05	
» en cuir et autre............	la valeur.	prohibé.	prohibé.	1/2 p. %	
SELLES — Comme Sellerie en cuir........	»	»	»	»	
SELS ammoniacaux, bruts en poudre, de quelque nature que ce soit	1 k. N. B.	— 50	— 50	— 02	
» » raffinés en pains..............	dito.	1 —	1 10	— 02	
» de duobus—Sulfate de potasse, des pays hors d'Eur	100 k. N. B.	15 —	21 —		
» » des entrepôts......	dito.	18 —	21 —	} — 25	
» d'epsom — Sulfate de magnésie........	dito.	70 —	76 —		(2) Une ordonnance de 1814 permet l'introduction, dans les ports qui font des armements pour la pêche de la morue, d'une quantité de sel de Saint Ubes, que détermine chaque année le ministre de finances, d'après le nombre et la force de ces expéditions; mais ces sels ne peuvent sortir des entrepôts particuliers où ils sont placés, sous la clé de la douane, que pour cette destination et jamais pour la consommation.
» de glauber—Sulfate de soude, des pays hors d'Eur.	d t o.	15 —	21 —		
» » des entrepôts.......	dito.	18 —	21 —		
» marin, de marais ou de saline (2)	100 k. B.	prohibé.	prohibé.	— 01	
» » pour la consommation (3)	100 k. N.	30 —	»	»	
» » gemme ou fossile...........	100 k. B. B.	40 —	44 —	— 01	
» d'oseille — Oxalate acide de potasse........	100 k. N. B.	70 —	76 —	2 —	
» de saturne — Acétate de plomb........	dito.	70 —	76 —	— 25	
» de seignette — Tartrate de soude et de potasse...	dito.	70 —	76 —	2 —	
» de soude...................	100 k. B. B.	11 50	12 60	— 10	(3) Cette taxe n'est pas passible de l'augmentation du décime.
» de tartre—Carbonate de potasse des pays h. d'Eur.	100 k. N. B.	15 —	21 —	2 —	
» » des entrepôts.....	dito	18 —	21 —	2 —	
» végétal — Tartrate de potasse...........	dito.	70 —	76 —	2 —	
» volatil—Carbon. d'ammoniac.—Sels ammoniacaux.	100 k. B.	prohibé.	prohibé.	2 —	
» non dénommés...................	100 k. N. B.	100 —	417 50	— 25	
SEMELLES de feutre....................	dito.	34 —	39 20	— 25	
» de liège......................	le mètre carré	— 45	— 45	— 01	
» de paille.....................	100 k. N. B.	60 —	65 50	— 25	
SEMEN contra — Barbotine — Fruits médicinaux......	100 k. B. B.	35 —	28 50	— 25	
SEMOIRS — Machines à dénommer.	la val. à déterminer par le comité consultatif des arts et manufact.	15 p. %	15 p. %	1/4 p. %	
SÉMOULE............................	100 k. B.B.	20 —	22 —		
SÉNÉ (follicules de) entières ou en grabeau, du Sénégal.	100 k. N. B.	20 —	»		
» » d'aill. h. d'Eur.	dito.	50 —	100 —	} — 25	
» » des entrepôts.	dito.	75 —	100 —		
SÉNÉKA ou Polygala de Virginie—Racines médicinales.	100 k. B. B	20 —	22 —		
SÉNÈVE — Graine de moutarde............	dito.	5 —	5 50		
SÉPIA — Couleur en tablettes.............	1 k. N. B.	1 —	1 10	— 02	
SÉRANS à peigner le chanvre (4) —Instruments aratoires.	100 k. N. B.	80 —	86 50	1 —	(4) Les instruments aratoires et les outils peuvent entrer par les bureaux de mer en colis de tous poids, mais sans mélange d'espèces payant des droits différents.
SERGENS à menuisier (4)................	dito.	50 —	55 —	1 —	
SERGE — Tissu de laine................	100 k. B.	prohibé.	prohibé.	1 50	
» imprimée, soit en pièces ou petits tapis.	100 k. N. B.	517 50	517 50	1 50	
SERINETTES (5)....................	la pièce.	3 —	3 —	— 15	(5) Les horloges en bois auxquelles des serinettes sont adaptées, doivent et le droit imposé sur ces horloges et celui des serinettes.
SERINGUES en étain.................	100 k. N. B.	prohibé.	prohibé.	1 —	
SERINS.................	la valeur.	1 p. %	1 p. %	1/4 p.%	
SERPENTS — Instruments de musique........	la pièce.	3 —	3 —	— 14	
» vivants ou morts.........	la valeur.	1 p. %	1 p. %	1/4 p.%	
SERPENTAIRE — Racines médicinales (6)....	100 k. N. B.	20 —	22 —	— 25	(6) La dénomination de serpentaire embrasse : 1° La serpentaire (arum dracunculus), dont la racine bulbeuse est presque ronde; 2° L'Aristoloche serpentaire dont la racine est menue, fibreuse, brune légère, l'odeur forte aromatique et la saveur amère et piquante; et 3° L'Aristoloche clématite, qui a les mêmes caractères et propriétés.
SERPENTINE — C'est un marbre d'Italie......	»	»	»	»	
SERPES et Serpettes (4)...............	100 k. N. B.	80 —	86 50	1 —	
SERPILLIÈRES—Toile de lin, écrue, de moins de 8 fils.	dito.	30 —	50 —	— 25	
SERRURERIE..........................	100 k. N. B.	prohibé.	prohibé.	— 25	
SÉSAME (graine de) — Fruits médicinaux.	100 k. B. B.	35 —	38 50	— 25	
» (huile de) du cru du pays où l'huile est importée.	dito.	25 —	50 —	— 50	
» » d'ailleurs..............	dito.	28 —	30 —	— 50	

14

DÉNOMINATION DES MARCHANDISES	UNITÉS sur lesquelles portent LES DROITS.	DROITS D'ENTRÉE		DROITS de SORTIE.	NOTES.
		par Navires français.	par Nav. étr. et par terre.		
		F. C.	F. C.	F. C.	
SÉSÉLI (graine de) — Fruits médicinaux............	100 k. B. B.	35 —	38 50	— 25	
SEXTANS — Instruments d'observation..........	(la val. à déterminer par le comité consultatif des arts et manufact.)	30 p. %	30 p. %	1/4 p. %	
SIAMOISE — Tissu de coton pur ou mélangé de fil (1).	100 k. B.	prohibé.	prohibé.	— 50	(1) La siamoise est une étoffe rayée ou à carreaux de plusieurs couleurs: si s'en présentait en pur fil elle devrait comme la toile de lin imprimée.
SIFFLETS de bois pour joujoux d'enfant...........	100 k. N. B.	80 —	86 50	1 —	
» » autres...............	dito.	100 —	107 50	1 —	
» d'os	dito.	100 —	107 50	1 —	
» d'ivoire	100 k. B.	prohibé.	prohibé.	1 —	
SIMAROUBA — Écorces médicinales	100 k. B. B.	20 —	22 —	— 25	
SIMILOR — Cuivre doré en lingots.............	100 k. N. B.	147 —	156 80	2 —	
» » battu, tiré ou laminé........ ..	dito.	286 —	302 80	4 —	
» » filé sur fil.........	dito.	327 —	344 50	4 —	
» » sur soie...	dito.	930 —	967 50	4 —	
» » ouvré.............	100 k. B.	prohibé.	prohibé.	4 —	
SIMPLES ou Thé de la Guadeloupe—Feuilles médicinales.	100 k. B. B.	30 —	33 —	— 25	
SINGES	la valeur.	1 p. %	1 p. %	1/4 p. %	
SIROPS (2) de Bourbon........................	100 k. N. B.	28 50	»		(2) Il ne s'agit ici que des infusions, décoctions ou distillations des sucs de plantes ou de fruits avec le sucre.
» des Antilles et de la Guiane française.... ..	dito.	45 —	»		
» de l'Inde.........................	dito.	90 —	120 —		
» d'ailleurs hors d'Europe...............	dito.	95 —	120 —	} — 25	
» des entrepôts.....................	dito.	105 —	120 —		
» de mélasse, des colonies françaises.......	100 k. B. B.	12 —	»		
» » » étrangères	100 k. B	prohibé.	prohibé.		
» pharmaceutiques—Médicaments composés (3).	dito.	dito.	dito.	— 02	(3) Les médicaments composés, non dénommés, dont l'école de pharmacie reconnaît la nécessité ou l'utilité, et dont elle détermine alors le prix commun, sont admis, par dérogation à la prohibition, moyennant le droit de 20 p. % de la valeur.
SISTRES — Instruments de musique..............	la pièce.	1 50	1 50	— 08	
SMALT — Cobalt vitrifié en gâteaux..............	1 k. N. B.	2 —	2 20	— 25	
» » en cônes...................	dito.	3 —	3 30	— 01	
» » en poudre..................	100 k. B. B.	30 —	33 —	— 25	
SNACK (cornes de)........................	dito.	5 —	5 50	— 25	(4) Les socs de charrue ébauchés au martinet doivent être traités comme fer rond d'après la dimension des parties les plus amincies, attendu qu'ils n'ont pas plus de valeur que ce fer, et qu'avant de pouvoir être employés, le maréchal doit y ajouter l'acier nécessaire et leur donner la dernière main-d'œuvre.
SOCS de charrue (4)......................	100 k. N. B.	80 —	86 50	1 —	
SOUDE — Plantes alcalines...................	100 k. B. B.	— 10	— 10	— 10	
» (graine de la)...................	dito.	1 10	1 10	— 25	
SODA-WATER en cruchons de grès commun contenu et contenant...	dito.	1 —	1 10	— 25	
SOIES de porc ou de sanglier en masse.........	dito.	5 —	5 50	2 —	(5) Les soies grèges sont telles que le ver les a filées, elles ont seulement été tirées de dessus le cocon à l'eau chaude, et n'ont ainsi qu'un seul bout ou brin. Elles se présentent en écheveaux plus ou moins forts, et pliés suivant l'usage du pays d'où elles viennent. — On appelle douppions les soies grèges moulinées qui proviennent du travail de deux vers réunis pour ne former qu'un seul cocon; ce qui en rend la qualité très-inférieure.
» » en bottes de long. assorties.	dito.	20 —	22 —	2 —	
» » rognures de brossiers.....	dito.	1 —	1 10	2 —	
SOIES en cocons.........................	100 k. B.	1 —	1 10	prohibé.	
» écrues, grèges, y compris les douppions (5).	1 k. N. N.	— 05	— 05	5 —	
» » moulinées (6), y compris les douppions.	dito.	— 10	— 10	2 —	(6) On désigne par cette qualification les soies qui, de grèges et encore écrues, sont mises en organsins, trames poils, grenadines, roundelettes, etc., par un ou plusieurs tors, à un ou plusieurs bouts réunis. — L'organsin réunit communément deux ou trois bouts par deux lors. — La trame, à aussi deux ou trois bouts, mais n'a qu'un tors léger. — Le poil a un seul bout très-tordu. — La grenadine, a deux bouts très-tordus. — La soie perlée. id. — Le roundelette ou roundelettine. id.
» teintes (7) mis en pelotons pes. au plus un demi-kil., ou en petits écheveaux ou en bobines dont le poids n'excède pas 3 décagram.	1 k. N. N.	3 06	3 30	1 —	
» » à coudre, le poids de chaque écheveau ou de chaque bobine n'excédant pas 3 décagrammes..................	4 k. N. B.	3 06	3 30	— 10	
» » toutes autres.................	1 k. N. B.	3 06	3 30	6 —	
» » teinte.................	1 k. N. B.	— 82	— 90	2 —	
» boure en masse, écrue..........	100 k. B. N.	1 —	1 10	—	
» » teinte...............	1 k. N. B.	— 82	— 90	2 —	le kilog.
» » cardée, en feuilles et gommées.—Ouate.	100 k. N. N.	62 —	67 60	—	
» » frisons peignés........	1 k. N. N.	— 82	— 90	1 —	
» » toute autre.............	dito.	— 82	— 90	2 —	
» filée—Fleuret écru...............	1 k. N. B.	— 82	— 90	— 05	
» » teint...............	dito.	3 06	3 30	— 05	
SOLDANELLE — Racines médicinales.............	100 k. B. B.	20 —	22 —	— 25	
» herbes	dito.	30 —	33 —	— 25	
» en fer.......................	la valeur.	— 50	— 50	— 50	
SONDES élastiques — Instruments de chirurgie......	10 p. %	10 p. %	1/4 p. %		
SONNAILLES et Sonnettes en fonte..............	100 k. B. B.	prohibé.	prohibé.	— 25	
» » en métal de cloche.......	100 k. N. B.	80 —	86 50	1 —	
SORBET (8)............................	100 k. B.	prohibé.	prohibé.	1 —	(8) Pâte odorante, composée de divers ingrédiens, tels que le citron, le musc, etc.; que les Turcs délaient dans leur boisson.
SOUCHET ou Cyperus de toute sorte.............	100 k. N. B.	74 —	80 20	— 25	
	100 k. B. B.	20 —	22 —	— 25	

DÉNOMINATION DES MARCHANDISES.	UNITÉS sur lesquelles portent LES DROITS.	DROITS D'ENTRÉE.		DROITS de SORTIE.	NOTES.
		par Navires français.	par Nav. étr. et par terre.		
		F. C.	F. C.	F. C.	
SOUCI des jardins — Feuilles médicinales...........	100 k. B.B.	30 —	33 —	— 25	(1) La soude, une des principales matières premières des verreries, des fabriques de savons, des buanderies, des blanchisseries de toile et de la teinture, n'est fabriquée, en France que depuis l'an 2 de la république.
» » fleurs »	dito.	40 —	44 —	— 25	
SOUDE de toute sorte (1)......................	dito.	11 50	12 60	— 10	
SOUFFLETS de forge..........................	la val. à déterminer par le comité consultatif des arts et manufact.	15 p. ℅.	15 p. ℅.	1/4 p. ℅.	
» d'orgues............................					
» de main............................	100 k. N. B.	100 —	107 50	1 —	
SOUFRE—Minerai de première extraction, avec son mélange de parties terreuses.................	100 k. B. B.	— 25	25 —	— 50	(2) La prohibition des souliers à l'entrée s'étend même sur les souliers de femme dont les empeignes sont en étoffe.
» fondu, en masse, non épuré...............	dito.	— 75	1 50	— 50	
» en canons ou autrement épuré......	dito.	5 —	5 50	— 50	
» sublimé en poudre, ou fleur de soufre......	dito.	13 —	14 30	— 50	
» végétal (lycopode).................	dito.	20 —	22 —	— 25	
» d'antimoine......................	100 k. B. B.	11 —	12 10	1 —	(3) Le blanc de baleine se retire particulièrement de l'énorme tête du cachalot. On lui a donné ce nom à cause de son extrème blancheur; celui de spermaceti servait à rendre compte de son origine prétendue; le nom de cétine, qui rappelle celui de l'animal, paraît plus convenable.
SOULIERS (2)............................	100 k. B.	prohibé.	prohibé.	»	
SOURICIÈRES (boissellerie)................	100 k. B.B.	4 —	4 40	»	
SPARTE en tiges brutes....................	dito.	— 50	— 50	— 25	(4) Tiges droites, herbacées, roides, hautes de 8 à 12 pouces, à quatre angles, un peu rudes. On l'emploie comme vermifuge.
» » battues..................	dito.	1 —	1 10		
SPATH — Chaux carbonatée ferrifère...........	dito.	1 —	1 10		
» pesant — Sulfate de baryte...........	dito.	5 —	5 50		
SPERMACETI—Blanc de baleine 3 de pêche française, brut	dito.	— 20	»	»	(5) Charbon de matière animale devenu blanc par l'entière calcination et le dégagement de toute huile empyreumatique.
» » » de pêche étrang. brut	100 k. N. B.	— 40	44 —	1 02	
» » » pressé	dito.	60 —	65 50	1 02	
» » » raffiné	dito.	150 —	160 —	1 02	
SPHÈRES célestes ou terrestres...............	la val. à déterminer par le comité consultatif des arts et manufact.	30 p. ℅.	30 p. ℅.	1/4 p. ℅.	(6) Celles qu'on importe pour les Musées royaux sont exemptes de tous droits; mais il faut que la destination soit justifiée.
SPIGÉLIE (4) — Herbes médicinales............	100 k. B. B.	30 —	33 —	— 25	(7) Petit animal qui a beaucoup de rapport au lézard ou au crocodile par la figure. On l'emploie en médecine contre le venin et pour sa vertu prolifique.
SPODE (5) d'ivoire.......................	100 k. N. B.	62 —	67 60	2 —	
» d'os et de corne.................	100 k. N. B.	7 —	7 70	— 25	
SQUILLES-MARINES....................	dito.	5 —	5 50	— 25	
SQUINE ou Esquine — Racines méd cinales.......	dito.	20 —	22 —	— 25	
STAPHISAIGRE (graine de) — Fruits médicinaux.....	dito.	35 —	38 50	— 25	
STATUES en bois (6)......................	la valeur.	15 p. ℅.	15 p. ℅.	1/4 p. ℅.	(8) Le storax se présente sous trois formes; en grains transportés, blancs, ambrés, de la grosseur d'un haricot, ayant la mollesse de la cire, susceptibles de se renir en masses et prenant alors la forme des sacs qui les contiennent; odeur forte, peu franche, très-agréable. C'est le plus rare et le plus pur de tous. — En masse et maniable, d'un semi-liquide, mou qu'il est, il se condense très-difficilement; il ne se durcit que lorsqu'il est très-vieux. — En masse et dure, très-caliculeuse, jaunâtres ou brunâtres; le storax commun est en masses de grosseur variable, moins fines, où rien ne s'étude, mais offrant l'apparence de poudres galeux, tantôt si mielleux, mou, friable, odeur tantôt par fois une certaine ténacité et susceptible de se ramollir sous la dent.
» en bronze........................	100 k. B. B.	40 —	44 —	— 01	
» en marbre........................	dito.	50 —	55 —	— 01	
» en marbre, antiques (6).............	la valeur.	1 p. ℅.	1 p. ℅.	1/4 p. ℅.	
» en pierre ou plâtre................	dito.	15 p. ℅.	15 p. ℅.	1/4 p. ℅.	
STÉCAS ou Stœchas (fleurs de) — Fleurs médicinales...	100 k. B. B.	40 —	44 —	— 25	
» (huile de)............	100 k. N. B.	61 —	67 60	2 —	
STERCUS diaboli — Assa fœtida de l'Inde..........	dito.	50 —	125 —	— 25	
» » » d'ailleurs, hors d'Europe..	dito.	90 —	125 —	— 25	
» » » des entrepôts..........	dito.	100 —	125 —	— 25	
STIL de grain (pâte jaune d'argile et de nerprun).....	100 k. B. B.	25 —	27 50	2 —	(9) Le storax liquide est le produit de la fusion du storax de mauvaise qualité. Sa couleur est rousseâtre, il a l'apparence du miel commun.
STINCS ou Scinques (7)..................	100 en N.	5 —	5 —	— 50	
STOCKFISCH — Poisson salé de pêche française.....	100 k. B. B.	exempt.	exempt.	exempt.	(10) C'est un mélange de sciure de bois, de Benjoin, de baume du Pérou et de storax naturel; ces pains qui sont d'un très-peu volume, ressemblent à des mottes à brûler.
» de pêche étrangère......	dito.	40 —	44 —	dito.	
STORAX (8) naturel, rouge ou calamite........	100 k. N. B.	41 —	45 10	— 25	
» préparé, liquide (9) (styrax)........	100 k. B. B.	13 —	14 50	— 25	(11) Ces médicaments composés, non dénommés, dont l'école de pharmacie reconnaît la nécessité ou l'utilité, et dont elle détermine alors le prix commun, sont admis, par dérogation à la prohibition, moyennant le droit de 20 p. ℅ de la valeur.
» en pains (10)................	dito.	17 —	18 70	— 25	
STRAMOINE (racines de) — Racines médicinales......	dito.	20 —	22 —	— 25	
» (herbes de) — Herbes »	dito.	30 —	33 —		
» (feuilles de) — Feuilles »	dito.	30 —	33 —		
» (fleurs de) — Fleurs »	dito.	40 —	44 —		
» (fruits de) — Fruits médicinaux.....	dito.	35 —	38 50		
STUC — Ciment à l'état brut.................	dito.	— 10	— 10	— 15	(12) Matière semblable à un sel compacte, grisâtre, cristallisée, retiré par évaporation du petit lait. C'est un produit d'Europe fabriqué principalement en Suisse et en Russie; il peut entrer par tous les ports et bureaux ouverts aux marchandises payant plus de 20 f. par 100 k. (Voir page 6.)
» » broyé.................	dito.	— 20	— 20	— 05	
» en tables...................	la valeur.	15 p. ℅.	15 p. ℅.	1/4 p. ℅.	
» (chiques de).................	100 k. B. B.	— 15	— 16 50	»	
STYRAX — Voyez plus haut Storax liquide..........	»	»	»	»	
SUBLIMÉ doux ou corrosif—Médicaments composés (11)	1 k.	prohibé.	prohibé.	— 02	
SUCCIA brut.............................	100 k. B. B.	37 —	40 70	— 25	
» taillé...........................	100 k. B. B.	200 —	212 50	2 —	
» (huile de) (11).....................	1 k. B.	prohibé.	prohibé.	— 02	
SUCRE de lait (12) des entrepôts..............	100 k. N. B.	105 —	120 —	— 25	

DÉNOMINATION DES MARCHANDISES	UNITÉS sur lesquelles portent LES DROITS.	DROITS D'ENTRÉE		DROITS de SORTIE.	NOTES.
		par Navires français.	par Nav. étr. et par terre.		
		F. C.	F. C.	F. C.	
SUCRE (des colonies franç. (1) { brut, autre { le Bourbon.	100 k. N.B.	38 50	»	»	(1) Les sucres récoltés sur le territoire de Pondichéry, et importés par navires français en droiture, ou n'ayant fait escale que dans la colonie de l'île de Bourbon, sont admis aux mêmes droits que ceux provenant de cette île, lorsque l'origine en est constatée par des certificats de l'administration locale.
que blanc, { des Antilles et de la Guiane.	dito.	45 —	»		
» brut blanc, de Bourbon	dito.	53 —	»		
» des Antilles et de la Guiane.	dito.	60 —	»		
terré, de toutes { de Bourbon.	dito.	61 —	»		
nuances, { des Antil. et de la Guiane.	dito.	70 —	»		
étranger { brut, autre { de l'Inde.	dito.	80 —	100 —	— 25	
que blanc, { d'ailleurs hors d'Europe.	dito.	85 —	100 —		
{ des entrepôts.	dito.	95 —	100 —		
brut, blanc ou terré, sans de l'Inde.	dito.	90 —	120 —		
distinction de nuance ni d'ail. h. d'Eur.	dito.	95 —	120 —		(2) Il est accordé une prime à la sortie du sucre raffiné.
du mode de fabrication, des entrepôts.	dito.	100 —	120 —		
SUCRE raffiné en pains, en poudre ou candi (2)	100 k. B.	prohibé.	prohibé.	»	
SUCRION — Voir le tarif des Céréales.	»	»	»	»	
SUC de réglisse	100 k. N.B.	48 —	52 80	— 25	
» de cocotier	Mêmes droits que le Sucre brut autre que blanc				
» tanin extrait des végétaux dit tanin artificiel, à l'état sec.	100 k. B.F.	1 25	1 30		
» à l'état liquide.	dito.	— 50	— 50		
» d'hypocistis de l'Inde.	100 k. N. B.	50 —	125 —		
» » d'ailleurs hors d'Europe.	dito.	90 —	125 —	} — 25	
» » des entrepôts.	dito.	100 —	125 —		
SUCS de viande, épicés.	1 k. N.B	2 —	2 20		
SUIE de cheminée (3)	100 k. B B.	1 —	1 10	— 50	(3) La suie brute se distingue facilement des divers noirs; elle donne une solution de couleur foncée susceptible de teindre en une nuance fauve. On en extrait un produit employé en peinture sous le nom de bistre. La suie sert encore à la cémentation des fers et comme engrais.
» de résine (noir de fumée)	dito.	12 —	13 20	2 —	
SUIF brut et Saindoux	dito.	10 —	13 20	— 25	
» végétal (4)	dito.	10 —	13 20		(4) Il provient du croton porte-suif, un arbre à suif, (croton sebiferum) et est employé au même usage que le suif animal.
SULFATES de potasse (sel de duobus) des pays h. d'Eur.	100 k. N.B.	15 —	21 —		
» » des entrepôts.	dito.	18 —	21 —		
de soude (sel de glauber) des pays h. d'Eur.	dito.	15 —	21 —		
» » » des entrepôts.	dito.	18 —	21 —		
de magnésie (sel d'epsom).	dito.	70 —	76 —		
d'alumine — Alun brûlé ou calciné	dito.	89 40	97 20		
» de toute autre espèce.	100 k. B.B.	25 —	28 —		
de baryte (spath pesant).	dito.	5 —	5 50		
de fer (couperose verte).	dito.	6 —	6 60	} — 25	
de cuivre (couperose bleue).	dito.	31 —	34 10		
de zinc (couperose blanche).	dito.	31 —	34 10		
de quinine.	100 k. B.	prohibé.	prohibé.		
SULFURES d'arsénic jaune en masses (orpiment ou rouge (réalgar).	100 k. B.B.	15 —	16 50		
» de mercure en pierres, naturel ou artificiel (cinabre).	100 k. N.B.	150 —	160 —		(5) Dans le commerce, on trouve un grand nombre de qualités différentes du sumac, qu'on distingue en général par le nom des pays d'où il sont expédiés. Les meilleurs ne contiennent que des rhus coriaria. Celui de Sicile est le plus estimé.
» » pulvérisé (vermillon).	dito.	200 —	212 50		
SUMAC (5) et Fustet — Écorces, feuilles et brindilles.	100 k. B.B.	1 —	1 10	— 50	
» » moulu.	dito.	15 —	16 50	— 50	
SURÉAU (fleurs de)	dito.	40 —	44 —	— 25	

T

TABAC en feuilles { pour la régie, des pays hors d'Europe.	100 k. B.B.	exempt.	10 —	— 25	(6) Il y a exception à la prohibition d'entrée des tabacs fabriqués;
» des entrepôts.	dito.	5 —	10 —	— 25	1° Pour ce qui concerne l'administration des tabacs fait venir de l'étranger.
en côtes { pour compte particulier (6).	100 k. B.	prohibé.	prohibé.	— 25	2° Pour les petites provisions de tabac de santé ou d'habitude dont le ministre des finances autorise spécialement l'entrée. Ces provisions paient dans ce cas, entre les mains de l'administration des tabacs, savoir:
fabriqué ou seulement préparé.	dito.	dito.	dito.	— 01	Tabac ordinaire....... 10f par kilogramme
TABLETTERIE de carton, mêm. avec charn. de métal commun	100 k. N.B.	200 —	212 50	— 25	Poudres de Séville et { net et jusqu'à tabacs dits Kanaster, { e renrence de Porto-Rico et Varinas 15 } dix kilogram.
» en bois indigènes.	dito.	100 —	107 50	1 —	Cigares de la Havane
» de buis, non doublées ni garnies.	dito.	100 —	107 50	1 —	et des Indes........ 90 sans décime par franc, le mille ou nombre du poids de 2 kil. et demi au plus, et seulement jusqu'à concurrence de deux mille cigares. Lorsque le poids des mille cigares, dépasse cette limite, le droit est perçu proportionnellement sur l'excédant.
» » doublées ou garnies.	1 k. B.	prohibé.	prohibé.	— 01	
» de figuier vernissées.	100 k. N.B.	200 —	212 50	2 —	
» autres en bois exotiques.	1 k. B.	prohibé.	prohibé.	— 01	
» d'écaille, d'ivoire, de nacre ou de corne.	dito.	dito.	dito.	— 01	Les voyageurs arrivant des pays hors d'Europe peuvent importer 500 cigares et 1 kil. de tabac lorsque ces droits ci-dessus; l'exportation des tabacs fabriqué, ne peut avoir lieu sans un permis spécial de l'administration des impositions indirectes.
» d'agate.	1 k. N. B.	2 —	2 20	— 25	
» de cuir.	dito.	prohibé.	prohibé.	les fo kil.	
» de laiton, peintes, à 2 couvercles et à miroirs.	100 k. N B	100 —	107 50	1 —	
» de spa.	dito.	200 —	212 50	2 —	

DÉNOMINATION DES MARCHANDISES	UNITÉS sur lesquelles portent LES DROITS.	DROITS D'ENTRÉE par Navires français.	par av. étr. et par terre.	DROITS de SORTIE.	NOTES.
		F. C.	F. C.	F. C.	(1) Les ouvrages d'or et d'argent, importés de l'étranger, sont envoyés sous plomb et par acquit-à-caution sur le bureau de garantie le plus voisin, pour y être poinçonnés, s'il y a lieu, et acquitter le droit de marque.
TABATIÈRES d'étain..................	100 k. B.	prohibé.	prohibé.	1 —	Sont affranchis de cette formalité comme de tous droits :
» dorées, argentées ou d'or faux...........	dito.	dito.	dito.	4 —	1° Les objets d'or et d'argent appartenant aux embassadeurs et envoyés des puissances étrangères, quand ils les accompagnent ou sont déclarés par eux ;
» d'or (1).........................	1 h. N. N.	20 —	22 —	— 20	
» d'argent (1).....................	dito.	10 —	11 —	— 20	2° Les bijoux d'or et les ouvrages en argent à l'usage personnel des voyageurs, dont le poids n'excède pas 5 hectog.
TABLEAUX pour la peinture...............	la valeur.	1 p. %	1 p. %	1/4 p. %	Les deux tiers du droit de garantie sont remboursés à l'exportation des matières d'or et d'argent sur le certificat délivré par la Douane de sortie et visé par le Directeur.
» pour les cadres ou bordures...........	dito.	15 p. %	15 p. %	dito.	
TABLES de liège........................	100 k. N. B.	54 »	59 20	— 25	
TABLETTERIE — Billes de billard en ivoire......	1 k. N. B.	4 —	4 40	— 01	(2) Petits ouvrages en écaille, ivoire, nacre, corne, os et bois fins, comme nécessaires de toilette et de voyage, trictracs sans pied, damiers, dames, échecs, jeux de domino et d'échec, tabatières, peignes, fiches, jetons, étoiles à dévider, cure-dents, cure-oreilles, passe-lacets, montures d'éventail, étuis, dés à coudre, et à jouer, etc. Cet article comprend, en général, tous les petits meubles de main, faits au tour ou plaqués, sauf quelques exceptions expressément indiquées à l'article tabletterie ou à celui de mercerie.
» peignes d'ivoire.............	dito.	4 —	4 40	— 01	
» » d'écaille.............	dito.	5 —	5 50	— 01	
» non dénommée (2)..........	1 k. B.	prohibé.	prohibé.	— 01	
TABLETTES de bouillon (3) (4)................	dito.	dito.	dito.	— 02	
» à écrire.....................	100 k. N.B.	100 —	107 50	1 —	
» d'Iveckiac (4)..............	1 k. B.	prohibé.	prohibé.	— 02	
TAFFETAS, même gommé et taffetas d'Angleterre...	1 k. N. N.	16 —	17 60	— 02	(3) Un kil. de tablettes représente 25 k. de viande.
TAFIA (5) des colonies françaises..............	l'hectolitre d'alcool pur.	»	»	— 10	(4) Voir la note (6), page 79.
» de l'étranger..................	dito.	200 —	200 —	— 10	(5) On réduit le Tafia en alcool pur, en multipliant le nombre de litres par le nombre de degrés anciens et en divisant par 100.
TAILLES de visnague (6)..................	100 k. N.B.	100 —	107 50	1 —	Si le Tafia est importé autrement qu'en futaille le droit est dû sur le contenant.
TALC de toute sorte (7) en masses..............	100 k. B. B.	2 —	2 20	— 25	(6) Espèce de plante de la famille des ombellifères, surnommée herbe aux dents ; on en fait des cure-dents.
» pulvérisé...............	dito.	35 —	38 50	2 —	
TAMARINS — Gousses entières ou la pulpe seulement..	100 k. N.B.	40 —	44 —	— 25	(7) Minéral de structure lamelleuse. Les variétés de Talc sont onctueuses au toucher ; elles sont aisément rayées au couteau, frottés sur une étoffe, elles y laissent des traces blanchâtres.—Le talc écailleux, nommé craie de Briançon,réduit en poudre, sert à dégraisser les soies et à diminuer le frottement des machines.
» confits dans le sucre.............	dito.	62 —	67 60	— 25	
TAMBOURS et Tambourins pour enfant..........	la pièce.	1 50	1 60	1 —	
» » autres..................	dito.	80 —	86 50	1 —	
TAMIS de crin.........................	100 k. N. B.	100 —	107 50	1 —	(8) Les écorces à tan peuvent être exportées par les points pour lesquels le Gouvernement suspend la prohibition.
» de toile métallique, d'acier..............	dito.	200 —	212 50	1 —	Par application de cette disposition, on peut exporter :
» » de cuivre ou laiton........	dito.	150 —	160 —	1 —	1° Par la rivière de Mijoux, des quantités illimitées d'écorces à tan, moulues ou non moulues.
TAN, écorces de sapin et autres moulues (8).......	100 k. B.	— 50	— 50	prohibé.	2° Par la douane de Mijoux, cent cinquante mille kilogrammes, annuellement, d'écorces de sapin, non moulues, provenant du territoire de la commune de Septmoncel (Ain).
TANAISIE — Herbes médicinales..............	100 k. B. B.	100 —	107 50		
» racines »	dito.	20 —	22 —		
» fleurs »	dito.	40 —	44 —		Dans ces cas, comme toutes les fois que la prohibition est suspendue, on perçoit les droits suivants :
» fruits médicinaux........	dito.	35 —	38 50	} 25	Écorce à tan de sapin, non moul.ou non.100 k.B.
TANNINS artificiels à l'état sec..............	dito.	1 25	1 30		» » tan, non moul. 2 01
» » à l'état liquide..........	dito.	— 50	— 50		» » moulues.. 1 50
TAPIOKA.............................	dito.	100 —	107 50		Toutefois l'arrondissement de Lure (Haute-Saône), peut exporter annuellement 12500 quintaux métriques d'écorces à tan, non moulues, à charge de payer le droit de 1. 60 par mille kil. B.
TAPIS de coton.........................	100 k. B.	prohibé.	prohibé.	— 50	
» de fil, de lin ou de chanvre, épais, de moins de 8 fils à 5 millim.	100 k. N. B.	45 —	49 50	— 25	(9) Substance féculante purifiée, extraite de la racine du jatropha manihot, manioc.
» de fleuret, même mêlés de fil.........	100 k. N. N.	300 —	323 50	2 —	(10) Voir la note (4), page 104.
TAPIS de laine, { simples } à chaine de fil de lin ou de chanvre, dont l'envers présente un canevas. Moquettes veloutées dont le canevas présente, dans l'espace d'un décimètre, au moins 40 carreaux en hauteur et 50 en longueur....	100 k. N. B.	250 —	250 —		(11) La tartre tant destiné à être réexporté, après avoir été converti en crème de tartre ou en acide tartarique, est admis en payant seulement, par 100 kil. brut, 50 cent. par navires français, et 2 f. par navires étrangers par terre.
» autres.....	dito.	300 —	317 50		
» autres tapis, soit de pure laine, soit mêlés de fil, mais sans canevas à l'envers...	dito.	500 —	517 50		
TAPIS de laine, à nœuds, { à chaine, autre que de fil de lin ou de chanvre }	dito.	500 —	517 50	} 1 50	
» la chaine de fil, de lin ou de chanvre..	dito.	300 —	317 50		
TAPIS de poil.........................	100 k. N. N.	300 —	323 50	2 —	
» de soie, même mêlés de fil..........	dito.	300 —	323 50	2 —	
TAPISSERIE en laine en soie — Comme Tapis.					
» en cuir — Peaux ouvrées....	100 k. B.	prohibé.	prohibé.	— 25	
» en papier peint............	100 k. N. B.	125 —	133 70	— 50	
TAPSIE noire ou blanche — Racines médicinales....	100 k. B.B.	20 —	22 —	— 25	
TARIÈRE (10) mèches à 0e24 cent. de long. et au-dessous.	100 k. N. B.	200 —	212 50	1 —	
» autres.....................	dito.	140 —	149 50	1 —	
TARTRATES, Acide de potasse. { impur (11) tartre brut, des pays hors d'Eur.	100 k. N. B.	1 —	1 10	2 04	
» » desséché..........	»	1 —	1 10	7 14	
» » impur (11) tartre brut, des pays hors d'Eur.	100 k. N. B.	15 —	21 —	7 14	
» » des entrepôts....	dito.	18 —	21 —	7 14	
» pur cristaux de tartre........	100 k. B. B.	25 —	27 50	2 —	
» » crème de tartre......	dito.	30 —	33 —	2 70	

14*

DÉNOMINATION DES MARCHANDISES	UNITÉS sur lesquelles portent LES DROITS.	DROITS D'ENTRÉE par Navires français.	par Nav. étr. et par terre.	DROITS de SORTIE.	NOTES.
		F. C.	F. C.	F. C.	
TARTRATES de potasse (*sel végétal*)............	100 k. N.B.	70 —	76 —	2 —	
» de soude et de potasse (*sel de seignette*)...	dito.	70 —	76 —	2 —	
TARTRE brut — *Voyez* Tartrate acide de potasse impur.	»	»	»	»	
» cristallisé—*Voy.* Tartrate acide de potasse pur.	»	»	»	»	
» (sel de)—Carbonate de potasse des pays h. d'Eur.	100 k. N. B.	15 —	21 —	2 —	
» » des entrepôts...	dito.	18 —	21 —	2 —	
» vitriolé — Sulfate de potasse des pays h. d'Eur.	dito.	15 —	21 —	— 25	
» » des entrepôts...	dito.	18 —	21 —	— 25	
» émétique — Tartrate de potasse et d'antimoine.	1 k. B.	prohibé.	prohibé.	— 02	
TAUPIÈRES (1)............................	100 k. N.B.	80 —	86 50	1 —	(1) Les instruments aratoires et les outils peuvent entrer par mer en colis de tous poids, mais sans mélange d'espèces soumises à des droits différents.
TAUREAUX et Taurillons.....................	par tête.	15 —	15 —	3 —	
TEINTURES pharmaceutiques.................	1 k. B.	prohibé.	prohibé.	— 02	
TÉLESCOPES............................	la val. à déterminer par le comité consultatif des arts et manufact.	30 p. %	30 p. %	1/4 p. %	
TEMPLUS (2) — Machines....................	dito.	15 p. %	15 p. %	1/4 p. %	(2) Instruments dont les tisserands se servent pour tendre les tissus sur les métiers : ils sont en bois, garnis à chaque extrémité d'une griffe en fer et, au milieu, d'une espèce de crémaillère en même métal, pour les alonger ou les racourcir à volonté.
TENAILLES (1) de fer rechargé d'acier...........	100 k. N.B.	140 —	149 50	1 —	
» de pur fer pour forger les métaux (3)...	dito.	50 —	55 —	1 —	
TÉRÉBENTHINE (4) liquide....................	100 k. B.B.	31 —	34 10	1 —	(3) Elles sont beaucoup plus longues que les autres, et leurs pinces ne sont pas tranchantes.
» compacte (pâte de).............	dito.	8 —	8 80	1 —	
» (huile ou essence de)............	dito.	25 —	27 50	—	
TERRA-MERITA —Curcuma en racines, de l'Inde...	dito.	15 —	50 —		(4) Ce sont des résines qui doivent leur consistance demi-fluide à une certaine proportion d'huile volatile, et qui découlent spontanément et par incisions d'arbres appartenant pour la plupart à la famille des conifères et aux genres *pin* , *sapin* et *mélèze*. Les térébenthines de Bordeaux et de Strasbourg fournissent , au moyen de diverses préparations.l'essence de térébenthine, la poix blanche ou de Bourgogne, la poix résine, l'arcanson, la poix noire et le noir de fumée.
» » d'aill. hors d'Eur.	dito.	22 —	50 —	— 50	
» » des entrepôts....	dito.	36 —	50 —		
» en poudre..............	100 k. B.	prohibé.	prohibé.		
TERREAUX...............................	100 k. B. B.	— 10	— 10	— 25	
TERRES alumineuses (5).....................	dito.	25 —	28 —	— 25	
» argileuses ou glaises, brune d'Italie, communes (6)	dito.	2 —	2 20	— 01	(5) Il n'est ici question que de celles qui contiennent 80 à 90 p. % d'alun, qu'on peut en extraire par les procédés les plus simples : elle viennent d'Espagne,du pays de Liège,etc.
» » autres........	dito.	5 —	5 50	— 25	
» de Cassel	dito.	9 —	9 90	1 —	
» cimolée	dito.	5 —	5 50	— 25	(6) Celle embarquée comme lest doit payer les droits de sortie.
» de Cologne.....................	la valeur.	15 p. %	15 p. %	1/4 p. %	
» cuite (ouvrages en)..............	100 k. N.B.	70 —	76 —	1/4 p. %	
» foliée de tartre — Acétate de potasse.	100 k. B.B.	2 —	2 20	— 25	
» à foulon.....................	dito.	25 —	27 50	— 25	
» du Japon — Cachou..............	dito.	9 —	9 90	1 —	
» de Lennos	dito.	— 10	— 10	— 02	
» de marais pour engrais...........	dito.	— 10	— 10	— 02	
» de marne	dito.	»	»	»	
» mérite — *Voyez* Terra-merita.......	100 k. B. N.	— 05	— 05	50 —	
» de monnaie — Regrets d'orfévre......	100 k. B.B.	2 —	2 20	— 25	
» moulard......................	dito.	5 —	5 50	— 25	
» d'ombre......................	dito.	2 —	2 20	— 25	
» de patna.....................	dito.	— 10	— 10	— 60	(7) Avant de recourir à cette dénomination générique, on doit s'assurer que l'espèce présentée, et dont on n'est jamais dispense de donner le nom propre, n'a pas une tarification spéciale.
» de pipe......................	dito.	— 10	— 10	— 25	
» de porcelaine.................	dito.	5 —	5 50	— 25	
» rubrique — Sanguine brute........	dito.	10 —	11 —	— 25	
» » sciée — Crayons........	dito.	— 10	— 10	— 02	
» sablonneuse..................	dito.	2 —	2 20	— 25	
» servant aux arts et métiers à dénommer (7)....	dito.	9 —	9 90	1 —	
» sigillée	dito.	5 —	5 50	— 25	
» de Sienne....................	dito.	— 10	— 10	— 02	
» végétale.....................	dito.	7 —	7 70	— 25	(8) Les débris d'ouvrages en fonte appelés *tets et blocailles* sont admis aux droits de la fonte brute, en vertu de permissions spéciales, délivrées sur la demande du ministre du commerce, quand ils ne sont évidemment pas propres qu'à la refonte et sont destinés pour les forges situées dans le rayon frontière.
TETS et Blocailles (8) par mer................	dito.	»	7 —	— 25	
» » par terre de la mer à Blancmisseron exclusivement..................	dito.	»	4 —	— 25	
» » » de Blancmisseron à Sapogne inclusivement............	dito.	»	6 —	— 25	
» » » par les autres frontières.	1 k. N. B.	1 50	6 —	— 25	
THÉ de l'Inde...........................	dito.	5 —	6 —	(les 100 kil.)	
» d'ailleurs...........................	100 k. B.B.	»	»	— 25	
THÉ ou Simples de la Guadeloupe..............	1 k. B.	prohibé.	prohibé.	— 02	
THÉRIAQUE — Médicaments composés..........	la val à déterminer par le comité consultatif des arts et manuf.				
THERMOMÈTRES.........................		30 p. %	30 p. %	1/4 p. %	

DÉNOMINATION DES MARCHANDISES.	UNITÉS sur lesquelles portent LES DROITS.	DROITS D'ENTRÉE.		DROITS de SORTIE.	NOTES.
		par Navires français.	par Nav. étr. et par terre.		
		F. C.	F. C.	F. C.	
THON de pêche française, frais, sec, salé, ou fumé....	»	exempt.	exempt.	exempt.	
» de pêche étrang., frais, depuis Blancmisseron jusqu'à Mont-Genèvre	100 k. B.	11 —	11 —	d'to.	
» » » par tout autre point	dito.	40 —	44 —	dito.	
» » » sec, salé ou fumé.............	dito.	40 —	44 —	dito.	
» marisé ou à l'huile, de toute pêche.............	100 k. N.	100 —	107 50	dito.	
THYM — Herbes médicinales...................	100 k. B. B.	30 —	33 —	— 25	
» fleurs »	dito.	40 —	44 —	— 25	
» (huile de)................ ...	100 k. N.B.	164 —	174 70	2 —	
THYMELÉE — Garou (1)...................	100 k. B.B.	1 —	1 10	4 —	(1) On se sert extérieurement de l'écorce comme vésicatoire : elle se trouve dans le commerce en bâtons roulés, de la grosseur du doigt
TIGES de botte (2).......................	100 k. B.	prohibé.	prohibé.	— 25	
» d'oranger (feuilles comprises).................	100 k. B. B.	1 —	1 10	6 —	
» de millet.........................	dito.	1 —	1 10	— 25	
» de palmier, de l'Inde...............	100 k. N. B.	40 —	100 —	— 25	
» » d'ailleurs................	dito.	80 —	100 —	— 25	
TILLEUL (écorce de) pour cordages.................	100 k. B. B.	— 10	10 1	1 —	
» (fleurs de)........................	dito.	40 —	44 —	— 25	
TIMBALES	la pièce.	1 50	1 50	— 08	
TIRE-BONDES (2)....................	100 k. N. B.	50 —	55 —	1 —	(2) Les outils peuvent entrer par mer en colis de tout poids, mais sans mélange des pièces payant des droits différents.
TIRE-BOTTES en bois....................	100 k. B. b.	4 —	4 40	— 25	
TIRE-BOTTES en fer.....)					
TIRE-BOUCHONS........					
TIRE-BOUTONS........}mercerie commune........	100 k. N.B.	100 —	107 50	1 —	
TIRE-BOURRES ....)					
TIRE-LIGNES à la grosse.)					
TISSUS de bourre de soie, façon cachemire.............	1 k. N.	prohibé.	prohibé.	— 02	
» (sauf les exceptions ci-après (3)........	100 k. B.	dito.	dito.	— 50 les 100 kil.	(3) non-seulement les tissus de coton purs sont prohibés, mais encore ceux d'autres matières dans lesquels il entre une partie quelconque de coton.
TISSUS nankin apporté en droiture, de l'Inde..........	1 k. N. B.	5 —	dito.		
de » » d'ailleurs	»	prohibé.	dito.	les 100 kil.	
coton. dentelles fabriquées à la main et aux fuseaux...	la valeur.	5 p. %	5 p. %	1/4 p. %.	
applications sur tulle d'ouvrages en dentelle de fil.	dito.	dito.	dito.	dito.	Pour s'assurer qu'un tel tissu est de coton et non de lin, on lui fait, s'il est nécessaire, subir le débouilli du savon pour en ôter l'apprêt. Ensuite on dégage quelques fils, on les détord entre les doigts, on les délile. Si les filamens ont plus de 40 millim. de longueur on est assuré qu'ils ne sont pas de coton.
TISSUS de crin — Toile à tamis (rapatelle)..........	100 k. B. B.	41 —	45 10	1 50	
» » Passementerie.......	dito.	150 —	160 —	1 50	
» » Chapeaux	la pièce.	— 25	— 25	— 05	
» » tous autres sans exception..	100 k. N.	prohibé.	prohibé.	1 50	
TISSUS d'écorce, en fibres de palmiers, de 8 fils ou moins.	le mètre carré	— 45 —	45 —		
purs dits pagnes ou rabanes au-dessus de 8 fils	100 k. N.	Même dr. que les toiles de lin, selon l'espèce.	les 100 kil.	1 60	
ou mélangés autres.......		prohibé.	prohibé.		
TISSUS de fleuret — Etoffes pures............	1 k. N. N.	7 —	7 70	— 02	
» » » mêlés d'or ou d'argent fin..	dito.	10 —	11 —	— 40	
» » » » faux.	1 k. N.	prohibé.	prohibé.	— 04	
» » » Couvertures...........	100 k. N. N.	204 —	216 70		
» » » Tapis, même mêlés de fil..........	dito.	306 —	323 50	2 — les 100 kil	
» » » Bonneterie................	1 k. N. N.	6 —	6 60		
» » » Passementerie et rubans............	100 k. N. N.	800 —	817 50		
(sauf les exceptions ci-après............	100 k. B.	prohibé.	prohibé.		
Couvertures	100 k. N. B.	290 —	212 50		
TIUSSS de laine.. simples dits Mo-quettes veloutées dont le canevas présente, dans l'espace d'un décimètre, au moins 40 carreaux en hauteur et 50 en longueur......	dito.	250 —	250 —	1 50	(4) L'admission du burail et crépon de Zurich est restreinte au seul bureau de Saint-Louis.
Tapis de pied. simples autres......	dito.	300 —	317 50		Etoffe de laine fine, noire, légère, non croisée, et dont la chaîne est d'un fil plus tors que celui de la trame ; ce qui produit la crépure. Ce genre d'étoffe est employé pour les soutanes et les robes de palais.
à nœuds. autres tapis, soit de pure laine, soit mêlées de fil, mais sans canevas à l'envers.............	dito.	500 —	517 50		
à chaine, autre que de fil de lin ou de chanvre.......	dito.	500 —	517 50		
à chaine de fil, de lin ou de chanvre.	dito.	300 —	317 50		
Burail et crepon de Zurich (4)...............	dito.	200 —	212 50		
Toile à blutoir, sans couture..............	dito.	200 —	212 50		
Bonneterie	100 k. B.	prohibé.	prohibé.		

DÉNOMINATION DES MARCHANDISES	UNITÉS sur lesquelles portent LES DROITS	DROITS D'ENTRÉE par Navires français	DROITS D'ENTRÉE par Nav. étr. et par terre	DROITS de SORTIE	NOTES
		F. C.	F. C.	F. C.	
TISSUS de laine — Passementerie et rubannerie — de pure laine blanche	100 k. N. B.	190 —	202 —	1 50	
" teinte	dito.	220 —	233 50	1 50	
mélangée de fil, laine et poil	dito.	200 —	233 50	1 50	
Toile (1) unie — écrue, avec ou sans apprêt — de moins de 8 fils	dito.	30f —			
de 8 fils	dito.	36 —			
de 9 fils inclusiv. à 12 exclusiv.	dito.	65 —			
de 12 fils	dito.	75 —			
de 13 fils inclus. à 16 exclus.	dito.	105 —			
de 16 fils	dito.	150 —			
de 17 fils	dito.	170 —			
de 18 et 19 fils	dito.	180 —			
de 20 fils	dito.	225 —			
au-dessus de 20 fils	dito.	350 —			
blanche ou mi-blanche — de moins de 8 fils	dito.	60 —			
de 8 fils	dito.	72 —			
de 9 fils inclusiv. à 12 exclusiv.	dito.	130 —			
de 12 fils	dito.	150 —			
de 13 fils inclus. à 16 exclus.	dito.	210 —			
de 16 fils	dito.	300 —			
de 17 fils	dito.	340 —			
de 18 et 19 fils	dito.	360 —			
de 20 fils	dito.	450 —			
au-dessus de 20 fils	dito.	700 —			
teinte — de moins de 8 fils	dito.	60 —		— 25 les 100 kil.	
de 8 fils	dito.	72 —			
de 9 fils inclusiv. à 12 exclusiv.	dito.	85 —			
de 12 fils	dito.	98 —			
de 13 fils inclus. à 16 exclus.	dito.	120 —			
de 16 fils	dito.	171 40			
de 17 fils	dito.	200 —			
de 18 et 19 fils	dito.	211 75			
de 20 fils	dito.	262 50			
au-dessus de 20 fils	dito.	420 —			
imprimée (2) — de moins de 8 fils	dito.	60 —			
de 8 fils	dito.	72 —			
de 9 fils inclusiv. à 12 exclusiv.	dito.	130 —			
de 12 fils	dito.	150 —			
de 13 fils inclus. à 16 exclus.	dito.	210 —			
de 17 fils	dito.	300 —			
de 18 et 19 fils	dito.	340 —			
de 20 fils	dito.	360 —			
au-dessus de 20 fils	dito.	450 —			
au-dessus de 20 fils	dito.	700 —			
à matelas, sans distinction de fils	dito.	130 —	139 —		
cirées (3) — de moins de 8 fils	dito.	70 —			
de 8 fils inclusiv. à 13 exclusiv.	dito.	120 —			
de 13 fils inclus. à 20 exclus.	dito.	170 —			
de 20 fils et au-dessus	dito.	220 —			
peinte sur enduit pour tapisserie	dito.	184 —	195 70		
Toile croisée ou coutil (4) pour tenture ou literie	dito.	140 —	149 50		
» » pour vêtements	dito.	250 —	265 —		
Linge de table en pièces, ouvrag. et damassé, écru	dito.	150 —	160 —		
» » » blanc	dito.	300 —	317 50		
TISSUS de lin ou de chanvre — Mouchoirs	(Mêmes droits que la toile, selon leur espèce.)				
Batiste et linon (5)	1 k. N. B.	25 —	27 —		
Dentelles	la valeur.	5 p. %	5 p. %	1/4 p. %	
Tulle	100 k. B.	prohibé.	prohibé.		
Bonneterie	100 k. N. B.				
Passementerie » écrus, bis ou herbés	dito.	80 —	86 50		
» mélangés de blanc	dito.	120 —	128 50		
et rubans de fil, blancs	dito.	120 —	128 50		
teints en tout ou en partie	dito.	150 —	160 —	— 25	
Rubans à jour	dito.	500 —	517 50		
Tissus épais pour tapis de pied, en fils de lin ou de chanvre, teints, de moins de 5 fils aux cinq millimètres	dito.	45 —	49 50		

NOTES.

(1) Les toiles de toute sorte peuvent être importées par les bureaux de mer en colis de tous poids, mais sans mélange des espèces payant des droits différents.

On distingue la toile par le nombre de fils que chaque qualité présente en chaîne, c'est-à-dire, en longueur dans l'espace de 5 millimètres. On se sert pour ce genre de vérification, afin de la rendre sure et facile, de l'instrument appelé *compte-fil*.

Dans le cas de doute, à la vérification, la Douane prononce en faveur du redevable.

(2) La toile peinte, et la siamoise, qui est une toile rayée par le tissage, suivent le régime de la toile imprimée.

(3) Les toiles cirées et vernies des deux côtés, dont le droit ne peut être déterminé à l'aide du compte-fil, étant les plus fines, paieront le droit le plus élevé. Les toiles *de coton et percales*, quoique vernies, n'en sont pas moins prohibées à l'entrée. — Les toiles cirées, avec marbrures ou dessins doivent être traitées comme la toile peinte pour enduit sur tapisserie.

(4) On en excepte le treillis qui, en raison de son peu de valeur, doit être traité comme toile écrue sans apprêt, de 8 fils inclusivement à 13 exclusivement.

(5) Ces droits sont applicables aux batistes et linons unis, brochés, à dessins continus ou encadrés, pour mouchoirs. — Les linons se distinguent des autres tissus, en ce que chaque fil ou trame est lié par deux fils de chaîne qui tournent autour de lui, et qui le retiennent de manière à former un carreau régulier. Lorsque le linon est fin, ce travail ne se remarque qu'à la loupe.

DÉNOMINATION DES MARCHANDISES	UNITÉS sur lesquelles portent LES DROITS.	DROITS D'ENTRÉE		DROITS de SORTIE.	NOTES.
		par Navires français.	par av. étr. et par terre.		
		F. C.	F. C.	F. C.	
Tissus de poil (1). Châles de cachemire — fabriqués aux pays hors d'Europe — de grande dimension, dits 5/4 et 6/4, longs ou carrés	la pièce.	150 —	150 —		(1) Aux termes de la loi du 2 juillet 1836, les châles de cachemire ne peuvent entrer que par les bureaux ouverts au transit des marchandises prohibées. (Voir page 15.)
de toute autre dimension	dito.	80 —	80 —		
autres	»	prohibé.	prohibé.	1 50 les 100 k. B.	
Tissus de cachemire autres que les châles	dito.	dito.	dito.		
Couvertures ou tapis	100 k. N.B.	50 —	55 —		
Bonneterie de castor	dito.	400 —	417 50		
» d'autres poils	dito.	200 —	212 50		
tous autres sans exception	100 k. B.	prohibé.	prohibé.		
Étoffes (3) pures. unies — Foulards en écru de l'Inde	1 k. N.N.	6 —	8 —		(2) Les tissus de soie pure ou mélangée, provenant de l'Inde, ou dont l'origine d'Europe n'est pas certaine, sont prohibés à l'entrée.
» » d'ailleurs	dito.	7 —	8 —		Il y a exception à l'égard des tissus de soie pure dits foulards, qui sont admis, sans distinction d'origine.
» Foulards imprimés ou de l'Inde	dito.	12 —	15 —		
façonnés dits damassés d'ailleurs	dito.	14 —	15 —	— 02	
» autres	dito.	16 —	17 60		(3) Par étoffes, on entend des tissus pleins et maniables, comme draps de soie, velours, taffetas, croisés, levantine, reps, satin, damas, gros de Tours, gros de Naples; ce qui les distingue, d'une part, des tapis et couvertures, et de l'autre, des tissus à jour ou gommés, comme la gaze, le crêpe, le tulle et le marly. — Les taffetas, d'Angleterre, et les taffetas et autre étoffes de soie, cirés ou gommés, sont traités comme des étoffes unies.
façonnées	dito.	19 —	20 90		
brochées de soie	dito.	19 —	20 90		
» d'or ou d'argent fin	dito.	31 —	34 10	— 05	
» » faux	1 k. N.	prohibé.	prohibé.	— 04	
Étoffes (3) mélées de fil sans autres mélanges	1 k. N.N.	13 —	14 30	— 02	
» » et d'or ou d'argent fin	dito.	17 —	18 70	— 05	
» » faux	1 k. N.	prohibé.	prohibé.	— 04	
Tissus de soie (2). Couvertures	100 k. N.N.	204 —	216 70		
Tapis, même nélés de fil	dito.	306 —	323 50	2 — les 100 kil.	
Gaze de soie pure	1 k. N.N.	31 —	34 10		
» mélée de fil	dito.	17 —	18 70		
» mélée d'or ou d'argent fin	dito.	62 —	67 60	— 05	
» » » faux	1 k. N.	prohibé.	prohibé.	— 04	
Crêpe	1 k. N.N.	34 —	37 40	— 02	
Tulle	1 k. N.	prohibé.	prohibé.	— 02	
Dentelles de soie, dites blondes	la valeur.	15 p. %	15 p. %	1/4 p. %	
» d'or fin	1 k. N.	200 —	212 50	— 05	
» d'argent fin	dito.	100 —	107 50	— 05	
» d'or ou d'argent faux	dito.	25 —	27 50	— 04	
Bonneterie	100 k. N.N.	1200 —	1217 50	2 —	
Passementerie d'or ou d'argent fin	1 k. N.N.	30 —	33 —	— 05	
» » » faux	dito.	3 —	3 30	— 04	
» de soie pure	dito.	16 —	17 60	— 02	
» » mélée d'or ou d'argent fin	dito.	25 —	27 50	— 05	
» » » faux	dito.	8 —	8 80	— 04	
» » » d'autres matières	dito.	8 —	8 80	2 —	
Rubans même de velours	100 k. N.N.	800 —	817 50	les 100 kil.	
Tissus en feuilles, de paille d'écorce, de sparte, etc.	le mètre carré	— 45	— 45	— 01	
» en grains de verre	100 k. N.B.	200 —	212 50	2 —	
» de matières mélangées (4)	»	»	»	»	(4) Les tissus de matières mélangées sont prohibés à l'entrée, à l'exception de ceux uniquement composés de fil, mêlé de soie de laine ou d'écorce. — A la sortie, les tissus mélangés doivent être traités comme tissus purs de la principale matière dont ils sont formés.
» confectionnés (5)	»	»	»	»	
TOILE d'emballage — Toile écrue sans appret. de lin à voile, toile écrue sans apprêt ou de préparée pour peindre — Toile écrue apprêtée. chanvre autre.	Voy. ci dessus Tissus de lin ou de chanvre.				(5) Les tissus confectionnés en habillement, courte-pointe, draperies de croisée ou rideaux, etc., suivent le régime de l'étoffe principale dont ils sont formés. — Voir pour les exceptions. (L'art. effets à usage.)
TOILE d'ortie de lin ou de chanvre. — Même droits que les tissus de lin ou de chanvre.					
à blutoir sans couture — Tissus de laine	100 k. N.B.	200 —	212 50	1 50	
» de coton, écrue, blanche, teinte, peinte ou imprimée.	100 k. B.	prohibé.	prohibé.	— 50	
» de crin — Toile à tamis (rapatelle)	100 k. N.B.	41 —	45 10	1 50	
» » toute autre	100 k. B.	prohibé.	prohibé.	1 50	
» métallique de laiton	100 k. N.B.	200 —	212 50	1 —	
» de laiton	dito.	150 —	160 —	1 —	
» à tamis, de soie	1 k. N.N.	31 —	34 10	— 02	
» de laine	100 k. B.	prohibé.	prohibé.	1 50	
» de crin (rapatelle)	100 k. N.B.	41 —	45 10	1 50	
TOLE en fer	100 k. B.B.	40 —	44 —	— 25	
» en acier naturel ou cémenté	100 k. N.B.	60 —	65 50	— 25	
» » fondu	dito.	140 —	149 50	— 25	
» vernie	100 k. B.	prohibé.	prohibé.	3 —	
TOMBAC — Cuivre doré — Métal de prince — Or de Manheim.	»	»	»	»	
TOPAZES (6) brutes	1 h. N.B.	— 25	— 25	— 01	(6) Pierre précieuse, transparente, brillante et de couleur jaune. — C'est la plus dure après le rubis et le zaphir.
» taillées	dito.	— 50	— 50	— 01	

15

DÉNOMINATION DES MARCHANDISES	UNITÉS sur lesquelles portent LES DROITS	DROITS D'ENTRÉE par Navires français.	par Nav. étr. et par terre.	DROITS de SORTIE.	NOTES.
		F. C.	F. C.	F. C.	
TORCHES résineuses...........................	100 k. B.B.	5 —	5 50	1 —	
TORMENTILLE — Racines médicinales...........	dito.	20 —	22 —	— 25	
TORTUES vivantes................................	la valeur.	2 p. %	2 p. %	1/4 p. %	
» mortes, pour la chair...........	100 k. B.B.	— 50	— 50	3 —	
» » pour l'écaille, de l'Inde.....	100 k. N.B.	100 —	300 —	— 25	
» » » d'ailleurs hors d'Eur..	dito.	150 —	300 —	— 25	
» » » des entrepôts........	dito.	200 —	300 —	— 25	
TOURBES...	100 k. B. B.	— 10	— 10	— 01	
TOUKAN (gorges de).............................	100 en N.	2 —	2 —	— 20	
TOURMALINES brutes............................	1 h. N. B.	— 25	— 25	— 01	
» taillées.............................	dito.	— 50	— 50	— 01	
TOURNEBROCHE...............................	100 k. B	prohibé.	prohibé.	— 25	
TOURNESOL en drapeau (1).....................	100 k. B B.	25 —	27 50	2 55	(1) Ce sont des loques ou chiffons imprégnés de couleur bleue, dont le véritable nom est *maurelle*.
» en pâte et tous autres..................	100 k. N. B.	100 —	107 50	2 50	
» par navires franç. et par terre.	100 k. B B	2 50	»	— 25	
» » par navires étrangers.......	dito.	»	3 20	— 25	
TOURS d'horloger (2).........................	100 k. N. B.	200 —	212 50	1 —	(2) Lorsque les tours d'horloger sont composés de bâtis en bois et de divers accessoires tels que mandrins poulies etc. toues d'engrenage, ils rentrent alors dans la classe des machines et mécaniques à dénommer.
» à guillocher et de tourneur....................	la val. à déterminer par le comité consultatif des arts et manufact.	15 p. %	15 p. %	1/4 p. %	
TOURTEAUX de graines oléagineuses.............	100 k. B.B.	— 50	— 50	— 25	
» d'amande et de pignon..................	dito.	25 —	27 50	2 —	(3) Nom que porte le zinc qui nous vient des Indes, principalement de la Chine; il est d'une couleur blanche qui approche plus ou moins de celle de l'argent.
TOUTENAGUE (3) en petits saumons carrés ou en lingots.	dito.	— 10	— 10	— 50	
TRAITS d'argent doré...........................	1 k. N.B.	30 —	33 —	— 40	
» d'argent argenté.....................	dito.	10 —	11 —	— 04	
» de cuivre doré et de cuivre propre à la broderie.	100 k. N. B.	204 —	216 70	4 —	
TRANCHE-PAPIERS en baleine.................	dito.	286 —	302 80	4 —	
» en os et en bois communs.........	dito.	60 —	65 50	— 25	
» en bois fins......................	dito.	100 —	107 50	1 —	
» en ivoire........................	1 k. B.	200 —	212 50	2 —	
TRANCHETS (4)...............................	100 k. N B.	prohibé.	prohibé.	— 01	(4) Les outils peuvent entrer par mer en colis de tous poids, mais sans mélange de pièces payant des droits différents.
TRÈFLE — Herbe fraîche ou sèche................	100 k. B. B.	200 —	212 50	1 —	
» (graine de)........................	dito.	— 10	— 10	— 50	
TREILLIS simple ou croisé — Mêmes droits que la toile écrue sans apprêt.		1 —	1 10	— 25	
TRESSES (5) { de bois blanc, de plus de 7 millim. de largeur.	100 k. N.B.	70 —	76 —	»	(5) Les tresses de fil, de laine de soie, etc, suivent le régime de la passementerie.
de paille, d'écorce, grossières pour paillassons.	100 k. B. B.	190 —	202 90	»	
de sparte, de plus » pour chapeaux..	dito.	2 —	2 20	— 25 les 100 kil.	
de 3 bouts, etc. fines..	1 k. N. B.	5 —	5 50		
de sparte à 3 bouts, exclusivement destinées à la fabrication des cordages.............	100 k. B. B.	2 —	2 20		
TRIANGLES — Instruments de musique..........	la pièce.	— 75	— 75	— 04	
TRICOTS—Vêtements tricotés à la main ou au métier (6): en laine...........	100 k. B.	prohibé.	prohibé.	1 50	(6) Les vêtements neufs, confectionnés, et autres effets neufs à l'usage des voyageurs, (en tissus ou en matière prohibés à l'entrée, sont admis au droit de 30 p. % de la valeur) quand ils ont été déclarés avant la visite, et que la Douane reconnaît que ce sont des objets hors de commerce destinés à l'usage personnel des déclarants, et en rapport avec leur condition et le reste de leurs bagages.
en coton...........	dito.	dito.	dito.	— 50	
en soie.............	100 k. N.	1200 —	1217 50	2 —	
en lin...............	100 k. N. B.	200 —	212 50	— 25	
en fleuret...........	1 k. N.N.	6 —	6 60	— 02	
» en pièces — Tissus de laine..............	100 k. B.	prohibé.	prohibé.	1 50	
» de Berlin — Tissus de coton..............	dito.	dito.	dito.	— 50	
TRICTRACS sans pied...........................	1 k. B.	dito.	dito.	— 01	(7) Les médicaments composés, non dénommés, dont l'école de pharmacie reconnaît la nécessité ou l'utilité, et dont elle détermine alors le prix commun, sont admis, par dérogation à la prohibition, moyennant le droit de 20 p. % de la valeur.
» avec pied..............................	la valeur.	15 p. %	15 p. %	1/4 p. %	
TRIPOLI...	100 k. B.B	5 —	5 50	— 25	
TROCHISQUES d'agaric (7) — Médicaments composés..	1 k. B.	prohibé.	prohibé.	— 02	
TROMPES..... } TROMPETTES, } Instruments de musique... TROMBONS... }	la pièce.	3 —	3 —	— 15	
TRUELLES (4)...................................	100 k. N.B.	50 —	55 —	— 1	(8) Cette substance paraît être le produit de volcans éteints. On l'emploie à faire un ciment qui acquiert de la dureté dans l'eau.
TRUFFES fraîches ou marinées..................	dito.	74 —	80 20	— 25	
» sèches..............................	dito.	41 —	45 10	— 25	
TUBES en vitrification, à tailler.................	1 k. N. B.	— 30	— 30	— 01	
» autres...........................	100 k. B.	prohibé.	prohibé.	— 25	
» en bois, destinées à faire des tuyaux de pipe..	la valeur.	15 p. %	15 p. %	1/4 p. %	
» autres — Voyez plus bas Tuyaux...					
TUF (8)...	100 k. B.B	— 10	— 10	— 05	

DÉNOMINATION DES MARCHANDISES.	UNITÉS sur lesquelles portent LES DROITS.	DROITS D'ENTRÉE.		DROITS de SORTIE.	NOTES.
		par Navires français.	par Nav. étr. et par terre.		
		F. C.	F. C.	F. C.	
TUILES plates............................	1000 en N.	4 —	4 —	— 25	
» bombées...............................	dito.	10 —	10 —	— 25	
» faitières...............................	dito.	25 —	25 —	— 25	
TULLE de coton...........................	100 k. B.	prohibé.	prohibé.	— 50	
» de fil.................................	dito.	dito.	dito.	— 25	
» de soie...............................	1 k. N.	dito.	dito.	— 02	
TURBITH (racine de) (1) — Racines médicinales.......	100 k. B. B.	20 —	22 —	— 25	(1) On la trouve dans les pharmacies en tronçons rompus de la grosseur du doigt sur une longueur de 4 à 5 pouces avec un diamètre de 3 lignes à un pouce; elles sont débarrassées du corps ligneux et consistent uniquement en un système cortical gris ou légèrement rougeâtre à l'extérieur, blanchâtre à l'intérieur, résine rouge ou orangée. — Propriétés purgatives extrêmes.
» (résine de) de l'Inde.....	100 k. N. B.	115 —	125 —	— 25	
» » d'ailleurs hors d'Europe..........	dito.	90 —	125 —	— 25	
» » des entrepôts..........	dito.	100 —	125 —	— 25	
» mineral — Oxide précipité de mercure....	1 k. B.	prohibé.	prohibé.	— 05	
TURQUOISES (2) brutes...................	1 h. N. B.	— 25	— 25	— 01	(2) La turquoise orientale est de couleur bleu-céleste et se polit très-bien. — La turquoise occidentale est moins dure et tire plus sur le vert que sur le bleu.
» taillées..............	dito.	— 50	— 50	— 01	
TUSSILAGE — Fleurs médicinales..	100 k. B B	40 —	44 —	— 25	
TUTHIE ou Cadmie — Oxide de zinc gris cendré.......	dito.	— 10	— 10	/	
TUYAUX de fonte.........................	40 k. B.	prohibé.	prohibé.	\ — 25	
» de pompe à incendie en tissu de chanvre imperméable (3).	100 k. N. B.	20 —	33 —	\	(3) Lorsque ces tuyaux accompagnent des pompes à incendie dans une proportion relative, ils doivent alors être considérés comme objets accessoires de ces pompes et suivre leur régime.
» en cuir..............	100 k. B.	prohibé.	prohibé.	1 —	
» de pipe, en bois, corne, os, cuir ou roseau...	100 k. N. B.	100 —	107 50	1 —	
» en ambre faux...................	d 1o	200 —	212 50	2 —	
» en terre cuite.....................	1000 en N	20 —	20 —	— 50	
TYMPANONS..........................	la pièce.	1 50	1 50	— 08	

U

USNÉE (4) — Lichens médicinaux..................	100 k. B. B.	15 —	16 50	— 25	(4) L'usnée est une espèce de lichen ou mousse à longs filaments, d'un vert jaunâtre, qui participe des propriétés et de l'odeur de chacun des arbres sur lesquels elle naît.
USTENSILES d'ameublement de navire..........	la valeur.	10 p. %.	10 p. %.	5 p. %.	

V

VACHES...............................	par tête.	25 —	25 —	— 50	
VADROUILLES............................	la valeur.	10 p. %.	10 p. %.	5 p. %.	
VALÉRIANE — Racines médicinales	100 k. B. B	20 —	22 —	— 25	
VALETS de menuisier (5)...................	100 k. N. B.	50 —	55 —	1 —	(5) Les outils peuvent entrer par mer en colis de tout poids, mais dans un mélange d'espèces payant des droits différents.
VALLONÉES — Avelanèdes..................	100 k. B. B.	3 —	3 30	— 25	
VANILLE (6) des pays situés à l'ouest du cap Horn....	1 k. N. B.	2 50	5 50	(les 100 kil.	(6) Fruit de la grosseur d'une plume de cygne, droit cylindrique, un peu comprimé, d'un brun-rougeâtre de 8 à 10 pouces de longueur, ridé transversalement, luisant, flexible, odeur suave rappelant celle du baume du Pérou.
» d'ailleurs..................	dito.	5 —	5 50	(les 100 kil.	
VANNERIE en quelque végétal que ce soit, brut...	100 k. B. B	15 —	16 50	— 25	
» » pelé.......	dito.	25 —	27 50	— 25	
» » coupé...........	dito.	35 —	38 50	— 25	
VAQUETTES ou demi-semelles de Lisbonne....	dito.	25 —	27 50	— 25	
VARECHS — Plantes alcalines..................	dito.	— 10	— 10	— 10	
VASES étrusques...........................	la valeur.	1 p. %.	1 p. %.	1/4 p. %.	
» en fonte, servant d'ameublement aux navires	dito.	10 p. %.	10 p. %.	5 p. %.	
VAUDE ou Gaude (7)...................	100 k. B. B.	1 —	1 10	1 —	(7) Tiges en paille jaune d'environ un mètre de haut, garnies de feuilles lisses oblongues et étroites assez semblables à celles du saule. On l'importe en bottes enveloppées, afin de la garantir de l'humidité, qui lui est très-nuisible. On l'emploie en teinture.
VEAUX.................................	par tête.	3 —	3 —	— 50	
VÉDASSE de la Guiane française.............	100 k. N. B.	10 —	»		
» d'ailleurs hors d'Europe..........	dito.	15 —	21 —		
» des entrepôts...........	dito.	18 —	21 —		
VÉGÉTAUX filamenteux autres que le chanvre, le lin et le coton... (en tiges brutes....	100 k. B. B.	— 40	— 40		
(teillé et étoupes...	dito.	8 —	8 80	— 25	
(peignés...	dito.	15 —	16 50		
VÉLANÈDES.............................	dito.	3 —	3 30		
VÉLIN — Peau préparée (8) brut..................	dito.	1 —	1 10		(8) On assujétit au même droit le parchemin ou le vélin neufs ou écrits, soit entiers ou coupés en bandes. Les rognures qui ne peuvent servir qu'à la fabrication de la colle, doivent être traitées comme orcillons. Le parchemin brut a moins l'apparence d'une peau que d'une feuille; toutes les extrémités irrégulières ont été coupées, il est sec, il a quelques pouces de plus que la peau passée, qu'on y a employée; il est plus mince, plus blanc, plus flexible, moins gras et moins transparent.
» » ouvré................	dito.	25 —	27 50		
VELOURS de laine..........................	100 k. B.	prohibé	prohibé	1 50	
» de soie..........................	1 k. N. B.	16 —	17 60	— 02	
» de coton..........................	100 k. B.	prohibé.	prohibé.	— 50	
VENDANGES (raisin écrasé) de vins ordinaires, par terre.	l'hectolitre.	»	7 50	— 05	
» » » par mer.	dito.	17 50	17 50	— 05	
» » de vins de liqueur........	dito.	50 —	50 —	— 05	
VENTILATEURS (9).........................	à la val. à déterminer par le comité consultatif des arts et manufact.	15 p. %.	15 p. %.	1/4 p. %.	(9) Consulter la note 3 page 77.

DÉNOMINATION DES MARCHANDISES	UNITÉS sur lesquelles portent LES DROITS.	DROITS D'ENTRÉE		DROITS de SORTIE.	NOTES.
		par Navires français.	par Nav. étr. et par terre.		
		F. C.	F. C.	F. C.	
VERDET — Acétate de cuivre cristallisé	100 k. N. B.	41 —	45 10	2 —	
VERDET gris — Acétate de cuivre humide	100 k. B. B.	13 —	14 30	2 —	
» non cristallisé (vert-de-gris...) sec	dito.	31 —	34 10	2 —	
VERGEOISE (résidu de raffinerie de sucre) { de Bourbon	dito.	38 50	»		
{ des Antilles et de la Guiane franç.	dito.	45 —	»		
{ de l'Inde	dito.	80 —	100 —	— 25	
{ d'ailleurs hors d'Europe	dito.	85 —	100 —		
{ des entrepôts	dito.	95 —	100 —		
VERGELETTES — Brosserie	dito.	100 —	107 50	1 —	
VERJUS (1)	l'hectolitre.	2 —	2 —	— 10	(1) Plus le droit sur le contenant, si le verjus est importé autrement qu'en futaille.
VERMEIL — Vernis rouge	100 k. N. B.	41 —	45 10	2 —	(2) Les ouvrages d'or et d'argent, importés de l'étranger, sont envoyés sous plomb et par acquit-à-caution sur le bureau de garantie le plus voisin, pour y être poinçonnés, s'il y a lieu, et acquitter le droit de marque.
» Orfévrerie — Argent doré (2)	1 h. N. N.	10 —	11 —	— 50	Sont affranchis de cette formalité comme de tous droits,
VERMICELLE	100 k. B. B.	20 —	22 —	— 25	1° Les objets d'or et d'argent appartenant aux ambassadeurs et envoyés des puissances étrangères, quand ils les accompagnent ou sont déclarés par eux ;
VERMILLON (sulfure de mercure pulvérisé)	100 k. N. B.	200 —	212 50	— 25	2° Les bijoux d'or et les ouvrages en argent à l'usage personnel des voyageurs, dont le poids n'excède pas 5 hectog.
VERNIS de toute sorte	dito.	82 —	88 60	— 25	Les deux tiers du droit de garantie sont remboursés à l'exportation des matières d'or et d'argent, sur le certificat délivré par la Douane de sortie et visé par le Directeur.
VÉRONIQUE — Feuilles médicinales	100 k. B. B.	30 —	33 —	— 25	
VERRE d'antimoine (3) (oxide sulfuré vitreux)	1 k. B.	prohibé.	prohibé.	— 02	(3) Les médicamens composés, non dénommés, dont l'école de pharmacie reconnaît la nécessité ou l'utilité, et dont elles déterminent alors le prix commun, sont admis, par dérogation à la prohibition, moyennant le droit de 20 p. % de la valeur.
» de Moscovie, en masses	100 k. B. B.	2 —	2 20	— 25	
» » pulvérisé	dito.	35 —	38 50	2 —	
» cassé — Groisil	d. to	— 10	— 10	1 —	
Miroirs, grands, de plus de 3 mill. d'épaisseur	Valeur fixée par le tarif de la monnaie, taire royale.	15 p. %	15 p. %	1/4 p. %	
» de 3 mill. ou moins d'épaisseur	Les étamés, haute valeur.	100 —	107 50	— 25	
» petits, sans distinction d'épaisseur	100 k. N. B.	100 —	107 50	— 25	
Verres à lunette ou à cadran, bruts	100 k. B. B.	10 —	11 —	— 25	
VERRES et CRISTAUX { taillés et polis	100 k. N. B.	200 —	212 50	— 25	
{ Bouteilles pleines (outre le droit des liquides)	Le litre de contenance.	— 15	— 15	— 01	
{ vides	100 k. B.	prohibé.	prohibé.	— 2.	
Verrerie de toute autre sorte que celle ci-dessus	dito.	dito.	dito.	— 25	
Vitrifications en masses ou en tubes à tailler	1 k. B.	3 —	3 30	— 01	
» en grains-(9) broderies ou tricots	dito.	2 —	2 20	— 02	
» percés, (4) chapelets ou colliers	dito.	1 —	1 10	— 01	
» taillés en pierres à bijoux	d. to.	6 —	6 60	— 03	
» émail	dito.	2 —	2 20	— 25 les 100 kil.	
VERROUX en fer	100 k. B.	prohibé.	prohibé.	— 25	
» en cuivre	dito	dito.	dito.	1 —	
VERT de montagne (carbonate de cuivre)	100 k. B. B.	31 —	34 10	2 —	
» de Schweinfort	100 k. N. B.	161 —	171 70	— 25	
» minéral, de Brunswick, de perroquet et de vessie	100 k. B. B.	35 —	38 50		
» de chrome	dito.	35 —	38 50		
» de gris—Acétate { non cristallisé (humide	dito.	13 —	14 30	2 —	
de cuivre. { vert-de-gris (sec	dito.	31 —	34 10		
{ cristallisé (verdet	100 k. N. B.	41 —	45 10		
VESCE - graine de ou la rosse des pays de production	l'hectolitre.	— 25	1 25	} — 25 les 100 kil.	
» » d'ailleurs	dito.	1 25	1 25		
VESSIES vides de musc	1 k. N. B.	10 —	11 —		
VESSIES de cerf et autres	100 k. B. B.	65 —	70 70		
VÊTEMENTS neufs (4)	Comme l'étoffe principale dont ils sont formés.			— 25	(4) Les vêtemens neufs, confectionnés, et autres effets neufs à l'usage des voyageurs, (en tissus ou en matières prohibées à l'entrée) sont admis au droit de 30 p. % de la valeur, quand ils ont été déclarés avant la visite, et que la Douane reconnaît que ce sont des objets hors de commerce destinés à l'usage personnel des déclarans, et en rapport avec leurs conditions et le reste de leurs bagages.
» supportés	100 k. N. B.	51 —	56 —	— 25	Les habillemens à l'usage des voyageurs sont exempts de droits à l'entrée comme à la sortie.
VÉTIVER (racine de schénante)	100 k. B. B.	20 —	22 —	— 25	Cette exemption s'applique aux habits de théâtre qui suivent les acteurs dans leur déplacement.
VIANDES fraîches, de boucherie	dito.	18 —	19 80	3 —	
» de gibier et volailles	dito.	— 50	— 50	3 —	
» salées, de porc, lard compris	dito.	33 —	36 30	— 25	(5) Les outils peuvent entrer par mer en colis de tous poids, mais sans mélange d'espèces payant des droits différents.
» autres	dito.	31 —	33 —	— 25	
» extrait de en pains	1 k. N. B.	1 —	1 10	— 25 les 100 kil.	
VIBORNE — Racines médicinales	100 k. B. B.	20 —	22 —	— 25	
VIELLES simples	la pièce.	18 —	18 —	— 25	
» organisées	dito.	18 —	18 —	— 99	
VIF-ARGENT ou Mercure natif	100 k. B. B.	20 —	22 —	— 25	
VILLEBREQUIN (mèch. de) de 24 cent. de long et au-dessous	100 k. N. B.	200 —	212 50	1 —	
» autres	dito.	140 —	149 50	1 —	
» manches de en bois	la valeur.	15 p. %	15 p. %	1/4 p. %	
» en bois et fer (5)	100 k. N. B.	50 —	55 —	1 —	

DÉNOMINATION DES MARCHANDISES	UNITÉS sur lesquelles portent LES DROITS.	DROITS D'ENTRÉE		DROITS de SORTIE.	NOTES.
		par Navires français.	par av. ou par terre.		

VINAIGRES de vin (acide acétique) en futailles....	l'hectolitre				(1) Plus le droit sur le contenant.
» de bois (acide pyroligneux) en bouteilles..	d°.				(2) Ce sont notamment les vins d'Alicante,
» de bière, de cidre, de poiré et de pain de terre..	d°.				de Calabre, de Calvisson, de Cette, de
» parfumés — Parfumeries...............					Canarie, de Chypre...
VINS ordinaires, en futailles et en outres, par terre..	l'hectolitre				
» » par mer....					
» » en bouteilles par terre.......	d°.				
» » par mer....	d°.				
» de liqueur, en futailles et en outres........	d°.				
» » en bouteilles....	d°.				
» de genièvre — Comme vins de liqueur...					

W

WINTER — Écorces médicinales...........	100 k. N. B.				
WISKI (7)...............	l'hectolitre				

X

XYLO — Balsamum — Bois colorants.............	100 k. N. B.				

Y

YBLE — Écorces médicinales.....	100 k. B. B.				
YEUX d'écrevisse concrétions d'........	100 k. B. B.				

Z

ZAFFRE — Safre — Cobalt grillé...........	100 k. B. B.				
ZAYBU — Racines médicinales...........	d°.				

DÉNOMINATION DES MARCHANDISES	UNITÉS sur lesquelles portent LES DROITS.	DROITS D'ENTRÉE		DROITS de SORTIE.	NOTES.
		par Navires français.	par Nav. étr. et par terre.		
ZINC — Pierres calaminaires (minerai)............	100 k. B. B.	F. C. — 10	F. C. — 10	F. C. 2 —	(1) Les feuilles de zinc ou zinc laminé ainsi que tous les ouvrages de ce métal, peuvent, au gré des propriétaires, être coupés ou brisés en douane, pour n'être soumis qu'au droit d'entrée imposé sur le zinc coulé en masses. (2) Pierre précieuse coul^r orangé-brunâtre. (3) Les prohibitions qui pourront intervenir à l'égard du foin et de la paille, ne devront pas atteindre la Zostère-marine, qui est une paille mince et légère, employée pour l'emballage des marchandises fragiles et pour rembourrer les paillasses ; car elle n'est assimilée aux fourrages que pour l'application des droits.
» calamine grillée (pulvérisée ou non)...........	dito.	— 10	— 10	1 —	
» de 1er fusion, en masses brutes, soit saumons,					
» barres ou plaques (1)...................	dito.	— 10	— 10	— 50	
» laminé.................................	100 k. N.B.	50 —	55 —	— 25	
» ouvré..................................	100 k. B.	prohibé.	prohibé.	— 25	
» limailles.............................	100 k. B. B.	— 10	— 10	— 50	
ZIRCONS (2) brutes..............................	1 hec. N. B.	— 25	— 25	— 01	
» taillées............................	dito.	— 50	— 50	— 01	
ZOSTÈRE-MARINE (3).............................	100 k. B.B.	— 10	— 10	— 50	

Tarif des Céréales.

Pour l'application des droits d'entrée et de sortie sur les Céréales, les départements frontières sont divisés en quatre classes, conformément au Tableau ci-après :

CLASSES.	SECTIONS.	DÉPARTEMENTS.	MARCHÉS RÉGULATEURS.
1er....	Unique .	Pyrénées-Orientales , Aude , Hérault , Gard , Bouches-du-Rhône, Var , Corse...............................	Toulouse, Gray, Lyon Marseille
2e.....	1re.	Gironde , Landes , Basses-Pyrénées , Hautes-Pyrénées , Ariége et Haute-Garonne..............................	Marans, Bordeaux, et Toulouse.
	2e......	Jura, Doubs, Ain, Isère, Basses-Alpes, Hautes-Alpes...........	Gray , Saint-Laurent près Mâcon , le Grand-Lemps.
3e....	1er......	Haut-Rhin , Bas-Rhin................................	Mulhausen, Strasbourg,
	2e.......	Nord, Pas-de-Calais, Somme, Seine-Inférieure, Eure, Calvados.....	Bergues, Arras, Roye, Soissons, Paris, Rouen .
	3e.......	Loire-Inférieure , Vendée, Charente-Inférieure.................	Saumur, Nantes, Marans.
4e....	1er... .	Moselle, Meuse, Ardennes, Aisne....................	Metz, Verdun, Charleville, Soissons.
	2e.......	Manche, Ille-et-Vilaine, Côtes-du-Nord, Finistère, Morbihan......	Saint-Lô, Paimpol, Quimper, Hennebon, Nantes.

Les prix qui déterminent la quotité des droits à percevoir sont fixés, pour chaque classe, par le ministre du commerce, d'après le prix moyen du froment sur les marchés désignés. Le tableau de ces prix est publié au Bulletin des lois, le 1er de chaque mois. Il sert de régulateur pour l'application des droits pendant le mois de sa publication.

Aux termes de l'ordonnance du 17 janvier 1830 , les grains et farines ne peuvent être importés et exportés que par certains bureaux.

TABLEAU *des Bureaux ouverts à l'importation et à l'exportation des Grains, Farines et Légumes secs.*

DIRECTIONS. DÉPARTEMENTS	BUREAUX ouverts à l'entrée et à la sortie.	BUREAUX ouverts à l'entrée seul'	BUREAUX ouverts à la sort. seul'
DUNKERQUE. Nord	Gravelines.............	»	Hondschoote.
	Dunkerque.............	»	Routkerque.
	Zuydcoote.............	»	Labéele.
	La Brouckstraete........	»	Boeschépe.
	Oost-Cappel...........	»	Sceau.
	Steenwoorde, *par l'Abeele*.	»	Nieppe.
	Lacdorne.............	»	Pont-de-War-neton.
	Armentières...........	»	Lille, p. Bous-beck.
	Pont-Rouge...........	»	Pont-de-Niep°
	Commines............	»	»
	Werwicq.............	»	»
	Halluin..............	»	»
	Riscontout...........	»	»
	Wattrelos............	»	»
	Leers...............	»	»
	Baisieux.............	»	»
	Mouchin.............	»	»
VALENCIEN°. Nord	Maulde..............	»	»
	Condé, *par Bonsecours*...	»	»
	Blanc-Misseron........	»	»
	Bellignies............	»	»
	Honhergies...........	»	»
	Malplaquet...........	»	»
	Bettignies............	»	»
	Vieux-Rengt..........	»	»
	Jeumont.............	»	»
	Coursolre............	»	»
	Solre-le-Château.......	»	»
	Trélon..............	»	»
	Anor...............	»	»
CHARLÉVIL^le. Aisne	Hirson..............	»	La Capelle p. *Mondrepui.* Watigny.
	Saint-Michel..........	»	
	Signy-le-Petit.........	»	Vireux-Saint-Martin.
Ardennes	Regnowez............	»	Haut-Buité.
	Rorroy..............	»	Les Rivieres.
	Gué-d'Hossus.........	»	Gernelle.
	Fumay..............	»	Bosseval.
	Givet...............	»	Puilly.
	Gespunsart...........	»	Margut, *par Sapogne.*
METZ. Meuse	Saint-Menges.........	»	
	Givonne, *substitué à la Chapelle.*	»	
	Messincourt..........	»	
	Le Trembloy..........	»	
	Velosnes............	»	
Moselle	La Malmaison.........	»	
	Mont-Saint-Martin......	Walschbronn	
	Évrange.............	»	
	Apach..............	»	
	Sierck, *par la Moselle*....	»	
	Waldtwiese...........	»	
	Bouzonville..........	»	
	Les Trois-Maisons......	»	
	Creutzwald...........	»	
	Forbach.............	»	
	Groshliederstroff......	»	
	Frauenberg...........	»	
	Wolmunster..........	»	
	Haspelschiedt.........	»	
	Sturzelbronn..........	»	

DIRECTIONS. DÉPARTEMENTS	BUREAUX ouverts à l'entrée et à la sortie.	BUREAUX ouverts à l'entrée seul'	BUREAUX ouverts à la sort. seul'
STRASBOURG. Bas-Rhin	Lembach.............	»	»
	Wissembourg..........	»	»
	Lauterbourg..........	»	»
	Münchausen..........	»	»
	Seltz...............	»	»
	Beinheim	»	»
	Fort-Louis...........	»	»
	Drusenheim..........	»	»
	Grambsheim..........	»	»
	Le Wantzenau........	»	»
	Le Pont-du-Rhin.......	»	»
	Rhinau.............	»	»
	Marckolsheim........	»	»
Haut-Rhin	Artzheim............	»	»
	L'Ile-de-Paille........	»	»
	Chalampé...........	»	»
	Saint-Louis..........	»	»
	Hegenheim..........	»	»
	Niederhagenthal.......	»	»
	Saint-Blaise..........	»	»
	Wolschwiller.........	»	»
	Winckel	»	»
	Courtavon	»	»
	Pfetterhausen.........	»	»
	Réchesy............	»	»
	Courcelles...........	»	»
	Delle..............	»	»
	Croix..............	»	»
	Huningue...........	?	»
BESANÇON. Doubs	Villars-sous-Blamont	»	Montbéliard, p. Hérimon-court. Les Sarrazins.
	Morteau, *par les Sarrasins.*	»	Les Fourgs.
	Le Villers...........	»	
	Pontarlier, *par les Fourgs.*	»	
	Les Verrières-de-Joux.....	»	
	Jougne.............	»	
Jura	Les Rousses..........	»	»
	Mijoux.............	»	
BELLEY. Ain	Bellegarde	»	Forens.
	Seyssel.............	»	»
	Culles..............	»	»
	Virignin............	»	»
	Cordon	»	»
Isère	Aoste..............	»	»
	Pont-de-Beauvoisin......	»	»
	Entre-Deux-Guiers......	»	»
GRENOBLE. Isère	Saint-Pierre-d'Entremont.	»	»
	Chapareillan.........	»	»
	Pont-Charra..........	»	»
	Pont-de-Bens.........	»	»
	Vaujany	»	»
Hautes-Alpes	Le Lauzet...........	»	»
	Mont-Genèvre........	»	»
	La Monta...........	»	»
DIGNE. Basses-Alpes	Saint-Paul	»	Maurin.
	L'Arché	»	»
	Fours..............	»	»
	Colmars............	»	»
	Sausses.............	»	»
	Saint-Pierre.........	»	»

DIRECTIONS. DÉPARTEMENT	BUREAUX ouverts à l'entrée et à la sortie.	BUREAUX ouverts à l'entrée seul¹	BUREAUX ouverts à la sort. seul¹	DIRECTIONS. DÉPARTEMENT	BUREAUX ouverts à l'entrée et à la sortie.	BUREAUX ouverts à l'entrée seul¹	BUREAUX ouverts à la sort. seul¹
	Sal agrillon	»	»	LA ROCHELLE Charente-I.ⁿ (suite)	Saint-Martin (Ile de Ré)...	»	
	St		»		Chardon	»	
	Saint-Laurent-du-Var	»	»		La gen	»	»
	Antibes	»	»	Vendée	Saint-Michel...........	»	»
	Cannes	»	»		Jolen, par l'Aiguillon...	»	»
	Sain-Tropez	»			Les Sables............	»	»
	Saint-Tropez	»			Saint-Gilles...........	»	»
	Sables-d'Olonnes	»			Croix-de-Vie...........	»	»
	Toulon	»	»	NANTES Vendée	La Barre-de-mont......	»	»
	Bandol	»	»		Beauvoir...............	»	»
	La Ciotat	»	»		Pribu.................	»	»
	Cassis	»	»		La Rouentes...........	»	»
MARSEILLE, Bouches-du-Rhône	Marseille		Cette.		Pornic...............	»	»
	Port-de-Bouc	»	»		Bourg-neuf...........	»	»
	Martigues	»	»		Saint-Nazaire.........	»	»
	Arles	»	»		Paimbœuf............	»	»
CAMARGUE	Aigues-Mortes	»	»	Loire-Inf.	La Basse, le marché... Croisic, le marché...	»	»
Hérault	Cette	»	»		Le Pouliguen..........	»	»
	Agde	»	»		Le Croisic............	»	»
PERPIGNAN, P.-Orient.	La Nouvelle	»	Narbonne.	Morbihan	Le-palais.............	»	»
	St-Laurent de la Salanque	»	Bagnols à Roque.	LORIENT Morbihan	Hennebont..........	»	
	Collioure	»	Céret.		La Roche-Bernard......	»	
	Port-Vendres	»	Arles.		Penerf................	»	
CERET, P.-Orient.	Prats		Prats de Mollo		Sarzeau.............	»	
	La Jonquère	»			Vannes.............	»	
	Bourg-Madame	»			Auray..............	»	
	Canet	»			Concarneau...........	»	
	Ax, par l'Hospitalet ...	»	Argelès p(?) confl.		Lorient.............	»	
FOIX, Ariège	Tarascon, par l'Hospitalet	»			Quimperlé...........	»	
	Seguer	»			Pont-l'Abbé...........	»	
	Castel	»			Audierne............	»	
	Saint-Girons par Couflens	»			Pont-Croix...........	»	
	Ustou	»		BREST, Finistère	Pont-l'Abbé..........	»	
ST-GIRONS	Saint-Béat, par Fos	»			Landerneau..........	»	
	Luchon	»			Brest...............	»	
ST-PYRÉNÉES	Arreau, par Fos	»			Abervrach...........	»	
	Argelès, par Gèdre	»			Roscoff.............	»	
	Bedous, par Urdos	»	Les Aldudes.		Morlaix.............	»	
OLORON, B.-Pyrénées	Saint-Jean-Pied-de-Port par Arnéguy	»	Saint-Gilles.		Paimpol.............	»	
	Ainhoa	»			Tréguier............	»	
	Béhobie	»			Lannion.............	»	
	Saint-Jean-de-Luz	»			Perros..............	»	
	Bayonne	»			Bréhat..............	»	
	La Teste de Busch	»		SAINT-MALO, Côtes-du-Nord	Lézardrieux.........	»	
BORDEAUX, Gironde	Pauillac	»			Portrieux...........	»	
	Bordeaux	»			Le Légué...........	»	
	Libourne	»			Binic...............	»	
	Blaye	»			Plou-la-Duc........	»	
Charente-Inf.	Royan	»			Dinan..............	»	
	Mortagne	»			Dol................	»	
	La Tremblade.........	»		Ille-et-Vilaine	Saint-Servan........	»	
LA ROCHELLE, Charente-I.ⁿ	Marennes...........	»			Saint-Malo..........	»	
	Rochefort...........	»		CHERBOURG, Manche	Granville..........	»	
	La Rochelle.........	»			Coutainville........	»	
	Pallice	»			Saint-Vaast-la-Hougue	»	
	Ile d'Aix...........	»			Cherbourg..........	»	

DIRECTIONS. DÉPARTEMENTS	BUREAUX ouverts à l'entrée et à la sortie.	BUREAUX ouverts à l'entrée seul'	BUREAUX ouverts à la sort. seul:	DIRECTIONS. DÉPARTEMENTS	BUREAUX ouverts à l'entrée et à la sortie.	BUREAUX ouverts à l'entrée seul	BUREAUX ouverts à la sort. seul'
CHERBOURG. Manche. (suite).	Carteret	»	»	ABBEVILLE. Seine-Infér...	Saint-Valery-en-Caux.....	»	Le Crotoy (Somme)
	Dielette.................	»	»		Dieppe..................	»	Abbeville(id.)
	Omonville...............	»	»		Tréport.................	»	»
	Cherbourg...............	»	»	Somme	Saint-Valery-sur-Somme ..	»	»
	Barfleur.	»	»	BOULOGNE. Pas-de-Calais.	Étaples.................	»	»
	Carentan................	»	»		Boulogne............ ...	»	»
Calvados ...	Isigny	»	»		Calais.................	»	»
	Caen, *par Ouistreham*..	»	»	BASTIA. Corse........	Macinaggio..............	»	Saint-Florent
ROUEN. Calvados.....	Honfleur	»	Quillebœuf. (Eure).		Bastia.................	»	Venzolasca.
Seine-Infér..	Rouen	»	»		Cervione...............	»	Propriano.
	Le Havre................	»	»		Bonifacio..............	»	»
	Harfleur................	»	»		Ajaccio................	»	»
	Caudebec	»	»		Calvi..................	»	»
	Fécamp	»	»		Ile-Rousse.............	»	»

TARIF DES GRAINS ET FARINES.

PRIMES DE SORTIE

DISPOSITIONS RÉGLEMENTAIRES

Les marchandises auxquelles la prime est accordée, sont par cela même affranchies des droits de sortie, à l'exception des viandes et beurres salés et du sel ammoniac.

Les fabrications destinées à l'exportation et pour lesquelles on veut se réserver la prime, doivent être vérifiées en Douane, et préalablement la déclaration doit indiquer le nombre, l'espèce, les marques et numéros des colis; la nature et la valeur des marchandises, ainsi que le taux de la prime reclamée, qui, lorsqu'elle n'est pas *ad valorem*, est toujours liquidée sur le poids net.

Quand par suite de procès-verbaux ou d'autres actes conservatoires, dressés par les agents des Douanes, la fausseté des déclarations faites pour obtenir une prime quelconque, aura été reconnue, soit quant à la valeur, soit quant à l'espèce ou au poids des marchandises, le déclarant sera passible d'une amende égale au triple de la somme que sa fausse déclaration aurait pu lui faire allouer en sus de ce qui lui était réellement dû, et néanmoins la prime légale sera liquidée pour ce qui aura été exporté.

Il faut produire à l'appui de toute déclaration un certificat d'origine délivré par le fabricant dont la signature n'est valable qu'après avoir été légalisée par l'autorité locale (A). Cette pièce doit s'adapter en tous points aux marchandises présentées et indiquer pour les tissus, l'espèce, la qualité, les marques et numéros des pièces.

Lorsqu'on ne voudra exporter qu'une partie des marchandises décrites en un certificat de fabrique les Receveurs des Douanes pourront délivrer des extraits de ce certificat.

A l'appui de toutes les déclarations faites pour les produits autres que les tissus, les viandes et les beurres salés, il faut encore déposer en Douane une quittance des droits perçus à l'entrée sur la matière brute.

Celles relatives aux sucres et aux chapeaux de paille, d'écorce et de sparterie ne doivent pas avoir plus de six mois.

Celles des plomb, laiton, cuivre, soufre et peaux, peuvent servir pendant deux ans, mais elles doivent être au nom des fabricants exportateurs lorsqu'il s'agit d'importations par navires étrangers.

Celles des soudes et natrons qui entrent dans la fabrication du savon, sont valables pendant un an, et pendant deux ans quand elles ont été délivrées au nom des fabricants exportateurs.

Pour tous les tissus où la laine domine, le Commerce doit fournir des échantillons disposés sur une carte semblable au modèle ci-dessous.

MODÈLE des Cartes d'échantillons à produire pour les tissus de laine pure ou mélangée, exportés sous bénéfice de prime.

MARQUES et numéros des colis.	NUMÉROS des pièces de tissus.	ÉCHANTILLONS (1).	NATURE des tissus (2).	COMPOSITION distincte (3).		LARGEUR des pièces (4).	PRIX des tissus.		Observations.
				de la chaîne.	de la trame.		au mètre.	au kilogr.	

Va la présente carte pour être annexée au passavant de la Douane de

nº

(1) Les échantillons doivent être prélevés, pour les draps, entre les deux lisières des pièces (circulaire n. 634); ils doivent avoir de 6 à 7 centimètres en largeur et 5 en hauteur. — Pour les autres tissus, il convient de se rapprocher également de cette dimension.
(2) On doit indiquer, dans cette colonne, chaque qualité de tissus sous les désignations textuelles des différentes classes établies ci-après.
(3) Ces deux colonnes concernent seulement les tissus qui ne sont pas de pure laine.
(4) C'est en centimètres que doit être exprimée la largeur des tissus.

A. Les viandes et les beurres salés sont dispensés du Certificat de fabrique.

TABLEAU *des fabrications qui jouissent à la sortie du remboursement des droits perçus à l'entrée sur la matière brute*

DÉSIGNATION DES PRODUITS.	QUOTITÉ de la prime.	NOTES.
	Les droits d'entrés supportés par	
SUCRE (1) mélis entièremeut épuré et blanchi , et sucre candi sec et transparent pour 75 kilo................	100 k. de Sucre brut selon la provenance (A).	(1) Les certificats d'origine délivrés par les raffineurs doivent, avant admis en douane, être visés par deux membres du jury spécial institué par la loi du 27 mars 1817.
▪ Lumps et sucre tapé de nuance blanche, pour 78 kil................		Il est accordé au commerce une bonification de 2 p. % pour les papiers et ficelles, et le poids net ainsi augmenté devient le net légal.
PEAUX apprêtées pour 100 kilo de peaux tannées et corroyées..........	100k.dePeaux brutes	
» pour 100 kilo de peaux teintes et vernies..........	110 k. d°	
» pour 100 kilo de peaux mégies chamoisées et maroquinées......	200 k. d°	(2) Le remboursement des droits devrait être dans la proportion de 58 k. et de 35 k. de soude ou natron , mais ces deux chiffres ont été modifiés pour compenser la tare qui a supporté le droit d'entrée.
SAVON pour 100 k. (2) fabriqué avec de l'huile importée en barriques...........	65 90 d'Huile.	
» fabriqué avec de l'huile importée en outres.............	61 k. do	
» fabriqué avec de la soude importée en couffes............	36 k. de Soude.	
» fabriqué avec de la soude importée en vrac............	35 k. d°	
PLOMB battu, laminé ou autrement ouvré pour 100 kil.	102 k.de Plomb brut.	(3) Les soufres qui jouissent de la prime sont dispensés du plombage.
LAITON battu, laminé ou autrement ouvré pour 100 kil................	90 k.de Cuivre brut.	
CUIVRE battu, laminé ou autrement ouvré pour 100 kil................	100 k. d°	
SOUFRE (3) épuré ou sublimé pour 75 kil................	100 k.de Soufre brut.	
ACIDES nitrique à 34 degrés pour 100 kil.	14 f. — c.	
» sulfurique à 64 degrés pour 100 kil................	— 50	
CHAPEAUX de paille, d'écorce et de sparterie, pour un chapeau fin........	1 25	
» » pour un chapeau grossier.........	— 25	
MEUBLES (4) et feuilles d'acajou pour 100 kil................	17 50)	(4) Il faut que le certificat d'origine indique qu'ils ne sont pas en acajou plaqué, le poids net doit être établi sans autre défalcation que celle des marbres et accessoires qui ne sont pas adhérents.
BEURRE salé exporté par mer (5), pour les pays situés en Europe............	2 40 les 100 k.	
» » pour les pays hors d'Europe...........	3 60 »	
	(B) 1re Classe | 2e Classe	(5) Les viandes et beurres salés doivent acquitter les droits de sortie, à moins qu'ils ne soient embarqués pour les Colonies, ou sur navires français à titre de provision.
VIANDES salées exportées par mer (5), bœuf ou porc (6) pour 100 kil.............	12 — | 9 —	(6) Pour les viandes salées de première classe, la saumure doit être à 25, 26 ou 27 d, pour celles de deuxième classe il suffit qu'elle soit à 19 ou 20 d.
» » lard en planches.	9 60 | 8 10	(7) Il doit toujours acquitter les droits de sortie.
» » jambons.....................	9 — | 7 50	(8)Les couvertures et tissus formés en tout ou en partie de déchets de coton sont exclus de la prime.
SEL ammoniac (7)................	48 — les 100 k.	Les déclarations doivent indiquer la dénomination commerciale des étoffes.
FILS et TISSUS de pur coton (8)........	25 — »	
	dégraissés, la laine employée ayant valu au kil. lavée à chaud avant l'acquittement des droits...	de 2 à 4 f. inclusivement....... 75 — »	
		plus de 4 à 6 f. id......... 125 — »	
FILS de laine pure et sans mélange de déchets, ou d'autres basses matières ,		plus de 6 à 8 f. id......... 175 — »	(9) Les déclarans doivent remettre pour chaque partie de fils, des échantillons disposés sur une carte semblable au modèle ci-dessous.
		plus de 8 à 10 f. id......... 225 — »	
		plus de 10 f........... 275 — »	
	non dégraissés , la laine employée ayant valu au kilogr. lavée à chaud avant l'acquittement des droits	de 2 à 4 f. inclusivement...... 60 — »	
		plus de 4 à 6 f. id........ 100 — »	
		plus de 6 à 8 f. id........ 140 — »	
		plus de 8 à 10 f. id........ 180 — »	
		plus de 10 f........... 220 — »	
FILS dits *Thibet*, mélangés de laine et de bourre de soie ,	dégraissés , la laine employée ayant valu au kil. lavée à chaud avant l'acquittement des droits...	de 2 à 4 f. inclusivement...... 50 25 »	
		plus de 4 à 6 f. id........ 83 75 »	
		plus de 6 à 8 f. id........ 117 25 »	
		plus de 8 à 10 f. id........ 150 75 »	
		plus de 10 f........... 184 25 »	
	non dégraissés , la laine employée ayant valu au kilogr. lavée à chaud avant l'acquittement des droits	de 2 à 4 f. inclusivement...... 40 20 »	
		plus de 4 à 6 f. id........ 67 — »	
		plus de 6 à 8 f. id........ 93 80 »	
		plus de 8 à 10 f. id........ 120 50 »	
		plus de 10 f........... 147 40 »	

(MODÈLE) *CARTE d'échantillons pour les Fils de laine pure ou mélangée*

NUMÉROS des Echantillons.	ECHANTILLONS classés par qualité.	POIDS NET de chaque partie.	QUOTITÉ de la prime demandée.	Valeur au kil. de la laine en masse lavée à chaud et avant le paiement des droits.	OBSERVATIONS.

(A) Les Sucres raffinés fabriqués avec du Sucre brut autre que blanc, importé directement des lieux de production par navires français, ont seuls droit à la prime. Le Sucre moscovade est à cet égard traité comme Sucre brut.

(B) La première classe comprend les Viandes embarquées à destination des pays situés hors d'Europe. — La deuxième celles embarquées à destination des pays d'Europe.

DÉSIGNATION DES PRODUITS.	QUOTITÉ des Primes.	NOTES.
Tissus de pure laine sans mélange de déchets ou d'autres basses matières, foulés et drapés—Draps, casimirs, ou tissus similaires (1), catis ou tirés à poil.	9 p. o/o de la valeur, en fabrique et au comptant.	(1) Les ratines, royales, castorines, beiges et les étoffes, dites refoulées, sont similaires de la draperie.
» » Bonneterie orientale.	»	
» » Couvertures valant 7 f. ou moins le kil.	67 f — p. 100 k.	
» » de 7 f. exclusiv. à 10 inclusiv.	100 — »	
» » au-dessus de 10 f.	140 — »	
non foulés ou légèrement foulés sans être drapés, valant moins de 15 f. le kil.	85 — »	
non foulés ou légèrement	de 15 à 25 f. exclusivement.	140 — »	
foulés sans être drapés, de 25 à 35 f. id.	195 — »	
croisés ou lisses	de 35 à 45 f. id.	250 — »	
de 45 et au-dessus.	300 — »	
Passementerie (2)	100 — »	(2) La passementerie militaire est admise au bénéfice de la prime, mais il faut soigneusement déduire du poids net toutes les parties accessoires.
Bonneterie ordinaire	100 — »	
Tapis.	100 — »	
Tissus de laine et coton, ou fil contenant plus de moitié de laine (3). Draperies et tissus similaires.	6 3/4 p. o/o de la valr. en fabrique et au comptant.	
foulés et drapés Couvertures valant 7 f. ou moins par k.	60 f 30 p. 100 k.	
» de 7 f. exclus. à 10 inclus.	90 — »	
» au-dessus de 10 f.	126 — »	
Chaîne coton ou fil, trame laine pure.. non foulés ou légèrement foulés sans être drapés, croisés ou lisses valant moins de 15 f.	55 25 »	
de 15 à 25 f.	126 75 »	
de 25 à 35 f.	91 — »	
de 35 à 45 f.	162 50 »	
de 45 et au-dessus.	195 — »	
Chaîne coton ou fil, trame mélangée, valant moins de 15 f.	42 50 »	(3) Les tissus mélangés qui par leur combinaison, ou la proportion des matières, n'appartiennent à aucune des classes désignées au présent Tableau, ne sont pas en-tièrement exclus du bénéfice de la prime, mais l'exportateur doit souscrire sur sa déclaration l'engagement de recevoir, s'il y a lieu, la prime qui sera fixée ultérieurement.
» » de 15 à 25 f. exclusiv.	70 — »	
» » de 25 à 35 f. id.	97 50 »	
» » de 35 à 45 f. id.	125 — »	
» » de 45 et au-dessus.	150 — »	
Tapis.	85 — »	
Bonneterie.	85 — »	
Passementerie (2).	85 — »	
Tissus laine et coton où la laine n'entre pas pour plus de moitié.. croisés, valant moins de 15 f. le kilo.	25 — »	
» de 15 à 25 f. exclusivement.	74 80 »	
» de 25 à 35 f. id.	123 20 »	
» de 35 à 45 f. id.	171 60 »	
» de 45 et au-dessus.	220 — »	
lisses, valant moins de 15 f.	264 — »	
Chaîne soie pure, trame laine pure, » de 15 à 25 f. exclusivement.	69 70 »	
» de 25 à 35 f. id.	114 80 »	
» de 35 à 45 f. id.	159 90 »	
» de 45 et au-dessus.	205 — »	
satinés, lisses ou croisés valant moins de 15 f.	246 — »	
» de 15 à 25 f. id.	63 75 »	
» de 25 à 35 f. id.	105 — »	
» de 35 à 45 f. id.	146 25 »	
» de 45 et au-dessus.	187 50 »	
Tissus où la laine entre pour plus de moitié, et qui sont mélangés de soie (4) valant moins de 15 f.	225 — »	
» de 15 à 25 f. exclus.	51 — »	(4) Ne sera pas comprise dans les valeurs qui servent de base à toutes les liquidations de prime, l'augmentation de prix qui peut résulter des dessins ornements et impressions appliqués sur le fond des tissus.
Chaîne soie pure, trame laine et bourre dé soie (Thibet). de 25 à 35 f. id.	84 — »	
de 35 à 45 f. id.	117 — »	
de 45 et au-dessus.	150 — »	
Chaîne bourre de soie, trame laine pure valant moins de 15 f.	180 — »	
» » de 15 à 25 f. exclus.	63 75 »	
» » de 25 à 35 f. id.	105 — »	
» » de 35 à 45 f. id.	146 25 »	
» » de 45 et au-dessus.	147 50 »	
Chaîne laine et bourre de soie (Thibet) valant moins de 15 f.	225 — »	
Trame laine et bourre de soie (Thibet) de 15 à 25 f. exclus.	56 95 »	
de 25 à 35 f. id.	93 80 »	
de 35 à 45 f. id.	130 65 »	
de 45 et au-dessus.	167 50 »	
»	201 — »	
Tissus où la laine entre pour plus de moitié, et qui sont mélangés de poil de chèvre ou de chameau foulés.	4 1/2 p. o/o de la valeur	
non foulés de moins de 15 francs.	42 50 p. 100 k.	
» de 15 à 25 f. exclusivement.	70 — »	
» de 25 à 35 f. id.	97 50 »	
» de 35 à 45 f. id.	125 — »	
» de 45 et au-dessus.	150 — »	

DÉSIGNATION DES PRODUITS.	NOTES.

CHALES .... comme les tissus dont ils sont formés, mais avec augmentation de 30 p. %, s'ils sont *brochés* en pure laine (1).

VÊTEMENTS confectionnés et présentés en assortiments de 25 kilog au moins et séparés par espèce de tissus (2)....................... comme les tissus dont ils sont formés, défalcation faite des matières accessoires et des doublures qui ne sont pas entièrement de pure laine.

TISSUS de pure laine ou mélangés, *brochés* en soie par une trame additionnelle............ Les primes indiquées ci-dessus, suivant la nature du fond du tissu, mais avec réduction de 5 p. %.

TISSUS de pure laine ou mélangés, *brodés* en soie. Les primes indiquées ci-dessus, suivant la nature du fond du tissu, mais sous la déduction du poids effectif de la soie entrant dans les broderies.

Notes:

(1) C'est-à-dire si les châles de 5/8 et 3/4 ont une bordure brochée de 5 centimètres au moins, ceux de 7/8 et 4/4 une bordure de 7 centimètres; ceux de 9/8, 7/4, 4/3 et 6/4 une bordure de 10 centimètres.

Dans les cas où les coins seuls seraient brochés, le complément de prime n'est pas dû, et il doit être également refusé aux châles dont le brochage est mélangé de laine et coton, ou qui n'ont pas, après le brochage, été soumis au découpage.

(2) Il résulte de cette restriction que les vêtements confectionnés doivent être en tissu de pure laine ou de pur coton, pour avoir droit à la prime.

Ne sont pas admis à la prime :

1° Les fils de laine pure ou mélangée, dont la laine a valu, lavée à chaud et avant l'acquittement des droits, moins de 2 francs par kilogramme ;

2° Les couvertures et les tapis valant moins de 3 francs par kilogramme ;

3° Les draps, casimirs et tous autres tissus dénommés ci-dessus, d'une valeur au-dessous de 4 francs 50 centimes par kilogramme ;

4° Les tissus mélangés, chaîne bourre de soie, trame laine et bourre de soie.

Tableau des Poids spécifiques de certaines substances, la densité de l'eau étant 1.

ACIER............................	7.767 à	7.833
» trempé........................	7.752 à	7.816
ACIDE sulfurique..................		1.841
» nitreux......................		1.550
» nitrique.....................		1.217
AGATE, silex......................		2.615
ALBATRE..........................		1.874
ALUN.............................		1.720
ARGENT pur fondu..................		10.474
BISMUTH..........................		9.822
BOIS, Acajou.....................		
» Buis.......................		0.982
» Cèdre......................		0.561
» Chêne frais................		0.930
» Chêne sec..................		1.670
» Ébène......................		1.331
» Frêne......................		0.745
» Hêtre......................		0.852
» Oranger....................		0.705
» Orme.......................		0.800
» Peuplier...................		0.529
» Pommier....................		0.733
» Prunier....................		0.785
» Sapin......................		0.657
» Tilleul....................		0.604

CIRE blanche.....................	0.954 à	0.960
CUIVRE pur.......................	7.788 à	9.000
DIAMANT..........................		3.531
ÉTAIN fondu......................		6.861
FER en barres....................		7.788
FER (fonte de)..................		7.207
GRANITE..........................		2.673
HOUILLE..........................		1.329
IVOIRE...........................		1.917
MARBRE...........................	2.638 à	2.837
» terme moyen donné par la Douane......		2.700
MERCURE..........................		13.598
OR forgé.........................		19.361
» fondu........................		19.258
PLOMB fondu......................		11.352
PLATINE laminé...................		22.669
SALPÊTRE.........................		1.900
SEL de cuisine...................		1.920
SOUFRE natif.....................		3.033
SUCRE............................		1.610
SUIF, Lard, Beurre...............		0.943
ZINC fondu.......................		6.861

USAGE DES POIDS SPÉCIFIQUE.

Le poids spécifique d'un corps est le poids en grammes d'un centimètre cube de cette substance. Pour avoir le poids spécifique de ce corps, il suffit de multiplier ce nombre par le volume du corps rapporté à la même unité.

Ainsi, la densité du fer est 7.788, si l'on a un barreau carré de 4 centimètres de côté, ou 16 centimètres carrés de base, et de 2m 50 ou 250 centimètres de longueur, le volume de ce barreau est 16 fois 250 ou 4000 centimètres cubes. Multipliant 4000 par 7.788, on trouve que ce barreau pèse 31,152 grammes ou 31 kil. environ.

En général, pour obtenir le poids d'un corps sans recourir à la pesée, il faut multiplier son volume obtenu par les règles géométriques, par son poids spécifique et séparer les trois derniers chiffres à droite, le résultat est le poids du corps en kilog.

Bloc de marbre — Longueur............ 215 centimètres
—————— Largeur... .... 170 »   } Produit 5 226 centimètres.
—————— Hauteur.... ...... 443 »

5.226 centimètres cubes multipliés par 2.700 donnent 14.110.200 grammes. Le bloc de marbre pèse donc 14 110 kil. environ.

TABLE DES MATIÈRES.

————◦◦◦————